Huschke-Rhein
Systemische Erziehungswissenschaft

Rolf Huschke-Rhein

Systemische Erziehungswissenschaft

Pädagogik als Beratungswissenschaft

DEUTSCHER
STUDIEN
VERLAG

Weinheim 1998

Über den Autor:

Rolf Huschke-Rhein, Dr. phil., Dr. theol., ist Professor für Allgemeine Pädagogik an der Universität zu Köln.

Druck nach Typoskript (DTP)

© 1998 Deutscher Studien Verlag · Weinheim
Druck: Druck Partner Rübelmann, 69502 Hemsbach
Seriengestaltung des Umschlags: Federico Luci, 50674 Köln
Printed in Germany

ISBN 3 89271 787 7

Inhalt

I. TEIL: DAS PROGRAMM

1. Themen, Thesen, Schwerpunkte 7
2. Systemische Erziehungswissenschaft - Ein Überblick 13
3. Praxis als Konstrukt: Der Praxisbegriff und das Theorie-Praxis-Verhältnis der systemischen Erziehungswissenschaft 17
4. Systemtheorie der Erziehung - Eine Einführung 19
5. Konsultative Erziehungswissenschaft: Pädagogik als Beratungswissenschaft 22
6. Das neue Berufsverständnis - oder: Die Halbierung der Verantwortung in selbstorganisierten Systemen 31
7. Orientierungspädagogik: Von der Vorbildfunktion zur Orientierungsaufgabe 37
8. Die selbstkonsultative Aufgabe: Professionelle Beratung für professionelle Pädagogen - Supervision und Selbstsupervision als pädagogische Gesundheitsvorsorge 46

II. TEIL: SYSTEMISCHE PRAXIS

1. Was ist systemische Beratung? 50
2. Gesundheitsberatung und Gesundheitspädagogik: Gesundheit als bio-psycho-soziale Selbstorganisation 68
3. Von der Familientherapie zur systemischen Beratung. Eine systempädagogische Perspektive 84
4. Frühpädagogik und Vorschulerziehung aus systemischer Sicht 100
5. Lernen als evolutionäre Selbstorganisation. Zum Verhältnis von Autopoiesis und ökologischem Lernen 106
6. Lernen unter systemisch-konstruktivistischer Perspektive. Anregungen für die Schule und für die Schüler von morgen 118
7. Systemische Psychologie der Schule. Die Ursachen schulischer Belastungen und die Notwendigkeit einer schulischen Gesundheitsvorsorge 136
8. Beratung in der Schule und an der Schule: Systemische Perspektiven und Arbeitsweisen für BeratungslehrerInnen 153
9. SEK: Systemisches Entlastungstraining und Konfliktberatung für Lehrerinnen und Lehrer. Konzept und Seminarprogramm (Fortbildungskurs) 167
10. Systemische Supervision für Lehrerinnen und Lehrer. Ein Arbeitsmodell 184

III. TEIL: GRUNDLAGEN UND GRUNDBEGRIFFE DES SYSTEMANSATZES

1. Systemisch-konstruktivistische Grundbegriffe 192
2. Systeme als Re-Konstruktion von Realität - oder die Frage: Was ist überhaupt ein System? 210
3. Das Wissenschaftsverständnis einer systemisch-konstruktivistischen Erziehungswissenschaft.. 214
4. Das Paradigma der Synergetik: Selbstorganisation als optimierende Struktur- und Musterbildung... 224
5. Die Chaosforschung - Systemtheorie und Bildungstheorie 230
6. Systemisch-konstruktivistische Praxisforschung - Methodologie und Arbeitsmodell... 241
7. Allgemeinbildung als ökologische Bildung...................................... 252

Literatur 256

I. TEIL: DAS PROGRAMM

1. Themen, Thesen, Schwerpunkte

Vorweg zu lesen:

In diesem Band gebe ich eine Übersicht über das Gebiet der systemischen Erziehungswissenschaft, über das Programm (Teil I), über pädagogische Praxisfelder (Teil II) und über die theoretischen Grundlagen (Teil III). Die fünf Bände meiner 'Systemisch-ökologischen Pädagogik', die bisher vorliegen, dürften schon einen angemessenen Überblick oder Einblick in die Theorie und in die pädagogische Praxis des Systemansatzes gegeben haben. Dennoch glaube ich, daß ich in dem vorliegenden Band sowohl die theoretische Grundlagendiskussion als auch die praktisch-systemische Pädagogik weiterentwickelt habe. In den letzten Jahren sind die Forschungen über das Thema der 'Selbstorganisation' in zahlreichen interdisziplinären Studien weitergebracht worden, zum Beispiel in der Synergetik, in der Neurobiologie bzw. in der Hirnforschung, in der Evolutionstheorie und in der Chaosforschung; aus diesen Studien ergeben sich wiederum neue und aufregende Folgerungen für die Pädagogik und ihre Praxis. Außerdem habe ich für mich selbst neue Felder der pädagogischen Praxis entdeckt und theoretisch wie praktisch darin gearbeitet, darunter vor allem Beratung und Beratungsmethoden in verschiedenen pädagogischen Disziplinen, Supervision für Lehrerinnen und Lehrer, Gesundheitsberatung, Entlastungsberatung für Lehrerinnen und Lehrer, Konfliktmanagment in der Schule. -

Zur Terminologie: 'Erziehungswissenschaft' ist die Wissenschaft von der Erziehung; sie umfaßt traditionell die beiden Hauptgebiete: 1. Theorie und 2. Praxeologie der Erziehung. Genau für diese beiden Hauptgebiete ist auch der Terminus 'Pädagogik' gebräuchlich, der aber traditionell drittens noch die Praxis der Erziehung als Praxis bezeichnet. - Insofern sind die Begriffe 'Systemische Pädagogik' und 'Systemische Erziehungswissenschaft' konvertibel, wenn auch nicht semantisch gleichbedeutend.

Auch die beiden Begriffe 'systemisch' und 'konstruktivistisch' sind für mich im Prinzip konvertibel. Im dritten Teil wird deutlicher werden, warum Menschen Systeme entweder konstruieren oder rekonstruieren müssen. Daß ich dennoch den Begriff 'systemisch' bevorzuge, hat eher pragmatische Gründe, obwohl es auch bei 'systemisch' einige semantische Probleme gibt. Immerhin kann ich so die ständige Wiederholung des Wortungeheuers 'systemisch-konstruktivistisch' vermeiden. -

Die gelegentlichen Zeichnungen, die den Band schmücken, stammen wieder von meiner älteren Tochter Julia und sind teilweise aus früheren Zeiten bzw. aus früheren Bänden übernommen.- -

Der *Untertitel* des Buches - *Pädagogik als Beratungswissenschaft* - setzt inhaltlich einen neuen Akzent in der systemischen Pädagogik. Für diese inhaltliche Fokussierung gibt es verschiedene Gründe. Erstens wird der Beratungsbedarf in nächster Zeit rapide ansteigen. Zweitens wird sich Beratung immer mehr auf normale Lebenssituationen beziehen (und keineswegs primär auf besondere Notlagen). Und drittens ist eine systemische Erziehungswissenschaft, die vom Theorem der Selbstorganisation ausgeht, strukturell eine 'Wissenschaft der Beratung'. Hierzu vorweg einige kompakte Thesen, die im Verlaufe des ersten Teils sowie des Buches überhaupt erläutert und begründet werden:

(1) Die Theorie der Selbstorganisation schließt - zuende gedacht - ein, daß alles Erziehungshandeln - seiner logischen und seiner faktischen Struktur nach - *konsultatives Handeln* ist, d.h. Rat-gebendes, unterstützendes und förderndes Handeln, dessen Ziel die Förderung der Selbstorganisation eines anderen Menschen oder einer Gruppe ist.

(2) Die Pädagogik als Wissenschaft - 'Erziehungswissenschaft' - verändert damit zugleich ihr theoretisches Selbstverständnis und ihr praktisches Aufgabenfeld. Die Erziehungswissenschaft, die dem Ziel der Bildung - der Fähigkeit zur Selbstorganisation -verpflichtet ist, *wird zur Wissenschaft von der Organisation der Selbstorganisation.*

(3) Pädagogik ist eine *Beratungswissenschaft*, weil Selbstorganisation nie erzwungen, sondern immer nur angeraten werden kann. Pädagogik bleibt, wie ihr alter (griechischer) Name besagt ('pädagogikä technä'), darum erstens eine Kunst und zweitens *auch* eine Technik. ('technä' meint im Griechischen aber eher eine Kunst als eine Technik in unserem heutigen Sinne.)

(4) Erziehungswissenschaft bleibt die Lehre einer *Kunst*, weil Selbstorganisation ein Ziel ist, das niemals direkt und niemals bloß linear-kausal von den Pädagogen angezielt und erreicht wird.

(5) Erziehungswissenschaft bleibt aber auch *Technik*, weil die Organisation der Selbstorganisation - als Lebenswelt der Kinder, als pädagogische Institutionen und Organisationen - immer *auch* geplant, auf kausale Erfahrungen gestützt und extern (kontextuell) organisiert werden kann und muß.

(6) Pädagogische Theorie und pädagogische Praxis sind rekursiv rückgekoppelt. Sie sind verbunden durch die Aufgabe der '*Pädagogischen Konsultation*'.

(7) In der Praxis richten sich die pädagogischen Bemühungen auf die drei Basissysteme: *biologisches System* (körperliches Wohlergehen), *psychisches System* (psychisches Wohlergehen) und *soziales System* (soziales Wohlergehen), die, systemisch betrachtet, miteinander hoch vernetzt sind und die Basis für eine gelingende Selbstorganisation darstellen. Diesen drei Systemen gilt speziell die Aufgabe der 'Pädagogischen Konsultation'. --

Ich führe jetzt weiter ins Programm ein, mit Thesen und Themen, die in lockerer Weise das Terrain abstecken. Diejenigen, die sich schon ausführlich mit dem Systemansatz und mit systemischer Beratung befaßt haben, mögen das querlesen oder gleich mit dem 2. Abschnitt beginnen: "Die Doppelaufgabe einer systemischen Erziehungswis-senschaft".

These 1: Der Systemansatz paßt in die postmoderne Erziehungslandschaft.

Der Systemansatz kann *konstruktiv* reagieren auf
- die zunehmende Individualisierung der Gesellschaft;
- d.h. auf die 'Single-sierung' oder die 'Singularisierung';
- die Enttraditionalisierung der Gesellschaft;
- die Tendenz zur Ausdifferenzierung der Pädagogik als Wissenschaft, d.h. auf die Tendenz zur Spezialisierung;
- das Bedürfnis nach Übersicht und Orientierung, das in der Situation der postmodernen 'Unübersichtlichkeit' (Habermas) verständlicherweise zunimmt.

Aber:
These 2: Der Systemansatz fordert (dennoch) mehr als bloße Anpassung, nämlich ein konstruktives und ein persönliches Engagement (was übrigens von je her mit Pädagogik und Erziehung verbunden gewesen ist).

Der Systemansatz folgt nicht nur herrschenden Trends, sondern er enthält auch ein konstruktives Gegenpotential, das lösungsorientiert ist. Hierfür zwei Beispiele:

- Der Systemansatz definiert *Verantwortung* neu, indem er sie gleichsam halbiert: Die eine Hälfte mag im Sinne der postmodernen Verantwortungslosigkeit verstanden werden; die andere Hälfte aber fordert neue Verantwortungsprofile, die lockerer gestrickt sind und anders aussehen als ihre bier- oder todernsten Vorläufer. So enthält der Systemansatz implizit eine *Ethik*, - was einige Leute - aus Unkenntnis - bestreiten.

- Zweites Beispiel: Obwohl der Systemansatz einerseits dem Zug zur Spezialisierung in Teilgebiete folgt, fordert er andererseits die *Vernetzung* von Teilgebieten und Subsystemen mit ihren Kontexten und mit dem Gesamtsystem.

Soweit dies vorweg. Aber der Systemansatz kann noch mehr. Das werde ich im Laufe der folgenden Kapitel entfalten.

Doch Vorsicht:
These 3: Der Systemansatz sollte nicht überschätzt werden. Er ist keine Heilslehre, mit der jemand die Welt retten könnte. Er kann einige Probleme lösen. Andere nicht.

Thema 1: Ist 'Pädagogik' heute noch möglich?
    Argumente dagegen (NEIN). Argumente dafür (JA).
NEIN. Ist der *Begriff* der 'Pädagogik' heute noch möglich? Eine Antwort lautet heute: Genau genommen und wörtlich genommen: Nein. Denn der altehrwürdige, aus dem Griechischen stammende Begriff bedeutet wörtlich: 'Kunst der Führung der Kinder' (ganz wörtlich gar: 'Führung der Knaben'). Wie aber paßt dieser Führungsbegriff in eine Theorie, deren Basistheorem die Selbstorganisation ist? Bedeutet Selbstorganisation nicht das gerade Gegenteil von Führung durch die anderen? Das nächste Problem: Daß

die 'Erwachsenen' die Kinder 'führen', macht doch offenbar nur in einer Gesellschaft Sinn, in der es verbindliche Traditionen, Normen und Werte gibt, die die Erwachsenen an die jüngere Generation weitergeben können. Wo gibt es diese Werte, und würden sie, wenn es sie gäbe, noch in der nächsten Generation gelten? 'Führen' setzt Ziele voraus, zu denen jemand hingeführt wird. Aber welche Ziele könnten wir heute nennen, zu denen wir unsere Kinder hinführen, damit sie morgen für sie noch Bedeutung haben? Und wer ist heute bereit, persönlich für sich selbst und ohne die unterstützende und stabilisierende Mitwirkung der Traditionen den Kindern Ziele für ihre Zukunft zu nennen und vorzuleben?

JA. Ich hätte dieses Buch nicht geschrieben, wenn sich nicht durch meine praxisnahe Arbeit mit dem Systemansatz in den vergangenen Jahren - fast unbemerkt - meine Ansicht über das, was 'Pädagogik' ist, gründlich verändert hätte. Meine theoretischen Überlegungen und meine praktischen Erfahrungen konvergieren in einem Punkt: Pädagogik ist letztlich 'Beratung', Konsultation. Ich schreibe dies zunächst einmal in einfachen Anführungszeichen, d.h. in einer metasprachlichen Kennzeichnung, um den Begriff vor dem Mißverständnis zu schützen, alle Kinder gingen von jetzt an statt in die Schule in die Therapie. Einen 'Rat' geben heißt: jemandem einen Impuls zur Selbststeuerung zu geben. Nichts anderes tun Pädagogen von früh bis spät: Sie wollen die Fähigkeit zur Selbstorganisation oder Selbststeuerung fördern. Aber systemtheoretisch und hirnphysiologisch folgt auch: niemals kann ein solcher Impuls direkt von außen in ein fremdes Gehirn dringen, ohne dort durch einen Prozeß der Selbstorganisation im neuronalen Netz autonom angeschlossen zu werden. Es gibt keine "Telefondrahtverbindung" in ein fremdes Gehirn, wie sich Maturana ausdrückt. Auch wenn wir im Alltag gewöhnlich so tun, als gäbe es den 'direkten Draht', wenn wir Kindern etwas erklären oder ihnen einen Auftrag geben - es ist nicht so. Und es wird sich für die ErzieherInnen und Erzieher lohnen, die Gründe hierfür genauer anzusehen.-

Die Landschaft der Pädagogik hat sich in den letzten fünfzig Jahren (im westlichen Europa) vollkommen verändert. Sie wird sich noch weiter verändern. Beratung wird eine der wichtigsten Aufgaben der zukünftigen Pädagogik sein, nicht nur die persönliche Beratung, sondern vor allem die Organisation von Beratungssystemen, der 'Pädagogischen Konsultation'. Sie wird untrennbar mit der Arbeit in den pädagogischen Systemen verbunden sein. Daraus folgt:

These 4: Die Entwicklung unserer Gesellschaft wird dahin gehen, daß sie - strukturell bedingt - immer mehr Beratung benötigt.

Das ist die logische Folge der Tatsache, daß die handlungsorientierende und stützende Funktion der Traditionen abgenommen hat und weiter abnehmen wird. Damit wird Beratung von beiden Seiten her als eine pädagogische Hauptaufgabe nötig: erstens als professionelles Angebot von Pädagogen und Psychologen; zweitens aber von Seiten der Ratsuchenden. Der erste Aspekt betrifft einen Trend zur Spezialisierung und Professionalisierung pädagogischer Teilgebiete, den wir seit der Modernisierung schon länger beobachten können (s.u. I.2.) und der mit Sicherheit auch das Gebiet der Beratung erreichen wird. Der zweite Aspekt betrifft die zunehmende Anzahl Ratsuchender, die in einer postmodernen Gesellschaft mühsam und oft leidvoll nach neuen Wegen der Selbstfindung und Selbstorganisation suchen müssen, weil es hierzu nicht mehr vorgestanzte Modelle gibt. Lebenslanges Lernen, lebenslange Weiterbildung sind nur die äußeren Merkmale dieser inneren Suchprozesse. Familiäre, berufliche, finanzielle Unsicherheiten werden immer seltener von der Gesellschaft und ihren ehemals stabilen Institutionen aufgefangen, sondern erfordern individuelle oder institutionelle Beratung. Für keinen Lehrer und für keine Lehrerin ist heute und in Zukunft ein Unterricht mehr möglich, ohne auf Situationen vorbereitet zu sein, die spezifische Beratungskompetenzen erfordern.

Schon hier möchte ich aber unterstreichen: Beratung ist in einer Gesellschaft der Zukunft, deren Kennzeichen erhöhte Risiken der Selbstfindung und Selbstorganisation sind, eine normale Angelegenheit und die Standardaufgabe einer ganz normalen Pädagogik - und nicht zu verwechseln mit Therapie für Kranke. Dieser Punkt liegt mir besonders am Herzen, denn hier entscheidet sich das Verständnis von Systemtheorie und Selbstorganisationstheorie. Nur ein rückständiges Bewußtsein - das möchte ich mit Schärfe sagen - könnte die ganz normale Beratung in der Gesellschaft von morgen mit einer Therapie in der Gesellschaft von gestern verwechseln. Damit wird die diskriminierende Abgrenzung zwischen Beratung und Therapie aufgehoben werden; aber das wird diejenigen, die schon im Bereich der systemischen Therapie arbeiten, nicht schrecken, weil sie - gleichermaßen aus wissenschaftstheoretischen wie aus pragmatischen Gründen - ohnehin lieber von 'systemischer Beratung' als von 'systemischer Therapie' zu sprechen gewohnt sind; nur den Krankenkassen gegenüber ist ja der Therapiebegriff noch gefordert und gebräuchlich.

Thema 2: *Die Schule von morgen*

Ein Praxisfeld, dem ich in diesem Band mehr Aufmerksamkeit schenken möchte als in den früheren Bänden, ist die Schule. Da ich selbst früher unterrichtet habe, ist mir dieses Gebiet vertraut. Inzwischen ist mir durch meine systemische familientherapeutische Weiterbildung und durch andere therapeutische Weiterbildungen klar geworden, daß 'man' nicht mehr auf die gleiche Weise Lehrer oder Lehrerin werden sollte, wie 'man' das früher wurde. Ich sehe heute die Möglichkeit einer äußerst nützlichen Verbindung zwischen den systemischen Beratungsmethoden und einigen Techniken, die für den schulischen Alltag empfehlenswert sind. Supervision für Lehrerinnen und Lehrer, systemische Beratungsmethoden in der Schule, 'Selbstsupervision', Konfliktberatung und Konfliktmanagment, kollegiale Fallberatung, das Training von Entlastungstechniken für Lehrerinnen und Lehrer - dies sind einige Stichworte für neue Aufgaben und Inhalte, die den unerhört schwierigen Job des Lehrens in der heutigen Schule, vor allem in den unteren Klassen, erträglicher machen können. Hier ist bisher wenig oder kaum etwas geschehen, und es wird wirklich Zeit, daß auch für Lehrerinnen und Lehrer diese Themen selbstverständlich werden, die in anderen Berufssparten schon längst zur Normalität gehören.

Thema 3: *Die Sprache der Wissenschaft und die Sprache der Praxis*

Mit den folgenden Beiträgen möchte ich zeigen, daß einige drängenden Fragen der gegenwärtigen Pädagogik vom Systemansatz her eine Antwort finden können. Die Argumentstruktur ist anders als in einem philosophischen Diskurs. Es wird zwar auch auf die Schärfe und Präzision der Argumente ankommen, aber nicht allein. Denn - das klingt vielleicht in manchen rationalistisch erzogenen Ohren seltsam - der systemische Ansatz in der Pädagogik kann auch 'gelebt' werden, er muß nicht nur argumentativ bewiesen werden. Die Argumente hierfür werde ich noch nachliefern. Diese, für wissenschaftliche Texte zunächst ungewöhnliche Aussage hat mich dazu veranlaßt, auch die Reihenfolge der Teile dieses Buches umzudrehen: Zunächst kommt, nach der Einleitung in das Programm, der Praxisteil, dann der theoretische Teil. Ich selbst bin zwar zuerst über die Theorie auf den Systemansatz gestoßen; aus vielen Beobachtungen und eigenen Praxiserfahrungen habe ich aber gelernt, daß es auch andere Zugänge gibt, nämlich über die pädagogische Praxis der 'Anwendung' - ich setze das in Anführungszeichen, weil es wegen des Konstruktionsanteils im strengen Sinne keine 'Anwendung' der Systemtheorie gibt und geben kann; es gibt nur eine 'praktizierte Praxis' des Systemansatzes. Niemand muß hier die Theorie erst vollständig beherrschen, um sie hernach in der Praxis 'anwenden' zu können, und niemand braucht ein Gefühl der Minderwertigkeit zu haben, wie es meist bei großen Theorien sich einstellt, an die man sich nicht herantraut, weil man fürchtet, etwas nicht zu verstehen. Es ist für mich immer wieder eindrucksvoll zu erleben, wie Praktiker oder Studierende im Praktikum in ihren pädagogischen Handlungsfeldern einzelne Theoreme des Systemansatzes praktizieren und dann hernach präzise darüber sprechen und argumentieren können, ohne daß sie über die Kenntnis des ganzen Theoriegebäudes der Systemtheorie verfügen. Ich selbst habe, zumindest für dieses Buch, mir vorgenommen, die Einleitung und die meisten Beiträge des Praxisteils in einer Sprache zu verfassen, die die Balance hält zwischen tradierter Wissenschaftssprache - als wissenschaftlicher Fachsprache - und praxisnaher Alltagssprache, auch wenn es gelegentliche Ausschläge nach der einen oder der anderen Seite geben wird. Immerhin spielt ja auch die Ausbildung/Weiterbildung der Pädagogik-Studierenden zwischen diesen beiden Polen.-

Dieses ist der Ort für eine kurze Bemerkung zur geschlechterspezifischen Schreibweise. Manchmal schreibe ich die inklusive Form; manchmal wechsele ich hin und her; manchmal auch nicht. In einigen Beiträgen habe ich, um die zeilenverschlingenden Ungeheuer zu vermeiden, eine neue Form eingeführt: Ich kürze die Worte durch einen Kürzel ab, der inklusiv gelesen wird, wie ein englischsprachiger Begriff. Also:

Ber = der Berater oder die Beraterin (bzw. Plural)
Rat = die Ratsuchende oder der Ratsuchende (bzw. Plural)
Th = der Therapeut oder die Therapeutin (bzw. Plural)
Kl = die Klientin oder der Klient (bzw. Plural).

These 6: Die Pädagogik wird in Zukunft weiter gefragt sein, wenn und solange sie Angebote zur Orientierung macht.
Orientierungsangebote zu machen, ersetzt ihre traditionelle Rolle, Vorschriften für das Verhalten von Kindern zu geben. Möglicherweise wird diese neue Aufgabe ihre wichtigste werden. Konsequenterweise folgt das Konzept der 'Orientierung' aus der Aufgabe der kontextuellen Organisation pädagogischer Angebote (wozu die Pädagogik ja nach wie vor verpflichtet ist) und ist damit eine spezifische Form der 'Beratung' bzw. der 'Konsultation'.

*****

2. Systemische Erziehungswissenschaft - Ein Überblick

Ich möchte an dieser Stelle nur einen knappen zusammenfassenden Überblick über die wissenschaftstheoretische Ausgangsposition geben und einige Folgerungen für die pädagogischen Grundbegriffe aufzeigen. Wer dies genauer studieren möchte, sei auf die Beiträge im dritten Teil oder auf den Band III der Systemisch-ökologischen Pädagogik (1992a) verwiesen.

(1) Begriff. Eine systemische Erziehungswissenschaft geht aus von einem konstruktivistischen Systembegriff. Unsere Weltwahrnehmungen sind eine Form der Weltkonstruktion, und unsere Handlungen sind ebenfalls eine Form der Welt- und der Selbstkonstruktion. Daher wird es diesem Ansatz möglich, seine Erkenntnistheorie als Praxeologie zu formulieren: "Erkennen ist Tun", wie Maturana sagt (s.u.). Über den Begriff der Konstruktion kann der Systemansatz Anschluß an den Bildungs- und den Erziehungsbegriff finden: Jeder Erziehungs-, Entwicklungs- und Bildungsprozeß kann verstanden werden als eine Form der Konstruktion von psychischen und sozialen Systemen. Genauer kann der Erziehungs- und Bildungsprozeß als eine Form der Ko-Konstruktion oder der Ko-Evolution biologischer (körperlicher), psychischer und sozialer Systeme angesehen werden.

Grundlage des Systemansatzes ist die Selbstorganisationstheorie ('Autopoiesis-Theorie'), von der her Lernen und Bildung als anthropologische Selbstkonstruktionen verstanden werden. Dabei beachtet die ökologische Version des Systemansatzes, daß es bei jeder Selbstkonstruktion nicht nur um die Konstruktion subjektiver Welten geht, sondern jeweils *zugleich* um die Konstruktion von Systembeziehungen zur Umwelt des Subjekts im doppelten Sinne des Begriffs 'ökologisch': sowohl zur sozialen Umwelt als auch zur naturalen Umwelt. Die Selbstorganisation der menschlichen Lern- und Bildungsprozesse konstruiert darum grundsätzlich ko-evolutiv drei Systeme: die psychischen Systeme (traditionell gesprochen: die Subjekte der Bildungsprozesse), die sozialen Systeme (die sozialen Kontexte der Subjekte), und die naturalen Systeme (die biologisch-leiblichen Systeme).

Inzwischen ist auch die Wortverbindung 'ökosystemisch' gebräuchlich (z.B. Blin 1994), die in der Verwendung von 'ökologisch' Bronfenbrenner folgt, der in seiner "Ökologie der menschlichen Entwicklung" in der Unterscheidung der Systemarten Mikro-, Meso-, Exo- und Makrosystem einen frühen Typus von Systemtheorie vorgelegt hatte.- Der Zusatz 'ökologisch' im Begriff 'systemisch-ökologisch' präzisiert den Systembegriff im doppelten Sinne des Ökologiebegriffs: Systeme sind immer auf ihre Umwelt bezogen, und zwar sowohl auf die soziale Umwelt als auch auf die biologisch-natürliche Mitwelt. Während die Bezogenheit der Systeme auf ihre soziale Umwelt von der traditionellen Systemtheorie (v.a. Luhmanns) betont oder vorausgesetzt wurde, kommt ihre Bezogenheit auf die biologisch-ökologische Umwelt erst allmählich zum Bewußtsein. Die von mir vorgeschlagene 'systemisch-ökologische' Version der Systemtheorie relativiert den Anspruch des sog. 'Radikalen Konstruktivismus', der ja in der Ablehnung einer objektiv beweisbaren Realität v.a. erkenntnistheoretisch motiviert war, in Richtung eines *'relativen* Konstruktivismus', der die neuzeitliche 'Konstruktionswut' und die Naturvergessenheit der westlichen Industriegesellschaften zu überwinden sucht und die Bedeutung von biologischen Systemumwelten und -mitwelten auch für die Pädagogik theoretisch und praktisch rekonstruiert. (Dies habe ich in dem Beitrag über die ökologisch fundierte Allgemeinbildung weiter ausgeführt.)

(2) Theoretische Grundlagen. Das Systemdenken ist von seinen Anfängen her ein interdisziplinäres Projekt. Es entstammt unterschiedlichen Disziplinen, z.B.: Informationstheorie, Kybernetik, Nachrichtentechnik; Physik: Astrophysik (kosmologische Physik), Atomphysik (Quantentheorie), Synergetik (Laserstrahl-Technik); Chemie (Theorie der dissipativen Strukturen); Mathematik: Allgemeine dynamische Systemtheorie; Biologie: Ökologieforschung; Chaosforschung; Evolutionstheorie; Soziologie: Kommunikationstheorien, Organisationstheorien; Ökopsychologie; Konstruktivismus.

Das Ziel besteht in der Beobachtung und Beschreibung unterschiedlicher Wirklichkeiten nach gemeinsamen Merkmalen der Systemstruktur- und organisation. Während eine kybernetische Richtung mehr nach den Möglichkeiten effektiver Systemsteuerung fragte und dies auch als pädagogisches Projekt verstand und versteht, führte die biologische, die physikalische und die chemische Grundlagenforschung zum Paradigma der 'Selbstorganisation' lebender Systeme, die von der evolutionären Selbstorganisation materieller Systeme bis zur Selbstorganisation psychischer und geistiger Systeme reicht. Damit gewinnt der Systemansatz auch für die Geistes- und Sozialwissenschaften eine neue Relevanz. Der Konstruktivismus macht darauf aufmerksam, daß die Rede von 'Systemen' grundsätzlich ein Konstrukt des Beobachters darstellt; damit wird ein gewisser Objektivismus des Systemdenkens aus der Anfangsphase relativiert. Andererseits bleibt die Frage nach dem realen Substrat unserer Konstruktionen gerade für soziale, psychische, biologische, medizinische und schließlich auch für pädagogische Systeme weiterhin offen und bedeutsam.

(3) Systemische Grundbegriffe. Wichtigster Grundbegriff ist inzwischen, nach der eher technologischen Anfangsphase, der Begriff der *'Selbstorganisation'* geworden, oft synonym mit *'Autopoiesis'* verwendet, was wörtlich 'Selbstherstellung' bedeutet. Hiermit wird eine Fähigkeit bezeichnet, die auf verschiedenen Ebenen der Evolution von Leben beobachtet werden kann, besonders jedoch für menschliche Lern- und Bildungsprozesse charakteristisch ist und dort auch empirisch - neurobiologisch - nachweisbar ist. Allgemein ist Autopoiesis ein Theorem für die interne Selbststeuerungsfähigkeit lebender und sozialer Systeme, das zunächst zur Kennzeichnung der spezifischen Form autonomer Selbstorganisation von Leben im Evolutionsprozeß (Maturana) verwendet wurde und gegen die evolutionäre Anpassungstheorie gerichtet war: Alle lebenden Systeme organisieren ihr Verhältnis zur Umwelt nicht durch Anpassung, sondern durch Selbstorganisation. Dabei operieren sie insofern 'autonom', als sie durch ihre Struktur selbst ihre Umweltbeziehungen organisieren.

Lebende Systeme sind *'operational geschlossen'*, aber *'energetisch offen'*, d.h. sie sind ihrer Umwelt gegenüber für die Aufnahme von *Information, Energie und Materie* offen, aber die Maßstäbe für die Verarbeitung setzen sie selbst.

Weitere Grundbegriffe sind: *Komplexität, Zirkularität, Selbstreferenz, Rekursivität, Kontext, Strukturelle Koppelung, Emergenz* u.a. *Systeme 'reduzieren' die interne und externe 'Komplexität',* indem sie durch *'Selektion'* von *'kontingenten'* Möglichkeiten *'Anschlüsse'* schaffen, die zu einem zeitweiligen Gleichgewichtszustand (*'Homöostase'*) des Systems führen. Dabei operieren sie auf der Basis von *Zirkularität* und *Rekursion,* also nicht durch lineare Kausalitäten, sondern durch *kreiskausale* oder auch *nichtlineare* Prozeduren, oft im Grenzbereich chaotischer Phasenräume. *'Selbstreferenz'*

('Selbstbezüglichkeit') bedeutet, daß ein autopoietisches System jede eingehende Information operational zunächst auf seinen internen Zustand beziehen muß und auf Anschlußfähigkeit hin prüft. Es reagiert also nicht als Input-Output-Maschine. *Es kann also seine Umwelt nur nach Maßgabe seiner internen Struktur wahrnehmen, nicht 'direkt' oder 'an sich' und nicht einmal 'objektiv' oder 'allgemeingültig'.* (Ausführlichere Erklärungen dieser Theoreme und Grundbegriffe erfolgen in Teil III).

(4) Bedeutung für die Pädagogik. Damit sind weitgehende Folgerungen für die pädagogischen Basisannahmen verbunden, mit gravierenden Konsequenzen für die Praxis (s. 3.), vor allem für das Rollenverständnis der ErzieherInnen (s. 6.). Zunächst wird durch das Theorem der Selbstorganisation die *Anschlußfähigkeit an die Grundpostulate der modernen Pädagogik* hergestellt: Erziehung des Menschen zu 'Autonomie', 'Mündigkeit', 'Selbstbestimmung' und 'Selbstverantwortung'. Aber dies bedeutet auf der anderen Seite eine Einschränkung des traditionellen (Macht-)Anspruchs der Erziehung und der Erzieher: Wenn kein Gehirn einen 'direkten Umweltkontakt' besitzt, sondern jeweils auf der Grundlage seiner Selbstkonstruktionsfähigkeiten operiert und operieren *muß*, so können auch ErzieherInnen nicht auf direktem Wege in das Gehirn eines anderen eindringen, sie können - und dürfen - dies auch nicht gleichsam auf dem Befehlswege oder, wie es der Terminus Maturanas ausdrückt, durch 'instruktive Intervention' tun, sondern arbeiten selber prinzipiell unter dem *'Instruktionsverdikt'* und unter dem Vorbehalt der Selbstorganisationsfähigkeit ihrer Kunden. *Darum kann jeder pädagogische Akt seiner Struktur nach als 'Konsultation', als Beratung beschrieben und verstanden werden* (s. 5.).

Gleichzeitig kommt genau darum den organisatorischen *Kontextbedingungen* der Erziehung besondere Bedeutung zu, also vor allem den Lebenswelten der aufwachsen-den Kinder. Diese soziokulturellen Einrichtungen und pädagogischen Institutionen stellen - genau so wie die Bezugspersonen in der unmittelbaren Umwelt der Kinder - als Lebenswelten die Kontexte ihrer Entwicklung dar, deren Bedeutung nicht überschätzt werden kann: Genau *diese Kontexte, einschließlich der darin tätigen Personen, sind das Anregungspotential für die Selbstorganisation*, das so wichtig ist wie die Luft zum Atmen, und zwar *auf allen drei Systemebenen*: für die Entwicklung der biologisch-körperlichen Gesundheit, der sozialen Kommunikationsfähigkeit und schließlich der Bewußtseinsentwicklung der psychischen Systeme.

(5) Systemischer Erziehungs- und Bildungsbegriff. Aus systemischer Sicht ist das Ziel der Bildungsprozesse die interne Fähigkeit eines Menschen oder einer Gruppe zur Selbstorganisation in den drei Basissystemen. Aufgabe der Erziehung ist demnach *die Organisation der Förderung von Selbstorganisation*, erstens durch andere Menschen und zweitens durch die pädagogischen Systeme. Obwohl die systemische Pädagogik als Bildungsziel die Selbststeuerung in den Mittelpunkt stellt, erkennt sie die Legitimität einer *vorläufigen und zeitweisen Fremdsteuerung* von Menschen an, wenn diese mit dem Ziel der Förderung der Selbstorganisation verbunden und begründet ist. Aus empirischer Sicht bleibt zu bemerken, daß es natürlich weder jemals eine Selbstorganisation ohne Umwelt noch eine Fremdsteuerung ohne Selbstorganisation gibt. Darum hat es die Erziehung mit *Zielen* zu tun, *auf die hin* erzogen wird, weil es keine voraus-

berechenbare Sicherheit dafür gibt, daß und wie diese Ziele definitiv erreicht werden können.

Da eine direkte, instruktive Intervention in die interne Selbstorganisation eines Menschen nach systemischer Auffassung nicht möglich ist, besteht eine erzieherische Hauptaufgabe in der *Organisation bildungsrelevanter Kontexte* für die Entwicklung eines Menschen oder einer Gruppe. Hierin liegt die Legitimation für die zeitweilige Fremdsteuerung eines Menschen oder einer Gruppe durch Erziehung. Der Erziehungsbegriff enthält nach systemischer Auffassung also ein logisch notwendiges *Paradox*: Erziehung bedeutet die Fremdsteuerung eines Systems, das sich auf Grund seiner wesensmäßigen Struktur selbst steuern kann und muß.

Die Konsequenzen des Systemansatzes für andere Grundbegriffe der Pädagogik, beispielsweise für Lernen, Lehren, Entwicklung, Berufsrollenverständnis, werden in den Beiträgen des Praxisteils expliziert (teilw. auch noch in den folgenden Abschnitten).

(6) Pädagogische Handlungsfelder. Der Systemansatz hat inzwischen in fast allen pädagogischen Praxisfeldern Einzug gehalten und dort neue Impulse gegeben, z.B.: Sozialpädagogik, Familienberatung, Familiensozialarbeit, Heimerziehung, Ökopsychologie, Umwelterziehung, Gesundheitspädagogik, Schulberatung/Beratungslehrer, Vorschulerziehung, Erwachsenenbildung, Heilpädagogik, Spielpädagogik, Organisationsberatung (vgl. die Übersicht in Huschke-Rhein, 1996a; sowie in den beiden Praxisbänden der Reihe 'Systemisch-ökologische Pädagogik', Bd. 4 und 5). Alle pädagogischen Felder können Gegenstand der pädagogischen Beratung werden. In den Bereich von Schule und Didaktik finden systemisch-konstruktivistische Beiträge, wie üblich, erst mit Verspätung Eingang, aber seit dem von R. Voß (1996) initiierten Heidelberger Kongreß mit zunehmender Tendenz (vgl. die Beiträge in Teil II). Das allgemeine Konzept, das einer systemisch-konstruktivistischen Praxis zugrundeliegt, soll gleich (in 3.) kurz umrissen werden.

(7) Lösungsangebote: Allgemeine Lösungsangebote für gegenwärtige Theorie- und Praxisprobleme der Erziehungswissenschaft kann die systemische Pädagogik für folgende Punkte formulieren:

1. Der Systemansatz überwindet die Theorie-Praxis-Trennung. "Erkennen ist Tun" lautet der schon zitierte Grundsatz Maturanas (vgl.o.). Gleichzeitig wird die traditionelle (naturwissenschaftliche) Trennung von Wissenschaft und (nachträglicher) Anwendung aufgegeben.

2. Der Systemansatz ist interdiziplinär. Er umfaßt Ansätze aus (bisher voneinander getrennten) Wissenschaften, wie Mathematik, Physik, Biologie, Psychologie, Soziologie, Philosophie, Theologie u.a.

3. Der Systemansatz kommt der Mehrseitigkeit der Phänomene, speziell der Erziehungsphänomene - entgegen. Er wird sowohl der Komplexität der Phänomene als auch der Komplexität der modernen Welt besser gerecht.

4. Der Systemansatz kann sowohl die Dynamik des Individuums, seine Selbstorganisationsfähigkeit, erfassen als auch die soziokulturellen Rahmenbedingungen von Erziehungsprozessen, ihre Kontexte, und er ist darin traditionellen Ansätzen der Erziehungswissenschaft überlegen.

5. Der Systemansatz offeriert ein neues Konzept für die (pädagogischen) Steuerungs- und Lenkungsaufgaben (von der Beratung einzelner bis zur Systemsteuerung). Er gibt damit eine Antwort auf die angesichts des Traditions- und Autoritätsverfalls prekäre Steuerungsfrage in der Pädagogik.

6. Der Systemansatz bietet eine veränderte Auffassung professioneller erzieherischer Tätigkeiten an (z.B. der Rolle und der Verantwortung des Erziehers).

7. Der Systemansatz entwirft die Perspektive einer 'konsultativen' Pädagogik: Pädagogik als Beratungswissenschaft.

*****

3. Praxis als Konstrukt: Der Praxisbegriff und das Theorie-Praxis-Verhältnis der systemischen Erziehungswissenschaft

Vom Systemansatz her sind Theorien im selben Sinne praxeologische 'Konstrukte' wie Handlungen (Maturana: "Erkennen=Tun"), weil praktische Operationen immer auch als handlungsleitende Episteme ('Glaubenssätze') zu verstehen sind. Das pädagogische Handeln in Erziehungsfeldern ist darum nie bloß 'Anwendung', 'Technik' oder 'Übertragung' fertiger Programme in ein pädagogisches Praxisfeld, sondern immer auch kreative Konstruktion einer pädagogischen Wirklichkeit. *Theorien sind Konstrukte, und die Praxis ist ebenfalls ein Konstrukt* - warum sollten sie sich dann nicht vertragen oder um den Vorrang streiten?

Ein pädagogisches Praxisfeld läßt sich nach systemischer Auffassung nicht 'objektivieren', sondern nur (re-)konstruktiv beschreiben. Der praxeologische Zugriff enthält immer einen kreativ-konstruktiven Gestaltungsanteil des Praktikers, der schon bei der Systemanalyse des Praxisfeldes, die eben nach systemischer Auffassung eine System(re)konstruktion ist, ins Spiel kommt. Schon die Kontextbestimmung eines Systems, also seine Abgrenzung von oder seine Vernetzung mit Umgebungssystemen, enthält einen konstruktiven Eigenanteil, den wir mit einer herkömmlichen Bezeichnung als 'subjektiven Faktor' bezeichnen können.

Folgende *Leitsätze* lassen sich für ein systemisches Praxisverständnis formulieren:

(1) Es gilt das *Konstruktaxiom* (s.o.).

(2) Erfahrung im Praxisbereich ist das *zirkuläre Resultat* zwischen theoretischen Einsichten und praktischen Vollzügen im Praxisfeld.

(3) Ein systemisches Praxiskonzept ist *heuristisch offen*, d.h. es ermöglicht eine Suchbewegung (das meint 'heuristisch') in der Praxis auf pädagogische Ziele hin (weil pädagogische Systeme 'offene Systeme' sind bzw. sein sollen).

(4) Die *Steuerung* von Praxisprozessen erfolgt *indirekt*, und zwar unter Berücksichtigung des Autopoiesistheorems, d.h. der Selbststeuerungsmöglichkeiten des Praxisfeldes und der in ihm tätigen Personen (Prinzip der '*geringfügigen Steuerimpulse*', vgl. 1993a, S.67).

(5) *Direkte* Eingriffe ins System sind nur als Eingriffe in den *Systemkontext* möglich.

(6) Die Formulierung der Handlungsziele muß der Systemlogik (den systemischen Grundbegriffen) gerecht werden (Komplexität, Vernetztheit, Autopoiesis, nichtlineare und offene Systeme, Rückkopplung, Kontext, Attraktor). Ein systemisches Vorgehen arbeitet nicht mit strikt vordefinierten Zielen, sondern mit dem aus der Chaosforschung stammenden Begriff des 'Attraktors'. Die Systemkomplexität erfordert dabei eine Strategie, die "polytelisch" (Schiepek 1986, S.47), 'mehrzielig' genannt werden kann. Sie kann unter *zeitweiliger Unbestimmtheit* und unter *zeitweiligen Zielkonflikten* erfolgen.

Das vielzitierte *'Theorie-Praxis-Problem' der Pädagogik*, das in allen Einführungen in die Pädagogik zentral war und oft noch ist, ist nach Auffassung des Systemansatzes also ein Scheinproblem. Damit möchte ich nicht die Bemühungen um die Lösung dieser Frage in der Vergangenheit abwerten. Aber man muß deutlich sehen, daß die Dringlichkeit dieser Frage hauptsächlich durch die wissenschaftstheoretische Situation des ausgehenden neunzehnten und des zwanzigsten Jahrhunderts bedingt war, genauer durch die Dominanz der am Ideal der Naturwissenschaften ausgerichteten Wissenschaften. Nur darum hat sich Dilthey und nach ihm die ganze Richtung der geisteswissenschaftlichen Pädagogik, besonders die von Herman Nohl begründete Richtung, immer wieder mit der Frage einer *'allgemeingültigen'* Begründung der Pädagogik auseinandersetzen müssen (vgl. Nohl 1935/1970, S. 105ff.; Dilthey, VI, S. 56-82), bis hin zu dem Versuch Brezinkas (1971), Erziehungswissenschaft als 'exakte' empirisch-analytische Wissenschaft zu begründen. Inzwischen hat sich die Lage jedoch völlig verändert, jedenfalls in der Allgemeinen Wissenschaftstheorie. Wer heute neuere Werke aus der Grundlagenforschung der Physik (Coveney/ Highland 1992), der Biologie (Kauffman 1995), der Chemie (Prigogine/ Stengers 1981) oder der Neurologie (Spitzer 1996) liest, kann dort einen ganz anderen und neuen Umgang mit empirischer Wissenschaft beobachten: Es gibt hier einen eher interdisziplinären Umgang mit Fakten und einen eher hermeneutischen Interpretationsspielraum im Umgang mit Fakten, einen eher hypothetischen Umgang mit Theorien, oft unter ausdrücklichem Bezug auf Systemansätze oder Chaosforschung, eben unter Bezug auf die Systemtheorien der nichtlinearen Systeme. Hier geht es *nicht mehr um die 'Allgemeingültigkeit'* von Ergebnissen, sondern eher um vorsichtige und vorläufige Hypothesen zum Forschungsthema. Diese Hypothesen werden mit Argumenten der Plausibilität gestützt, nicht mit H-O-Ableitungen oder anderen Methoden der objektivistischen Deduktion von Behauptungen (vgl. Huschke-Rhein 1993b). Diese Zurückhaltung ist zum Teil sicherlich ein Niederschlag postmoderner Mentalität, andererseits zeigt sich aber überall auch ein größeres Bewußtsein für die Reichweite wissenschaftlicher Aussagen, die eben nicht mehr auf generelle Allgemeingültigkeit ausgerichtet sind, weil es diese eben einfach nicht mehr gibt, seit selbst die Physik die Relativität mancher ihrer vordem für 'allgemeingültig' gehaltenen Aussagen zugeben mußte. Generell möchte ich unterstreichen, was ich schon in meinem früheren Band zur pädagogischen Forschungsmethodik gesagt hatte, daß nämlich *die sogenannten 'allgemeingültigen' Aussagen der Naturwissenschaft ihre Gültigkeit nur durch einen Begriff von Natur erkauft haben, der die Natur durch eine Reduktion ihrer Komplexität bis zu Unkenntlichkeit restringiert hat* (Huschke-Rhein 1987/1993a). Solche Reduktion der Komplexität ihrer Phänomene kann sich die Erziehungswissenschaft von Anfang an gar nicht leisten - sie braucht sich also nicht mehr weiter um ein solches Wissenschaftsideal zu kümmern. Statt dessen leistet der Systemansatz in mancher Hinsicht mehr. Vor allem übernimmt er sich nicht durch ein Arrangement mit einer Wissenschaft, die ihr mehr verspricht, als sie halten kann. Man könnte ihm (dem Systemansatz) höchstens seine - postmoderne - Bescheidenheit zum Vorwurf machen.

Als Problem ernst nehmen sollten wir jedoch das *Theorie-Praxis-Problem der Pädagogik als Ausbildungsproblem.* Aus der Sicht des Systemansatzes muß ich an dieser Stelle bemerken, daß eine Ausbildung im Sinne der üblichen Zwei-Phasen-Ausbildung - also erst das (ziemlich) theoretische Studium, dann die pädagogische Praxisausbildung - völlig verfehlt ist. Denn damit wird man der systemischen Zirkularität von Theorie und Praxis, von Erkennen und Tun, von Denken und Erfahrung in keiner Weise gerecht. Gerade dies sollte in der pädagogischen Ausbildung vermittelt werden: Nach systemischer Auffassung ist pädagogische Praxis nicht, wie nach dem Modell der Naturwissenschaften, Anwendung oder Übertragung von wissenschaftlichen Theorien in eine Praxis, sondern eine *Neukonstruktion* mit kreativem, womöglich auch persönlichem Engagement. Natürlich gibt es auch so etwas wie 'Handwerkszeug', Techniken und Regeln, die in einem Praxisbereich gelernt werden müssen. (Dies gehört nach der Systemeinteilung zum Systemtyp 1, vgl. Teil III). Aber es wäre ein fataler Irrtum, der sich später als frustrierend bemerkbar machen würde, zu denken, pädagogisches Handeln in der Praxis könne später allein durch Technik oder Anwendung gelernter Regeln erfolgreich sein. *Pädagogik bleibt auch heute noch und in Zukunft eine Kunst,* die als solche, eben als Kunst, nicht erlernbar ist (Systemtypus 3). Pädagogik hat es teilweise mit erwartbarem Verhalten zu tun, also mit linearen Systemen, und hier kann sie auf Technik und Regeln setzen (Systemtypus 1); aber sie arbeitet auch mit nicht erwartbarem, nicht berechenbarem Handeln, weil sie es mit selbstorganisierenden, nonlinearen Systemen zu tun hat, und hier muß sie auf Intuition und Kunst setzen (Systemtypus 3). - Es ist wichtig, den Auszubildenden diese Sicht pädagogischer Praxis rechtzeitig zu vermitteln.

*****

4. Systemtheorie der Erziehung - Eine Einführung

In diesem Buch stelle ich vier pädagogisch relevante Schwerpunkte der Systemtheorie vor:

1. die *Selbstorganisationstheorie;*

2. die drei *Systeme pädagogischer Organisation:* eine Typologie pädagogischer (Organisations-)Systeme, die in drei Grundtypen geordnet ist (s. ausführlicher im Beitrag über die Chaosforschung; fortgesetzt im Abschnitt 6. über das neue Berufsverständnis);

3. die drei *Systeme anthropologischer Interaktion:* Systeme der kommunikativen Verständigung (biologische Systeme [Systeme mit zellulärer Interaktion]); psychische oder Bewußtseins-Systeme (Systeme mit Selbst-Verständigung); soziale Systeme (Systeme mit kommunikativer Verständigung);

4. die Theorie der *Spezialisierung (Ausdifferenzierung)* der pädagogischen Systeme in der Moderne (wird im 5. Abschnitt weitergeführt).

Im Folgenden werde ich mich vor allem mit den beiden letzteren Schwerpunkten befassen; die Selbstorganisationstheorie wird im dritten Teil ausführlicher behandelt, teilweise habe ich sie schon kurz im zweiten Abschnitt oben dargestellt; und die Typologie der pädagogischen Systeme wird im 6. Abschnitt in praktischer Hinsicht aufgenommen.

Fragen wir zunächst: Welchem System gehören die Probleme und die Themen der Erziehung eigentlich an? Und welches System ist für ihre Bearbeitung zuständig? Die einfachste Antwort hieße: 'das System der Erziehung' - aber was wäre das für ein System? Im folgenden werde ich zeigen, daß eine so einfache Beantwortung leider in die Irre gehen müßte, weil es nicht nur einfach *ein* zuständiges System der Erziehung gibt, seit sich das System der Erziehung in der Neuzeit und der Moderne in zahlreiche Teilsysteme spezialisiert hat - 'ausdifferenziert' hat, wie die Systemtheorie sagt. Außerdem dürften Systemtheoretiker ein Thema der Erziehung oder, wie man wissenschaftstheoretisch sagt, einen 'Gegenstand' der Erziehung - beispielsweise 'Spielen' oder 'Lernen' - nicht nur einem einzigen System zuordnen und keinem anderen. Darin eben besteht das wissenschaftstheoretische und das praxeologische Sonderproblem der Pädagogik.

Von ihrer Herkunft her hat die Systemtheorie 'gute Karten', dieses Sonderproblem der Pädagogik zu lösen, das immer schärfere Konturen annimmt. Das Sonderproblem der Pädagogik als Wissenschaft besteht genauer heute darin, daß sie sich zwar einerseits, wie alle anderen Wissenschaften der Neuzeit, immerfort spezialisieren muß, um den wachsenden wissenschaftlichen Ansprüchen zu genügen; daß sie aber gleichzeitig einen 'Gegenstand' zum Hauptthema hat, den sie schlicht 'verlieren' würde, wenn sie ihn immer weiter ausdifferenzieren und spezialisieren würde, sagen wir in die ca. 100 Teildisziplinen, die wir inzwischen als direkt oder indirekt zur pädagogischen Wissenschaft gehörig unterscheiden können: nämlich das 'Kind' oder allgemeiner den 'Menschen'. Während es vielleicht für andere Wissenschaften, etwa für die Physik, noch Sinn machen mag, weitere Teildisziplinen zu kreieren - noch eine Sektion der Teilchenphysik oder noch ein Sondergebiet der Quantenphysik oder noch eines für die kosmische Hintergrundstrahlung usw. - gibt es für solche immer weiter getriebene Ausdifferenzierung in der Pädagogik eine gleichsam natürliche Grenze. Zumindest muß es immer *eine* Disziplin geben, die die zusammenfassende Übersicht behält, und traditionellerweise hat das die sogenannte 'Allgemeine Pädagogik' besorgt.

Nach wie vor besteht in den erziehungswissenschaftlichen Disziplinen und Fächern eine ausgeprägte Tendenz zur fachlichen Spezialisierung. Diese liegt auf der Linie der Ausdifferenzierung der neuzeitlichen (Kultur-)Systeme (Luhmann 1984; vgl. Huschke-Rhein, 1992, Kap. 1). Die Ausdifferenzierungen erhöhen die Kompetenzen der Teilsysteme sowie die Komplexität des Gesamtsystems, und sie erhöhen zugleich die Autonomie der Teilsysteme gegenüber dem Gesamtsystem. Im historischen Rückblick können wir beobachten, daß sich die Pädagogik als Wissenschaft am Ende des achtzehnten Jahrhunderts zaghaft als Teilsystem aus dem Gesamtsystem und damit aus theologischer und philosophischer Vormundschaft zu lösen beginnt, beispielsweise als die ersten Lehrstühle für Pädagogik errichtet wurden.

Fachliche Spezialisierung auf berufliche Kompetenzen hin gibt es in der Moderne nicht ohne Wissenschaft. Ausdifferenzierung und fachliche Spezialisierung gehen in der Moderne immer einher mit Verwissenschaftlichung, diese wieder mit Spezialisierung, und diese erhöht wiederum die beruflichen Kompetenzen - ein Rückkopplungssystem, das sich auf diese Weise selbst organisiert und stabilisiert.

Aber wie lange noch? Die Entwicklung könnte auch wieder umschlagen: Zu viel Spezialisierung könnte Überkomplexität erzeugen und ist irgendwann nicht mehr anschlußfähig an den Gesamtmarkt, indem sie mit dem Risiko fehlender Flexibilität verbunden ist, wenn ein Tätigkeitsbereich plötzlich nicht mehr nachgefragt wird. Und zu viel Spezialisierung macht das Gesamtsystem nicht nur überkomplex, sondern auch nicht mehr steuerbar und unproduktiv.

Es mag schon bis hierher einleuchten, daß die Erziehungswissenschaft ihre Aufgabe verfehlen würde, wenn sie einfach dem Trend der übrigen Wissenschaften folgte. Wissenschaftstheoretisch läßt sich zeigen, daß eine Wissenschaft - nach traditioneller Methodologie - um so exakter sein kann, je kleiner ihr Teilbereich ist, je weniger Kontexte sie hat, je geringer - deshalb - ihre Komplexität ist; um so kontrollierter kann der analytische und empirische Zugriff auf diesen (verkleinerten) Bereich sein; um so größer sind auch die Möglichkeiten der vorausberechenbaren Systemsteuerung dieses Bereichs (vgl. Huschke-Rhein, Bd. 2). Auf Spezialisierung steht zwar eine Prämie. Aber sie hat auch ihren Preis.

Es leuchtet intuitiv ein, daß dieses schöne Wissenschaftsmodell der Moderne für die Erziehung leider nicht in Frage kommt: Ihr Bereich - ihr 'Gegenstand', wie man wissenschaftstheoretisch sagt - ist komplexer, er gehört nicht nur einer einzigen Wissenschaft an. *Forschungsbereich und Praxisbereich der Erziehung gehören (mindestens) den drei folgenden Systemen und damit drei Wissenschaften an: dem biologischen, dem psychischen, dem sozialen System; also nach der systemischen Typisierung: lebenden Systemen, Bewußtseinssystem, Kommunikationssystemen* (vgl. Luhmann 1984; Büeler 1994). Würde ein Erzieher ein Kind nur unter sozialer Perspektive ansehen, vergäße er die Gesundheit und die Psyche des Kindes; würde er es nur aus der Perspektive seiner Psyche ansehen, vergäße er die Gesundheit und die Gesellschaft, in der es aufwächst; würde er es nur aus biologischer Perspektive ansehen, vergäße er die beiden anderen Seiten. Die Wirklichkeit, in der ein Kind aufwächst und in der die Menschen leben, mit denen sich Pädagogik befaßt, ist eben viel zu komplex, als daß sie ohne Kontexte verkleinert werden könnnte: Sie gehört nicht nur einem einzigen System an. Und dieser Tatsache muß die Wissenschaft von der Erziehung gerecht werden.

Das läßt sich auch an den Themen der Pädagogik und an den Grundbegriffen der Pädagogik zeigen. Betrachten wir einige pädagogische Grundthemen (einige haben sich schon zu Subsystemen entwickelt), wie: Schule, Kind, Spiel, Familie, Strafe, Freizeit, Arbeit, Kindergarten, Volkshochschule, Altenheim usw. Bei jedem dieser Begriffe läßt sich zeigen, daß sein Wissenschaftsgehalt und damit sein Praxisgehalt gering wäre, würden wir ihn bloß als 'System für sich' analysieren, ohne seine jeweiligen Kontexte zu beachten. Was wäre die Schule, nur für sich betrachtet ohne ihre gesellschafliche Umwelt; was wäre das Kinderspiel, ohne seine sozialen Kontexte; was wäre die Freizeit, nur für sich betrachtet usw.? Zwar müssen wir erst über Sachkenntnis in dem jeweiligen Einzelbereich oder Primärsystem verfügen. Aber für eine gehaltvolle und wissenschaftlich anspruchsvolle pädagogische Theorie müßten die Kontexte der primären Systeme bzw. der Themen mit einbezogen werden, so daß die Vernetzung des Systems bzw. seine Komplexität deutlich wird.

Eine Möglichkeit nun, dieser Aufgabe gerecht zu werden, bietet das Systemdenken. Es bietet der Pädagogik die Chance, einen Bereich orientierender Übersicht und eine Perspektive auf das Gesamtsystem Erziehung zu entwerfen. Dies hat gegenüber der traditionellen 'Systematik' der Erziehung und gegenüber einer bloß empirisch-analytischen Erziehungswissenschaft nach naturwissenschaftlichem Vorbild zwei Vorteile: Es geht nicht mehr um eine allgemeingültige und zeitlose Wissenschaftsbegründung der Pädagogik, und es geht nicht mehr um eine lückenlose 'systematische' Darstellung des Gesamtgebiets der Erziehung und der Erziehungswissenschaft, was keiner heute mehr leisten könnte und was, außer lexikalischen Interessenten, auch niemanden mehr interessieren würde. Aber: Der Systemansatz kann eine Zusammenschau auf 'mittlerem Niveau' bieten; und er kann Zugänge zu den Praxisfeldern der Pädagogik erschließen, ohne alle diese Felder im einzelnen behandeln zu müssen (s.u.).

Die Systemtheorie ist sowohl eine Theorie der Gesellschaft bzw. ihrer Evolution in der abendländischen Kultur, als auch eine allgemeine Wissenschaftstheorie mit hohem interdisziplinärem Potential, sogar mit evolutivem Aspekt, sie ist also nicht bloß eine deskriptive Theorie zeitgeschichtlicher Ereignisse. Luhmann attestiert seiner Systemtheorie immerhin eine gewisse "Universalität" (1984, S. 9). Insofern kann sie eine der beiden Hauptaufgaben aus der Entstehungszeit der geisteswissenschaftlichen Pädagogik (Schleiermacher; v.a. Dilthey) unter veränderter zeitgeschichtlicher Perspektive fortsetzen, nämliche die wissenschaftstheoretische Begründung der Pädagogik, die allerdings im Zeitalter der Postmoderne anders als im Zeitalter Diltheys nicht mehr von dem Trauma der Allgemeingültigkeitsforderung nach dem Vorbild der (damaligen) Naturwissenschaften geplagt ist, denn die wissenschaftstheoretische Situation ist seit Relativitätstheorie, Quantentheorie und Chaosforschung eine völlig andere geworden. Es bleiben zweitens die mehr zeitgebundenen Aufgaben, aktuelle Probleme und Praxisaufgaben der Pädagogik zu bearbeiten. Dabei erreicht, wie ich zeigen möchte, der Systemansatz trotz seines postmodernen Kontextes *eine 'relative' wissenschaftliche Allgemeinheit*, an der ich auch unter den erschwerten postmodernen Zeitläufen festhalten möchte (vgl. den Beitrag zur 'Allgemeinbildung' in Teil III). Als Vorteil erscheint mir, daß die neuen Praxisaufgaben der Pädagogik nicht bloß additiv mit der systemischen Perspektive verbunden bleiben, sondern substantiell (s.u.).

*****

5. Konsultative Erziehungswissenschaft: Pädagogik als Beratungswissenschaft

In diesem Abschnitt führe ich weiter, was zuvor als Systemtheorie über die Ausdifferenzierung und Expertisierung der pädagogischen Systeme vorgetragen wurde. In diesem Abschnitt geht es um die praktischen Konsequenzen für die zukünftige Organisation der Pädagogik.

Die Phase des Lernens in Lernsystemen dauert in postmodernen Gesellschaften lebenslang, sie endet also nicht mit den traditionellen Abschlüssen des Abiturs, des Studiums oder der Berufsausbildung. Das erfordert *lebenslange Weiterbildung.* Diese neuen Anforderungen an die Pädagogik entstehen zum einen durch die neuen Strukturen und Zwänge des Arbeitsmarktes und zum anderen durch die ständig anwachsenden Wissensbestände, die eben nicht halt machen, wenn jemand einen beruflichen Abschluß auf einem Gebiet erreicht hat. Die lebenslang gleiche Berufstätigkeit, etwa im Betrieb des Vaters, gehört der Vergangenheit an.

In erziehungswissenschaftlicher Terminologie läßt sich sagen: Der Bildungsbegriff und der Erziehungsbegriff ändern sich, weil Bildungsprozesse nicht mehr linear verlaufen, um zu einem bestimmten Zeitpunkt zum Abschluß zu kommen; vielmehr wird der Bildungsprozeß in postmoderner Landschaft Elemente aus der Krisen- und der Chaosforschung in sich aufnehmen: *Bildung als nicht-linearer, lebenslanger Prozeß über Phasen der Abbrüche, der Turbulenzen und der Neukonstruktion.*

Damit ändert sich auch der Erziehungsbegriff. Auch er verliert seine strikte Zuordnung zu einer bestimmten Entwicklungsphase, die früher einmal mit dem Erreichen der 'Mündigkeit' der Jugendlichen endete, also etwa mit der Wahlmündigkeit. Wenn Erziehung, wie oben schon formuliert, die zeitweilige Fremdsteuerung eines Menschen mit dem Ziel seiner Selbststeuerung meint, dann wird Erziehung einerseits den Kindern früher als in der Vergangenheit Lern- und Lebensumwelten anbieten, die die Eigentätigkeit und die Selbstorganisation fördern und so die Selbststeuerung ermöglichen; andererseits wird es heute und in Zukunft auch im dritten, vierten und vielleicht im fünften Lebensjahrzehnt immer noch Lernangebote oder auch Lernverpflichtungen geben, die den Erwachsenen praktisch wieder - wenn auch nur zeitweilig - in die schulische Situation (zurück-)versetzen, in der er eine Situation der Fremdsteuerung erleben muß - um hernach wieder einen höheren Grad von Selbststeuerung zu erreichen. Wenn der amerikanische Kulturkritiker und Medienpädagoge Neill Postman (1987) pointiert vom 'Verschwinden der Kindheit' spricht, so können wir umgekehrt von einem '*Verschwinden des Erwachsenenalters*' sprechen: Lernen, Bildung und Erziehung hören in der postmodernen, enttraditionalisierten Gesellschaft nicht mehr auf; in gewisser Weise wird niemand mehr 'erwachsen werden' - wenn damit jener bildungsbezogene Endzustand gemeint ist.

Es ergeben sich damit weitere neue Aufgaben und Merkmale einer zukünftigen Erziehungswissenschaft bzw. Pädagogik, von denen ich einige im folgenden ansprechen werde. Vor allem die mit der konsultativen Weiterung der Pädagogik verbundenen Themen und Aufgaben folgen direkt oder indirekt aus der systemischen Perspektive. In gewissem Sinn ändert die Pädagogik dabei ihren Begriff: Wenn sie 'lebensbegleitend' wird, dann wird sie das Lernen und die Bildungsprozesse in vielen Formen lebenslang begleiten, und sie ist nicht mehr zu begrenzen auf die Phase, von der ihr Begriff bei genauer Übersetzung - 'Pädagogik' heißt (griechisch) ja 'Kinder-Führung' (ganz wörtlich: 'Knaben-Führung'!) - spricht, also nicht begrenzbar auf Kindheit und auch nicht auf Jugend. Sie wird zu einer *Lebensbegleitungswissenschaft.*

Daß Konsultation eine professionelle Aufgabe der Pädagogik und ein obligates Thema der Erziehungswissenschaft wird, hat zunächst also externe Gründe, die mit der gesellschaftlichen Entwicklung als ganzer zusammenhängen. Die Zunahme der Beratungsaufgaben in modernen Gesellschaften entspricht - extern betrachtet - der 'Enttraditionalisierung' der Gesellschaft, also der insgesamt abnehmenden Steuerung des Alltagshandelns durch die gesellschaftlichen Traditionen, und speziell dem Rückgang der kirchlichen Beratungsfunktionen. Intern ist damit die *Expansion des pädagogischen*

Aufgabenfeldes verbunden, und damit schließe ich an den vorigen Abschnitt über die 'Ausdifferenzierung' der pädagogischen Systeme in modernen Gesellschaften an: Überall läßt sich diese Durchorganisierung der Erziehungs- und Bildungssysteme über das klassische Aufgabenfeld der Schule hinaus beobachten, beginnend mit der vorschulischen Erziehung in Kindergärten und Kinderkrippen über die Institutionen der Weiter- bzw. Erwachsenenbildung bis zur Alternspädagogik (Gerontagogik) und Sterbebegleitung. Damit verbunden ist wiederum die *zunehmende Expertisierung* des pädagogischen Wissens und des pädagogischen Handelns in den pädagogischen Systemen. Das entspricht der Verringerung bzw. Auflösung der traditionell familiär übernommenen oder gestützten Erziehungsarbeit, die zuvor in der Familie 'urwüchsig' und traditionsgeleitet stattfand, jedenfalls ohne professionelle Beratung, die nun also übernommen wird von den ausdifferenzierten und durchorganisierten pädagogischen Systemen.

Zum einen hat sich, wie auch die Statistiken zeigen, ganz äußerlich der Beratungsbedarf in der Gesellschaft erhöht und wird sich noch weiter erhöhen. Zum anderen wird die Beratung, wie andere Teilbereiche des Systems der Pädagogik, sich ebenfalls zum Teilsystem ausdifferenzieren und zu einem speziellen Schwerpunkt pädagogischer Tätigkeiten werden. Intern entspricht dies nun einem Axiom des Systemansatzes: dem Autopoiesis- oder *Selbstorganisationstheorem.* Dieses Theorem arbeitet der systemisch fundierten Beratung gleichsam von *zwei Seiten* zu: Auf der einen Seite bedeutet dieses Theorem in der Praxis die *Förderung der Selbstorganisation bei den 'Kunden'* der pädagogischen Arbeit; auf der anderen Seite wird sich eine große Kundschaft von Ratsuchenden einfinden, die die Beratungsangebote in Anspruch nehmen wollen: Beratung dient hier der *Förderung der Selbstorganisation durch die 'Kunden' selber.*

Für das Verständnis konsultativer Arbeiten in der Pädagogik mag das folgende Modell hilfreich sein, das den *Prozeß der Selbstorganisation als Entwicklungsprozeß* darstellt: Die Pädagogik arbeitet immer zwischen Fremdorganisation und Selbstorganisation, wobei wir uns eine Zeitachse vorstellen, die von links nach rechts läuft. Die Skala beginnt (links) mit den Tätigkeiten der Fremdsteuerung, wenn das Kind noch maximal hilfsbedürftig ist. Im rechten Bereich, in dem am Ende die Selbstorganisation überwiegt, hat die Fremdsteuerung entsprechend abgenommen:

```
|===========================================================>
```

Fremdsteuerung.................   ....Selbstorganisation

Ich schlage vor, '*Konsultation im weiteren Sinne*' von '*Konsultation im engeren Sinne*' zu unterscheiden. Jede Erziehung, vor allem die der kleinen Kinder, ist Förderung der Selbstorganisation, *wenn* und *solange* sie mit dem Vorsatz und dem Ziel dieser Förderung verbunden bleibt. Die allbekannten pädagogischen *Basisarbeiten* - wie Unterstützung, Pflege, Förderung, Hilfe -, die Eltern oder ErzieherInnen von klein an den Kindern angedeihen lassen, weil sie noch äußere Hilfe, Sorge und Pflege benötigen, gehören nach dem vorgestellten Schema des Modells auf die linke Seite, ebenso wie die

24

sogenannten 'kurativen' Leistungen, aber auch die dann folgenden institutionellen Angebote der pädagogischen Einrichtungen. Dieser zunächst äußerlich notwendige Komplex pädagogischer Maßnahmen kann unter 'Konsultation im weiteren Sinne' verstanden werden.

Darum sollten wir bestimmte traditionelle pädagogische Basisarbeiten nicht gering schätzen: Unterstützung, Pflege, Förderung, Hilfe und auch, wie sich Schleiermacher (1768-1834) ausdrückte: "Gegenwirkung" gegen krankmachende oder bedrohliche Entwicklungen der Kinder - dies alles kann wieder nach dem Grad der schon vorhandenen oder entwickelten Selbstorganisationsfähigkeiten auf der zweipoligen Skala aufgeordnet werden.

Wenn wir eine solche Entwicklungsdynamik betrachten, wie sie das obige Schema symbolisiert, folgt daraus, daß *die Tätigkeiten der Hilfe und der Unterstützung von Anfang an zu den pädagogischen Basisarbeiten zu zählen sind*. Die traditionelle Beratung - Beratung im engeren Sinne - ist nur die gleichsam elaborierte, 'erwachsene' Form der Hilfe und Unterstützung, bei der schon vom Sprachgebrauch her vorausgesetzt ist, daß der Ratsuchende selber die Initiative ergreift und auch sprachlich auf einer vergleichbaren Ebene wie der Ratgeber kommunizieren kann. Das ist bei kleinen Kindern natürlich nicht der Fall. Auf der anderen Seite bedeutet Ratsuche immer auch ein Gefälle: Rat wird gesucht bei einem Experten oder einem, der über mehr Erfahrung, auch Lebenserfahrung verfügt. Hier können wir von *'Konsultation im engeren Sinne'* sprechen.

Alle konsultativen und alle kurativen Tätigkeiten gehören von Anfang an zum Auftrag und zum Geschäft der Pädagogik. Darum ist es mir wichtig zu betonen, daß Hilfe, Unterstützung, Förderung, Beratung und auch Therapie von Anfang an zur 'normalen Pädagogik' hinzugehören. Dies folgt sowohl aus den vorangegangenen Überlegungen zur zeitgemäßen Aufgabenerweiterung der Pädagogik als auch aus dem Systembegriff selber. Wenn wir es mit lebenslanger Begleitung und lebenslangen Entwicklungsaufgaben zu tun haben, dann ändert sich der Bildungsbegriff und ebenfalls ändern sich die pädagogischen Aufgaben. Der Bildungsbegriff schließt dann die persönliche Weiterentwicklung ein, die auch über Krisen, Brüche, Durchsteuern chaotischer Phasen zu einem höheren Niveau der Selbstorganisation und zu neuen Selbstkompetenzen führt, und damit werden die Resultate der Chaosforschung, die ja ein Zweig der Systemtheorie ist, mit aufgenommen. Solche Phasen gehören dann - eben unter Einschluß chaotischer Phasen - zu einem 'normalen' Verlauf des Erziehungsprozesses hinzu. Oder wollen wir etwa die allbekannten Phasen pubertärer Entwicklung als 'krankhaft' ansehen und aus einer 'normalen' Entwicklung oder gar der 'normalen' Pädagogik ausschließen? Nicht-erwartbare, non-lineare Phasen und Prozesse gehören nach systemischer Auffassung substantiell zu einer 'normalen' Entwicklung jedes Kindes und jedes Menschen hinzu.

Konsultation ist also das normale Geschäft der Pädagogik. Welche Inhalte auch sonst noch als wesentlich für die Erziehung genannt werden mögen - Führung, Lernen, Sozialisation, Bildung, moralische Erziehung, Stärkung des Selbst usw. -, die Organisation aller dieser pädagogischen Tätigkeiten und Aufgaben ist aus der Sicht des Systemansatzes als Organisation konsultativer, also beratender Tätigkeiten und Aufgaben zu verstehen. Denn der Ausgangspunkt des Systemansatzes, das Selbstorganisationstheorem ('Autopoiesis-Theorem'), bedeutet, daß *jede Hilfe zur Selbstorganisation als pädagogische Tätigkeit* bestimmt wird, genauer formuliert: jede Hilfe, die mit dem Ziel gegeben wird, die *Fähigkeit* der Selbstorganisation zu optimieren, kann als eine pädagogische Tätigkeit klassifiziert werden, also Sozialarbeit ebenso wie Therapie, die Arbeit bei den Anonymen Alkoholikern ebenso wie der Sportunterricht. Denn 'Selbstorganisation' bezieht sich, wie oben definiert, auf die Entwicklung der Kompetenz der Systemsteuerung in den drei anthropologischen Grundsystemen: im biologisch-körperlichen System, im psychischen System und im sozialen System sowie der systemischen Vernetzung dieser drei Systeme untereinander.

Das Selbstorganisationstheorem besagt aber auch, daß kein Erzieher *direkt* in das Gehirn, in die Seele oder allgemein in die Persönlichkeit eines anderen eingreifen kann, sondern nur indirekt: *Jede Erziehungsmaßnahme erhält damit den Charakter eines Angebots, das angenommen oder abgelehnt oder verändert werden kann.* In der Terminologie des Systemansatzes heißt dies: Es gilt der Instruktionsvorbehalt, was heißt, daß keine pädagogische Instruktion direkt in ein anderes Gehirn eingeleitet und von diesem angeschlossen werden kann, sondern nur nach Maßgabe ihrer Anschlußfähigkeit im rezipierenden Gehirn angeschlossen wird.

Der Instruktionsvorbehalt bedeutet natürlich nicht - was gelegentlich so mißverstanden wird -, daß die Pädagogik ab jetzt den Kindern nicht mehr sagen dürfte, was sie tun *sollen*. Aber es bedeutet ein neues und anderes Bewußtsein, mit dem die pädagogischen Sollsätze und Erziehungsziele begleitet werden. Dieses Bewußtsein ist nicht folgenlos; im Gegenteil ergeben sich gravierende Folgen sowohl für die alltägliche Erziehungspraxis wie für die Pädagogik als Erziehungswissenschaft. Es ändern sich der Erziehungsstil, die Rolle der Erziehenden, die pädagogischen Techniken und Steuerungskonzepte, das berufliche und vor allem das persönliche Selbstverständnis der Erziehenden, die Erwartungen an die zu Erziehenden, ja letztlich der Erziehungs- und Bildungsbegriff selber. Hinter einer konsultativen Auffassung der Pädagogik steht nicht etwa Resignation, sondern im Gegenteil der Respekt und die Achtsamkeit gegenüber der Selbstorganisationsfähigkeit der anderen.

Zusammenfassend läßt sich sagen*: Erziehung, Bildung, Ausbildung, Beratung und Therapie sind nach systemischer Auffassung auf einem gemeinsamen Kontinuum vorzustellen, das die ansteigende Stärke der Selbstorganisationskräfte symbolisiert. Damit gewinnen Beratung und Therapie ein Stück erzieherischer Normalität zurück, und die Erziehung wird vom Makel der bloß externen Fremdsteuerung befreit.*

Das Erlernen von Beratungsmethoden und Beratungstechniken sollte in der zukünftigen Pädagogikausbildung so selbstverständlich sein, wie es einmal das Erlernen von Lesen, Schreiben und Rechnen war. Es sollen also gerade nicht alle Pädagogen zu Therapeuten ausgebildet werden. Aber es sollte schon klar sein, daß das Beraten zum Handwerkszeug ihres Berufes gehört. Jeder Lehrer und jede Lehrerin sollte in kleinerem Umfang zu Beratungsgesprächen in der Lage sein oder den Anschub geben können zur Organisation von professioneller Beratung.

***

Es folgen Drei Exkurse zu offenen Fragen:

Exkurs 1: Zum Begriff der Beratung

'Beratung' heißt: jemandem einen Rat geben, den dieser zwar hören und befolgen kann, den er aber auch *nicht* befolgen kann. In dieser Formel kondensiert sich das begriffliche Wissen um die Fähigkeit der Selbstorganisation: Nehmen wir die Fähigkeit der Selbstorganisation als basale menschliche Fähigkeit ernst, so kommen wir zu einer vorsichtigeren Einschätzung pädagogischer Möglichkeiten. Eltern, ErzieherInnen, LehrerInnen können und werden zwar weiterhin, wenn es sein muß, Instruktionen, Gebote und Verbote aussprechen; sie mögen sogar, wenn sie es nicht anders können oder gelernt haben, schreien oder gar zudringlich werden: die Tatsache und die - das sage ich jetzt bewußt - *Würde* der Selbstorganisation von Kindern oder Jugendlichen oder von Menschen überhaupt werden sie niemals außer Kraft setzen können, auch wenn sie sie zeitweilig beschädigen.

Aus der Sicht des Betroffenen gesehen ist selbst das Geschrei des Erziehers nur ein Versuch, ihn auf direkte Weise zu einem bestimmten Verhalten zu veranlassen - was, selbst wenn das gelingt, noch nichts darüber aussagt, was im Gehirn des Betroffenen längerfristig codiert wird. Wenn das Schreien nicht bloß ein Gefühlsausbruch ist, soll es in pädagogischen Situationen ja dazu dienen, bestimmte Regeln und Normen durchzusetzen; hierfür sind allerdings häufig andere Techniken wie Verträge, Umdeutungen oder Absprachen nützlicher. - Ich verlasse diese Beispielszene jetzt; diese Fragen werden später in den Praxisteilen weiter geführt.

Beratung scheint den Wirkungsbereich der Pädagogik auf die *persönliche* Beziehungsebene einzuengen. Ich verstehe den Begriff jedoch weiter: Er umfaßt *auch die institutionelle Organisation der Erziehung*. Von seinem Ursprung her hat der Begriff 'Rat' immer auch die soziale, überpersönliche Dimension gehabt, z.B. das 'Rathaus' oder der 'Rat der Stadt Köln'. Um den Schwierigkeiten und Unwägbarkeiten der personalen Dimension zu entgehen, hat die Moderne ja die überpersönlichen Systeme erfunden. Diese erledigen bestimmte pädagogische Aufgaben - das ist Ziel dieser Erfindung in der Neuzeit - viel zuverlässiger und berechenbarer als die 'unzuverlässigen' Personen. So kann das 'Schul-System' den Lernprozeß effizienter steuern, als wenn man ihn dem Hauslehrer oder der Mutter oder dem berufstätigen Vater überläßt. Im Jargon der kybernetischen Systemtheorie heißt das: Der Input führt zu einem voraussehbaren Output. Genau hier liegen aber einige der Hauptprobleme der gegenwärtigen Pädagogik. Denn die personale Dimension, so werde ich zeigen, läßt sich nicht ausschalten; vielmehr läßt sie sich nur zum Nachteil der zu Erziehenden ausschalten. Dem werde ich in einigen Beiträgen zum Thema der Schule heute nachgehen. - Darum ist es gut, daß die Systemtheorie inzwischen wieder die personale Dimension im Begriff der Selbstorganisation bzw. der 'Autopoiesis' aufgenommen und sogar zentral fokussiert hat. Hinzu kommt heute, daß es die stabilen Institutionen früherer Zeiten, die zuverlässig ihren Output erbrachten, ohnehin nicht mehr gibt. 'Die' Schule wird es nicht mehr lange geben - anstelle der emotionslosen Konstruktion früherer Lernsysteme wird es in Zukunft wieder Lebenssysteme mit eigenem, persönlichem Profil geben, in denen ein emotionales Engagement ganz selbstverständlich ist.

***

Exkurs 2: "Wer Förderung, Hilfe, Beratung oder Fürsorge braucht, ist entweder ein Kind oder krank"?

Wenn kleine Kinder ständig Hilfe brauchen und auch bekommen, halten wir das mit Recht für (pädagogisch) normal. Systemisch gesagt: wenn die Selbstorganisationsfähigkeit der kleinen Kinder noch nicht so entwickelt ist, daß sie keine Hilfe mehr brauchen, sondern von ihren Kontexten Hilfe erhalten, sehen wir das als normal an. Für Erwachsene aber soll das nicht mehr gelten? Sie brauchen keine Hilfe mehr? Und wenn sie Hilfe benötigen oder wollen, dann sind sie 'krank'? Die völlig falsche Vorstellung - oder Illusion -, daß Erwachsene deshalb erwachsen sind, weil sie selbstorganisiert 'sind' und keine externe Konsultation mehr brauchen, und daß entsprechend die Kinder nicht selbstorganisiert sind und darum externe Konsultation haben dürfen, ist selber 'krank': Sie unterstellt einerseits unmündige Kinder mit einer Versorgungspädagogik, die Kindern die Selbstorganisation abspricht, und unterstellt andererseits die 'reifen', 'mündigen' Erwachsenen, die keine externe Konsultation mehr brauchen - und keine weitere Entwicklung hin zu höherer Selbstorganisation mehr erfahren werden! Ersichtlich ist dies eine überholte Vorstellung einer Pädagogik vergangener Zeiten, die nur auf der Folie einer stabilen Traditionsgesellschaft möglich war, die noch das Erreichen der 'Mündigkeit' des Wahlalters mit dem Erreichen der Selbstorganisationsfähigkeit verwechseln durfte - denn mit dem Erreichen der 'Mündigkeit' waren ja auch die Rechte und Pflichten des Erwachsenseins relativ klar definiert. Von dieser Form der definierten Mündigkeit in der Traditionsgesellschaft waren nur Kinder und Kranke ausgeschlossen. Wenn wir aber heute lebenslange Entwicklungs- und Reifungsprozesse akzeptieren wollen, fällt auch die strikte Trennung zwischen Kindheit und Erwachsenenalter - hier 'fehlende Mündigkeit', dort 'erreichte Mündigkeit' - fort: Der Prozeß der Selbstorganisation fängt im frühen Kindesalter an und dauert lebenslang.

Konflikte und Probleme, die sich aus der Konstruktionsarbeit der Selbstorganisation regelmäßig ergeben, sind danach als solche noch keineswegs ein Zeichen für 'Krankheit', sondern in gewissem Umfang normal. Damit wird die Grenze zwischen Gesundsein und Kranksein aus konsultativer Sicht im Prinzip fließend und nicht rigide definierbar. Auch sollten wir nicht übersehen, daß Beratung und Konsultation auch einen *präventiven* Zweck haben: Prävention vermindert die Schwere späterer Probleme oder kann sie überhaupt vermeiden helfen.

***

Exkurs 3 und Diskurs: Wenn Beratung nicht mehr bloß für die Kranken da ist: wird dann nicht die Grenze zwischen Gesundheit und Krankheit, zwischen Normalität und Abweichung, unscharf?

Es besteht seit je her eine Neigung in der Gesellschaft und auch in der Pädagogik, das 'Normale' vom 'Kranken' zu trennen. So hat man leicht die Übersicht, es geschieht dann das Erwartbare im Sinne linearer Kausalität. Man weiß, woran man ist. Man kann beruhigt sein. Das läßt aufatmen. Aber ein solcher Scharz-Weiß-Begriff von Pädagogik gehört einer traditionsstabilen Gesellschaft an, die wir nicht mehr haben, und er gehört darüber hinaus einem Schwarz-Weiß-Denken an, das der Systemansatz entschieden ablehnt. Nur ein antiquierter Begriff von Erziehung müßte dies trennen: da gäbe es einen Bereich 'normaler' Erziehung und davon getrennt die kurativen Tätigkeiten angesichts von Pathologie: die Hilfe für das 'Nicht-Normale', Abweichende, Kranke. Mit Nachdruck vertritt der Systemansatz hier eine Gegenposition, die aus den Erfahrungen der Systemischen Therapie und Beratung, aber auch aus seinen wissenschaftlichen Grundsätzen folgt: *Krankheiten, Symptome, seelische Defekte und Defizite, Abweichungen usw. sind nach systemischer Auffassung jeweils gleichermaßen (!) das Konstrukt aus zwei scheinbar gegensätzlichen Größen: der Selbstorganisationsfähigkeit und den Systemkontexten.*

Diese Auffassung, daß es für ein Verhalten nicht bloß einen, sondern gleich zwei - sich scheinbar widersprechende - Begründungen geben darf, steht im Widerspruch zu unserer gewöhnlichen Alltagslogik, die linear ist und eher dazu neigt, dies oder das oder jenes als eindeutige Ursache eines Ereignisses anzusehen. Das ist natürlich vorteilhaft unter dem Kriterium, Komplexität wirkungsvoll zu reduzieren. Dennoch ist die psychische Realität nicht linear. Darum stellt es nach systemisch-konstruktivistischer Auffassung keinen Widerspruch dar, *zwei* Begründungen zu geben, um der Komplexität besser gerecht zu werden. Wir können uns dies leichter verdeutlichen, wenn wir es mit Begriffen und Vorstellungen der nonlinearen Systemforschung (z.B. Chaosforschung) beschreiben: Das Verhalten eines nonlinearen Systems im Phasenraum folgt einem Attraktor, der durchaus zwei Brennpunkte (oder mehr) haben kann, ähnlich wie in einer Ellipse, deren Brennpunkte wir uns in einem mehrdimensionalen Phasenraum vorstellen müssen.

Nehmen wir ein *Beispiel* für die '*elliptische These*', daß Krankheiten, Symptome, seelische Defekte und Abweichungen usw. nach systemischer Auffassung jeweils gleichermaßen das Konstrukt aus Selbstorganisation und Kontextabhängigkeit sind: eine sogenannte Lernstörung oder eine sogenannte Eßstörung (Magersucht, Bulimie). Diese sind einerseits nur zu verstehen, wenn die familiären oder die schulischen Kontextsysteme in die Betrachtung mit einbezogen werden; beispielsweise übernimmt ein Systemmitglied die Position des Schwachen oder des Opfers oder wird durch eine plötzliche Veränderung des gewohnten Systems (Scheidung; Auszug oder Tod eines Mitglieds u.a.) zu einer vorläufigen und dramatischen Antwort genötigt. Andererseits ist das pathologische Verhalten die autonome, selbstorganisierte 'Antwort' und 'Entscheidung' auf der Basis seiner autopoietischen Fähigkeiten - auch und gerade, wenn sie ein 'abweichendes' Verhalten ist. (Ein anderes Kind aus derselben Familie gibt in derselben Situation eine ganz andere 'Antwort'!).

Die obigen Argumente bedeuten nun nicht, daß es hinfort nichts 'Krankes' mehr gäbe, nichts Abweichendes, daß keiner mehr für sich verantwortlich wäre usw. Das wäre ein krasses Mißverständnis dieser Position. Aber die *Sichtweise* auf das Hilfsbedürftige, Unfertige, Kranke und Abweichende wird eine andere. Darauf kommt es an. Es geht eigentlich um eine ganz subtile Grenze: Es geht um die Frage der Zugehörigkeit oder des Ausschlusses, um Inland oder Ausland, ja eigentlich um Gut und Böse. Eine subtile therapeutische Erfahrung oder Selbsterfahrung besteht darin zu erkennen, daß ich selbst nicht einfach der Gute bin und die anderen die Bösen sind. Dies ist - erfahrungsgemäß - gerade für Pädagogen nicht leicht einzusehen. Denn diese müssen ja gleichsam schon berufsmäßig immer auf der richtigen Seite stehen, nach der Grundfigur: Erzieher - Zögling, Wissender - Unwissender, Erwachsener - Kind, Lehrender - Lernender, Führer - Geführter.

Ein *Beispiel*: 'Aggressiv' sind ja die Schüler, meine eigene Aggressivität spielt in der Schule keine Rolle, ich - als Lehrender - brauche sie auch gar nicht zu kennen und noch weniger brauche ich mich damit auseinanderzusetzen, auch nicht mit der Frage, ob die Schule durch bestimmte strukturelle Machtmittel vielleicht sogar ihrerseits eine unbewußte und ungewollte Aggressivität ausübt. Statt dessen lernen die Pädagogen Techniken, wie sie die Aggressivität der Schüler 'bewältigen' können, - was sicherlich nicht falsch, aber nur die Hälfte der Lektion ist, die hier gelernt werden müßte.

Wenn die gesellschaftlichen Rahmenbedingungen, von denen oben die Rede war, dahin gehen, daß die traditionellen Abgrenzungen zwischen Lehren und Lernen, Erwachsenalter und Kindheit unscharf werden, so wird eben auch das *Gefälle* zwischen den beiden Seiten geringer, weil *beide* Seiten: Lehrer *und* Schüler, Erwachsene *und* Kinder, in einem lebenslangen Bildungsprozeß, Entwicklungsprozeß, Selbsterfahrungsprozeß sich wiederfinden: in einem *gemeinsamen Systemzusammenhang.* Das angemessene Bewußtsein hierfür kann nicht in dem Bewußtsein bestehen, trennscharf auf der einen oder der anderen Seite zu stehen. Ein systemisches Bewußtsein sieht die Gemeinsamkeiten und natürlich auch das Trennende *zusammen.*

Jedes Symptom, jede Krankheit wird also umgeben von einem systemischen Kontext, der durch rekursive Systembeziehungen, also Rückkopplungsschleifen, seinen Anteil und Einfluß auf das Symptom und auf den Symptomträger hat; aber innerhalb der Systemdynamik spielen sämtliche Selbstorganisationspotentiale mit, auch wenn dies zunächst nicht offensichtlich ist. Anders ausgedrückt: an den meisten seelischen Defekten sind *auch* andere Menschen und Systeme aktiv beteiligt. In der systemischen Therapie hat sich darum eingebürgert, nicht mehr einfach vom 'Patienten' zu sprechen, sondern beispielsweise vom 'Index-Patienten' oder einfach nur vom 'Klienten', denn andernfalls könnte das System, das ihn 'schickt', sich fein die Hände reiben und sagen: 'Wir sind ja o.k.; nur er ist bekloppt', und damit würden sie aus dem Klienten eine Person ohne Kontextsystem machen - was es ja nicht gibt. Außerdem spielt hierbei die Etikettierungsmacht der Kontextsysteme oder allgemein der gesellschaftlichen Systeme eine Rolle: Wer als krank etikettiert wird, kann insoweit von den - angeblich - Gesunden ausgesondert und dann ghettoisiert werden.

Aber auch für das *pädagogische Rollenverständnis der ErzieherInnen,* vor allem von Eltern wäre eine systemische Sichtweise hilfreich. Die konsultative Einstellung bedeutet ja, daß Eltern und ErzieherInnen mißlungene Erziehung, Mißerfolge, problematische Verhaltensweisen von Kindern sich nicht einfach selbst zurechnen ('attribuieren') müssen, was ja Eltern oft tun. Sie dürfen nach systemischer Auffassung *auch* die Selbstorganisation des Kindes in Rechnung stellen. Das mag sie dann entlasten.

Dies steht nur scheinbar im Widerspruch zu der eben angeführten Attitüde, die 'Schuld' für Versagen bei den anderen zu suchen, indem man sich bescheinigt, daß man ja selbst - als Lehrer, Elternteil, Erzieherin - schon auf der richtigen Seite steht. Beides hängt in der Realität oft eng miteinander zusammen: Zuerst steht man auf der richtigen Seite und macht 'alles richtig'; dann aber ist die Betroffenheit so groß - 'Wir haben doch immer alles für das Kind getan' -, daß das Pendel in die Gegenrichtung ausschlägt: 'Wir haben alles falsch gemacht.' Beide Sätze sind eng miteinander verwandt, aber mit Sicherheit falsch. Es ist hilfreicher, eigene positive *und* negative Anteile *und* die - positiven *und* negativen - Anteile der anderen *in einem gemeinsamen System* zu sehen und zu akzeptieren: Das ist nicht nur angemessener, sondern langfristig auch hilfreicher für einen selbst *und* für die anderen.

Eine schematische Vorabtrennung in eine 'normale' Pädagogik und eine wie immer spezielle 'Sonder-Pädagogik', Katastrophen-Hilfe-Pädagogik, auch 'Therapie' genannt, wäre nach systemischer Auffassung also nicht sinnvoll, ja einfach falsch. Aus *praktischen* Erwägungen heraus mag es zu *organisatorischen Unterscheidungen* kommen, z.B. zu heilpädagogischen oder therapeutischen Spezialeinrichtungen. Vom Systemansatz her gilt jedoch: Die kurativen, konsultativen, auch therapeutischen Angebote und Methoden der Pädagogik gehören in ihr Zentrum - mindestens von dem Tage an, an dem sich die Pädagogik entschließt, die Selbstorganisationsfähigkeit bei sich selbst und bei den Educanden theoretisch zu respektieren und praktisch zu organisieren.

*****

6. Das neue Berufsverständnis - Oder: Die Halbierung der Verantwortung in selbstorganisierten Systemen

Die Fragen nach dem zukünftigen Rollenverständnis und dem zukünftigen beruflichen Selbstverständnis müßten in jeder Einführung in die Pädagogik als obligates Thema behandelt werden, d.h. rechtzeitig angesprochen werden. Das wäre für die Pädagogikstudierenden deshalb von persönlicher Bedeutung, weil diese dazu neigen, sich in besonderer Weise für andere zu engagieren und verantwortlich zu fühlen. Das Engagement für andere Menschen ist im Zeitalter des postmodernen Egoismus eine Besonderheit, die Schutz verdient, und zwar möglichst den *präventiven* Schutz, bevor es nach dem vielzitierten 'burn-out-Syndrom' dafür zu spät ist.

Systemisch kann die *Grundfigur des pädagogischen Tuns* folgendermaßen beschrieben werden:

- A tut etwas für B, und zwar etwas, das
  - (1) B in seiner Entwicklung dauerhaft fördert; und das
  - (2) in einer organisierten Form erfolgt (als Vater, als Familie, als Schule usw., aber auch ein Kurs ist möglich, wenn die Bedingung 1 erfüllt wird).

Damit übernimmt A gleichzeitig eine gewisse Verantwortung für das Ergebnis seines Tuns, denn ein solches Ergebnis wird in der Regel von den pädagogischen Tätigkeiten, seien es personale oder institutionelle, in der Öffentlichkeit erwartet. Dadurch aber entsteht ein *Erwartungsdruck*, der sich im allgemeinen und herkömmlicherweise in einem besonderen *Verantwortungsgefühl* der Pädagoginnen und der Pädagogen dokumentiert.

Ein Verantwortungsgefühl ist jedoch eine *personale Kategorie*, sie kann nicht auf die pädagogischen Systeme als Sachsysteme übertragen werden; umgekehrt können aber Systeme ihre Ziele und Wertvorstellungen auf Personen übertragen, die als Mitarbeiter den Zielen der Systeme verpflichtet bleiben. (Nur metaphorisch wird gelegentlich davon geredet, die Schule, die Familie oder die Kirche solle 'ihrer Verantwortung gerecht werden'.)

Das Verantwortungsgefühl ist also von Anfang an und völlig zu Recht mit allen pädagogischen Tätigkeiten verbunden. Dies wird auch vom Systemansatz bestätigt. Dennoch macht gerade der Systemansatz gute Gründe geltend dafür, daß das Verantwortungsgefühl der Pädagogen heute bestimmten Einschränkungen unterliegen sollte. Das hat zunächst nichts mit der modischen Tendenz zu tun, nicht mehr 'Berufe' auszuüben, sondern 'Jobs' zu machen. Vielmehr ergibt sich die Verantwortung ebenso wie die Einschränkung der Verantwortung aus den systemischen Grundannahmen selber. Im Ergebnis sollen die folgenden Überlegungen und Vorschläge zu einer Entlastung der Erzieherinnen und der Pädagogen von einer Überverantwortung führen, die ihnen oft schweren seelischen Schaden zufügt - und nicht selten auch denjenigen, die sie doch fördern möchten.

In den Seminaren, die zu den Themen 'Supervision/ Selbstsupervision', 'Entlastungstechniken', 'Kollegiale Fallsupervision' bzw. 'Kooperative Beratung', 'Konfliktberatung in der Schule' durchgeführt werden, ist es darum ratsam, zunächst die Erwartungen und das Rollenverständnis der PädagogInnen ins Zentrum zu rücken. Wer seine Erwartungen kennt, kann zumindest prüfen, ob sie überhaupt erfüllbar sind, und damit können die späteren Enttäuschungen in Grenzen gehalten werden. In den Seminaren kommt von selbst das Thema 'Verantwortung' zur Sprache. Oft zeigt sich schon hier, bei vorsichtiger biografischer Rückschau mit der Frage, warum jemand sich die pädagogische Tätigkeit als Berufsziel ausgewählt hat, daß er beispielsweise in seiner Familie oder an anderer Stelle schon früh besondere Verantwortung übernehmen mußte und im pädagogischen Beruf eine Möglichkeit sieht, diese biografische Linie fortzuführen. Andere Gründe für den Verantwortungsdruck liegen nicht im Bereich der Persönlichkeit, sondern sind systembedingt: Beispielsweise werden heute an die pädagogischen Einrichtungen und Systeme viel höhere Erwartungen herangetragen als früher. Das gilt besonders für die Schule.

Die systemischen Überlegungen zur pädagogischen Verantwortung gehen von zwei Haupttheoremen des Systemansatzes aus: Selbstorganisation und Systemkontext. Für das pädagogische Verantwortungsgefühl ergeben sich unterschiedliche Folgerungen:
1. Ausgangspunkt *Selbstorganisation*: Jede pädagogische Tätigkeit muß die Selbstorganisation der anderen in Rechnung stellen. 'Selbstorganisation' bedeutet für das Rollenverständnis, daß die Pädagogen den anderen überlassen, was diese selber besorgen können. *Die Verantwortungslast wird gleichsam aufgesplittet zwischen zwei Parteien.*
2. Ausgangspunkt *Systemkontext*: Systemanalytisch können alle pädagogischen Systeme, in denen Pädagogen mitwirken, auch als *Kontexte* der selbstreferentiellen Systeme (der Individuen) beschrieben werden. Zuverlässig und berechenbar können Pädagogen nur Kontexte beeinflussen und verändern, nicht aber die autopoietischen, selbstreferentiellen Systeme selber. Für die Konstruktion der Erziehungssysteme als Kontexte - z.B. Familie, Schule, Kindergarten - sind die Pädagogen jedoch ebenfalls nur bedingt verantwortlich: Sie können sie zwar prinzipiell verändern, haben sie aber meistens nicht selbst geschaffen (konstruiert). Darum relativiert sich auch hier ihre Verantwortung. -

Systemlogisch folgt darum zweierlei:
(1) Jede pädagogische Handlung, die den selbstreferentiellen, sich selbstorganisierenden Systemen - Individuen, Kindern, Erwachsenen - gilt, stellt den Versuch

der Fremdsteuerung eines sich selbst steuernden Systems dar. *Für das Ergebnis eines solchen paradoxalen Handelns sind die Erzieher und die Erzieherinnen folglich nur bedingt verantwortlich.*

(2) Wird das pädagogische Handeln als Komponente eines (pädagogischen) Systems gesehen, relativiert sich die traditionelle Sicht der erzieherischen (Allein-)Verantwortung ebenfalls: Die Professionalität kann in selbstorganisierenden Systemen nicht durch immer größere Spezialisierung des Berufswissens immer verläßlichere Effekte erzielen; *vielmehr bleibt auch das professionelle Handeln in pädagogischen Systemen ein 'Handeln unter Unsicherheit', weil es selbstorganisierenden Systemen gegenüber erfolgt, die teilweise als linear und teilweise als 'nichtlinear' zu beschreiben sind.*

Das pädagogische Tun wird damit allerdings noch lange nicht beliebig und zufällig ('kontingent'). Vielmehr sollten wir uns an dieser Stelle die *prinzipiellen Möglichkeiten der Systemsteuerung* bewußt machen (vgl. hierzu den Beitrag zur Chaosforschung in Teil III).

Systeme vom 1. Typus sind lineare Systeme, sie sind, wie von Foerster sagt, "triviale Maschinen", die einfach extern und zwar mit kausalen Effekten steuerbar sind. Das entsprechende Handeln ist darum eine 'Technik', und hier gibt es nach wie vor in der Erziehung ein großes Feld, das nach dieser Form organisierbar ist. Die klassischen 'Wenn-dann-Sätze' haben hier ihren Platz: 'Wenn ihr keine Hausaufgaben macht, gibt es eine Strafe'; 'Wenn du pünktlich nach Hause kommst, gibt es eine Belohnung' usw. Diese Technik ist vor allem in niedrig komplexen Situationen durchaus erfolgreich.

Dann gibt es jedoch die (anderen) *Systeme des 3. Typus*, die als nonlinear beschreibbar sind und darum nicht wie triviale Maschinen steuerbar sind. Jeder Eingriff ist mit einem nicht berechenbaren Ausgang verbunden, der Erfolg des pädagogischen Handelns ist unsicher. Ob ein Kind *dann* weniger aggressiv wird, *wenn* es keine Horror-Videos mehr sieht, ist unsicher; denn Aggressivität ist ein sehr komplexes Phänomen und darum ist ein monokausales Steuern nicht unbedingt erfolgreich. Wenn wir es in der Pädagogik mit Systemen des 3. Typus zu tun haben, wird Erziehung zur *Kunst*.

Wir können darum zwei Formen des pädagogischen Handelns unterscheiden: Technik und Kunst. *Die Technik* rechnet mit dem Erwartbaren und kalkuliert Erfolge ein auf der Basis verläßlicher Systemstabilitäten. Die Systeme sind dazu geschaffen worden, den Personen die Hauptaufgaben so weit wie möglich abzunehmen und ihre Probleme *technologisch* zu instrumentalisieren (auch wenn oder gerade weil die Momente der Selbstorganisation darin zu Unsicherheiten führen). Es wäre ein Romantizismus, die Chancen einer Technologie pädagogischen Handelns bloß zu verteufeln. Mit der Ersetzung lebensweltlicher oder personaler Beziehungen durch pädagogische Institutionen und Systeme in der Neuzeit, von der Vorschulerziehung bis zur Gerontagogik, sind zwangsläufig die Erwartungen und die Ansprüche an Qualität und Effizienz pädagogischer Betreuung oder Ausbildung gestiegen.

Aber institutionelle Systeme sind nicht alles in der Pädagogik. Die *personale Beziehung* - Nohl: der 'pädagogische Bezug' - bleibt trotz aller Modernisierung und Systemdifferenzierung, die auch das gegenwärtige System der Pädagogik erfaßt hat, nicht substituierbar, nicht ersetzbar. Diese Auffassung ist ebenfalls nicht ein Relikt pädagogischer Romantik, sondern schlichte erfahrbare Realität, die aus der pädagogischen Praxis stammt. Doch personale Systeme sind, wie autopoietische Systeme überhaupt, sich selbststeuernde, nonlineare Systeme und als solche nicht direkt von außen steuerbar. Sie bleiben gleichsam nicht eliminierbare Risikofaktoren, solange sie als autopoietische Systeme in pädagogischen Systemen vorkommen. Zwar sind auch soziale Systeme als selbstorganisierte Systeme beschreibbar (vgl. Luhmann 1984); aber wir sollten das technologische Moment in den neuzeitlich ausdifferenzierten Systemen nicht übersehen.

Aus diesen Überlegungen folgt die These: *Pädagogik ist die Kunst der Balance, und zwar vor allem die Kunst, eine Entwicklung zwischen Stabilität und Chaos hindurchzusteuern, d.h. ihren Weg ständig zwischen der Stabilität erwartungskonformen Verhaltens und der möglichen Instabilität autopoietischer Turbulenzen auszubalancieren. Dies gilt für die personalen Bildungsprozesse ebenso wie für das professionelle Handeln im organisatorischen Rahmen pädagogischer Systeme.*

Gerade für professionelle Erzieherinnen und Pädagogen ist es von Nutzen, sich die *Paradoxie* allen Erziehungshandelns klar zu machen: Jede pädagogische Handlung stellt den Versuch einer Intervention in autopoietische Systeme dar, d.h. in sich selbst steuernde und selbstreferentiell geschlossene (Person-)Systeme. Darum enthalten alle pädagogischen Handlungen eine Paradoxie: den Versuch einer Fremdsteuerung von Systemen, die sich (tendenziell) selbst steuern müssen. Jede pädagogische Handlung ist darum (auch) eine Kunst. Sie ist jederzeit verbunden mit dem Risiko des Scheiterns auf Grund der niemals vorausberechenbaren Realisation geplanter Erziehungsziele.

Pädagogen und Pädagoginnen verlieren darum heute den Großteil der Unterstützung, die sie früher unbewußt gestärkt hatte: aus der Allmacht (falls sie sie jemals hatten) fallen sie zwar nicht ganz in die Ohnmacht; aber *der neue Erziehungsbegriff definiert ihre Rolle neu*: Sie werden zu Helfern und Helferinnen, zu Mitspielern und Mitspielerinnen, eben zu *Beraterinnen und Beratern* in Systemprozessen, wobei ihre höchste Kunst nicht mehr im einfachen Durchsetzen von Normen (Sollwerten) besteht, sondern darin, Systeme mit dosierten Steuerimpulsen unter maximaler Einbeziehung der Selbststeuerungsfähigkeiten aller Systemelemente zu steuern. Die traditionelle Form der pädagogischen Systemsteuerung war entweder Autorität (z.B. patriarchalische) oder Macht (z.B. der pädagogischen Institutionen); sie konnte also zentralistisch ablaufen. Da sich im Verlaufe der soziokulturellen Evolution die Autonomie der Subsysteme entscheidend erhöht hat, kann eine heutige Systemsteuerung auch in pädagogischen Systemen nur mit Berücksichtigung der Eigenkompetenz von Subsystemen erfolgen. Das bedeutet beispielsweise für das Familiensystem, daß die Steuerung des Systems Familie nicht mehr wie früher zentral durch die Autorität des Vaters erfolgen kann, sondern nur durch Einbeziehung der Selbststeuerungsmöglichkeiten der anderen Subsysteme (bzw. Systemelemente), z.B. von Frauen und Kindern - was ja inzwischen nichts ganz Neues mehr ist.

+++

Zum Abschluß dieses Themas möchte ich einige *praktische Fragen* anschneiden, denen ich später im Themenkontext der Schule weiter nachgehen werde. *Wie verträgt sich nun die Tendenz zu fortschreitender Professionalität in der Pädagogik mit der post-*

modernen Attitüde, berufliche Tätigkeiten als 'Job' zu verstehen? Kann Erziehen zum Job werden - wie Kellnern oder Zeitungenaustragen? Ist Erziehen in der zukünftigen Dienstleistungsgesellschaft eine Dienstleistung wie andere? Ich versuche eine Antwort aus systemischer Perspektive. Was Erzieher und Erzieherinnen tun, kann so beschrieben werden, daß wir sagen: 'Sie tun etwas *für andere*'. Nach der vorgeschlagenen Definition fördern sie die Selbstorganisationskräfte der anderen. Was sie tun, kommt also *anderen zugute* - vielleicht 'irgendwie', vielleicht erst später. Sie sind *Helfer und Helferinnen*, weil sie etwas für andere tun, nicht für sich. Nun tut auch eine Kellnerin oder ein Postbote etwas für andere. Aber wir würden nicht sagen, daß sie etwas für die Selbstorganisation der anderen tun, und sie tun dies auch nicht in einer *organisierten Weise*, was nach unserer obigen Definition ebenfalls zu den Voraussetzungen gehörte, die eine Tätigkeit als 'pädagogische' klassifizieren.

Beispiel. Wenn wir das *Essen* zum biologischen System rechnen würden, dann könnten wir beim Kellnern noch am ehesten einen Beitrag zur Selbstorganisation vermuten, aber nicht so, daß dies im Kontext eines Entwicklungsprozesses geschieht, der auf die Zukunft des Bedienten ausgerichtet wäre, und es geschieht auch nicht organisiert, weil nur gelegentlich oder zufällig. Ob das Gericht zu fett gekocht ist, zu wenig Vitamine hat oder Fleisch enthält - die Kellnerin wird dies nicht auf die Selbstorganisations- oder Entwicklungsgeschichte des Gastes beziehen; dies könnte allenfalls die Mutter des Gastes oder, wenn es ein Schüler ist, auch ein Lehrer des Schülers, weil er es im Unterricht *unter anderem* und indirekt mit den Folgen einer guten oder schlechten Ernährung zu tun hat, weil er zumindest bei gravierenden Mängeln im biologischen Basissystem des Schülers auch mit Mängeln rechnen muß, die seinen Unterricht betreffen. Wenn der Postbote dem Adressaten die Rechnung des Arztes oder die Reklame eines Versandhauses zustellt, so liegt ebenfalls kein organisatorischer Zusammenhang mit der Selbstentwicklung des Adressaten vor.

Lehrer und Lehrerinnen verabreichen auch eine Art von Speise, den 'Stoff', der gelernt werden soll, 'verdaut' werden muß, wie man ja auch sagt. Immerhin meinen alle Pädagogen und Pädagoginnen - unbewußt und mit Recht -, daß sie den Kindern tagtäglich Gutes, Förderliches und Nützliches *geben*. Letztlich sind Erzieher darum Idealisten. Weil sie den anderen etwas Gutes geben, glauben sie selbst an das Gute im Menschen. Das ist ja an sich nichts Schlimmes, im Gegenteil liegen darin positive Motive und Impulse für ihre Arbeit. Aber wir können darin auch - und zugleich! - eine Gefahr sehen: Sie neigen dazu, abweichendes und weniger gutes Verhalten bei den anderen insgeheim als 'schlecht' oder 'böse' zu verurteilen, weil sie selbst nicht den gefühlsmäßigen Kontakt dazu haben. Dennoch hoffen sie, daß ihre 'guten Gaben', was immer das auch sei, von den anderen angenommen werden, die sie doch für ihre Entwicklung so nötig brauchen. Sind die anderen aber Abweichler, werden sie sich zunächst nicht verstanden fühlen - und sich darum auch nicht ändern wollen. Das merken dann die Erzieher - und sind zu Recht und verständlicherweise enttäuscht und frustriert. So bildet sich schnell ein sich selbst verstärkendes Rückkopplungssystem, in dem die Frustrationen beider Seiten sich verstärken.

Ein anderes *Muster des 'Gebens'* finden wir bei Erziehern, die danach streben, endlich *Einfluß auf andere zu gewinnen*, der ihnen an anderer Stelle vielleicht versagt bleibt. Sie sind die Realisten unter den Idealisten, weil sie hinter der Logik des Gebens die Logik der Interaktion entdeckt haben: 'Wenn ich etwas gebe, will ich dafür auch etwas zurückhaben! Ich brauche nicht alles umsonst zu geben!' Sie streben ganz einfach nach einem gewissen Anteil von Macht. Dabei finden wir häufig diejenigen wieder, denen im 'normalen Leben' bisher Einfluß und Macht versagt geblieben sind. Sie erhalten jetzt eine gewisse Macht kompensatorisch zurück: *Das pädagogische System gibt ihnen eine äußerliche Position der Dominanz über die anderen.* Ich meine nicht die natürliche pädagogische Dominanz, die aus der *inneren Autorität* des Erziehers entsteht, wie Erich Fromm sagte. Denn nun fängt das Drama ja erst an: Werden ihre Erwartungen auf mehr Einfluß wirklich erfüllt? Oder drohen ihnen sogar gegenteilige Erfahrungen, vielleicht durch Kinder, die sich ihnen innerlich entziehen oder die sie schlicht ärgern wollen? Wie können nun solche ErzieherInnen auch innerlich eine größere Kompetenz und Autorität gegenüber den anderen erreichen? Bestehen sie auf ihrer Macht, dann laufen ihnen die Kinder innerlich davon; bestehen sie nicht darauf, ebenfalls. Also müßten sie erst ihre *eigene* Einstellung ändern. Das ist ein langer, meist lebenslanger Prozeß. Er kann gelingen oder günstiger gestaltet werden, wenn sie Abstand gewinnen zu sich *selbst* als ihrem eigenen Beobachter, um dann ihre Ziele und Erwartungen realistischer einzuschätzen, und wenn sie zweitens mehr Abstand zu den *anderen* gewinnen, indem sie zu deren Beobachter werden - und damit mehr Neugierde auf die anderen entwickeln, mehr Geduld, und nicht erwarten, daß die anderen schon aufgrund der beruflichen Position, die die Erzieher einnehmen, das Gewünschte tun werden. Ein Quantum mehr Unberechenbarkeit zulassen und Unerwartetes erwarten - diese Basispostulate des Systemansatzes können auch praktisch für die Betroffenen hilfreich sein.

Erzieher werden wahrscheinlich von ihrer Natur her nicht einfach auf 'cooler Typ' umschalten können, aber sie können die *Position des Systembeobachters* einnehmen, wie es der Systemansatz fordert. Sie können diese Position dann mit weiteren systemischen Techniken verbinden, wie Perspektivenwechsel, Umdeutungen, Selbstsupervisionen u.a., worüber ich im Praxisteil (Teil II) im einzelnen handeln werde. Sie bleiben dabei durchaus engagiert, wenn 'engagiert' heißt, daß sie partizipierende, also persönlich teilnehmende Beobachter bleiben. Das ist ja nicht unerlaubt aus der Perspektive des Systemansatzes. Wer mit Menschen arbeitet, weiß, daß da immer irgendwelche Gefühle beteiligt sind, immer springen Gefühle über, angenehme oder weniger angenehme. Wenn wir dies aber mit dem Respekt für die Selbstorganisation des anderen tun, mit dem Bewußtsein, daß auch das Kind, der Jugendliche oder der alte Mensch, mit dem wir arbeiten, eine unglaubliche Leistung an Selbstorganisation ständig aufbringt und schon aufgebracht hat, können wir eine produktive Metaposition einnehmen, die uns die Arbeit leichter macht. Wir können dann ein Stück produktive Distanz erreichen, zu den anderen - aber vor allem auch zu uns selber.

+++

Zusammenfassung: **Zehn Thesen zum pädagogischen Berufs- und Rollenverständnis**

1. Erzieherinnen und Erzieher machen ihren Adressaten Offerten, die der Entwicklung der Selbstorganisation (der Adressaten) zugute kommen soll.

2. Erzieher und Erzieherinnen wissen aus ihren systemischen Studien, daß sie niemanden zwingen können, ihre Angebote anzunehmen, weil 'Selbstorganisation' eben dies ausschließt.

3. Den Erzieherinnen und Erziehern wird heutzutage die Lösung derjenigen Erziehungsprobleme zugemutet, die an den anderen Orten der Gesellschaft produziert, aber dort nicht gelöst werden.

4. Erzieher und Erzieherinnen wissen aus ihren systemischen Studien, daß Erziehungssysteme und Erziehungseinrichtungen in der Neuzeit konstruiert worden sind, um die pädagogische Arbeit effizienter und kontrollierter zu gestalten.

5. Erzieherinnen und Erzieher können und sollten aus diesem Wissen den Schluß ziehen, daß sie nicht mehr allein für das Gelingen oder das Mißlingen von Erziehungs- und Beratungsprozessen verantwortlich sind, sondern immer auch die Systeme, die sie nicht selbst konstruiert haben.

6. Erzieherinnen und Erzieher ziehen aus dem Wissen, daß die Erziehungs- und Beratungssysteme zu ihrer Unterstützung konstruiert worden sind, häufig den für sie gesundheitsschädlichen Schluß, daß sie dasjenige, was die Systeme nicht leisten können, kompensatorisch selber und zusätzlich leisten müßten.

7. PädagogInnen haben in ihrer systemischen Ausbildung geübt, pädagogische Systeme mit Steuerimpulsen zu steuern und nicht mit martialischen Befehlen, die sowieso nicht ankommen.

8. Manchmal kann auch ein Befehl zu einem Steuerimpuls werden, meistens aber nicht (weil er zuverlässig nur noch auf dem Kasernenhof anschlußfähig ist). Darum gilt: Nicht jeder Befehl wird zu einem Steuerimpuls; aber jeder Steuerimpuls wird zu einem 'Befehl' ans System.

9. Die pädagogischen Steuerimpulse können differenziert werden nach 'Technik' für den Systemzustand 1 und 'Kunst' für den Systemzustand 3. - Technik kalkuliert mit dem erwartbaren Systemzustand; Kunst operiert und experimentiert mit erwartbaren *und* nichterwartbaren/nichtberechenbaren Systemzuständen. Dazwischen liegen zyklische, wiederkehrende und wahrscheinliche Systemzustände (Systemzustand 2).

10. Ein systemisches Berufsverständnis entspannt den Verantwortungsbegriff - 'Verantwortung für die gelingende Entwicklung der anderen' - und differenziert ihn zugleich: Das SO-Theorem (Selbstorganisationstheorem) verschafft eine gewisse Distanz, die aber produktiv und gesundheitsfördernd ist - für beide Seiten.

*****

7. Orientierungspädagogik: Von der Vorbildfunktion zur Orientierungsaufgabe

Wenn sich die Kinder schon von klein an auf der Grundlage ihrer Selbstorganisationsfähigkeiten 'selbst bestimmen' können und sollen: wäre es dann nicht folgerichtiger, die Pädgogen zögen sich ganz aus diesem Geschäft zurück? Werden sie dann nicht überflüssig? Hinzu kommt das Argument, daß in einer enttraditionalisierten Gesellschaft generationsübergreifende Leitbilder keine Chance mehr haben; das Leit- und Vorbild, das der Vater verkörpert, ist vielleicht schon jetzt überholt; bis der Sohn erwachsen ist, hat es völlig abgedankt. Schließlich könnte auch das häufig - besonders von psychoanalytischer Seite - vorgebrachte Argument angeführt werden, daß elterliche und andere Leitbilder die Persönlichkeitsentfaltung des Kindes blockieren, weil, wie man dort sagt, das elterliche Über-Ich die Es-Triebe und das Kindheits-Ich überkontrolliert und damit eine angemessene Ich-Entwicklung des Kindes verhindert.

Auch wenn alle drei Argumente ein berechtigtes Moment enthalten, ist die traditionelle *'Führungsaufgabe' der Pädagogik* - das 'Führen' steckt in dem griechischen Wort 'agein' bzw. 'agogik' - heute aus einer Reihe von Gründen aktueller denn je. Das mag zunächst überraschend klingen, ergibt sich aber zwingend sowohl aus systemtheoretischen Überlegungen wie aus praktischen Erfordernissen. In der These 6 des einleitenden Abschnitts hatte ich behauptet, daß auch die Gesellschaft der Zukunft nicht ohne Pädagogik wird auskommen können, im Gegenteil: "Die Pädagogik wird in Zukunft weiter gefragt sein, wenn und solange sie Angebote zur Orientierung macht." Ich vermute, daß die Pädagogik in Zukunft sogar verstärkt neue Aufgaben erhalten wird, und zwar darum, *weil gerade in der enttraditionalisierten Gesellschaft das Bedürfnis nach Orientierung weiter ansteigen wird.* Allerdings wird ihre Rolle nicht mehr einfach traditionell darin bestehen, die geltenden Normen und Werte der Gesellschaft mit Hilfe ihrer Techniken zu stützen und zu befestigen. Vielmehr wird sie zwei Bedingungen der pluralen postmodernen Gesellschaft von Anfang an gerecht werden müssen, nämlich erstens der Pluralität der Werte und Normen, und zweitens der selbstorganisierten und selbstverantworteten Wertewahl und Normenentscheidung der Individuen und Gruppen. Für beide Bedingungen aber verfügt die Systemtheorie bzw. die Selbstorganisationstheorie über günstige Voraussetzungen. *Damit fügt sich auch dieser Baustein des pädagogischen Systemansatzes in den Themenbereich einer konsultativen Pädagogik ein.*

Bevor ich im folgenden einzelne Aufgaben einer Pädagogik der Orientierung ansprechen werde, möchte ich noch auf einen empirischen Sachverhalt hinweisen, der mich darin bestärkt hat, eine solche Sichtweise zukünftiger Pädagogik vorzuschlagen. Ergebnisse der neueren Neurobiologie (s.u.) legen den Schluß nahe, daß es für die Entwicklung der Kinder günstiger ist, Modelle der Orientierung anzubieten, als ihnen - in einer gleichsam rigorosen Befolgung der Selbstorganisationstheorie - alle Entscheidungen und Wahlen selbst zu überlassen, also sich in antipädagogischer Manier überhaupt nicht mehr um die Kinder zu kümmern, jedenfalls nicht um ihre Werte, Wahlen und Entscheidungen. Dieser Schluß, der möglicherweise auch aus einem zu wörtlichen Verständnis des sogenannten *Radikalen* Konstruktivismus gezogen werden könnte, führt, nach diesen Resultaten, empirisch und pädagogisch in die Irre - und dahin sollten wir unsere ohnehin schon mit der Selbstorganisationsarbeit reichlich ausgelasteten Kinder pädagogisch nicht begleiten wollen. -

Ich habe mich dazu entschlossen, den Vorschlag einer 'Orientierungspädagogik', wie ich sie abkürzend nennen möchte, auch auf die Gefahr hin zu machen, daß ein strenggläubiger Konstruktivist diesen Vorschlag als häretisch verdammen wird, weil er vom rechten (theoretischen) Wege wegführe. Ich bin mir aber aus langjähriger pädagogischer Erfahrung sicher, daß die Orientierungspädagogik kein Abweg ist, sondern im Gegenteil den in Zukunft nützlicheren pädagogischen Weg markieren wird. Außerdem sprechen hierfür - aus meiner Sicht - die besseren empirischen und die besseren theoretischen Argumente.

Vorweg noch zwei allgemeine Argumente:

- Den Begriff der 'Fremdsteuerung' von Systemen hatte ich schon als Korrelat zur 'Selbststeuerung' vorgestellt und darauf hingewiesen, daß Hilfe, Unterstützung, Förderung und Pflege bis zu einem gewissen Grade immer mit Momenten der Freumdsteuerung verbunden sind.

- Schließlich gehört es zu den Basistheoremen des Systemdenkens, daß niemand - auch nicht ein Pädagoge - direkt in ein anderes Gehirn eingreifen kann, *daß pädagogisches Handeln aber (weiterhin) darin besteht und bestehen wird, entwicklungsfördernde Kontexte - Lernumwelten, Lebensumwelten, Bildungsumwelten - zu organisieren und anzubieten.*

Folgende, sich zum Teil gegenseitig stützende Argumente und Themen möchte ich jetzt im einzelnen ansprechen:

(1) Orientierungsaufgabe 1: Reduktion von Komplexität.

(2) Orientierungsaufgabe 2: Organisation von Selektion und Anschlußfähigkeit.

(3) Orientierungsaufgabe 3: ErzieherInnen als Projektionsfiguren und Elternersatz.

(4) Orientierungsproblem 4: Eltern und Elternersatz, oder: 'Das Verschwinden der Erwachsenen'.

(5) Orientierungsaufgabe 5: Neurobiologie 1: Die Bedeutung von Ähnlichkeit und Häufigkeit der Mustereingabe beim Aufbau der neuronalen Selbstorganisation.

(6) Orientierungsaufgabe 6: Neurobiologie 2: Die Bedeutung emotionaler Areale beim Aufbau der neuronalen Selbstorganisation.

(7) Orientierungsaufgabe 7: Bereitstellen günstiger Entwicklungskontexte: Lebensumwelten, Lernumwelten, Bildungsumwelten.

(8) Orientierungsaufgabe 8: Die Einrichtung der 'Pädagogischen Konsultation'.

(1) Orientierungsaufgabe 1: Reduktion von Komplexität

Die in unserer postmodernen Gesellschaft stark angewachsene *Komplexität* ist das übergreifende Hauptproblem für die gegenwärtige Pädagogik der Kindheit, aber auch, wie ich gleich hinzufügen will, für die Erzieher und Erzieherinnen selber. Komplexität hat ihr positives Korrelat in stark vermehrten Wahlfreiheiten der Individuen, die gleichsam an die leere Stelle der entmachteten Traditionen getreten sind, so daß die Entscheidungswege der einzelnen nicht mehr durch gemeinsame gesellschaftliche Traditionen vorgezeichnet sind. Vergessen wir nicht: diese Freiheiten sind von unseren Vorfahren hart erkämpft worden und nur im Zuge der gesellschaftlichen Demokratisierung möglich geworden.

Die neue *Überkomplexität* stellt sich heute in der Praxis vor allem in zwei Formen dar: als *Überforderung* und als *Überschwemmung*. Die Überforderung der Individuen liegt darin, daß jede Entscheidung vom Individuum selber getragen werden muß - und damit auch die Risiken des Scheiterns, die in demselben Maße den Individuen zugerechnet werden, wie sie zuvor von der Gemeinschaft mitgetragen wurden. Die ganze Lebensplanung wird unsicherer und unberechenbarer, weil auch Belohnungen für Leistungen und Anstrengungen nicht wie früher im voraus voraussehbar und erwartbar sind, da inzwischen der Garant dafür fehlt: die Stabilität gesellschaftlicher Lebensformen und Traditionen.

Die Überschwemmung hat mehrere Gestalten: die Überschwemmung durch die Konsumangebote des Marktes ist nur die äußere Fassade; die Angebote der Medien und der Mode haben schon terroristische Züge angenommen. Gravierender ist die Überschwemmung des einzelnen durch die unübersehbare Pluralität möglicher privater Normen und Lebensentwürfe. Überschwemmung zeigt sich vielfältig als '*Übersättigung*': K. Gergen (1996) hat in seiner Studie "Das übersättigte Selbst" die Phänomenologie des überschwemmten und übersättigten Selbst eindrucksvoll nachgezeichnet, und R. Bly (1997) vermutet, daß solche Übersättigung dazu führt, daß Kinder heute nicht mehr erwachsen zu werden brauchen, um später etwas zu bekommen, was sie ja schon vorher haben können, und daß die Erwachsenen selber darum infantil bleiben dürfen und wollen. Bei den Kindern im Vorschulalter schon gibt es anschauliche Beispiele der Übersättigung: vom Spielzeug über die Mode, das Fernsehen, Computer, Fahrräder bis zum Freizeitangebot: Reiten, Ballett, Musikgruppe, Judo u.a. jagen die Kinder und die Eltern von einem Angebot zum nächsten.

Die Pädagogik hat hier eine simple Aufgabe, die in systemischer Formulierung so heißt: *Reduktion von Komplexität durch Selektion der Angebote*. Da dies die Kinder nicht selber können - vielleicht auch nicht wollen -, müssen es die Erwachsenen für sie tun.

(2) Orientierungsaufgabe 2: Organisation von Selektion und Anschlußfähigkeit

Die Aufgabe ist zwar eine alte Aufgabe der Pädagogik, aber sie muß heute neu gestellt und gestaltet werden. In systemischer Formulierung heißt das: die *Anschlußfähigkeit der Angebote sicherstellen durch sorgfältige Selektion*. Es handelt sich um die Aufgabe, schrittweise die Erfahrungswelt des Kindes zu erweitern. Bronfenbrenner hat dies schon in seiner bekannten Fassung des Systemdenkens vorgezeichnet, indem er die drei Systeme - Mikro-, Meso- und Makrosystem - auch unter dem Aspekt des Zuwachses an Komplexität beschrieben hat. Bei meiner systemischen Nachzeichnung seines Ansatzes (1992a, Kap. 2) habe ich herausgestellt, daß die entwicklungsförderliche, schrittweise und behutsame Erweiterung der Komplexität der Erfahrung des Kindes in den genannten Systemen vor allem unter zwei Voraussetzungen steht: *Kontinuität der Beziehungen zu den Bezugspersonen und emotionale Fundierung der Beziehungen* zwischen Erziehern/ Bezugspersonen und Kind. Beides erscheint mir bedeutsam genug, um es als Techniken der Reduktion von Komplexität durch Selektion und Sorge für Anschlußfähigkeiten noch einmal zu empfehlen.

(3) Orientierungsaufgabe 3: ErzieherInnen als Projektionsfiguren und Elternersatz

Daß ErzieherInnen und LehrerInnen als Ersatzeltern mit Vorbildfunktionen ausgestattet werden, ist zwar nicht neu, hat aber unter den gegenwärtigen Erziehungsumständen einen anderen Sinn als früher. Zum einen ziehen sich viele Eltern heute aus ihrer Elternrolle bewußt oder unbewußt zurück (vgl. den nächsten Punkt); zum anderen gibt es heute vielfach gar nicht mehr 'die Eltern' des Kindes, sondern: alleinerziehende Mütter, alleinerziehende Väter, Stieffamilien mit neuen elterlichen und geschwisterlichen Konstellationen usw. Damit kommen Kindergärtnerinnen, Grundschullehrerinnen, aber auch Gymnasiallehrer und andere PädagogInnen in die Rolle von

Projektionsfiguren und darum unter einen Erwartungsdruck, der sie überfordert und dem sie, auch wenn sie es wollten, gar nicht gerecht werden können.

Andererseits bedeutet das: PädagogInnen stehen hier vor neuen Aufgaben und müßten sich schon deshalb in ihrer Ausbildung mit solchen veränderten Rollenzumutungen und -anforderungen befassen. Nur vordergründig widerspricht diese Rolle den Selbstorganisationswünschen der Kinder und der Pubertierenden: Aus therapeutischen Erfahrungen legt sich mir der Schluß nahe, daß es gerade den Kindern und Jugendlichen mit den stärksten Selbstorganisationsattitüden keineswegs um die Abschaffung der Eltern geht, sondern höchstens, um mich so auszudrücken, um die Abschaffung des Versuchs der Eltern, direkt in ihr autopoietisches Gehirn einzugreifen. Eltern als Kontexte sind für sie dagegen einigermaßen akzeptabel, auch wenn es zeit- und phasenweise gar nicht danach aussieht.

(4) Orientierungsproblem 4: Eltern und Elternersatz, oder: 'Das Verschwinden der Erwachsenen'

Unangenehme Folgen für den Erziehungsprozeß hat die Tatsache, daß, um es so auszudrücken, Erwachsene heute nicht mehr Erwachsene sein können. Damit ist gemeint: So wenig, wie der Bildungsprozeß der Jugendlichen mit dem Erreichen der Wahlmündigkeit oder des Abiturs, also mit dem Aushändigen des sogenannten 'Reife-Zeugnisses' abgeschlossen ist - als ob sie nun plötzlich 'reif' wären -, ebenso wenig können Erwachsene, wenn sie ausgewachsen sind, für sich einen fertigen Status beanspruchen, denn auch für sie gilt: ihre Entwicklung geht weiter. Konsequenz: Wie soll jemand, dessen Kennzeichen ein unfertiger Entwicklungsstand ist, Vorbild sein für jemanden, der genauso unfertig ist? Wir brauchen nicht so weit zu gehen wie der amerikanische Kulturkritiker und Therapeut Robert Bly (1997), der der Gesellschaft insgesamt den Weg in die 'Infantilität' bescheinigt. Umgekehrt reicht es schon: Nicht nur die Kindheit ist 'verschwunden' (Postman), auch der Erwachsene ist es, jedenfalls derjenige, der Vorbild sein könnte. Aus psychologischer Sicht ist diese Situation nicht ungefährlich, weil jetzt *die kompensatorische Suche nach den 'Helden'* einsetzt. Das wäre allerdings eine fatale Antwort auf diese Situation, die nur mißlingen kann. Natürlich sind und waren 'Helden' immer diejenigen, die in aussichtslosen oder unübersichtlichen Situationen 'Lösungen' zustande bringen, also erwartbare Stabilität. Die Gefahr, daß solche 'Lösungen' durch Gewalt geschehen, ist groß. Eine verantwortungsvolle Pädagogik aber hätte hier anderes anzubieten: verläßliche Handlungsmodelle, die erwartbare Folgen und Lösungen bieten und Momente von Stabilität versprechen. Dies könnte beginnen mit einer klareren Übernahme der Elternrolle und mit dem Bewußtsein des Unterschiedes der Generationen, und es könnte weitergehen mit dem Lernen und Aushalten von mehrdeutigen Situationen, die Risiken bergen und nichtberechenbare Verläufe ankündigen (als Bildungskonzept habe ich dies in: 1993a, Kap. 6, vorgeschlagen.)

(5) Orientierungsaufgabe 5: Neurobiologie 1: Die Bedeutung von Ähnlichkeit und Häufigkeit beim Aufbau der neuronalen Selbstorganisation

Wer sich mit dem Konstruktivismus befaßt und dies auch empirisch tun möchte, findet in neueren Forschungen zur Neurologie Resultate, die auch unter pädagogischem Gesichtspunkt hochbrisant sind. Die Forschungen zur Neurobiologie (Spitzer 1996), zu den neuronalen Netzen (Kauffman 1996) sowie zur Anwendung der Synergetik auf die neuronale Selbstorganisation (Haken; Stadler u.a. 1997; Schiepek/Tschacher 1997) sind nach meiner Einschätzung geeignet, in der Debatte um die Systemtheorie und den Konstruktivismus ganz neue Akzente zu setzen. Interessanterweise können sie auch einige der eben vorgetragenen Argumente unterstützen.

Ohne jetzt in die empirischen Details zu gehen, lassen sich zusamenfassend folgende Schlüsse ziehen. Die Neuronen des Gehirns organisieren sich tatsächlich auf der Basis eines Selbstorganisationsprozesses; sie tun sie dies, wie auch die Computersimulationen neuronaler Netze zeigen, zwar spontan, aber nach bestimmten Regeln, also weder willkürlich noch regellos, was ja manchmal (fälschlich) mit 'spontan' assoziiert wird. Bei den Experimenten wurden Regeln gefunden, nach denen diese Selbstorganisation abläuft. *Die wichtigste Erkenntnis ist, daß die Neuronen es lieben, ihre Inputs, also die eingehenden Informationen oder Signale, in Ordnungsmustern zu organisieren, die aber nur dann entstehen können, wenn die Inputs mit "Ähnlichkeit und Häufigkeit" erfolgen* (Spitzer ebda. S. 114ff.). Die Muster in den neuronalen Netzen bilden sich nicht durch 'Abbildung' eines Inputs aus der Umwelt des Systems, also nicht durch eine Punkt-zu-Punkt-Abbildung, sondern durch eine "Abstraktion" (ebda.) aus vielen Inputs; eine solche 'Abstraktion' stellt eben die selbstorganisierte Musterbildung dar. Das Entscheidende dabei ist, daß *neue Inputs nur dann den Lernvorgang bzw. die Musterbildung weiterführen, wenn sie 'Ähnlichkeiten' besitzen und mit einer gewissen 'Häufigkeit' eingehen.*

Hier wird also nichts anderes beschrieben, als das, was der schon eingeführte Begriff der *'Anschlußfähigkeit'* auf andere Weise aussagt. Ein Neuron, das als erstes die Bildung der Struktur eines Musters bestimmt, das sogenannte "gewinnende Neuron", hat immer "seine nähere Umgebung etwas mitaktiviert. Dies führt dazu, daß Inputmuster, die dem vom gewinnenden Neuron repräsentierten Muster ähnlich sind, mit größerer Wahrscheinlichkeit in dessen Nähe repräsentiert werden" (Spitzer ebda. S. 109ff.). Damit können ähnliche Begriffe angeschlossen werden, und auf diese Weise 'natürlich' auch erweitert werden oder differenziert werden, aber auch verändert werden durch neue Inputs, die auf neue Weise organisiert werden; auch moralische Begriffe werden auf die gleiche Weise aufgebaut (vgl. Stadler/Kruse 1997, S. 44). In Simulationen neuronaler Netzwerke hat sich gezeigt, daß eingegebene Wörter selbsttätig nach semantischer Verwandtschaft geordnet und angeschlossen werden und entsprechende *Attraktoren* bilden (Spitzer ebda. S. 253ff.).

In unserem Zusammenhang mag hier weniger die Form der neuronalen Selbstorganisation interessieren als die *pädagogischen Konsequenzen* dieses Prozesses. In Versuchen zum Spracherwerb hat sich gezeigt, daß es günstiger ist, mit Beispielen von niedriger Komplexität zu beginnen, weil das Netzwerk daraus selbsttätig die Regeln konstruiert, die seine Kapazität steigern können, damit hernach komplexere Inputs anschließbar sind. "Komplexität konnte gleichsam erst auf dem Rücken einfacher Strukturen erlernt werden" (Spitzer S. 197ff. 251). Das Gehirn übernimmt, weil es jederzeit um die Möglichkeiten seiner Selbstorganisation weiß, in dieser Phase gleichsam selber *die Rolle des "Lehrers"* (ebda. S.199). Es lernt weniger "nach Regeln", die von *außen* gegeben werden, weil es diese ja *selbst* erst abstrahiert und entwickelt, sondern besser *durch "gute Beispiele"* (S. 334). Darum zieht Spitzer hieraus die weitreichende Folgerung: *"Kinder brauchen Struktur"* (ebda.).

Ich halte diese, hier nur äußerst komprimiert wiedergegebenen Ergebnisse und Überlegungen aus der Neuroforschung darum für hochbedeutsam, weil sie zwei Folgerungen erlauben oder doch nahelegen. Die erste ist mehr erziehungspraktischer Art, die zweite betrifft die Selbstorganisationstheorie.

Erstens kann daran deutlich werden, daß 'Selbstorganisation' nicht bedeutet: Gehirne sind so beschaffen, daß sie mühelos beliebige Inputs in beliebigen Mengen und beliebiger Darbietung schon in verträgliche Strukturen umwandeln werden. Das können sie eben nicht, oder besser: sie *wollen* so nicht lernen. Im Gegenteil zeigen die Verläufe des Aufbaus von Lernprozessen - und entsprechend von Bildungsprozessen -, daß Gehirne es lieben, wenn sie auf einfachen Beispielen aufbauend ihre Strukturen organisieren können, um diese dann auch zu erweitern. *Das weist in die Richtung von Ergebnissen der Kleinkindforschung: zunächst übersichtliche Personenverhältnisse, konsistenter Erziehungsstil, relativ konstante Umgebung*, kein chaotischer Input; danach langsam gesteigerte Komplexität (vgl. Huschke-Rhein 1997; sowie Bronfenbrenner in: Huschke-Rhein 1992a, Kap. 2).

Die *zweite* Folgerung lautet, und dies betrifft die Systemtheorie in ihrem wissenschaftstheoretischen Kern: *Selbstorganisation und die Organisation von 'äußeren' Kontexten bzw. kontextuellen Orientierungen im Erziehungsprozeß widersprechen sich nicht.* Es ist eine der Thesen des hier vertretenen Systemansatzes, daß *das pädagogische Ziel eines hohen Grades der Selbstorganisation durchaus konzeptuell verträglich ist mit dem anderen Ziel, Erziehung auch 'von außen' optimal zu organisieren.* Damit werden zugleich bestimmte grassierende Mißverständnisse über den sogenannten Konstruktivismus aufgeklärt. Oft hört man, der Konstruktivismus, besonders der sogenannte 'radikale', vertrete wie die alte christliche Schöpfungslehre eine Art 'creatio ex nihilo', also eine Schöpfung aus dem Nichts. Dies trifft sicher in dieser Form nicht zu, nicht einmal für einen seiner Hauptvertreter, von Glasersfeld, weil dieser ja nach 'Viabilität', d.h. 'Passungen' der kreativen Lösungen fragt. Aber meine These mag zeigen, daß eine seriöse Selbstorganisationstheorie in der Pädagogik durchaus verträglich ist mit der klaren Strukturierung von Erziehungswelten als den Kontexten der selbstorganisierenden Systeme - allerdings unter dem - hoffentlich überfüssigen - Vorbehalt, *daß alle pädagogischen Maßnahmen prinzipiell getragen sind von der Achtung vor den Selbstorganisationsfähigkeiten der Kinder.*

(6) Orientierungsaufgabe 6: Neurobiologie 2: Die Bedeutung emotionaler Areale beim Aufbau der neuronalen Selbstorganisation

Eine kognitive Systemtheorie, die sich durch Resultate der neueren Hirnforschung angeregt weiß, wird - überraschenderweise? - der emotionalen Erziehung mehr Aufmerksamkeit schenken, als es die kognitivistische Version des Konstruktivismus tut. Ich markiere diesen Punkt deshalb, weil Systemtheorie und Systemische Therapie, besonders jedoch der Konstruktivismus sich nicht ohne Grund dem Vorwurf ausgesetzt sahen, sie würden die emotionale Dimension vernachlässigen. Die Debatte um die sogenannte '*Emotionale Intelligenz*' (Goleman 1996) stützt sich auf neuere Ergebnisse der Hirnforschung, die die besondere Bedeutung der neuronalen Rückkopplungen zwischen Neocortex und Amygdala, also zwischen den kognitiven und den emotionalen Arealen des Gehirns herausstellen. Dabei sind vor allem zwei Resultate für ErzieherInnen bemerkenswert.

Zum einen besteht zwischen den 'älteren' Hirnregionen, in denen emotionale Prozesse ihren Ausgang nehmen, und den neueren Regionen in Cortex und Neocortex eine extrem hohe Anzahl an Rückkopplungen (Roth 1995, S. 185ff.; Spitzer 1996; Popper/Eccles, S. 335). Das traditionelle Modell des Gehirns ging aus, wie Cytowic (1996, S. 28.187) bemerkt, von der Vorstellung der Herrschaft, der "Hierarchie", des Kortex über die älteren Schichten, vor allem über die Gefühle, und diese "Standardversion" sei immer noch weit verbreitet; diese hatte angenommen, der Kortex sei "Sitz des menschlichen Geistes", wobei man von lokalisierbaren Stellen für bestimmte Leistungen ausging (Cytowic ebda.). Dagegen haben neuere Versuchsanordnungen und Untersuchungstechniken (z.B. PET, mit Einfärbung aktiver Neuronen) zeigen können, daß die Verbindungen zwischen den entsprechenden Bereichen so hoch rückgekoppelt sind, daß die Aussage gilt: "Es gibt keine 'stammesgeschichtlich ursprünglichen' oder 'stammesgeschichtlich neuen' Hirnregionen" (G. Roth 1995, S. 184). Denn das würde ihre Trennung voraussetzen, die auch noch in Vorstellungen über die unbeherrschbaren Triebe, die 'tierische' Aggressivität und andere 'archaische' Gefühle zum Ausdruck komme. Die Standardversion sei "ein Produkt des 19. Jahrhunderts" (Cytowic, S. 186). *Die emotionalen Bereiche haben sich aber evolutionär in so hohem rekursiven Systemzusammenhang mit den (anderen) kortikalen Arealen entwickelt, daß beim Menschen das Resultat gerade in einer gleichzeitigen Höherentwicklung* auch *seiner emotionalen Systeme bestand,* die in dieser Form im Tierreich eben nicht vorkommt (Roth 1995, S. 180ff.; Spitzer, 1996, S. 183; Damasio 1997, S. 298).

Wenigstens hinweisen möchte ich auf andere Forschungsergebnisse, die nahelegen, daß es in gewissem Sinne einen *entwicklungsbedingten Vorrang für emotionale Erfahrungen in der frühen Kindheit* gibt, eine Art früh entwickeltes und früh ausgereiftes emotionales Gedächtnis (durch die frühere Ausreifung der Amygdala; Goleman 1995, S. 39.41). Dadurch entsteht eine allgemeine emotionale 'Tönung' auch neu angeschlossener Erfahrungskomplexe. Dies ist sicher nicht im Sinne einer ontogenetischen 'Prägung' zu verstehen. Aber aus den oben angeführten Überlegungen zum selbstorganisierten Aufbau des Gehirns läßt sich auch folgern, daß nach dem Aufbau der ersten Strukturen und Attraktoren im Gehirn die anderen und neu hinzukommenden Inputs nicht einfach regellos irgendwo ablegt werden, sondern eben so, daß sie die Nähe der schon gespeicherten Inputs suchen, um sich dort strukturell 'anzudocken'.-

Der erzieherische Aufbau des emotionalen Gehirns sollte also behutsam erfolgen. In den späteren Beratungen und Therapien geschieht ja oft nichts anderes, als daß die zuvor nicht genügend beachteten und geachteten emotionalen Lebensthemen ihren angemessenen Platz (zurück-)erhalten.

(7) Orientierungsaufgabe 7: Bereitstellen günstiger Entwicklungskontexte: Lebensumwelten, Lernumwelten, Bildungsumwelten

Die Planung von Lern-, Lebens- und Bildungsumwelten zur Förderung der Selbstorganisationspotentiale ist also auch nach systemischer und konstruktivistischer Auffassung nicht nur nicht überflüssig geworden, sondern im Gegenteil noch wichtiger geworden. Dies ist ein Punkt, den ich schon gelegentlich hervorgehoben habe und von dem ich sagte, daß kein Widerspruch bestehe zwischen der Förderung der *Selbstorganisation* und der Organisation förderlicher Erziehungs*kontexte*.

In diesen Themenbereich fallen zahlreiche, auch bekannte pädagogische Themen und Aufgaben, die seit der Aufklärung immer wieder angemahnt worden sind und als *Theorie der Sozialisation* der Kinder in förderlichen sozialen Lebensverhältnissen für alle Schichten der Gesellschaft auch theoretisch in die Pädagogik dieses Jahrhunderts Eingang gefunden haben - und teilweise auch realisiert wurden.

Diese Fragestellung möchte ich hier nicht in ihrer Breite aufgreifen - dazu würden beispielsweise gehören: Bildungspolitik, Soziologie der Erziehung, Familienpädagogik, Sozialpolitik usw. -, sondern hier nur *aus einem aktuellen Blickwinkel des Systemansatzes* beleuchten, der bei diesem Thema nicht sogleich an der Oberfläche liegt. Im Zentrum stehen dabei weniger die Defizite, die die frühere Sozialpolitik beklagte (und die es auch heute noch gibt!), sondern gleichsam die andere Seite des Themas: die Überfülle oder, wie es systemtheoretisch heißt, die *Überkomplexität*. Viele Kinder (wenn auch keineswegs alle!) haben nämlich heute nicht mehr zu wenige, sondern schon viel zu viele Sachen, TV-Programme, Spielsachen, Freizeitangebote, auch zu viele 'Lernsachen' usw. Davon war schon die Rede. Im folgenden möchte ich nur eine Folgerung ziehen, die sich für engagierte Eltern und ErzieherInnen in pädagogischen Institutionen vom systemischen Ansatz her nahelegt. Sie betreffen neue Schulformen; andere Medienlandschaften; andere Konsumwelten.

Wenn der Trend zur Ausdifferenzierung der Systeme weitergeht, wird er vor den Schulen und den anderen pädagogischen Institutionen nicht halt machen. Auch deren Lenkung wird nicht mehr zentral erfolgen; es werden sich *kleinere, gleichsam individualisierte Formen und Gruppen bilden, die jeweils für sich selbst organisieren, was sie für pädagogisch wünschenswert und für normativ verträglich halten.* Die weltanschauliche und politische Neutralität der Schulen und der anderen pädagogischen Institutionen stellt historisch gesehen zwar ein großes Verdienst dar; ihr entspricht aber auf der anderen Seite die Neutralität vieler Eltern und Erzieher, was heute eher problematisch ist, denn *solche Neutralität verstärkt ungewollt die Orientierungslosigkeit,* oder sie kann sogar als Attraktor für fundamentalistische oder radikale 'Lösungen' wirken. Dadurch werden die Möglichkeiten der 'mittleren' Orientierungen und Engagements - z.B. ökologische, gewaltfreie, humanistische, alternative, allgemeinreligiöse u.a. Richtungen - eher geschmälert. (Ich führe diese Beobachtungen weiter im Beitrag über die Psychologie der Schule in Teil II).

Die genannten Erziehungsinstitutionen sind nur exemplarisch herausgegriffen: sie haben gemeinsam das Problem und die Aufgabe, durch gezielte und für sie selbst sinnvolle Selektion die Komplexität für die Kinder (und für sie selbst!) zu reduzieren: Die Schule muß die Überfülle der Lernstoffe reduzieren und neue Perspektiven konstruieren (s. Beitrag in Teil II). Die krankmachende Macht der Medien und der Terror des Konsums kann vorläufig nur durch selbstorganisierte Selektion reduziert werden, und zwar durch das Engagement einzelner ErzieherInnen, einzelner Gruppen, durch einzelne Eltern, *die in der Form kleiner, engagierter und selbstorganisierter Erziehungssysteme arbeiten.*

(8) Orientierungsaufgabe 8: Die Einrichtung der 'Pädagogischen Konsultation'

Hinzukommen müßte als neue und selbstverständliche Institution die *Pädagogische Konsultation.* Dies meint eine Form von Organisationsberatung, wie sie in der Industrie längst üblich ist und wie sie auch schon gelegentlich für Schulen als 'Schulentwicklungsberatung' angeboten wird (vgl. Klein 1997). Als eine Form der Familiensozialarbeit hatte schon Reinhard Voss (1994) die "Systemische Konsultation" vorgeschlagen und selber praktiziert. In zahlreichen pädagogischen Feldern und Arbeitsbereichen liegt solcher Bedarf vor: z.B. für junge Familien, Kinder im Kleinkindalter, Scheidungsfamilien, Kindergarten, Vorschulerziehung, Schule, Jugendeinrichtungen, Freizeiteinrichtungen, kirchliche Einrichtungen, Institutionen der Erwachsenenbildung, gerontagogische Arbeitsfelder - überall wird es zahlreiche Anlässe für die Pädagogische Konsultation geben. Ich brauche sicherlich nicht an dieser Stelle zu wiederholen, was nach allem Vorangegangenen selbstverständlich ist: Pädagogische Konsultation arbeitet ressourcenorientiert und entwicklungsfördernd, und sie ist nicht die Einrichtung einer 'Therapie für alle'. In der Pädagogischen Konsultation arbeiten professionelle Berater und Beraterinnen, die für Familien, Gruppen und pädagogische Institutionen Vorschläge zur Reduktion unerwünschter Komplexität und zur Konstruktion neuer hilfreicher Perspektiven anbieten. Was in der Industrie und ihren Unternehmen längst üblich ist, sollte doch irgendwann auch in der Pädagogik möglich sein! Den Bedarf hierfür jedenfalls wird es geben, und er noch ansteigen.

*****

8. Die selbstkonsultative Aufgabe: Professionelle Beratung für professionelle Pädagogen - Supervision und Selbstsupervision als pädagogische Gesundheitsvorsorge

Es wäre ein Widerspruch, wollten die Pädagogen alle anderen beraten, nicht aber sich selbst. Warum sind Pädagogen so abstinent, wenn es um Supervision geht? Haben sie selbst es vielleicht am nötigsten, ohne daß sie es sich eingestehen dürfen? Was ich oben über die enorm gestiegenen Belastungen gesagt habe, denen die pädagogischen Tätigkeiten heute ausgesetzt sind, hat die einfache Konsequenz, daß auch Pädagogen und Pädagoginnen Beratung brauchen, und zwar nicht nur dann, wenn sie sich in der Nähe des burn-out befinden, sondern eben vorher, präventiv.

Was in anderen modernen Berufssparten bereits selbstverständlich ist, fehlt derzeit im Bereich professioneller Pädagogik fast vollständig, vor allem im Bereich der Schule. Es gibt starke Argumente für die Forderung nach Supervision und Beratung, ebenso wie es starke Gründe für die bisherige Abstinenz der Pädagogen in diesem Bereich gibt.

Supervision ist keine Form der Therapie, sondern eine moderne Form der Konsultation für berufsbedingte Belastungen oder Probleme. Insofern gehört diese Aufgabe und dieses Thema in den Themenbereich der neuen konsultativen Erweiterung der Erziehungswissenschaft. Ich kann auch formulieren: *Die Pädagogik hat eine präventive Fürsorgepflicht für diejenigen, die sich später auf dieses strapaziöse Berufsfeld begeben wollen.* Darum müßte es sich hier um eine Pflichtveranstaltung schon in der Ausbildung handeln.

Es geht nicht um eine Form der Therapie für *persönlichkeitsbedingte* Probleme, sondern um eine *Unterstützung bei systembedingten Problemen oder Konflikten in pädagogischen Institutionen.* Kein System ist ohne den Begriff des Konflikts beschreibbar; der Konfliktbegriff gehört darum zu den systemischen Grundbegriffen (Huschke-Rhein 1992a, S. 163). Die Tatsache, daß heute nur noch etwa die Hälfte der in den Schulen tätigen PädagogInnen die Altersgrenze erreichen, kann mit Sicherheit nicht primär auf Persönlichkeitsdefizite zurückgeführt werden. Es ist vielmehr, wenn wir eine systemanalytische Beurteilung der pädagogischen Anforderungen in den heutigen Schulen anwenden, zunächst das systembedingte Resultat einer gesellschaftlichen Gesamtentwicklung, an der auch die Schulen teilhaben. Vor etwa einhundert Jahren konnte eine Forderung nach Supervision noch überflüssig erscheinen, denn damals unterstützten die gesellschaftlichen Verhältnisse immerhin noch die schulischen Normen prinzipiell. Beispiel: Wenn ein Lehrer in der Schule Fleiß, Pünktlichkeit und Ordnung forderte, so waren diese Werte zugleich diejenigen Werte, die in der industriellen Gesellschaft insgesamt, vor allem in den späteren Berufen der Schüler, prämiert wurden. Das ist heute nicht mehr der Fall. Aber die Konsequenz dieser Beobachtung ist das Entscheidende: Hatte ein Pädagoge damals in seiner Klasse Probleme, so wurde dies nicht auf gesellschaftliche Systembedingungen zurückgeführt, sondern konnte ihm direkt persönlich als Versagen angelastet werden; immerhin wurde ihm ja noch die latente oder auch offene Unterstützung der gesellschaftlichen Rahmenbedingungen zuteil. Diese Unterstützung fehlt heute - nicht nur den Lehrern und Lehrerinnen in den Schulen, auch den Eltern und anderen Erziehern in den pädagogischen Institutionen. Sie müssen wesentlich höhere Verantwortungslasten auf ihren eigenen Schultern tragen. Darum ist es absolut notwendig, daß ihnen eine substitutive Form der Unterstützung zuteil wird, gleichsam ersatzweise für die entzogene stillschweigende Unterstützung durch die geltenden Traditionen der Gesellschaft in der Vergangenheit.

Supervision heißt übrigens nicht, daß jemand von außen gleichsam als Schulaufsicht o.ä. kommt und kontrollierend nachprüft, was die Leute leisten. Supervision läßt sich, wenn wir eine systemische Begrifflichkeit verwenden, als *Meta-Perspektive eines externen Beobachters* bezeichnen, d.h. als eine Wirklichkeitsbetrachtung, die von einem oder mehreren externen Beobachtern eines Falles oder einer Situation angefertigt wird mit dem Ziel, dem Betroffenen *Anregungen oder Hilfen für eine neue Sichtweise seiner Situation* zu bieten, und zwar nicht als besserwisserische Hilfeleistung, sondern als als *Hilfe zur Selbsthilfe*, eben zu neuer Selbstorganisation. Gruppen von Pädagogen können dieses Verfahren auch systematisch in eigener Regie lernen, um es dann ohne externen Supervisor selber zu praktizieren oder sie lernen es am Anfang von einem Supervisor (s. den Beitrag im Praxisteil).

Es gibt ein *Hindernis* auf dem Weg zur Supervision, das mit der Pädagogenrolle als solcher eng verknüpft ist: In der Supervision wird nämlich - immer wieder - das Gefälle umgekehrt, das normalerweise in pädagogischen Prozessen besteht: Wer lehrt, gibt etwas, und die anderen - Schüler, Kinder - empfangen etwas. In der Selbsterfahrung der Beratung ebenso wie in der Selbstsupervision kehrt sich das Gefälle um: die Pädagogen kommen in die ungewohnte Position der Empfangenden, dadurch fühlen sie sich womöglich unterlegen. Das schmeckt zuerst überhaupt nicht und verunsichert sie. Auch wenn systemisch Supervision nicht primär als Hilfe verstanden wird, sondern als Anregung und kollegiales Gespräch, bleibt doch zunächst ein Gefühl der Unsicherheit, das notwendig mit der Vertauschung der Perspektive verbunden ist. Dennoch kann genau diese Erfahrung für Pädagogen sehr hilfreich sein. Denn wenn sie immer nur geben, erwarten sie notwendig auch Dankbarkeit - die aber heute oft genug ausbleibt. Schon diese Erfahrung ist ein ständiger Stressor. Darum ist ein solcher Rollentausch, wie ihn die Supervisionserfahrung vorsieht, schon als solcher wohltuend. Sich-verausgaben ist ein schönes deutsches Wort für den burn-out-Vorgang, weil es das 'Geben' schon sprachlich ins Zentrum dieses Vorgangs rückt.

Andererseits ist die Rolle des passiv Empfangenden nur ein Zwischenstadium und nicht der Dauerzustand. Denn systemische Beratung oder Therapie erwartet von den Ratsuchenden alsbald ihre *selbstorganisierte Mitarbeit*. Niemand kommt ab jetzt auf die Couch von Sigmund Freud. Vom Systemansatz her ist das Entscheidende, mit Kollegen oder Bekannten über schulische Probleme regelmäßig sprechen zu können, allerdings halte ich für wichtig: *regelmäßig, strukturiert und nach einer klaren Methode*. Dazu muß nicht immer ein Psychologe mitwirken. Wichtiger ist hier die Selbstorganisation. Es gibt ja auch schon den Begriff der *Selbstsupervision*, eigentlich ein Paradox, aber systemisch und systemtherapeutisch gesehen völlig legitim: Die 'Selbstbeobachtung' ist ein Grundvorgang der Autopoiesis (s. Teil III), und systemtherapeutisch können wir auch sagen: der Klient ist der Experte, d.h. die Therapie wirkt nur dann, wenn der Klient angefangen hat, selber etwas zu tun, er muß sich selbst nicht nur beobachten, sondern selbst organisieren und seine Interessen finden. *Konsequent führt das Theorem der Selbstorganisation bei einer Supervisionsgruppe irgendwann zur Praxis der Selbst-Supervision.*

Ein einfaches Modell, nach dem die Selbstsupervision organisiert werden kann, ist das Modell des *Reflecting Team* von Tom Andersen (1991). Das ursprüngliche Modell geht davon aus, daß ein Team von Leuten oder Experten, ähnlich wie beim Mailänder Modell, eine Sitzung von außen verfolgt, ohne einzugreifen, also hinter der Scheibe oder mithilfe der Video-Aufzeichnung. Die Leute in diesem reflektierenden Team - und das ist der entscheidende Punkt - äußern zunächst ganz unabhängig voneinander eine Idee, wie sie das Problem sehen oder wie sie auf das Problem reagieren können, d.h. sie erzeugen nur Ideen, ohne den Ehrgeiz, das Problem lösen zu wollen oder gar die 'richtige' Lösung dafür zu kennen. Dabei hört der Betroffene nur zu. Er bekommt dadurch einige weitere Ideen und Anregungen, wie er sein Problem oder seinen Fall sehen kann, vielleicht auch eine Idee, wie er besser mit seinem Fall umgehen kann.

Empfehlenswert ist es, die Methoden der Supervision und der Selbstsupervision *schon im Studium der Pädagogik* anzubieten. In Rollenspielen können wichtige Grunderfahrungen und Methoden teilweise spielerisch vermittelt werden. Dies wird dazu führen, pädagogische Supervision später als 'normal' anzusehen - man hat schon einmal erfahren, daß es sich dabei nicht um Therapie handelt. Zum anderen wird damit vermieden, daß später eine zu große Schwellenangst besteht, vergleichbar der Initial-Angst, in einer bedrohlichen persönlichen Lebenssituation erstmals so etwas wie einen 'Therapeuten aufzusuchen', genauer: aufsuchen zu *müssen*. 'Hilfe geben und Hilfe annehmen' - beides sollte, wie sonst im Leben, auch bei Pädagogen und Pädagoginnen Normalität sein.

Supervision ist also nicht das Eingeständnis persönlichen oder beruflichen Scheiterns. Im Gegenteil: für ein aufgeklärtes und systemisches Verständnis ist Supervision ein weiterer kompetenter Baustein bei der Konstruktion des selbstorganisierten Bildungsprozesses: Dieser Schritt ist freiwillig, selbstorganisiert und präventiv. Er kommt zugute der eigenen Persönlichkeit, der Supervisionsgruppe als ganzer und vor allem den 'Kids' oder den anderen 'pädagogischen Objekten', denen unsere Arbeit ja letztlich gilt.

*****

"Die Erziehung ist entweder Entwicklung... oder Heilung...
Muß nicht in der Realität beides überall eines sein?"

(Schleiermacher: Aphorismen zur Pädagogik)

TEIL II: SYSTEMISCHE PRAXIS

1. Was ist systemische Beratung?

Vorbemerkung

In diesem Beitrag stehen im Mittelpunkt Grundfragen und Methoden der systemischen Beratung von einzelnen, von Gruppen und von Familien. Die Methoden der Organisations- oder Systemanalyse, die Methoden der Beziehungsmusteranalyse und die Methoden der systemischen Supervision habe ich in drei anderen Beiträgen behandelt (z.Tl. am Beispiel der Schule und des Lehrerverhaltens).

(Im Text werde ich verschiedentlich die in I.1. angegebenen Kürzel verwenden: Rat/Kl für: der oder die Ratsuchende/Klient(in) oder Plural; Ber/Th für: der oder die Berater(in)/Therapeut(in) oder Plural.)

1. Woran erkennen wir eine systemische Beratung? Drei vorläufige Kriterien für den systemischen Beratungsprozeß

Ist die systemische Beratung überhaupt erlernbar? Um diese Frage zu beantworten, stellen wir die folgenden Fragen und versuchen sie zuerst zu beantworten:

- Was ist *systemisch* an der 'systemischen Beratung'?
- Welches sind die *Fähigkeiten*, die ein systemischer Berater erlernen/ erwerben sollte?
- Welches sind die *Kriterien*, an denen sich ein systemisches Vorgehen *beobachten* läßt?

Wenn systemische Beratung erlernbar ist, müßte sie auch beobachtbar sein. Dazu müßten wir aber wissen, welche Fähigkeiten vorausgesetzt werden, dazu wiederum brauchen wir natürlich einen Begriff von systemischer Beratung. Ist die systemische Beratung beobachtbar, dann kann sie auch in Seminaren trainiert werden. Damit entsteht ein *Zirkel*, der entweder von einer systemischen Standesorganisation aufgelöst werden müßte - wie es sie bei den meisten anderen Richtungen gibt - oder aber konstruktiv von den systemischen Beratern oder Therapeutinnen selber. Inzwischen gibt es zwar seit kurzem einen Dachverband "Systemische Gesellschaft", in der wichtige systemische Ausbildungsinstitute zusammengeschlossen sind. Aber es gibt keinen Kanon von inhaltlichen Vorschriften (wie in älteren anderen Richtungen, ohne daß ich jetzt eine solche benenne). Damit ergibt sich schließlich ein gewisser Spielraum für die konstruktive und produktive Eigengestaltung der Praxis; - was ja aus dem Verständnis des Theorie-Praxis-Verhältnisses des Systemansatzes auch folgt (vgl. Teil I und Teil III).

Fragen wir zunächst ganz einfach: Was müßte denn ein systemischer Berater *tun*, damit wir als *Beobachter* sagen können: Er ist ein systemischer Berater? Auch könnten wir fragen - eine für andere Therapierichtungen wahrscheinlich unvorstellbarere Überlegung: Was müßte ein *Klient* nach der Beratung antworten, damit wir wissen: Er war in einer systemischen Beratung? Damit würde Rat/Kl zum Beobachter ernannt.

Ich halte dies für ein sehr wichtiges Kriterium, es ist wissenschaftsmethodisch gesehen kein anderes Kriterium als dasjenige, das in der Validierungsdebatte (nicht nur in der Handlungsforschung) als 'kommunikative Validierung' bezeichnet wird: Das Ergebnis einer Untersuchung oder Befragung kann erst dann als valide (gültig) eingestuft werden, wenn die Befragten der Ergebnisformulierung zustimmen (vgl. Huschke-Rhein 1993b, Kap. 4 und 5). Ich behaupte, daß sich der systemische Stil einer Beratung auch und vor allem in seiner Wirkung auf Rat/Kl dokumentieren lassen muß (genauer: 'muß dokumentieren lassen *können*').

Übrigens ist das Befragen von Rat/Kl als Kriterium für die Wirksamkeit von Therapie noch aus einem anderen Grunde nützlich - vor allem für Ber/Th. Wie de Shazer in einer Studie aus seinem Institut feststellte, waren die Klienten viel häufiger vom Erfolg der Beratung/Therapie überzeugt als die Therapeuten, die nämlich meinten, daß die Klienten immer noch 'viel mehr brauchten', bis deren Therapie erfolgreich wäre! (Mdl. Mitteilung im Therapieseminar St. Martin, 1996).

Damit befinden wir uns schon im Zentrum des systemischen Beratungsprozesses: *Den Rahmen der systemischen Beratung bildet die Beziehung zwischen den beiden Systemen: die Interaktion zwischen dem Beratungssystem und dem Klientensystem. Aber die Interaktionsbeziehung ist nur die notwendige Voraussetzung; das Ziel ist eine Interaktion, die der Anregung und Förderung der Selbstorganisation des Klientensystems dient.*

Was ist davon nun beobachtbar? Was ist erlernbar? Offenbar ist weder die Beziehung direkt beobachtbar noch die möglicherweise gestiegene Fähigkeit der Selbstorganisation. Beobachtbar ist allerdings das, was gleichsam dazwischen liegt: die methodische Arbeit von Ber/Th. Sind die Methoden etwa das Wesentliche an der systemischen Beratung? Die Antwort hieße nur dann 'JA', wenn wir sicher sein könnten, daß durch ihre Anwendung genau und zuverlässig das Ziel der Beratung erreicht würde, nämlich die verbesserte Selbstorganisation von Rat/Kl. Genau dies aber schließt, wie wir wissen, die Systemtheorie vom Grundsatz her aus: Leider gibt es keinen direkten Zugang zur Autopoiesis des anderen Gehirns - auch nicht in bester Absicht. Was aber haben dann die Methoden und Techniken überhaupt bei einer systemischen Beratung zu suchen? Ganz einfach: Sie dienen dem *Weg* - 'Met-hodos' heißt ja 'Hin-weg' - zur Erreichung des Ziels, genauer: Methoden dienen den *beiden grundsätzlichen Möglichkeiten,* die es nach systemischer Auffassung hier gibt:

- (1) erstens der *Anregung* des autopoietischen Systems von Rat/Kl, und
- (2) zweitens der Veränderung des *Kontextes* von Rat/Kl.

Alle Methoden sollten wir unter diesen beiden Kriterien beurteilen.

Damit sind drei *Eckpfeiler als (vorläufige) Kriterien für den systemischen* Beratungsprozeß markiert:

(1) Erstens der *Rahmen*: die *Interaktionsbeziehung* zwischen dem Beratungssystem und dem Klientensystem als notwendige Voraussetzung des Beratungs- bzw. Therapieprozesses,

(2) zweitens das *Ziel* des Prozesses: die *Förderung der Selbstorganisation* des Klientensystems. Dazwischen nun liegen

(3) drittens die *Methoden* und Techniken der systemischen Beratung/Therapie.

Im Aufbau dieses Beitrages folge ich der einfachen Logik dieser Abfolge - nicht ohne jetzt ein Warnschild aufzustellen. Auf dem Warnschild steht: "Vorsicht: Methoden!" Wie ich bei der Skizze über den systemischen Praxisbegriff ausgeführt habe (Teil I, 3: 'Praxis als Konstrukt'; vgl. Huschke-Rhein 1994, S. 7-14), bedeutet 'Systemische Praxis' nicht die Anwendung oder Übertragung von vorher fertigen Regeln oder Techniken; vielmehr schließt die systemische Praxis einen konstruktiven und kreativen Anteil des Anwenders ein. Pointiert formuliert: *Ein guter systemischer Praktiker braucht keine einzige Methode zu kennen, wenn er die Axiome - Grundsätze, Theoreme, Basispostulate - des Systemansatzes kennt und konstruktiv anzuwenden versteht.* Da Beratung und Therapie ebenso wie Erziehung und Pädagogik nicht nur Technik, sondern *auch Kunst* sind, folgt: Methoden und Techniken sind nur dann schädlich, wenn man von ihnen die zuverlässige Lösung der Probleme erwartet. Ansonsten können sie sehr hilfreich sein, wenn man sie erstens nicht überschätzt, sie zweitens dem eigenen Stil anpaßt und drittens spürt und nicht vergißt, daß viele Techniken ja aus dem täglichen Ringen mit der Praxis hervorgegangen sind.

Was ist nun von den drei obigen Kriterien beobachtbar? Während die Anwendung von Methoden und Techniken im Beratungsprozeß durchaus *direkt* beobachtbar ist, vor allem *am Verhalten von Ber/Th* beobachtet werden kann, wäre die Qualität der Beratungs*beziehung* sowie das Erreichen des Zielwertes - die verbesserte Selbstorganisation von Rat/Kl - erst in einem (Tiefen-)Interview oder in einem vergleichbaren Verfahren festzustellen, wobei offensichtlich *den Aussagen von Rat/Kl ein besonderes Gewicht zukäme* (entsprechend der obigen 'kommunikativen Validierung'). Allerdings kann sicherlich in vielen Fällen Ber/Th durchaus auch selber beurteilen, ob Rat/Kl im Verlauf des Beratungsprozesses Fortschritte in der Fähigkeit der Selbstorganisation gemacht hat, beispielsweise indem Rat/Kl bestimmte Aufgaben und Probleme inzwischen erfolgreicher, kompetenter oder besser in Angriff genommen oder gelöst hat als vorher. Denkbar wäre auch die zusätzliche Bewertung des Beratungsprozesses durch eine Supervisionsgruppe.

2. Der Ausgangspunkt: Die Qualität der Beziehung zwischen Beratungssystem und Klientensystem

Bei der Auswertung derjenigen Faktoren, die für den Erfolg einer Therapie maßgeblich sind, haben Grawe u.a. (1994) die Vermutung geäußert, daß die *Beziehung zwischen Therapeut und Klient* der wichtigste und zuverlässigste Faktor sei, jedenfalls wenn man ein Kriterium suche, das die verschiedenen Therapieschulen übergreifen würde.

Wenn ich diesen Punkt an den Anfang setze, so könnte von eingefleischten Systemikern oder Konstruktivisten, Organisationsberatern oder Schulberatern eingewendet werden, daß damit doch ein ganz peripheres Kriterium aufgewertet würde, das vielleicht für die personenzentrierte Therapie nach Rogers interessant sei, aber nicht für die systemische Beratung und Therapie, in der doch Veränderungen im Kontextsystem, Musterunterbrechungen, Perspektivenwechsel, Neukonstruktion von Verhalten, 'Verstörung' des Klienten und manches andere zentral sei. Was hätte denn die Beziehung zum Therapeuten etwa mit der Ressourcenfindung zu tun?

Ich denke, daß das Thema der Beziehung zwischen Therapeut und Klient bzw. zwischen Therapeutensystem und Klientensystem tatsächlich in der systemischen Beratung und

Therapie bislang unterbelichtet gewesen ist, vielleicht auch bewußt oder unbewußt verdrängt wurde, wenn man an die nahezu mythologischen Beziehungsfiguren der 'Übertragung' und 'Gegenübertragung' und an den 'Widerstand' aus der Psychoanalyse denkt. Dennoch gibt es gerade aus der Perspektive des Systemansatzes einige gute Argumente dafür, daß die Beziehung zwischen Ber/Th und Rat/Kl erhebliches Gewicht für den Fortgang des Beratungsprozesses/Therapieprozesses besitzt.

Wenn die *Grundfigur* systemischen Denkens und Handelns darin besteht, die Autopoiesis des anderen - hier: des Klienten - zu respektieren und auf die Illusion einer *direkten* Einflußnahme zu verzichten, dann hat logischerweise *die Beziehung zum Klienten* eine wesentlich größere Bedeutung als in dem - auszuschließenden - anderen Fall, daß Ber/Th allein schon durch die Techniken, Taktiken und Methoden sich den direkten Zugang zu Rat/Kl verschaffen könnte. In diesem gedachten und auszuschließenden (anderen) Fall nämlich wäre die Person des Ber/Th austauschbar: Man brauchte dann nur jemanden, der die Methoden beherrscht, im Extremfall könnte das ein Computer besser als ein Mensch. Kommt es jedoch auf die Achtung vor der Selbstorganisation des anderen Menschen - hier: des Klienten - an, so ist damit notwendigerweise eine Einstellung, ein Gefühl dem anderen gegenüber verbunden, das dem anderen - dem Rat/Kl - nicht verborgen bleiben wird. Klienten/Ratsuchende haben einen erstaunlich sicheren Instinkt - 'Riecher' - dafür, ob sie akzeptiert werden oder nicht. Diese Einstellung aber begründet eine *Beziehung* zu den Rat/Kl, und sie wird zur *Grundlage des Beratungshandelns. Die systemische Grundfigur ist also selber schon eine Beziehungsfigur.* Das mag für manche überraschend sein, die meinen, systemisches Denken sei in der Hauptsache eine Strategie zur Analyse und zur Steuerung von Systemen (wie es die Kybernetik erster Ordnung war und teilweise noch die ältere Familientherapie).

Ich unterstreiche das besonders, weil erfahrungsgemäß die Akzeptanz des Rat/Kl zum Schwierigsten in der Therapie gehört. Und zwar *bleibt* das Akzeptieren darum immer schwierig, weil es keine Methode und keine Technik gibt, mit der dieses Problem oder diese Aufgabe endgültig beiseite geschafft und erledigt werden könnte. Natürlich gibt es eine Reihe von wichtigen Techniken, damit umzugehen, angefangen von den Techniken des zirkulären Fragens oder der positiven Konnotation. Aber nochmals: Klienten/Ratsuchende haben einen guten Riecher dafür, ob der Therapeut hier falsch spielt oder ob er es ehrlich meint. Es ist besser, eine Beratung nicht zu übernehmen, wenn man merkt, daß man mit jemandem 'nicht kann', daß man den Klienten insgeheim 'unmöglich findet'.

Noch aus einem anderen Grund ist es mir wichtig, das Thema der Beziehungsarbeit an den Anfang zu stellen. Man hört oft, daß die Akzeptanz des Klienten nur in der personenzentrierten bzw. klientenzentrierten Therapie und in den anderen Richtungen der Humanistischen Therapien wirklich ernst genommen würde. Ich denke, daß in diesen therapeutischen Richtungen eine große Sensibilität für die Therapeut-Klienten-Beziehung entwickelt worden ist. Etwas überspitzt gesagt, hört aber die Therapie damit auch schon auf. Hiernach fangen jedoch, wie ich meine, die Unterschiede zwischen den Richtungen an. Eine recht verstandene systemische Therapie müßte jedoch ebenfalls der Therapeut-Klienten-Beziehung einen wichtigen Stellenwert einräumen.

Daß in der personenzentrierten bzw. klientenzentrierten Therapie überhaupt Änderungsprozesse stattfinden, hat nach meiner Beobachtung folgenden Grund: Viele Klienten erfahren in der Therapie erstmals eine *Wertschätzung in einer sie schützenden Beziehung*, und sie können erstmals über ihre Probleme und Gefühle in einem schützenden, respektvollen Rahmen sprechen. Dadurch werden sie zu neuen Perspektiven auf sich selbst und zu neuen Konstruktionen ihrer Realität angeregt und ermutigt. Das heißt, daß hier therapeutische 'Erfolge' zwar auf der Basis einer als positiv empfundenen *Beziehung* sich eingestellt haben, aber so, daß auf der Basis und im Rahmen einer solchen Beziehung *die Klienten die Möglichkeit einer Neukonstruktion ihrer Realität und ihres Problems* erhalten haben. Die positive Beziehung ist eine Voraussetzung des Erfolges, aber der Erfolg ist nicht einfach das *direkte* Resultat der Beziehung.

Bewußt habe ich an dieser Stelle nur diesen Aspekt der Therapeut-Klient-Beziehung herausgestellt, es gibt noch weitere wichtige Aspekte, die in diesem Zusammenhang nicht alle diskutiert werden können. Ein Hinweis nur: Die *ehemals* 'klassische' systemische Position hieß: '*Neutralität*'. Die strategisch und technokratisch klingende Forderung nach der neutralen, extern eingreifenden Therapeutenrolle aus der älteren Mailänder Schule (Selvini-Palazzoli 1981), mit Verwandtschaft zur "Kybernetik erster Ordnung" (v. Foerster), hatte den Vorzug, die Therapeutenrolle im Familiensystem vor einseitiger Parteinahme oder vor Verstrickung im System zu bewahren, denn es schien ja geboten, daß der Therapeut mit dem Symptomträger paktiert, um ihn zu stärken und zu schützen vor seinem gefährlichen Kontext - bis deutlicher wurde, daß die Symptomträger keineswegs nur Opfer ihrer Kontexte sind, sondern - was der Konstruktivismus dann besser begründen konnte - ihrerseits ein (verdecktes) Machtspiel mit ihrem Kontext treiben, wobei oft die Opferrolle als Maske benutzt wird. 'Neutralität' kann, so meine ich, heute immer noch eine Richtschnur für angemessenes Verhalten des Beraters sein, wenn es um die Beratung von oder in Organisationen geht, auch beispielsweise für eine systemische Beratung in der Schule (s. den Beitrag dazu). - Inzwischen hat aber der Mailänder Cecchin (1988) selber vorgeschlagen, den Begriff der Neutralität zu ersetzen durch '*Neugier*' (vgl. Rotthaus 1990, S. 60). Dieser Begriff paßt natürlich besser zu dem konstruktivistischen Konzept einer Neu-Konstruktion von Perspektiven für Rat/Kl, und er signalisiert jedenfalls eine teilnehmende Position von Ber/Th, die zumindest in die Nähe von 'Akzeptanz' führt.

Schließlich läßt sich das erste der fünf Axiome aus der Kommunikationstheorie von Watzlawick (1969) folgendermaßen abwandeln: 'Man kann nicht nicht interagieren', oder: 'Es ist unmöglich, daß es keine Beziehung zwischen Ber/Th und Rat/Kl gibt'. Beratungsprozesse sind Systemprozesse und Systemprozesse sind 'dynamische' Prozesse, d.h. sie spielen in der Zeit und entwickeln sich als Transformationsprozesse. Wenn einige Leute aus der Grundfigur folgern würden: 'Der andere ist ein autopoietisches System. Laß ihn also vor allem in Ruhe! Du kannst eh nichts ma-

chen..", dann wäre das ein falscher Schluß, und er würde auch zu einer falschen Ethik führen, die jedenfalls nicht die Ethik des Systemansatzes wäre. In jeder Beratung entwickelt sich eine Beziehung, auch wenn ich mich zurückhalte oder gar meine, ich bräuchte gar keine Beziehung für die Beratertätigkeit. Jede Interaktion führt zu einem neuen Interaktions*system*, das sich wiederum selbstorganisiert, eigene Muster und Glaubenssätze bildet, gegenseitig Impulse gibt und sich auf die eine oder andere Weise zirkulär beeinflußt (wie es die *Zeichnung* zeigen möchte).

3. Die Bedeutung der 'Akzeptanz' in der systemischen Beratung

Einen wichtigen Schritt zur Konstruktion einer guten Beziehung mit Rat/Kl kann also Ber/Th zu Beginn einer Behandlung oder Beratung selber tun: Am Anfang steht die *Akzeptanz*, die Wertschätzung, besser die 'Aufwertung' des Rat/Kl. Dazu gibt es neben der *wertschätzenden Haltung* des Beraters einige systemische *Techniken*:

- *positive Konnotation* (des Problems)
- *Lösungssprache* statt Problemsprache
- *Umdeutung* (reframing) des Symptoms
- *Verflüssigung* (erstarrter Verhaltensmuster)
- *Ressourcenfindung*
- *Perspektivenwechsel* (durch zirkuläre Fragen).

Die *wertschätzende Akzeptanz* des Rat/Kl ist ja darum so eminent wichtig, weil die meisten Klienten erst nach einer Kette von Mißerfolgen oder vergeblichen Lösungsversuchen zum Ber/Th kommen. Sie haben den Mut verloren, leiden unter Ohnmachtsgefühlen und Versagensängsten. Damit einher gehen Schuld- und Schamgefühle, und so entsteht allmählich eine Selbstabwertung, die wieder zirkulär die Fähigkeiten des Problemlösens vermindert, daraus folgen wieder Mißerfolge, diese führen zur Selbstabwertung usw.... - der bekannte sich selbstverstärkende negative Rückkopplungskreis.

Die akzeptierende Wertschätzung des Rat/Kl unterbricht diesen negativen Zirkel. Die negative Systemdynamik wird am Punkt der Selbstabwertung *unterbrochen*, denn es kann keinen Veränderungsprozeß geben ohne Selbstachtung. Die Dynamik der Abwertung wird unterbrochen erstens durch die Akzeptanz und zweitens konkret durch die Würdigung dessen, was Rat/Kl schon geleistet und versucht hat - das ist fast immer sehr viel mehr, als Ber/Th vermutet und als Rat/Kl zu erkennen gibt. Hilfreich dabei sind die oben genannten systemischen Techniken. Wenn es gelingt, ein Problem oder ein Symptom anders zu beleuchten, es in den Kontext beteiligter Personen einzuordnen, eine positive Sicht zu finden - "für wen war das Symptom vielleicht auch nützlich?" -, entsteht allmählich eine andere emotionale Färbung, und nicht selten lautet die Reaktion: "Ja, so habe ich das ja noch gar nicht gesehen...". Grundsätzlich erwartet jeder Rat/Kl in der ersten Sitzung unbewußt das höchstrichterliche Vernichtungsurteil durch Ber/Th, denn eine solche Abwertung läge ja ganz auf der Linie seiner bisherigen Erfahrungen mit dem Problem. Darum ist die Reaktion in der ersten Sitzung fast immer ein großes Erstaunen und große Erleichterung, wenn der erwartete Schuldspruch ausbleibt.

Zu dieser überraschenden Erfahrung, die die Grundlage für eine weitere positive Arbeit bildet, tragen einige Methoden bei, die nach systemischer Technik vor allem im Erstgespräch beachtet werden sollten. (Darüber im 3. Abschnitt ausführlicher).

4. Ziele und Chancen der Veränderung

Der Wunsch nach Veränderung muß ein Wunsch nach Selbstorganisation sein - auch wenn er vom Therapeuten kommt. Das Ziel jeder systemischen Therapie und Beratung ist die Stärkung der Selbstorganisation des ratsuchenden Systems. Alles andere wäre Fremdsteuerung - und damit würde Ber/Th seine Rat/Kl wie Kinder behandeln. Vom systemischen Erziehungsbegriff her wäre das zwar völlig in Ordnung. Aber in diesem Punkte unterscheiden sich eben Erziehung und Therapie/Beratung.

In der Praxis der Beratung oder Therapie ist die systemisch geforderte Fokussierung auf Selbstorganisation das Schwierigste, besonders bei Suchtverhalten - Alkohol, Drogen, Bulimie, auch Spielsucht oder Kaufsucht: Hier hat jeder Berater oder Therapeut unbewußt den Drang zu helfen, er versucht es mit klugen Ratschlägen, er möchte den Klienten wenigstens ein bißchen in die 'richtige Richtung schieben'. Es gehört viel Erfahrung - und manche Enttäuschung - dazu, diesen Impuls zu unterdrücken bzw. gar nicht mehr als therapeutisches Konzept im Kopf zu haben. - Da scheint es die Verhaltenstherapie (VT) leichter zu haben: Verhaltenstherapeutisch lassen sich oft eindrucksvolle Anfangserfolge erzielen, aber nach kurzer Zeit zeigt sich, daß die Sache nicht richtig vorangeht - es waren nur die Anfangserfolge der Außensteuerung, die bei VT ja oft beobachtet werden. (VT ist nützlich, wenn sie mit Konzepten verbunden wird, die die Fähigkeit zur Selbststeuerung stärken!)

Während in der früheren Familientherapie das Ziel in der Veränderung der eingefahrenen und unproduktiven Muster des Systems bestand, wird unter dem Einfluß des *Konstruktivismus* mehr auf die *Stärkung der Selbstorganisation der einzelnen Mitglieder* eines Systems geachtet. In zahlreichen neueren Veröffentlichungen wird betont, daß die systemische Therapie inzwischen vom alten oder ursprünglichen Systemansatz ein Stückweit abgerückt ist, indem sie "*von Verhaltens- zu Bedeutungssystemen*" übergegangen ist (Boscolo u.a. 1992, S. 31). Gut zusammenfassend heißt es bei Gröne (1995, S. 48): "Während man früher eher versuchte, die sich selbst verewigenden Verhaltenssequenzen, die um ein Symptom herum begründet sind, aufzuspüren und zu unterbrechen, betrachtet man heute den Bedeutungsrahmen als primär. Der Fokus therapeutischer Interventionen ist mehr auf die Änderung der 'inneren Landkarte' gerichtet als auf die direkte Veränderung des (symptomatischen) Verhaltens... Es geht also weniger um einen direkten Wandel von Verhaltensmustern, sondern vielmehr um einen Wandel in der Epistemologie". Epistemologie meint: die "Art und Weise, wie jemand die Welt wahrnimmt, wie er erkennt, denkt, entscheidet, wie er seine Erkenntnisgewohnheiten konstruiert und aufrechterhält" (ebda.).

Generell gibt es aus systemischer Sicht immer (mindestens) diese *beiden Möglichkeiten der Veränderung* eines Verhaltens:

(1) *Anregungen und Impulse* an das selbstreferentielle System des Ratsuchenden geben - und abwarten, was passiert;

(2) *Änderungen des Kontextes*: die Rahmenbedingungen des Klientensystems werden geändert - und abwarten, was sich dann tut.

Die erste Möglichkeit richtet sich an das Selbstkonzept oder, wie es das Zitat (von Gröne) sagt, an die 'Epistemologie' von Rat/Kl; die zweite fokussiert eher auf die (ältere) Methode der Verhaltensänderung von Mustern.

Rein *systemlogisch* ist interessant, daß ja der Berater oder die Therapeutin immer schon selber zum Kontext des Klientensystems gehören. Das bedeutet: Allein schon durch die Tatsache, daß Rat/Kl überhaupt den Schritt zu Ber/Th gemacht hat, ist es erstens zu einer Beziehung mit Ber/Th gekommen und zweitens zu einer Kontextveränderung. Und damit könnte sich auch schon sein Selbstkonzept geändert haben. Wie de Shazer zu sagen pflegt: Der erste Anruf des Klienten ist die wichtigste Sitzung!

Auch die Tatsache, daß ein therapeutischer bzw. Beratungs-Prozeß immer in der Interaktion von Therapeut und Klient bzw. von Berater und Ratsuchendem besteht, heißt anders gelesen auch: ein Beratungssystem besteht minimal aus den beiden Elementen Th und Kl bzw. Ber und Rat *und* deren *reziproker Beziehung*.

Genau dies ist aber auch der Grund dafür, daß Ber/Th *immer eine Chance hat*. Sie besteht einfach darin, daß sich über die *Beziehung* mit Rat/Kl die Möglichkeit ergibt, daß Rat/Kl aufgeschlossener und bereiter wird, 'sich auch mal den einen oder anderen Vorschlag anzuhören' - und vielleicht selbst auszuprobieren. Das zeigt wieder, wie wichtig es war, daß wir im ersten Abschnitt von der wechselseitigen Beziehung zwischen Rat/Kl und Ber/Th ausgegangen waren.

Durch diese Argumentation mag auch deutlicher werden, worin die Chancen der klientenzentrierten oder personenzentrierten Therapie - und anderer 'Humanistischer' Verfahren - liegen: Durch den Aufbau einer Beziehung *können*(!) schon Veränderungen in Gang kommen. Andererseits heißt dies leider nicht, daß der Aufbau einer Beziehung - der sog. 'Rapport' - schon eine hinreichende Voraussetzung für Veränderungen ist - was die Humanistischen Verfahren einschließlich der Gestalttherapie   anzunehmen scheinen. Darum folgt: *Der Aufbau einer guten Beziehung ist eine notwendige, nicht aber hinreichende Bedingung.* Das heißt praktisch: Es bleibt noch eine Menge zu tun, und die systemischen Methoden weisen darauf hin, daß schon rein methodisch noch eine Menge weiterer Arbeit wartet (wie wir unten sehen werden).

Eine Frage, die immer wieder an den systemischen Beratungsansatz gestellt wird, lautet: 'Wenn ihr so viel Respekt vor der Selbstorganisation eurer Klienten habt, dürft ihr ihnen wohl niemals *einen guten Rat geben*! Oder?' Die Antwort ist einfach: Natürlich dürfen wir! Aber wir vergessen dabei nicht das autopoietische Axiom.

Eine andere Frage lautet: 'Ist das jetzt nicht doch eine hinterlistige Wiedereinführung des direktiven Beraters durch die Hintertür?' Die Antwort: Es ist nichts weiter als eine Schlußfolgerung aus dem Systemansatz - eine *mögliche* Schlußfolgerung, um es präziser zu formulieren. Und hierbei gibt es eine feine Grenze, wie jeder Therapeut aus Erfahrung weiß, an der er spürt, ob er jetzt auf den Ratsuchenden eindringt und ihm praktisch die persönliche Entscheidung abnimmt bzw. aufzwingt, oder ob ein Rat, ein Vorschlag oder eine Intervention noch im autopoietischen Kompetenzbereich des Klienten liegt. Wie sagt Andersen (1991, S. 46f.): Die 'Verstörungen' des Klientensystems müssen anschlußfähig und wohldosiert sein; sind sie zu grob, zu irritierend oder zu weit weg, wird er sie nicht annehmen; sind sie zu brav, zu harmlos oder zu sehr auf seiner bisherigen Bahnlinie, werden sie keine Änderung bewirken.

Stierlin (in Simon 1988) hat *vier prinzipielle Bereiche für Änderungen* genannt:

"1. Die Realitätskonstruktionen bzw. Landkarten der *einzelnen* Familienmitglieder. Sie begründen jeweils eine bestimmte individuelle Motivationsdynamik.

2. Die Realitätskonstruktionen bzw. Landkarten, die von den Mitgliedern eines *Systems* geteilt werden. Wir sprechen auch von der Landkarte, Ideologie, dem Paradigma oder Codex einer Familie oder eines Paares.

3. Die *Verhaltensmuster einzelner* Mitglieder, die sich als Ausdruck und Folge ihrer individuellen Motivationsdynamik beschreiben lassen.

4. Die *Muster der Interaktionen innerhalb des Systems.* Hier sprechen wir auch von der interpersonellen oder interaktionellen Dynamik" (1988, S. 55).

Interessant ist, daß Stierlin in dieser Auforderung bereits 1988 die epistemologische Dimension des Konstruktivismus (Nr. 1), von der ich oben als einer neuerlichen Wende in der Literatur sprach, vorweggenommen hat. Allenfalls fehlt bei ihm die ausdrückliche Nennung der kontextuellen Veränderungen, die zumindest bei der Organisations- und der Schulberatung wichtig wären.

Wenn wir von der Unterscheidung der Systemebenen ausgehen (wie ich dies oben oder in dem Beitrag zur Schulberatung getan habe) ergibt sich das folgende, etwas einfachere Mehrebenenmodell:

- 1. die Wirklichkeitskonstruktionen des einzelnen,
- 2. die Beziehungen oder Interaktionsmuster mit anderen,
- 3. die Kontextbedingungen des Systems.

Eine kleine *Zusammenfassung* der Möglichkeiten von Veränderungen in diesem Abschnitt könnte so aussehen:

- 1. Vorsicht mit direkten Veränderungswünschen!
- 2. Die Ideen zur Veränderung sollten von Rat/Kl oder aus einem gemeinsamen, koproduktiven Beratungsprozeß kommen.
- 3. Dem *Wunsch* zur Veränderung muß deutlich *auch ein Wille* des Rat/Kl selber entsprechen.
- 4. Der Veränderungs*wunsch* muß im Bereich der Selbstorganisation des Rat/Kl liegen; (die *Idee* zu *konkreten Schritten* der Veränderung kann auch mal von Ber/Th kommen oder von beiden zusammen im koproduktiven Prozeß, s.u.).
- 5. Der Beginn des Beratungs-/Therapieprozesses *ist* schon eine Veränderung des Ratsuchenden: Mit dem Beginn einer Beratung hat sich der Kontext von Rat/Kl schon geändert.

Dazu drei Thesen, die Bezug auf die klientenzentrierte Therapie von Rogers nehmen:
- 6. Der Stil sei eher non-direktiv.
- 7. Die *Akzeptanz* des Ratsuchenden/Klienten durch Ber/Th ist die Grundlage der therapeutischen Beziehung.
- 8. Die Akzeptanz des Rat/Kl durch Ber/Th muß *'echt'* oder *'authentisch'* sein (wie Rogers zu sagen pflegte).

5. Systemische Methoden und Techniken der Veränderung

5.1. Kontextuelle Systembedingungen

Wenn einige systemische Vorbedingungen geklärt sind - die eher die Grundeinstellung von Ber/Th betreffen, wie oben genannt: Nichtinstruktionsgebot, Akzeptanz, Beziehungsgestaltung, Veränderungswünsche und -möglichkeiten -, fängt die konkrete Arbeit an; sie richtet sich zuerst auf die *kontextuellen Systembedingungen*: Wer ist noch beteiligt? Die Einbeziehung des Kontextes kann in dreierlei Weise günstig auf Rat/Kl wirken:

- erstens entlastend von *nur* persönlich empfundener Schuld oder Versagen ('Ich bin allein schuld', beispielsweise bei Eßstörungen);
- zweitens als eine weitere Form der Akzeptanz: Rat/Kl kann eher akzeptieren, daß er/sie von Ber/Th nicht allein für schuldig=unmöglich gehalten wird; damit steht
- drittens auch das zirkuläre Fragen (vgl.u. 5.4.) in Zusammenhang: Die Nachfragen von Ber/Th werden nicht einfach als lästig, neugierig, unangenehm empfunden, sondern sie vermitteln dem Rat/Kl das Gefühl: 'Ich bin nicht allein schuld, die anderen sind auch beteiligt', möglicherweise sogar das Gefühl: 'Vielleicht gibt es gar keine Schuld, sondern nur eine Beteiligung mehrerer an dieser Geschichte'.

5.2. Positive Konnotation / Umdeuten

(1) Jedes autopoietische System organisiert sich zu jedem Zeitpunkt autonom, d.h. auch ein Symptom hat eine positive Funktion für Rat/Kl und fast immer auch für dessen Umgebung, auch wenn es nach außen dysfunktional erscheint. 'Nach außen' heißt: Das Symptom wird entweder von der Gesellschaft als 'dysfunktional' eingestuft, so etwa bei Schizophrenien, Kleptomanien, Psychosen usw.; oder es wird von den beteiligten Kontextsystemen so bewertet (z.B. Eßstörungen; Koprophilie; Bettnässen usw.). Für die Umgebung von Rat/Kl hat das Symptom oft den unschätzbaren Vorteil, daß man nun einen 'Sündenbock' im System hat und nicht selbst auf die Anklagebank muß. In der positiven Konnotation wird darum zunächst einmal das Symptom 'gewürdigt': für wen hat es *auch* Vorteile gebracht? Das ist für die meisten Rat/Kl eine völlig unerwartete, überraschende Wendung, die sie in größtes Erstaunen versetzt: 'Erstens tragen noch andere eine Mit-Schuld, und zweitens hat die ganze schreckliche Geschichte sogar für alle noch Vorteile gebracht!' Diese Sichtweise muß behutsam aufgebaut werden, und sie wird unterstützt durch die weiteren Techniken.

(2) Verwandt mit der positiven Konnotation ist das *Umdeuten*. Hierzu ist eine erläuternde Bemerkung erforderlich. Oft erscheint diese Technik - auch 'reframing', 'Umetikettieren' genannt - als bloßer Taschenspielertrick: Aus Schwarz mach Weiß! Aber dieses Mißverständnis verfehlt genau das, worauf es beim Systemansatz ankommt. Die Pathologisierung des Symptoms und vor allem des Klienten als 'krank' geht auf elementare Art am systemischen Sinn von Krankheit vorbei - selbst wenn es sich tatsächlich um eine 'richtige Krankheit' handeln würde. Ohne an dieser Stelle die anthropologische Grundsatzdiskussion über Gesund/Krank wieder aufzunehmen (s. Teil I, 5.), möchte ich folgendes festhalten: 'Krank' ist ein sprachliches, gesellschaftlich legitimiertes Etikett, mit dem die Gesellschaft versucht, mit abweichendem, auch kontraproduktivem Verhalten zurecht zu kommen. Es handelt sich also schon bei der Bezeichnung eines Symptoms als 'krank' um eine Realitäts*konstruktion*; dies gilt erst recht im Kontext psychischer Symptomatiken (vgl. Simon 1995). Billiger kommt man bei dieser Frage nicht weg. Wenn man dies aber durchschaut hat, erhalten auch die Umdeutungen/Umetikettierungen einen anderen Sinn: (1) In ihnen liegt, systemisch gesehen, zunächst und erstens nichts anderes als die Behauptung, daß ein Symptom Kontexte hat und daß wir das Symptom unterschiedlich beurteilen können - entsprechend den Kontexten, in denen wir es ansehen.
(2) Zweitens aber gilt auch hier die systemische Grundhypothese, daß jedes Ereignis

jeweils ein Ausschnitt aus einem dynamischen, sich zeitlich erstreckenden Systemprozeß darstellt, nicht jedoch notwendig der objektive Endzustand dieses Prozesses ist. Viele Rat/Kl kommen mit einem Problem oder in einer Situation in die Beratung, die sie schon als im wörtlichen Sinne 'festgefahren' verstehen, es geht nicht mehr weiter, es gibt keinen Ausweg, ein gibt keinen Bewegungsspielraum mehr. Indem Ber/Th ein Symptom nun nicht aus der festgefahrenen Perspektive (der Vergangenheit) betrachtet, sondern es 'verflüssigt' aus einer Zukunftsperspektive heraus, kommt wieder Begung ins System und es ergeben sich neue Möglichkeiten für die Zukunft.

Ein *Beispiel*: Eine Klientin leidet unter ihrem Übergewicht. Die Konsultation ergibt, daß sie sich schon als Kind oft zurückgezogen hat, sich aufs Bett legte, dort las und dabei ständig Süßigkeiten verzehrte. Ber/Th kann nun sagen: 'Sie haben sich zurückgezogen, um sich zu schützen, und Sie haben sich zu Ihrem Schutz noch einen Panzer angezogen, der Sie umgibt, damit Sie weniger verletzlich sind.' Die Umdeutung von Körperfülle als Schutz gegen innere Verletzlichkeit läßt zunächst dasjenige, worunter Rat/Kl ständig leidet, in einem positiven Licht erscheinen. Ber/Th kann sagen: 'Sie spielen also Igel, das ist ein sinnvolles Konzept, um sich zu schützen.' Danach kann der nächste Schritt in der Frage bestehen: 'Gäbe es für Sie noch andere Möglichkeiten, sich zu schützen, als so wie Sie es bisher gemacht haben?' Damit kommen weitere Perspektiven in den Beratungsprozeß, die sich auf Zukunft und zukünftige Handlungsoptionen beziehen. -

Das Wichtigste an der Sache ist jedoch, daß Ber/Th bei dieser Technik *aufrichtig und wahrhaftig* bleibt. Das Kriterium der 'Echtheit' oder der 'Authentizität' des Therapeuten aus der Humanistischen Therapie ist an dieser Stelle vollkommen in Ordnung. Nur dann kommt nämlich eine positive Beziehung zwischen Ber/Th und Rat/Kl zustande. Der weitere Prozeß hätte sonst keine Chance.

Ein *Beispiel* aus der *Erziehung*. Sind Kinder sehr aggressiv zu ihren Eltern und suchen Streit mit ihnen, dann sind die Eltern oft - verständlicherweise - persönlich tief getroffen. Was haben wir falsch gemacht? Aggressivität und Gewalt hinterlassen immer seelische Narben. Darum ist es aber besonders wichtig, auch Aggressionen unter verschiedener Perspektive zu sehen, also auch unter einer positiven. 'Was möchte das Kind damit ausdrücken?' In postmoderner Zeit, wenn Eltern keine Grenzen mehr setzen (können oder wollen), bleibt vielen Eltern verborgen, daß Kinder darum Streit mit den Eltern brauchen, damit sie ihre Grenzen definieren können. Die Umdeutung hieße hier: 'Das Kind ist auf der Suche nach neuen Grenzen und Regeln.' Da das nicht an einem Tag zu machen ist, muß deutlich werden, daß es um einen längeren Prozeß der Verhandlung geht, an dem sich auch die Eltern beteiligen müssen. Daß die Eltern zunächst meinen, es dürfe eigentlich doch gar keinen Streit geben, denn sie würden den Kindern ja alle Wünsche erfüllen, ist dann der nächste Punkt, der zu verhandeln ist. - Auch hier ist wichtig, daß Ber/Th von seiner Umdeutung überzeugt ist und sie für angemessen oder 'wahr' hält.

Damit ergibt sich hier für die systemische Beratungspraxis ein weites Feld von Möglichkeiten. Abschließend noch einige Beispiele für Umdeutungen:
- wütend werden: =Gefühle zeigen können
- langsam sein: =überlegt handeln
- passiv sein: =geduldig sein
- kontrollierend sein: =Überblick behalten wollen
- überaktiv sein: =nicht lahm sein, viele Interessen haben usw.

(In Seminaren kann dies durchaus als Technik in Zweiergruppen als Spiel geübt werden. Der Vorbehalt der 'Echtheit' sollte allerdings vom Leiter unterstrichen werden.)

5.3. Lösungssprache statt Problemsprache verwenden

Es macht einen großen Unterschied (für Rat/Kl), wie die ersten Fragen gestellt werden. Bei Gröne (1995, S. 55) findet sich eine schöne Gegenüberstellung:

- "Welche Probleme haben Sie? Seit wann haben Sie diese Schwierigkeiten? Worunter leiden Sie am meisten? Was fehlt Ihnen? Mal sehen, ob ich Ihnen helfen kann." *Oder*:

- "An welchen Zielen möchten Sie arbeiten, was möchten Sie für sich entwickeln? Was hilft Ihnen? Wie haben Sie bislang Schwierigkeiten gelöst? Mal sehen, wie ich Ihnen nützlich sein kann."

Wird gleich zu Beginn einer Beratung oder Therapie nur vom Problem gesprochen - was ja ganz normal scheint -, entsteht sofort eine Art von hypnotischer Stimmung um das Problem herum. (Gunther Schmidt spricht von "Problemtrance"). Da müssen Ber/Th aufpassen, daß sie nicht mit in den Strudel gezogen werden. Andererseits wäre es ja unsinnig, zu Beginn überhaupt nicht von irgendeiner Schwierigkeit zu sprechen - weshalb wäre denn Rat/Kl sonst gekommen? Wie läßt sich diese Aufgabe lösen?

Die Formel lautet: *Dosierte Empathie - dosierte Umdeutung.* Einerseits ist Empathie gefragt, sonst fühlt sich Rat/Kl nicht akzeptiert; andererseits muß Ber/Th von Anfang an darauf achten, neue Sichtweisen und Tönungen ins Problem zu bringen. Dazu sollte er/sie seine Sprache genau kontrollieren und wissen, was seine Fragen bedeuten. Zu Recht machen Schlippe/Schweitzer (1996, S. 137) darauf aufmerksam, daß *jede Frage zugleich "eine Form der Intervention"* darstellt. Auch mit Fragen, so könnte man nach Watzlawick formulieren, kann man 'nicht nicht kommunizieren' oder 'nicht nicht intervenieren'. In der systemischen Beratung gibt es an dieser Stelle, vor allem zu Beginn, eine andere Technik und eine andere Einstellung als in der Psychoanalyse oder auch in der personenzentrierten Gesprächsführung, wo mit einer gewissen Regelmäßigkeit Therapeut und Patient erstmal im Problemstrudel untergehen, was im ersten Fall (Psychoanalyse) als unverzichtbarer Baustein zur Analyse einer mißlungenen Kindheit oder von Elternversagen gewertet wird und im zweiten Fall (personenzentrierte Gesprächsführung) als Beweis größter Empathie und Akzeptanz gilt. Der Hinweis mag erlaubt sein, daß auch in einer systemischen Therapie über Probleme gesprochen werden darf; es macht nur einen Unterschied, ob ich dies gleich zu Beginn als Hauptform der Intervention anbiete, oder ob solche Themen später im Zusammenhang mit einem Genogramm oder anderen Fragen von selbst aufkommen. Wie ein Seiltänzer muß der systemische Berater/Therapeut hier die Balance wahren: Übernimmt er total die Problemsicht des Klienten, wird dieser sich zwar angenommen und verstanden fühlen; der Berater wird aber mit der Übernahme der Problemsicht wenig verändern. Durchschaut der Therapeut aus distanzierter Problemsicht sogleich die Ursachen des Problems (etwa als Kindheitsdefizite), wird der Klient das merken, und zwar schon an der Art der Fragen; er wird vielleicht das Wissen des Therapeuten bewundern, er wird aber seinerseits Abstand halten und eine kooperative Beziehung verweigern.

Darum mag die obige Formel hilfreich sein: *Dosierte Empathie - dosierte Umdeutung.* Die Empathie darf nicht zu groß sein - das gibt es ja auch, wie gesagt -; und die Umdeutungen sollten nicht zu weit weg liegen von der Klietenperspektive, sonst entsteht ein Distanzgefühl bei Rat/Kl und damit haben wir ein typisches Anschlußproblem. Umdeutungen oder Perspektivenwechsel sollten nicht nur 'Perturbationen' (im negativen Sinne) auslösen, sondern anschlußfähig bleiben.

5.4. Zirkuläre Fragen stellen

Eine Chance, der Problemtrance zu entgehen, bietet das zirkuläre Fragen. Oft wird das zirkuläre Fragen als 'Herzstück' der systemischen Beratung/Therapie bezeichnet. Tatsächlich ist die Zirkulationstechnik ein gutes Beispiel für den Zusammenhang von (theoretischen) Grundannahmen und (praktischen) Folgerungen. Ich habe aber bewußt nicht mit dieser Methodik begonnen, weil mir wichtig ist, daß auch diese Technik mit der Beziehungsarbeit verbunden sein sollte.

Die Grundidee des zirkulären Fragens ist einfach zu verstehen, wenn eine gewisse Kenntnis des Systemansatzes vorliegt. Zu jedem Symptom oder Problem gehört ein Kontext; aber dieser ist nicht die lineare Ursache für das Symptom, sondern er bildet gleichsam ein Netz oder einen Kreis von Bedingungen für das Verständnis des Symptoms oder Problems. Der Hauptgedanke ist also: Der Ratsuchende/Klient/Patient ist auf keinen Fall allein die Ursache für sein Problem; es gibt immer auch anderes und andere, die mitbeteiligt sind. Dies ist zwar zunächst ein eher wissenschaftstheoretischer Gedanke; aber er hat zahlreiche erfreuliche und praktische Konsequenzen.

Ein weiterer Grund für das zirkuläre Fragen liegt in der Erfahrung, daß die meisten Symptome eine Botschaft an diejenigen Menschen enthalten, mit denen es die indizierten Klienten zu tun haben. Ein berühmtes Beispiel sind die Eßstörungen, die in der Pubertät zum ersten Mal auftreten. Sie sind zwar einerseits die höchstpersönliche Konstruktion der Betroffenen; sie enthalten aber praktisch immer auch Botschaften ans Familiensystem, oft an die Mutter (aber auch, wie Hellinger gezeigt hat, oft an den Vater):

'Ich will nicht, daß sich etwas bei uns ändert'; oder ambivalente und paradoxe Botschaften: 'Ich zeige euch, daß keiner Macht über mich hat, sondern nur ich selbst, sogar über meinen Körper'; oder: 'Ich bin noch ganz klein, brauche eure ganze Sorge und Fürsorge, sonst verhungere ich'; oder: 'Ich will nicht wie Mutter werden'; oder: 'Ich will nicht, daß Ihr Eltern Euch trennt'; oder: 'Ich will nicht erwachsen werden; ich will doch erwachsen werden'; oder: 'Ich will, daß Vater mehr Platz im Familiensystem erhält'.

Das Beispiel zeigt, daß es oft mehrere, sich gegenseitig verstärkende - systemdynamisch: 'aufschaukelnde' - Gründe für ein Problem im Kontext gibt. Aber auch die 'normalen' pädagogischen und existentiellen Probleme und Konflikte enthalten solche Botschaften an den Kontext, z.B. Trotz, Aggressivität, Verweigerung, Unlust, Nörgeln, Dauermüdigkeit usw., ja sogar die schwereren Symptome wie psychotische Störungen, Panikattacken u.a.

Grundsätzlich erfragen wir zirkulär sowohl den Kontext der *Personen* als auch den Kontext der *Sach- oder Systembedingungen* - z.B. bei der schulischen Beratung - entsprechend den *drei hauptsächlichen Systemebenen*:

- *Ebene 1*: die *Selbstkonstrukte*: die Vorstellungen und Konstrukte der *einzelnen* im System;
- *Ebene 2*: die *Beziehungskonstrukte*: die interaktiven oder kommunikativen Beziehungen oder Muster mit den *anderen* Personen des Systems, auch Beziehungsangebote;
- *Ebene 3*: die *Sachsystemkonstrukte*: die *institutionellen* oder sachlich-*organisatorischen* Systembedingungen.

Die systemischen Fragen richten sich also auf diese drei Hauptdimensionen jedes Systems. 'Zirkularität' heißt also nicht, daß unbedingt in jeder Familienberatung alle zum Problemsystem gehörigen Personen anwesend sein müssen. Ich kann auch bei einem

Ratsuchenden oder Klienten allein alle drei Ebenen ins Spiel bringen. Jedes Problem/Thema hat ja seinen zirkulären Kontext. Es reicht eben nicht, eine Person nur danach zu fragen, was sie selber meint. Das mag als Befragung auf der Ebene 1 angebracht sein. Aber damit bekomme ich keine Informationen über die Zirkularität des Problems/Themas. Wiederum beschränkt das, was üblicherweise in der Literatur unter 'zirkulärem Fragen' firmiert, die Kontextualität des Themas oft bloß auf die Beziehungsfragen der Ebene 2.

Grundsätzlich gibt es *zwei Formen des zirkulären Fragens* (auf der Ebene 2):

- *(1) die dyadische Form,* also die Beziehung zwischen zwei Personen des Systems: ein Mitglied des Systems wird über ein weiteres befragt;

- *(2) die triadische Form,* also die Beziehung zwischen drei Personen des Systems: ein Mitglied des Systems wird über die Beziehung zwischen zwei anderen Personen des Systems befragt. (Diesen Fall zeigt die *Zeichnung*.)

Die praktischen Vorteile des zirkulären Fragens:

- Veränderungschancen und Motivation:

Würde nach traditioneller (psychoanalytischer?) Art nur nach der Sichtweise von Rat/Kl gefragt und damit auf der Ebene 1 verblieben, so wird Rat/Kl dadurch keine neue Perspektive auf das Problem und darum auch keine weitere Information erhalten. Rat/Kl wird darum eher dazu neigen, keinen Ausweg zu sehen und keine Ideen zur Veränderung zu haben. Frage ich dagegen auf den Ebenen 2 und 3, so werden sich für Rat/Kl gleich mehrere neue Perspektiven und damit mehr Möglichkeiten der Veränderung auftun.

- Neue Informationen auf der Beziehungsebene:

Bei zirkulären Fragen ergeben sich (mindestens) immer zwei neue Informationen für Rat/Kl: eine auf der Beziehungsebene, eine auf der Sachebene. - Wie das? Beispiel. Frage ich: 'Was denkst du: Wie hat dein Vater reagiert, als er das bei dir zum ersten Mal gemerkt hat?', so erhalte ich nicht nur eine Sachinformation, sondern auch eine Information über die Beziehung zwischen Rat/Kl und dem Vater. Frage ich dann weiter (triadische Frage): 'Was denkst du, was es bei deinem Vater ausgelöst hat, als deine Mutter darüber geweint hat?', erhalte ich eine Sachinformation *und* Informationen über die Beziehung zwischen drei Personen des Systems.

- Wenn ich in einer Familienberatung mit vier Personen frage: 'Wer kann dieser Meinung am ehesten zustimmen?', *definieren* alle Personen in ihrer Antwort jeweils *ihre Beziehungen* zueinander.

- Gleichzeitig wird dadurch das Problem/Symptom *'verflüssigt'*, wie es heißt. Einer hat es nicht alleine; die anderen sind auf unterschiedliche Weise daran beteiligt.

- Ein System hat mehr *Handlungsoptionen* und damit mehr Optionen zur Veränderung als eine einzelne Person.

- Dadurch wird die *Position von Rat/Kl verbessert*: Er/Sie ist nicht der/die 'Allein-Schuldige', das 'Schwarze Schaf'. Andere sind auf ihre Weise mitbeteiligt.

- Meistens wird dabei gleichzeitig eine bestimmte Bedeutung und Funktion des Problems/ des Symptoms für das ganze System deutlich; damit erhält es eine *'positive Konnotation'*.

- Den Systemmitgliedern werden bestimmte *Muster* ihres Verhaltens meist erstmals deutlich. Weil jeder sein Verhalten nun *aus der Perspektive eines anderen Mitglieds* sehen kann und nicht nur, wie gewohnt, aus seiner eigenen, entsteht eine neue *Bewegung* im System. Oft ist dies erfahrungsgemäß für jeden einzelnen im System ein - im doppelten Sinne - 'bewegendes Ereignis'.

- Da jeder sich nun aus der Beobachterperspektive der anderen selbst beobachtet, kann zwischen den Mitgliedern des Systems ein *zirkulärer Dialog* beginnen, der blockierte und unterbrochene Beziehungen neu belebt.

- In solchem zirkulären Dialog erfahren die Betroffenen - meist erstmals nach längerer Zeit - eine Form der *Auseinandersetzung, die ohne die üblichen inhaltlichen Schuldzuweisungen* und Vorwürfe auskommt, weil es dabei zunächst nur um die Form der gegenseitigen Beziehungen geht. Dabei werden die sonst üblichen Muster vermieden: Wer hat Schuld? Was ist die Ursache? Wer gehört eigentlich nicht dazu? Wer verrät die Gemeinschaft? Wer stört die Harmonie? Das bedeutet: Das System lernt auf diese Weise eine *neue Form der Kommunikation* über das Problem und eine neue Form der Interaktion untereinander.

- Jede zirkuläre Frage ist darum auch eine Form der *Intervention*: Es kommt eine gewisse Bewegung ins System, mindestens erhalten die Mitglieder Rückmeldungen über die Problemsicht der anderen: *aus Gegenspielern werden Mitspieler* im System.

Fragetypen und Fragetechniken:

Generell werden die Fragen so gestellt, daß die Konstruktionsanteile und die Konstruktionsmöglichkeiten der Beteiligten deutlich werden. Dabei sind im einzelnen folgende Arten von Fragen nützlich:

- *Klassifikationsfragen (Rangfolgen)*: Wer ärgert sich darüber am meisten, am zweitmeisten, am wenigsten...

- *Sequenzfragen (Wenn-dann-Fragen* zu Handlungssequenzen, zum Mustererkennen): Was macht deine Mutter, wenn du...; Was macht deine Schwester, wenn du...

- *Erklärungsfragen* (keine Ursachenerklärung, sondern Klärung von Systemzusammenhängen): Wie erklären Sie sich, daß Ihr Mann seitdem zu Ihnen...; oder triadisch: Wie erklären Sie sich, daß Ihr Mann zu Ihrem Sohn...

- *Zustimmungsfragen*: Wer aus Ihrem Betrieb würde das ebenso sehen?

- *Lösungsorientierte Fragen:*

- *Hypothetische Fragen*: Angenommen, Kai würde damit aufhören, wer würde das als erster merken? (=plus Klassifikationsfrage!)

- *Zukunftsfragen*: Was werden Sie machen, wenn Ihr Sohn auszieht? Oder triadisch: Was wird Ihre Frau tun, wenn Ihr Sohn auszieht?

- *Ressourcenfragen*: Was sind Dinge in Ihrem Leben, an die Sie gerne denken? ...die Sie gerne beibehalten möchten?

- Fragen nach *Ausnahmen*: Wann ist das Problem zuletzt nicht aufgetreten?

- *Skalenfragen*: Wenn Sie auf der Wohlfühlskala von 4 auf 5 kommen wollen, was werden Sie zuerst tun?

- *Wunderfrage:* Wenn das Problem über Nacht verschwunden wäre, woran würden Sie das morgen merken? Wer noch? Woran zuerst usw.

Hier ein schönes *Beispiel* dafür, wie ein belastendes Thema aus der Vergangenheit so umgewandelt wird, daß es zur Ressource für die Zukunft werden kann, ohne daß es als Problem der Vergangenheit fixiert oder fokussiert wird, wie es die analytische Technik tun würde: "Angenommen Sie bleiben dabei, daß Ihre miserable Kindheit Ihr Leben verpfuscht hat: Wie wird sich das auf Ihren Umgang mit Ihren eigenen Kindern auswirken?" (zit. aus Schlippe/Schweitzer 1996, S. 157). - -

Manchmal wird vermutet, daß die viele Fragerei der Systemiker von den Rat/Kl als lästig empfunden werden könnte. Auch fällt auf, daß das viele Fragen offensichtlich im Gegensatz zu dem steht, was Rogers und die personenzentrierte Gesprächsführung empfehlen: möglichst wenig Fragen stellen und dem Klienten Raum geben zur Entwicklung seiner eigenen Vorstellungen. In Rollenspielen können Seminarteilnehmer aber, wenn sie sich gegenseitig über ein (kleines) persönliches Problem befragen, die Erfahrung machen, daß dieses Fragen sehr hilfreich sein kann, Spaß macht und das produktive Nachdenken über eigene Lösungsmöglichkeiten erstaunlich gut in Gang bringt.

6. Die Frage der Veränderung - eine Frage der Therapierichtung?

Eine Frage aus der Praxis der Beratung lautet: Soll Ber/Th nun eher versuchen, *ein Muster des Systems zu ändern*, mit der Erwartung, daß sich dann auch das Verhalten von Rat/Kl ändern wird, - oder ist es vielleicht doch effektiver, *bei den Realitätskonstrukten des einzelnen anzusetzen*? Diese Frage wird inzwischen wieder heftig diskutiert, sowohl wegen der grundsätzlichen theoretischen Hintergründe als auch aus praktischen Erwägungen.

Das Ansetzen beim *einzelnen* hat mehrere Gründe. Im Zuge der Erfolge der Kognitiven Therapien (Ellis; Beck), des NLP und der konstruktivistischen Wendung in der systemischen Therapie sowie im Kontext der Ergebnisse der neurobiologischen Forschungen ist der ursprüngliche und klassische Ansatz der Familientherapie bei den Interaktionsmustern zwischen den Mitgliedern des Systems etwas in Vergessenheit geraten, um nicht zu sagen: aus der Mode gekommen. Tatsächlich haftet dem klassischen Ansatz ein wenig vom Objektivismusverdacht an: Die Verhaltensweisen werden weniger als Konstrukte denn als vorhandene, objektive Realitäten des Systems aufgefaßt. Auch entsprechen der systemisch-objektivistischen Richtung solche Methoden, die stärker auf Intervention ins System setzen (Verschreibungen, Aufgaben, Ratschläge usw.). Schließlich hat sich die Mailänder Schule ja hauptsächlich über diesen Punkt aufgespalten in die zwei Richtungen, von denen Selvini die ursprüngliche und traditionelle fortsetzt, während Boscolo und Cecchin den konstruktivistischen Weg eingeschlagen haben (vgl. Boscolo/ Bertrando 1994). Rein praktisch sollte man allerdings auch nicht übersehen, daß seltener als früher ganze Familien zur Therapie erscheinen, sondern vermehrt einzelne Personen, weil wegen der fortschreitenden gesellschaftlichen Individualisierung Beratungen und Therapien inzwischen vorwiegend von einzelnen wahrgenommen werden, die meist Angehörige der Mittelschicht sind und damit eher einem kognitiven Stil zugänglich sind.

Andererseits habe ich schon oben den Grundsatz aufgestellt, daß *eine systemische Beratung, die ihren Namen verdient, grundsätzlich die Kontexte einbeziehen muß*. Das wird rein praktisch nicht immer heißen, daß alle Beteiligten aufmarschieren müssen. (Oft können sie es gar nicht, und oft wollen es einzelne auch nicht.) Bei Weiß/Haertel-Weiß (1991, S. 105) findet sich der schöne Hinweis, daß es für den Erfolg zirkulären Denkens hauptsächlich auf die "*hypothetische dritte Person*" ankommt, sie braucht also gar nicht tatsächlich da zu sein, und selbst bei der Frage: "Wenn Ihre Frau jetzt hier wäre, was würde sie zu Ihren Beschwerden sagen?" komme es "weniger auf die wirkliche Meinung des nicht anwesenden Dritten an, als auf die Einführung von anderen Sichtweisen" des Problems. Manchmal läßt sich tatsächlich auch effektiver mit wenigen Personen arbeiten, weil erfahrungsgemäß bei Mehrpersonensitzungen immer wieder neue Probleme von den verschiedenen Personen vorgebracht werden.

Dazu kommt eine weitere, seltsame Erfahrung: Manches Mal hat der familientherapeutische Ansatz zu einer anderen Form der Schuldzuweisung geführt, zu *einer Art Kollektivschuld*, gleichsam zu einer Schuldzuweisung zweiter Ordnung: Nicht mehr der einzelne Klient oder Patient ist der Schuldige; vielmehr ist jetzt das System schuld, genauer: die Familie. In vielen Familien stellte sich eine Art Kollektiv-Schuldbewußtsein ein: 'Irgendwie sind wir wohl alle nicht o.k.'. Dazu haben auch die Mailänder Untersuchungen der Magersuchtsfamilien beigetragen sowie Stierlins Konstrukt der "Bindungs-familie" (Weber/Stierlin 1991, S. 37ff.), was eine neue Kausalattribuierung ergab: Bestimmte Familien, eben die 'Bindungsfamilien', die hoch "miteinander verstrickt" sind und Aufträge einander "delegieren", produzieren solche Symptome wie Magersucht (warum eigentlich nicht immer?). Damit war nun wieder die Verantwortung und der konstruktive Beitrag des Symptomträgers zu gering veranschlagt, und so mußte aus grundsätzlichen wissenschaftsmethodischen Erwägungen das Familienkonzept eine Kritik erfahren, damit der Anteil und die Verantwortung des einzelnen Familienmitgliedes stärker als bisher hervorgehoben werden konnte. Denn offenbar reagieren ja nicht alle Mitglieder des Systems mit derselben Symptomatik, so daß gefragt werden muß, warum erfindet gerade das Kind A ein solches Konstrukt?

Über die Frage der Veränderung gibt es einen lehrreichen *Streit zwischen den Therapierichtungen*: zwischen Verhaltenstherapie und Kognitiver bzw. Konstruktivistischer Therapie:

- Die *Verhaltenstherapie* würde formulieren: 'Erst das Verhalten ändern; dann ändern sich auch die Einstellungen!'.
- Die *Konstruktivisten*, *NLP*-Leute oder die *Kognitivisten* sagen das genau umgekehrt: 'Erst die Einstellungen ändern; dann ändert sich auch das Verhalten!'

Es ist aber interessant, diesen Streit aus einer systemischen Perspektive zu betrachten, dann gibt es (meiner Meinung nach) nur eine mögliche und logisch richtige Antwort: Die Frage, was zuerst kommt - die Verhaltensänderung oder die Einstellungsänderung -, ist falsch gestellt, weil die Rückkopplungsprozesse zwischen Einstellung und Verhalten, zwischen Erkennen und Tun, zwischen Theorie und Praxis so dicht und so hoch sind, daß eine solche *Kausalbestimmung - A führt zu B - unter systemischer Perspektive definitiv falsch ist*. Falsch ist darum die - letztlich dogmatische - Auffassung der Verhaltenstherapie, daß Verhaltensänderungen notwendig auch Einstellungsänderungen bewirken; das zeigen die Mißerfolge, etwa bei Eßstörungen oder bei Suchttherapien, leider zur Genüge. Aber der umgekehrte Standpunkt - gelegentlich bei NLP oder ähnlichen Techniken zu finden - führt (leider) oft ebenso wenig zum Erfolg; die Klienten sagen - und meinen es auch zuerst im Gespräch ganz ernst -, daß sie 'verstanden' haben und ihr Verhalten 'ändern werden' - aber nichts passiert. Darum ist die Frage nach dem Primat - Einstellungen oder Verhalten - systemisch gesehen so nutzlos wie die berühmte Frage nach der Henne und dem Ei.

Bedeutsamer erscheinen mir die Konsequenzen, die sich - für Erziehung, Beratung und Therapie - durch den systemischen Ansatz aus der *bio-psycho-sozialen Einheit* ergeben: *der Körper und die leiblichen Erfahrungen sollten viel mehr in Beratung und Therapie einbezogen werden.* Hier haben NLP, Bioenergetik und Hypnotherapie wieder einige Pluspunkte auf ihrer Seite. -

Ich habe in diesem Beitrag einige Aspekte der systemischen Beratung und Therapie angesprochen. Andere Beiträge dieses Bandes ergänzen das Thema (z.B. 2.3; 2.8; 1.5). Wie weit dieses Feld ist, zeigt eine schöne Liste, die Ritscher (1996, S. 244) vorgelegt hat. Er versucht eine "Ortsbestimmung der Beraterin jenseits aller Schulen", obschon er selbst, wie der Untertitel seines Buches ausweist, der "systemischen" Richtung nahesteht. (Für Wolf Ritscher gibt es übrigens nur "Beraterinnen"!) Also:

"- *Vermittlerin* zwischen individuellen Bedürfnissen und Systemerfordernissen";
- *Übersetzerin* für gegenseitig unverständliche Einstellungen, Verhaltensweisen, Sprachen;
- *Provokateurin*, die Konflikte benennt, Mythen und Geheimnisse zu entschlüsseln hilft - wenn die Zeit reif ist;
- *Helferin* für die Suche nach neuen Perspektiven;
- allparteiliche *Zuhörerin*, die jedem Mitglied des Systems den Eindruck vermittelt, als Person wichtig und für die Problemlösung hilfreich zu sein, d.h. im System sinnvoll zu handeln."

*****

2. Gesundheitsberatung und Gesundheitspädagogik: Gesundheit als bio-psycho-soziale Selbstorganisation

1. Das Gesundheits-System - ein Krankheitsfall? Über die Spezialisierung der bio-psycho-sozialen Einheit

Die großen Erfolge der modernen Medizin westlicher Prägung verdanken sich einem charakteristischen Zug der neuzeitlichen Wissenschaft: der Spezialisierung durch Ausdifferenzierung in Systeme und Subsysteme. Die Zusammenhänge und Gründe hierfür habe ich andernorts untersucht (Huschke-Rhein 1993a), und ich bin dabei vor allem auf zwei methodische Prinzipien neuzeitlicher Wissenschaft gestoßen: die Analyse und das kontrollierte Experiment. Methodologisch leuchtet ein, daß Analyse und Experiment um so erfolgreicher sein können, je kleiner und also überschaubarer das Untersuchungsfeld ist, je schärfer dieses begrenzt wird, je weniger Einflüsse aus der Umgebung (dem Kontext) eindringen können, d.h. je kleiner die Rolle ist, die die Umwelt des Systems spielen darf.

Das Resultat der allgemeinen und der medizinischen Wissenschaftsentwicklung steht uns anschaulich vor Augen: der Facharzt. Was in der Pädagogik die Fachlehrer sind, das sind in der Medizin die Fachärzte. Der allgemeine Zug der soziokulturellen Evolution hat sich auch hier durchgesetzt. Das, was die Systemtheorie als fortschreitende 'Ausdifferenzierung' der Kultursysteme bezeichnet, also die fortschreitende Differenzierung in spezialisierte Einzel- und Subsysteme, den allgemeinen Trend zur 'Expertisierung' von Wissen und Technik, hat sich auch in der Medizin voll durchgesetzt. Die Expertisierung erhöht die Verantwortung jedoch nur auf Seiten des Experten; denn sie bedeutet gleichzeitig immer eine Form der Entmündigung des nichtspezialisierten normalen und alltäglichen Subjekts, dem so zwar externe Hilfe (meist gegen gutes Geld) angeboten wird, das aber gleichzeitig einen großen Teil seiner Selbstverantwortung abgeben muß.

In der Expertisierung wird das 'Ganze' - die bio-psycho-soziale Einheit des Menschen - aufgelöst oder eben: aufgeteilt, parzelliert, spezialisiert. Ein Beispiel: Es gibt kaum noch den fürs Ganze zuständigen 'Allgemeinarzt' in der Medizin, und wo es ihn gibt, ist 'er' meist eine 'sie', und sie verdient dann nur ein Fünftel ihrer Fach/arztkollegen, weil sie nicht die Behandlung mit den fachärztlichen Apparaten durchführt. (Ironischerweise gibt es inzwischen ja den 'Facharzt für Allgemeinmedizin', offenbar, um die genannten Trends zu stoppen.)

Der heutige Mensch als Objekt der Medizin ist - wie das Wissen - aufgeteilt und zerlegt in Teilbereiche, für die es jeweils eine fachlich spezialisierte Ausbildung gibt: für die Augen, für die Ohren, für die Zähne, für die Nerven, für die Lunge, für die Geschlechtsteile, für das Knochengerüst usw. Darum haben wir ein 'Gesundheits-System', das aus vielen fachlich spezialisierten Subsystemen besteht, in denen jeweils die Krankheiten einzelner Organe behandelt werden. Das heißt: Wir haben eigentlich kein Gesundheitssystem, sondern ein Krankheitssystem. Denn Gesundheit ist etwas anderes als dasjenige, was dort behandelt wird, wie wir noch sehen werden.

In dem Maße, in dem das Wissen über die einzelnen Körperorgane spezialisiert und vermehrt wurde, handelt es sich primär um Wissen über die Krankheiten, nicht eigentlich über die Gesundheit - den Plural 'Gesundheiten' gibt es aus gutem Grund nicht. Die Logik des Wissens in der neuzeitlichen Naturwissenschaft kennt eben nur 'Objekte'; Subjekte werden dabei zu störenden Kontexten. Der naturwissenschaftlich ausgerichteten Medizin ging (und geht) es um den Zuwachs an 'objektivem' Wissen, und solches Wissen gibt es nach den methodologischen Spielregeln der neuzeitlichen Naturwissenschaft (wie ich sie modellhaft für Galilei herausgearbeitet habe, 1993a, Kap.3) eben vorzüglich über 'Krankheiten', die mit einem 'objektiven Befund' beschrieben werden können. *Wie aber wäre demgegenüber 'Gesundheit' zu beschreiben?*

2. Wer ist verantwortlich? Oder: Fremdsteuerung durch die Experten vs. Selbststeuerung durch die Betroffenen

Die Überlegungen zur Expertisierung bringen die Pädagogik in eine schwierige Lage: Einerseits ist der Wissenszuwachs in medizinischen Fragen zweifellos ein Fortschritt gegenüber einer medizinischen Einstellung, die auf Unwissenheit und Zauberei setzte. Prinzipiell kann Wissen ja - und dies ist die Leitlinie aller Wissensvermittlung seit der europäischen Aufklärung - zu mehr Autonomie und Selbstverantwortung bei denen führen, die es besitzen. Im (vorläufigen) Ergebnis heißt das: Ich lasse mir eben so schnell von den anderen 'nichts vormachen'. Andererseits hat das permanent anwachsende Wissen notwendig zu den beschriebenen Spezialisierungen geführt: Nur noch den Fachleuten ist die Übersicht über ein Fachgebiet möglich, und das bedeutet im Ergebnis: Ich bin nun wieder vom Wissen der anderen abhängig, das ich selbst eben nicht besitze und nicht besitzen kann. Und für die Gesundheitsbildung scheint der unausweichliche Schluß zu sein: Andere Experten müssen mir sagen, was ich zu tun und zu lassen habe. Aber dieser Schluß ist, wie ich zeigen werde, keineswegs unausweichlich. Er ist vielmehr sowohl didaktisch und pädagogisch falsch als auch aus einer systemischen Perspektive der Gesundheitsberatung und Gesundheitsbildung falsch, denn hierbei hätten wir es nur mit einer weiteren Form der Fremdsteuerung zu tun, die wir negativ als 'Pädagogisierung' bezeichnen können, ohne daß dabei die Kräfte der Selbstorganisation genutzt würden.

Die 'Pädagogisierung' durch Experten wird im folgenden der 'Selbststeuerung' oder der 'Selbstorganisation' durch die betroffenen Subjekte gegenübergestellt. 'Pädagogisierung' bezeichnet ein traditionelles pädagogisches Verfahren, bei dem die Adressaten zu einem normativ erwünschten Verhalten durch wissensorientierte Fremdsteuerung zu vorgegebenen Zielen geführt werden (daher der leicht negative Klang des Wortes 'Pädagogisierung'). Dagegen möchte das von der systemischen Pädagogik und Beratung bevorzugte Verfahren das Potential der Selbststeuerung bei den Adressaten stärken; es arbeitet weniger mit Wissensbeständen als mit handlungsorientierenden Impulsen und Anregungen an die Adressaten, und es vermittelt Wissen im Kontext von Erfahrungssystemen. (In dieser Weise kann 'Pädagogik' einen positiven Klang erhalten). Damit kann die Pädagogik auch Bildungsprozesse auslösen.

Vorweg und zusammenfassend einige Thesen zur Gesundheitsbildung und -beratung:

(1) Das 'Wissen' über Gesundheit ist von anderer Art als das 'objektive' Wissen über Krankheiten (der 'Befund'; die 'Diagnose').

(2) Das 'Subjekt', also der Kranke selbst, wurde zugunsten der Erkenntnis seiner Krankheiten systematisch und methodisch ausgeblendet.

(3) Es geht im folgenden darum, das 'Subjekt' von Krankheit und Gesundheit als eigene Größe wiederzuentdecken. Dazu hilft der Systemansatz, der von der Theorie der Selbstorganisation ('Autopoiesistheorie') ausgeht.

(4) Selbstbestimmung, Selbststeuerung und Selbstorganisation ('Autopoiesis'), d.h. Grundbegriffe der systemisch-ökologischen Bildungstheorie, sind zugleich Grundbegriffe für die Gesundheitsberatung und Gesundheitspädagogik .

(5) Selbstorganisation geschieht (jedoch) nach systemischer Auffassung immer in gesellschaftlichen und ökologischen Kontexten. Darum sind die gesellschaftlichen und die ökologischen Bedingungen der Gesundheit ebenso bedeutsam wie die Fähigkeit zur Selbststeuerung der Gesundheit. Selbstorganisation ist nur innerhalb ihrer Kontexte wirksam (vgl. u. das Systemmodell).

(6) Im systemischen Verhältnis von Autopoiesis und Kontext zeigt sich Gesundheit als vernetztes System mit hoher Komplexität, dessen Ziel die verträgliche Organisation ('Systemisierung') der drei Grundsysteme ist (biologisches, psychisches und soziales System), kurz: die Systemisierung der bio-psycho-sozialen Einheit des Menschen.

(7) Das Systemverständnis der Gesundheit erfordert auch für die Praxis ein Handeln nach den systemisch-ökologischen Prinzipien.

(8) Die Expertisierung der Gesundheit ging unvermeidlich einher mit einer teilweisen Entmündigung des Kranken: Die Verantwortung trägt dann allein der Experte, nicht der Kranke. Die Experten bringen dem Subjekt den Segen der fachlichen Kompetenz, aber auch den Nachteil der Inkompetenz des Kranken. So werden Subjekte zu Objekten einer technologischen Wissenschaft. Hochspezialisierte Systeme tun genau das, was Luhmann für die zivilisatorische Ausdifferenzierung der Systeme konstatiert: Sie beseitigen die Kategorie des 'Subjekts' und funktionalisieren es auf diese Weise (vgl. Huschke-Rhein 1994, S.137).

(9) Die Übernahme von Verantwortung und Selbstbestimmung für die eigene Gesundheit ist an eine Veränderung tradierter Wissenschafts- und Handlungsmuster gebunden. Zuerst müssen Expertisierung und Spezialisierung als Probleme durchschaut werden. Sodann kann ein Systembegriff eingeführt werden, der die Vernetzung der aufgespaltenen bio-psycho-sozialen Einheit oder, wie man auch sagt, der psychosomatischen Ganzheit ins Spiel bringt, damit die Gesunden und die Kranken die Subjekte ihrer Gesundheit und ihrer Krankheiten werden können (vgl. u. das Systemmodell).--

An anderer Stelle (Huschke-Rhein 1992b) bin ich ausführlicher auf einige überlieferte ganzheitliche Modelle eingegangen: auf die Chinesische Medizin, auf die homöopathische Medizin, auf das Chakra-Konzept sowie auf das Biophilie-Konzept Erich Fromms. In diesen Konzepten sowie in dem folgenden Konzept Capras sehe ich Vorläufermodelle von ganzheitlichen Gesundheitskonzepten, mit Parallelen zum bio-psycho-sozialen Systemmodell.

3. Das Drei-Ebenen-Modell von F. Capra

Um Gesundheit als einen aktiven selbstgesteuerten Prozeß auf unterschiedlichen Systemebenen zu kennzeichnen, hat Fritjof Capra den Begriff des "dynamischen Gleichgewichts" eingeführt (Capra 1986, S.360ff.). Gesundheit sei kein "statischer Zustand vollkommenen Wohlbefindens" - wie ja die Formel der Weltgesundheitsorganisation (WHO) lautet -, der auf der einen Seite "eines eindimensionalen Kontinuums" abzutragen wäre, das sich zwischen den beiden Punkten 'Gesundheit' und 'Krankheit' erstreckt. Gesundheit sei vielmehr ein "multidimensionales Phänomen", wobei mehrere Ebenen unterschiedlicher Komplexität ein dynamisches System bilden. Gesundheit bedeutetdann "ständige Aktivität und ständigen Wandel, als schöpferische Antwort des Organismus auf Umweltherausforderungen".

Capra unterscheidet die folgenden Systemebenen, die er als "drei zusammenhängende Ebenen der Gesundheit" bezeichnet:

- die individuelle,
- die soziale und
- die ökologische Systemebene.

Die individuelle Ebene wiederum umfaßt die "physische" oder "biologische" Dimension sowie die "psychische" Dimension. "Ein bedeutendes Charakteristikum der System-Theorie ist die Vorstellung einer geschichteten Ordnung mit Ebenen von unterschiedlicher Komplexität innerhalb der individuellen Organismen wie in den sozialen und ökologischen Systemen" (ebda.). Der Begriff des 'dynamischen Gleichgewichts' bedeutet auch das Gleichgewicht zwischen "selbstbehauptenden und integrativen Tendenzen". Gesundheit insgesamt umfaßt also die Herstellung oder Bewahrung eines Gleichgewichts zwischen allen genannten unterschiedlichen Ebenen mit ihren jeweils spezifischen Aufgaben.

Bemerkenswert erscheint mir, daß bei Capra bereits Anklänge an Begriffe aus der Chaostheorie vorliegen, um die Dynamik der Selbstorganisation auf den multiplen Ebenen zu beschreiben. "Stabilität" komme erst über "Fluktuationen" des Systems zustande, und dies wiederum schließe die "Flexibilität" des Systems ein. Diese spielt auf unterschiedlichen Systemebenen, z. B. "physisch, psychisch, gesellschaftlich, technologisch oder wirtschaftlich". "Verlust an Flexibilität bedeutet Verlust an Gesundheit" (ebda.).

Die Folgerungen für die gesundheitliche Praxis betreffen bei Capra vor allem drei Bereiche:

(1) Erstens folgt aus den unterschiedlichen Systemebenen, daß das zukünftige ärztliche Wissen mehr als bisher auch psychologisches, soziales und ökologisches Wissen einschließen muß.- Dies führt

(2) zur Bildung von Teams, in denen das erforderliche Wissen nicht mehr von einem einzelnen, sondern eben vom Team aufgebracht wird.- Und schließlich

(3) betont Capra die - selbstverständliche? - Bedeutung der persönlichen Komponente in Heilungsprozessen, zum einen für die persönlichen "Selbstheilungskräfte", zum anderen für die Organisation des medizinischen Versorgungssystems: Viel wichtiger als die seltene Anwesenheit der Spezialisten ohne Zeit sei der häufige persönliche Kontakt mit gut ausgebildetem medizinischem Personal, das durchaus qualitativ höhere Aufgaben übernehmen könne und solle, als ihm das bisher erlaubt ist.

4. Das Balance-Modell: Gesundheit als dynamisches Gleichgewicht zwischen stabilen, periodischen und 'chaotischen' Systemprozessen

Wir nähern uns nun dem Systemmodell der Gesundheit, das ein Balance-Modell ist (vgl.

die nebenstehende Zeichnung!) . 'Balance' übersetze ich hierbei in den systemtheoretischen Terminus des *'dynamischen Gleichgewichts'* (vgl. hierzu Teil III, sowie: Huschke-Rhein, 1992a, Kap. 4.4.), der im Prinzip bedeutet, daß ein 'Gleichgewicht' in *dynamischen Systemen* keinen statischen Gleichgewichtszustand darstellt, sondern auch "fernab vom [sc. statischen] Gleichgewicht" in sog. "dissipativen Strukturen" (Prigogine) oder 'nah beim Gleichgewicht' möglich ist. Der menschlichen Körper stellt ebenfalls ein 'dynamisches System' dar, das seine Balance nur als *'dynamisches* Gleichgewicht' erreichen kann, durch die Rückkopplung von immens vielen Systemkomponenten in einem hochkomplexen Netzwerk. Dies aber schließt zahlreiche nonlineare Prozesse ein. Hierzu müssen wir uns kurz dem Chaosbegriff zuwenden, denn ein differenzierter Systembegriff kommt heute nicht mehr ohne das Konzept nichtlinearer Prozesse aus, wie sie die 'Chaos-Theorie' beschreibt (vgl. den Beitrag dazu in Teil III).

Viele meinen, sie seien gesund, wenn alle Organe in ihrem Körper 'richtig funktionieren'. Unbewußt halten sie dabei ihren Körper für eine 'triviale Maschine' (wie H.v. Foerster sagt). Doch neuere medizinische Forschungen kommen zu anderen Auffassungen. In dem 1990 herausgegebenen Band mit dem Titel: 'Ordnung und Chaos in der unbelebten und belebten Natur' findet sich ein Beitrag des Freiburger Mediziners Prof. Gerok mit dem Titel: 'Ordnung und Chaos als Elemente von Gesundheit und Krankheit', der am Beispiel neuerer Forschungen zur Osteoporose (Knochenschwund) und zur Hepatitis-B (Gelbsucht) zeigt, wie chaotische und ordnende Reaktionen ineinandergreifen (Gerok 1990). Die untersuchten Prozesse werden nach drei Systemtypen unterschieden, die auch sonst in der Systemtheorie begegnen (z.B. Laszlo 1987, S. 37):

1. "Reaktionen im oder nahe beim Gleichgewicht, deren Kinetik einer linearen Differentialgleichung gehorcht. Wahrscheinlich sind solche streng deterministischen Reaktionen in biologischen Systemen eher die Ausnahme als die Regel",
2. "oszillierende Reaktionen mit konstanter Frequenz und Amplitude oder mit Quasiperiodik",
3. "schließlich die chaotischen, völlig ungeordneten Reaktionen, bedingt durch Reaktionen fern vom Gleichgewicht und Katalyseschleifen. Hier gilt das Prinzip der starken Kausalität nicht mehr, das heißt ähnliche Ursachen haben keine ähnlichen Wirkungen... Die Reaktion ist nicht mehr prognostizierbar, weil sie außerordentlich sensibel gegenüber kleinsten Änderungen ...ist und sich Änderungen der Reaktion exponentiell verstärken können".

Es entsteht nun die Frage, worin eigentlich der "Sinn für den Organismus (liegt), zwischen geordneten und chaotischen Reaktionen, zwischen strengem Determinismus und deterministischem Chaos wählen zu können?" Die Antwort besteht, ganz im Sinne der Systemtheorie, in dem Hinweis auf eine größere Anzahl von Optionen und Wahlmöglichkeiten für die (biologischen) Systeme: "Die geordneten Reaktionen verleihen den biologischen Systemen Stabilität und Konstanz, die oszillierenden Reaktionen dienen außerdem als extrem 'stoßsichere' innere Uhr. Die chaotischen Reaktionen ermöglichen dagegen die Flexibilität eines biologischen Systems, seine rasche Anpassung an veränderte Umweltbedingungen durch 'trial und error' und die Kreation neuer Eigenschaften des Systems... Gesundheit ist die Wanderung auf dem Grat, auf dem sich Chaos und Ordnung ständig die Waage halten" (Gerok 1990, S.26f.).

Im menschlichen Körper gibt es verschiedene Organe, deren spezifische Leistungen erst mit Hilfe der Theorie dynamischer Systeme verständlich werden, also mit Einschluß von chaotischen Systemzuständen. In den Mittelpunkt dieser Forschungen sind in den letzten Jahren vor allem die Herztätigkeit, die Hirntätigkeit, die Atmung und der Blutkreislauf gerückt. Die entsprechenden Störungen werden inzwischen auch als "dynamische Störungen" oder "dynamische Krankheiten" bezeichnet (Groß 1991; An der Heiden 1991; Gleick 1988, S. 405). Einen Mittelpunkt dieser Forschungen bilden die sog. Herzrhythmusstörungen. Diese Untersuchungen gehen nicht mehr davon aus, daß solchen Störungen organische Ursachen im traditionellen Sinne pathologischer Organerkrankungen zugrunde liegen, sondern daß es sich in vielen Fällen um systememergente Phänomene handelt, d.h. um Symptome, die bloß das Ergebnis eines Gesamtverhaltens des Systems sind, ohne daß spezifische organische Ursachen gefunden werden könnten.

Gleick (1988, S.413) weist darauf hin, daß die 'dynamische Sicht' ein Umdenken in der Behandlung psychosomatischer Störungen nach sich ziehen wird, weil die bisherigen medizinischen Methoden eher eindimensional, "linear und reduktionistisch" im Sinne einer "Punkt-zu-Punkt-Verbindung" bei den Organen vorgegangen sind. Ein systemisches Verständnis, das die "Welt der nichtlinearen Dynamik" einbezieht, wird mehr ganzheitlich vorgehen (Gleick 1988, S.413).

So weist etwa der Herzschlag im Normalfall Elemente aller drei Systemtypen auf, also von Stabilität bis zum Chaos (vgl. die Grafik im Beitrag über die Chaosforschung!). Zur gesunden Herztätigkeit gehört tatsächlich ein gewisses Maß an 'chaotischen' Systemprozessen, z.B. die unregelmäßigen Extrasystolen, die bei erhöhter Anstrengung 'normal' sind, keine Gefahr darstellen und vom Menschen meist gar nicht bemerkt werden (vgl. Groß 1991, S. 1268).

Wiederum gibt es die Körperrhythmen wie den Schlaf-Wach-Rhythmus oder den Tagesrhythmus der Körpertemperatur, die ebenfalls nicht einfach als lineare Systeme zu verstehen sind, sondern als "nichtlineare Oszillatoren, die sich nach geringfügigen Störungen wieder auf ein Gleichgewicht einpendeln" (Gleick 1988, S. 399).

In einer zunächst ungewohnten Diktion hören wir von den Vorteilen 'chaotischer' physiologischer Prozesse, aber dazu müssen wir den umgangssprachlichen Nebenton von 'chaotisch' unter systemtheoretischer Forschungsperspektive umdenken als 'nichtlinear'. Bei Gleick heißt es zusammenfassend: "Die Physiologen beginnen...zu erkennen, daß Chaos Gesundheit bedeuten kann. Man weiß seit langem, daß Nichtlinearität in Rückkopplungsprozessen eine regulierende Kontrolle ausübt. Einfach ausgedrückt, neigt ein linearer Prozeß, der einen leichten Stoß erhält, dazu, die neue, leicht veränderte Richtung beizubehalten. Ein nichtlinearer Prozeß, der denselben Stoß erhält, kehrt gewöhnlich zum Ausgangsverhalten zurück" (Gleick 1988, S.406).

Der Vorteil nichtlinearer, dynamischer Systemkomponenten besteht also darin, daß ein biologisches System mehr Optionen für sein optimales, also 'gesundes' Verhalten hat als eines, das nur mit linearen Systemkomponenten arbeiten würde. Das erinnert interessanterweise an das ethische Axiom H. von Foersters: 'Vergrößere stets die dir zur Verfügung stehenden Möglichkeiten für dein Handeln!'. Außerdem entstehen so nicht bloß mehr Optionen für das Systemverhalten, sondern eine höhere Flexibilität: "Für biologische Systeme gleichermaßen entscheidend ist Flexibilität: Wie gut funktioniert ein System in einem bestimmten Frequenzbereich? Die Festlegung auf einen einzigen Modus kann starre Abhängigkeit bedeuten und das System daran hindern, sich Veränderungen anzupassen. Organismen müssen auf Umstände reagieren, die sich schnell und unerwartet verändern; der Herzschlag oder der Atemrhythmus darf nicht auf das strenge periodische Verhalten eines einfachen physikalischen Modells fixiert sein und dasselbe gilt für die komplexeren Rhythmen des übrigen Körpers" (Gleick 1988, S.407). Einen Einblick in die Komplexität und Flexibilität der Körperrhythmen geben neuere Forschungen zum Zeitzyklusverhalten des Körpers (Hess/ Markus 1991; Rossi 1995; Ernst 1997). Darum liegt es nahe, daß "die Dynamik gesunder Körperfunktionen fraktale physische Strukturen" aufweist, d.h. nichtlineare, chaotische Muster, wie wir sie z.B. kennen als "das verzweigte Netz der Bronchien in der Lunge oder die Fasern des Reizleitungssystems im Herzen, die einen großen Bereich verschiedener Rhythmen zulassen" (Gleick, ebda.). Chaos und Ordnung sind auch hier gleichermaßen konstitutiv. Es gibt keine simple Alternative zwischen Ordnung oder Chaos, sondern unterschiedliche Systemtypen, also Mischformen aus den beiden Extremen 'Ordnung' und 'Chaos'.

5. Ein systemischer Gesundheitsbegriff: Die bio-psycho-soziale Einheit als dynamisches Gleichgewicht

Für meine Gesundheit bleibe ich selbst an erster Stelle verantwortlich. Dieser Satz formuliert das Autopoiesiskonzept deutschsprachig und ist nicht zu verwechseln mit dem traditionellen Verantwortungsappell der Pädagogik, denn er formuliert zunächst einmal eine Tatsache - jedenfalls in dem Sinne, wie der Systemansatz oder der Konstruktivismus Tatsachen verstehen. 'Tatsache' ist, daß die Selbstorganisation der biopsycho-sozialen Einheit 'Mensch' in der vernetzenden Konstruktion der drei Grundsysteme besteht: Das biologische System, das psychische System und das soziale System bilden den integrativen Rahmen sowohl für die Anthropologie und (darum) auch für die Gesundheit des Menschen. Das 'Selbst' des Menschen ist darum nicht einfach eine geschlossene, einheitliche Größe, die nur einem einzigen System zuzuordnen wäre, etwa nur seiner Psyche. Genauer - das jedenfalls ist eine der Kernaussagen des Systemansatzes - 'besteht' der Mensch aus den drei Grundsystemen, die zugleich drei unterscheidbare Formen von lebenden Systemen sind, die die Evolution seither hervorgebracht hat (vgl. Luhmann 1984; Büeler 1995):

(1) auf der ersten Stufe: *biologische Systeme* als *'lebende Systeme'*; sie interagieren auf der Basis von zellulärer Interaktion;

(2) auf der zweiten Stufe: *psychische Systeme* als *'Bewußtseinssysteme'*; sie kommunizieren *intern* auf der Basis von *Selbstbeobachtung*;

(3) auf der dritten Stufe: *soziale Systeme* als *'Kommunikationssysteme'*; sie interagieren *extern* und explizit auf der Basis von *Sprache*.

Ein menschliches 'Selbst' kann danach beschrieben werden als ein "Treffpunkt" (Knörzer 1994, S. 60) dieser drei Systeme oder als ein solcher "System-Mix" (Bette 1993), und genau diese drei Systeme liegen folglich auch den systemischen Überlegungen zur Gesundheit zugrunde. Aus der Sicht von Systemansatz und Konstruktivismus füge ich noch hinzu: Selbstverständlich stellt auch diese Theorie eine Konstruktion dar, mit der die phylogenetische Situation des Menschen beschrieben werden soll. Eine solche Theoriekonstruktion könnte immer auch anders ausfallen. Sie erscheint mir jedoch nützlich, um genau die Aspekte von Ganzheitlichkeit bei der Gesundheitsbildung zu rekonstruieren, die durch die Expertisierung des Gesundheitswissens verloren zu gehen drohen (s.o.). Auch hier ist also das Praxisinteresse mit-leitend bei der Wahl einer angemessenen Theorie (s.u. zu den wissenschaftlichen Grundlagen des Systemansatzes).

Heilungs- und Gesundungsprozesse können immer nur von mir selbst ausgehen. Mein Selbst - das ist die systemische Basisannahme - ist eine 'ganzheitliche' Größe, in der die drei Systeme - Bios (Soma); Psyche; Sozietas - als Wirklichkeit integriert sind und nur gedanklich getrennt werden können. 'Auto-poiesis' heißt: 'Selbst-Herstellung', vom griechischen 'autos' 'poi-ein': selbst herstellen. 'Ich stelle meine Wirklichkeit selbst her' - dieser Satz des konstruktivistischen Systemansatzes wurde meist bloß auf die sozialen, die psychischen und die geistigen Systeme angewendet, die wir uns 'künstlich' erschaffen müssen, im Gegensatz zu den (biologischen) Natursystemen, die wir vorfinden. Doch sollten wir das Autopoiesiskonzept auch auf den körperlichen (somatischen) Bereich anwenden: Wir können nicht nur unsere Krankheiten 'er-schaffen', sondern auch unsere Gesundheit selbst erschaffen. Erfahrungen im Bereich von Beratung und Therapie zeigen zur Genüge den hochvernetzten Zusammenhang des biologisch-leiblichen Bereichs mit dem seelisch-geistigen Bereich. Wenn wir die Materie und ihre evolutionäre Selbstorganisation auch als einen geistigen Prozeß von höchster Komplexität begreifen (vgl. Jantsch 1982; Bateson 1983), dann überwinden wir auch die alte abendländische Trennung von Körper und Geist, oder anders: Wir sehen wieder die Zusammenhänge und nicht nur das Trennende zwischen beiden.

Für meine Gesundheit bleibe an erster Stelle *ich selbst* zuständig. Was folgt daraus für die Praxis der Gesundheitsbildung? Eine alte Erfahrung mit der Ernährung besagt, daß der eine dieses besser verträgt und ein anderer etwas anderes. Dieses Obst bekommt mir besser und jenes Gemüse bekommt mir nicht so gut. Selbst die Vollwertkost bekommt nicht jedem gleich gut. Neuere Forschungen zu den Vitaminen und den Spurenelementen bestätigen, daß es große Unterschiede in puncto Verträglichkeit und Verdauung zwischen den Leuten gibt (vgl. Tönnies/ Lauff 1991; Natur 1992). Und daß die einen - allerdings die meisten - durchs viele Rauchen schwere Gesundheitsschäden davontragen oder Krebs kriegen, während andere Raucher bei guter Gesundheit bleiben, ist ja auch eine Binsenweisheit. Diese Beobachtungen drücken eine alte Erfahrung aus: In gewissen Grenzen bestimmt jeder von uns selbst, was für ihn gut ist - was nichts anderes bedeutet, als daß jeder von uns ein individuelles psychosomatisches (seelisch-körperliches) System darstellt, das einmalig und unwiederholbar ist, und daß er darum für sich selbst bestimmt, was ihm als 'gesund' oder 'ungesund' gilt. Die Versuche, nach den Spielregeln der objektivierenden Wissenschaft mit allgemeingültigen Kalorientabellen zu bestimmen, was gesund ist, sind inzwischen überholt, auch wenn sie durch das variablere System der 'Nutripoints' (vgl. in Natur 3/1992) abgelöst worden sind. Gesundheit läßt sich nicht so schnell 'objektivieren'. Ihr subjektiver Faktor ist glücklicherweise nicht auszurotten.

Im Bereich der Immunologie (der Lehre von den Abwehrkräften gegen 'ansteckende' Krankheiten) liegt inzwischen ein erdrückendes Beweismaterial für die Annahme vor, daß die Anfälligkeit ('Disposition') für einfache Erkältungskrankheiten bis hin zu den furchtbaren Krebserkrankungen nicht eine 'bloß körperliche' Angelegenheit ist, sondern von unseren psychischen Einstellungen begleitet und gesteuert wird. Im Bereich der Systemforschung gibt es darum den neuen Forschungsbereich der "Psychoneuroimmunologie" (Zänker 1991; Miketta 1994), immerhin auf der Ebene empirischer Medizin. Daraus folgt auch ein gewisser Vorrang für eines der drei Systeme, für das psychische System. Dies ist aber kein Widerspruch, denn selbstverständlich hat dieses System schon darum einen 'natürlichen' Vorrang, weil es das einzige der drei Systeme ist, das nicht von außen beobachtet werden kann, sondern nur der *Selbst*beobachtung zugänglich ist. Darum ist es verständlich, daß es in besonderer Weise an der Konstruktion und der Konstitution des *Selbst* beteiligt ist. Wenn man so will, ist es gleichsam die 'Zentrale' für die Selbstorganisation. Dennoch achtet und beachtet der Systemansatz die Kontexte: Die Psyche schwebt nicht ohne Körper und nicht ohne Umwelt und Mitwelt im Raum.

Dies alles liegt gleichsam auf der Basislinie der systemisch-ökologischen Theorie: Wir sind selbst auch Natur. Und systemisch-praktisch folgt: Wir müssen unsere Natur annehmen, unsere Leiblichkeit akzeptieren, mit ihr Freundschaft schließen. In christlicher Terminologie könnte ich sagen: Wir müssen uns mit unserer eigenen Natur versöhnen. Unsere eigene Natur ist so wenig wie die Natur überhaupt nur zum Beherrschen da. Unsere Autonomie besteht nicht darin, unsere Natur und unsere Leiblichkeit zu unterdrücken, sondern sie anzunehmen und zu integrieren.

Dies ist auch ein *Kerngedanke der Gesundheitsbildung und Gesundheitsberatung*: Unsere Autonomie ist hier wie überhaupt eine 'Integrative Autonomie', wie ich dies genannt habe (vgl. 1993a, S.91). Unsere Autopoiesis ebenso wie unsere Autonomie gibt es nur als integrative, vernetzende Fähigkeit. Das Ideal der Moderne, die selbstherrliche Autonomie, hat auch hier abgedankt. Die Revisionen, die Friedensschlüsse fangen ganz praktisch im Bereich meiner Gesundheit und meiner Körperlichkeit an: Ich kann 'ich' nur sein 'mit' anderen - und mit mir selbst. Autonomie führt postmodern zum 'Mit-Sein' statt zum modernen 'Herr-sein'. So verbinden wir die Anlage zur 'Selbststeuerung', die das Autopoiesiskonzept meint, im Systemdenken mit der Kontaktaufnahme zu den Kontexten unseres Selbst. Darum spreche ich auch von der 'Ökologie der Gesundheit'.

Wir müssen also den Begriff des *'Selbst' im weiteren Sinne* der bio-psycho-sozialen Einheit der Systeme verstehen: Zu unserem Selbst (i.w.S.) gehören die biologischen, ökologischen, also natürlichen Grundlagen und Umwelten unseres Lebens ebenso wie die soziokulturell geschaffenen Kontextsysteme unserer Lebenswelt, also auch das sogenannte 'Gesundheitssystem': Arztpraxen, Krankenhäuser, Apotheken usw. Damit behalten wir die doppelte Bedeutung von 'ökologisch' bei, wie wir es umgangssprachlich auch gewohnt sind: 'ökologisch' im engeren Sinne meint 'naturbezogen' oder 'umweltbezogen'; 'ökologisch' im weiteren Sinne meint die Bezogenheit auf die sozialen Kontexte, z.B. im Sinne von Bronfenbrenners 'Sozialökologie' oder im Sinne der 'Ökopsychologie' (Schmidt-Denter 1992). Schon bei Capra hatten wir gesehen, daß sich das Selbst in einer Hierarchie von Systemen darstellt, die von zunehmender Komplexität sind.

Der *Gesundheitsbegriff* oder, wie ich lieber sage, der Begriff des Gesundseins meint danach: die Balance zwischen diesen unterschiedlichen Systemen und ihren Anforderungen. Mit systemischer Terminologie gesprochen: Das Gesundsein besteht in einem dynamischen Gleichgewicht, das die autopoietische Einheit zwischen dem biologischen, dem psychischen und dem sozialen System bisher organisiert hat und immer wieder neu konstruieren muß. Die massive Störung oder das Mißlingen dieser Balance wäre 'Kranksein' (vgl. auch Knörzer 1994, S. 60).

Konflikte und Probleme, die sich aus der Konstruktionsarbeit ständig ergeben, sind danach als solche noch keineswegs ein Zeichen für 'Krankheit', sondern in gewissem Umfang normal. Damit wird die Grenze zwischen Gesundsein und Kranksein im Prinzip fließend und nicht rigide definierbar. Dies ist vor allem für die Praxis der Gesundheitsberatung bis hin zu therapeutischer Beratung und konsultativer Prävention von Belang: die Gesellschaft sollte vorsichtig im Umgang mit Etikettierungen dessen sein, was jeweils 'gesund' oder 'krank' heißt (vgl. den entsprechende Exkurs in Teil I!).

In mancher Hinsicht ist ein solches Gesundheitsmodell übrigens dem sog. 'Instanzenmodell' der Persönlichkeit bei Freud verwandt: Es geht im Kern bei Freud darum, die Ansprüche der eigenen biologischen Leiblichkeit - bei Freud als 'Es' bezeichnet und oftmals einseitig mit den 'sexuellen Trieben' identifiziert - mit den Ansprüchen des Über-Ich als der Instanz auszugleichen, die für die Einhaltung der sozialen Normen eintritt; das Ich selbst hat dabei die Aufgabe der Vermittlung und der Integration der konfligierenden Ansprüche beider Seiten.

6. Beratung, Pädagogik und Didaktik des Gesundseins

6.1. Das Systemmodell der Gesundheit

Das Autopoiesiskonzept bedeutet für die Praxis, daß letztlich vor allem 'ich selbst' (gr.'autos') etwas 'machen' (gr.'poiein') kann, was meinem Gesundsein nützt. Aber bedeutet dies nicht eine starke Beeinträchtigung der pädagogischen Möglichkeiten und Hoffnungen? Tatsächlich stellt die Autopoiesistheorie die selbstbezügliche Arbeitsweise ('selbstreferentielle Operationsweise') des Gehirns so sehr heraus, daß zwar Selbstkompetenz und Autonomie der Educanden besonders gewichtet werden, gleichzeitig aber die Einwirkungsmöglichkeiten pädagogischer Maßnahmen sehr begrenzt erscheinen müssen (vgl. genauer zum Autopoiesiskonzept den Teil III). Stimmt dies nicht auch mit Erfahrungen überein, die wir immer wieder als besorgte Eltern oder ErzieherInnen bei unseren Kindern machen, daß nämlich alles gute Zureden, Raten und Helfenwollen nichts nützt, solange unsere Adressaten nicht selbst etwas tun wollen? Ein zweiter Punkt, der auf der Linie der Selbstkompetenz und Selbstorganisation liegt, markiert die Verwandtschaft von Gesund-sein und 'Wohl-sein' ('wellness' als Begriff für Gesundsein!). Wer sich wohl fühlt, kann durchaus etwas 'Ungesundes' tun (etwas, das für andere 'ungesund' wäre), und wer im objektiv-organischen Sinne krank oder nicht gesund ist, wer z.B. altersbedingte gesundheitliche Beeinträchtigungen hat, kann sich dennoch in einem subjektiven Sinne 'wohl fühlen'. Die sogenannte 'Lebensqualität' ist nie bloß objektiv im Sinne körperlicher Gesundheit zu definieren, sie enthält immer auch ein subjektives Moment und ist darum nicht direkt altersabhängig. Selbst die palliative Schmerztherapie bei Krebskranken kennt noch den Begriff der 'Lebensqualität'.

Wo können nun Beratung und Pädagogik ansetzen? Die heutige Medizin 'weiß' zwar sehr viel über Krankheit und Gesundheit; würde sie dieses Wissen aber bloß als Wissen -

beispielsweise in Form eines Schulfachs - anbieten, so bestände wenig Hoffnung, daß dieses Wissen auch wirklich bei einem Schüler 'selbst' ankommt und in die Tat umgesetzt wird. Ich halte es aus systemischer Perspektive letztlich für einen Vorteil, wenn sich Pädagogen (und Berater!) gewisse Grenzen ihrer didaktischen Möglichkeiten eingestehen. Daß Erziehung, Gesundheitserziehung und auch Gesundheitsberatung nicht primär über die Wissensvermittlung laufen sollten, mag für didaktisch geschulte Ohren zunächst vielleicht enttäuschend klingen. Andererseits führt genau diese Einsicht zu neuen Perspektiven für die Praxis der Gesundheitsbildung und Gesundheitsberatung, indem sie bei der Selbstverantwortung jedes einzelnen ansetzt und dabei auch neue Dimensionen des Selbst aufzeigt, die ganz konkret in den Alltag führen.

In dem folgenden Modell ordne ich die drei Grundsysteme schematisch so an, daß ihre Verbindung untereinander durch die durchlässigen Kreise symbolisiert wird, und wiederum ist das so dargestellte Selbst auch nicht geschlossen gegenüber anderen und weiteren Systemen. Den Vorrang, den, wie oben angesprochen, das psychische System auf Grund seiner Eigenart gegenüber den anderen beiden Systemen genießt, kann das Modell nicht wiedergeben (wie überhaupt ein zweidimensionales Schema nur sehr begrenzt die tatsächliche Komplexität des Systems wiedergeben kann!). Es soll eher anregen zur fantasievollen Weiterarbeit. Prinzipiell - und das scheint mir für die Beratung und didaktisch von großem Vorteil - ist das folgende Modell der *Selbsterfahrung* der Adressaten zugänglich und darum weniger auf die Vermittlung objektiven Wissens angelegt (was darin natürlich auch vorkommt). Die Selbsterfahrung kann wieder weiterführen auf die Linie der 'Selbsthilfe' und der 'Selbstheilung'. Selbsterfahrung reicht aber weiter als nur bis zu meinem Kopf, nämlich 'von Kopf bis Fuß' und bis zu den anderen Personen und Umwelten, mit denen ich zu schaffen hatte und noch habe. Mein Selbst ist immer auf die drei hauptsächlichen Seinsstufen bezogen, und dabei gibt es genug konkrete Arbeit für die alltägliche Lebenspraxis. Dieses Modell ist also einerseits über meine Selbsterfahrung zugänglich, andererseits gehört dazu auch ein Anteil von objektivierbarem Wissen, das in Form von 'Orientierungswissen' durch die Schule oder durch andere Institutionen (Beratungsinstitutionen) vermittelbar ist, worauf am Ende noch eingegangen wird.

Das dreidimensionale Systemmodell - mit den drei Basisdimensionen: biologisch (somatisch), psychisch, sozial - hat auch Verwendung als medizinisches Modell für eine ganzheitlich orientierte Gesundheits- und Krankheitslehre gefunden: "Für die Theorie von Gesundheit und Krankheit muß somit gelten, daß immer mindestens drei Faktoren zusammenspielen :
- 1. ein *biologischer* Faktor (zum Beispiel eine ererbte Veranlagung oder ein Krankheitserreger),
- 2. ein *psychologischer* Faktor (zum Beispiel Schicksalsschläge, Streß oder unverarbeitete Persönlichkeitskonflikte),
- 3. ein *sozialer* Faktor (zum Beispiel die Arbeitssituation und die sozialen Beziehungen zum Partner oder Vorgesetzten)" (Miketta 1994, S. 19).
Dabei zeigen sich auf jeder Systemebene oder, wie ich lieber sagen möchte, Systemdimension konkrete Lebenssituationen, von denen eine Gesundheitsbildung bzw. Gesundheitsberatung ihren Ausgang nehmen kann.

Ich gebe zu den einzelnen Systemdimensionen einige Stichworte, von denen auch die didaktische Arbeit ausgehen kann. Dabei möchte ich keine Systematik vorlegen, sondern nur assoziativ Stichworte, die auf Alltagssituationen bezogen werden können; am Beispiel des Essens kann am leichtesten eine systemische Verbindung zwischen den drei Systemen hergestellt werden:

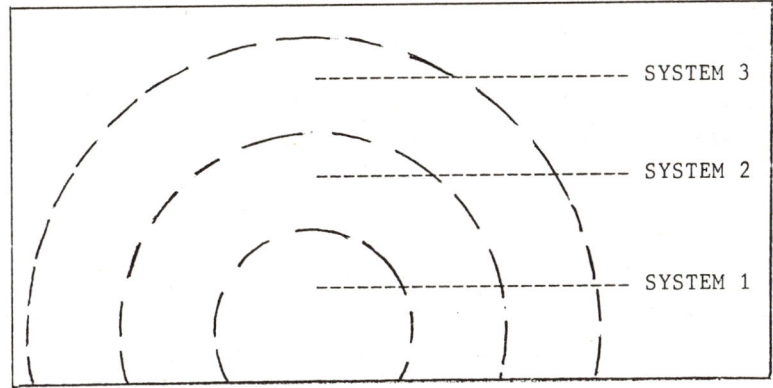

System 1: Biologisches System / *System 2:* Psychisches System / *System 3:* Soziale Umwelt

(1) System 1: Biologisches System: mein Körper, mein Leib als mein erster Oikos=Ort, in dem und an dem ich wohne; mein Wohlsein und mein Wohlfühlen bestimme ich selbst, auch durch das, was ich esse und was ich vertrage oder nicht so gut vertrage; manches, was ich mit mir körperlich herumschleppe (einen Buckel, einen kleiner Wuchs, eine große oder kleine Brust, die Form meiner Hände) ist vererbt oder angeboren, ist 'phylogenetisch' da; anderes wiederum (verspannte Muskelpartien, ein strahlendes Lachen, schiefe Zähne) ist lebensgeschichtlich erworben, ist 'ontogenetisch' entstanden. Ob ich zu Erkältungen neige oder häufig Kopfschmerzen habe, kann biologische Grundlagen haben, aber auch schon durch komplexe Verbindungen zu den beiden folgenden Systemen mitbedingt sein:

(2) System 2: Psychisches System: mein Bewußtsein, einschließlich meiner Gefühle und meiner Wertvorstellungen (Ciompi 1988), ist primär nur mir selbst zugänglich, weil es als selbstreferentielles System (s.u. Teil III,1.) ein abgeschlossenes System ist, das nur der Selbstbeobachtung zugänglich ist. Es ist insofern das Zentralsystem, als von ihm auch rekursive Beziehungen zu den beiden anderen Systeme ausgehen, also zahlreiche Rückkopplungsschleifen. Meine Gefühle, Wertvorstellungen, inneren Leitsätze sind *meine* Sätze, aber sie können in Verbindung zu den biologischen Grundlagen und in Verbindung zu den sozio-kulturellen, von anderen Menschen vermittelten Wertvorstellungen stehen. Was mir schmeckt und was mir nicht schmeckt, bestimme ich selbst, aber es kann dafür auch biologische Grundlagen geben (was mein Magen besser verträgt), oder es kann dafür auch soziokulturelle Einflüsse geben, die aus dem dritten System stammen (die Snacks oder die Burger, die die anderen immer essen; den Kaffee oder den Alkohol, den die anderen immer trinken...). Damit kommen aber schon die Rückkopplungen zum dritten System ins Spiel:

(3) System 3: Soziale Umwelt, mit der ich kommunizieren kann; meine sozial-ökologische Umwelt und Mitwelt, die soziokulturellen Systeme, Kontextsysteme, Su-

prasysteme, aber auch meine natürliche Umwelt, mit der ich nur unbewußt kommuniziere, die sinnlich erfahrbare Mitwelt als die kontextuell umgebende Natur, das (äußere) Natursystem. Diese Natur ist 'soziale Natur': Teil eines soziokulturell geformten oder verformten Systems, z.B. die Luft, die wir atmen, das Wasser, das wir trinken, die Nahrung, die wir essen, stammt aus der näheren oder ferneren natürlichen Umgebung, und ihre Qualität ist wichtig für mein Wohlergehen. - Zum sozialen System gehören alle sozialen Einrichtungen, die in irgendeiner Weise mit meiner ontogenetischen Entwicklung verbunden sind oder waren: die Erziehungssysteme, aber auch das Gesundheitssystem mit Ärzten, Kliniken, Apotheken usw., die mir vielleicht allesamt die Möglichkeit von Schmerzfreiheit in meinem Leben versprochen haben. Hierher gehören aber auch alle Angebote von Nahrung und Ernährung, vom Angebot des Supermarktes bis zu den Restaurants in meiner Nähe: ein Vollwertrestaurant oder ein französisches Restaurant, die Mensa oder McDonald.-

Jede Pädagogik und Didaktik des Gesundseins geht von diesen drei Systemdimensionen aus. Am Beispiel der Energieaufnahme durch Nahrung läßt sich am einfachsten zeigen, wie diese drei Systeme selbstorganisiert zusammenhängen. Wir selbst als lebende Systeme brauchen ständig Energie, die wir als Nahrung zu uns nehmen, und dieser Vorgang betrifft alle drei Ebenen gleichermaßen. Auch andere existentielle Prozesse unseres Lebens wie Schlafen, Bewegung, Arbeiten, Lieben, Entspannen, Wohnen, Feiern betreffen immer alle drei Systembereiche.

6.2. Die Unterscheidung von Gesundheitserziehung und Gesundheitsbildung

Die Selbstorganisationsfähigkeit ist hier - wie überhaupt in der praktischen Pädagogik - der prinzipielle Fokus für die Didaktik der Gesundheit. Was ein Kind, ein Jugendlicher oder ein Erwachsener nicht wirklich selbst für sich tun möchte, wird auch das schönste Erziehungsprogramm nicht erreichen.

Dennoch möchte ich an dieser Stelle daran erinnern, daß *die systemische Pädagogik 'Erziehung' und 'Bildung' unterscheidet* (Teil III i.ds.Buch), und dies ist auch für die Praxis der Gesundheitsbildung wichtig. *'Erziehung' bedeutet 'Fremdsteuerung' oder 'Außensteuerung' von Entwicklungsprozessen, solange die Fähigkeit zur Selbststeuerung oder Autopoiesis noch nicht hinreichend ausgebildet ist. 'Bildung' meint dagegen den Soll- oder Zielzustand, in dem ein maximaler Grad an Selbstorganisation erreicht ist. Jede Fremdsteuerung ist also Stellvertretung auf Zeit.*

Diese Unterscheidungen bedeuten für die Begrifflichkeit, daß beide Begriffe möglich sind: 'Gesundheitserziehung' ebenso wie 'Gesundheitsbildung', und zwar je nach den Adressaten und je nach deren Grad von Selbstorganisationsfähigkeit. 'Gesundheitspädagogik' würde, nach üblichem Sprachgebrauch, für beide unterscheidbaren Begriffe stehen können. (Zur Zeit ist es allerdings üblich, den 'vornehmeren' Begriff der Gesundheitsbildung zu verwenden. Man sollte aber wissen, was man damit sagt.)

Für die Praxis und für die Didaktik der Gesundheitspädagogik ergibt sich die Folgerung: Auch eine am Begriff der Selbstorganisation orientierte Gesundheitspädagogik darf - und muß sogar - konkrete Maßnahmen einer 'Gesundheitserziehung' durchführen, wenn dies vom Alter der Kinder und von der konkreten Situation her geraten ist.

Alle didaktischen und pädagogischen Aktionen haben zwei Ansatzmöglichkeiten: erstens an der Veränderung der Kontextsysteme, und zweitens als Anregung des autopoietischen Selbstsystems. So haben beispielsweise 'Vorbilder' didaktisch gleich zwei Chancen: erstens als Anregung eines Kindes; zweitens, weil sie eine Veränderung seines Kontextes sind. (Beides kann natürlich auch wirkungslos bleiben.) Und auch die pädagogischen Maßnahmen der Nothilfe durch Befehle stellen systemisch gesehen nichts anderes dar als Impulse an das selbstreferentielle System des Gehirns. (Sie können darum natürlich ebenfalls wirkungslos bleiben - und bleiben es mit Sicherheit öfter dann, wenn sie nicht Teil eines Systems sind, das als Lebenswelt schon existiert.) Das heißt praktisch, daß das *konkrete Alltagsleben* in der Familie, in den Erziehungsinstitutionen und mit den konkreten Bezugspersonen - also Eltern, Geschwister, Freunde, auch Erzieherinnen, Lehrer usw. und deren konkretes Handeln, Mitleben, Vorbildsein, Mitfühlen, Mittun usw. - sowohl als *Anregung* wie auch als *Kontext* der Lebenswelt des Kindes wirken kann. Auch Befehle oder Ermahnungen haben systemlogisch gesehen keinen anderen Anregungswert, wenn es beispielsweise heißt: 'Du sollst das nicht essen!' oder 'Du sollst zum Spielen an die frische Luft!'

5.3. Didaktische Hinweise und exemplarische Arbeitsvorschläge

Abschließend möchte ich einige exemplarische Vorschläge machen, wie Themen gesundheitspädagogisch nach dem systemischen Modell bearbeitet werden können [stichwortartig]. Wichtig: Es liegt im Wesen des Systemansatzes, daß die drei Systeme nicht absolut trennscharf auseinandergehalten werden, sondern daß es häufig Übergänge zwischen den Systemen gibt!

(1) Thema Erkältung
System 1: Biologisches, körperliches System: Was ist 'Ansteckung'? Ist Erkältung eine Krankheit? Was ist eine Grippe, was nur ein Schnupfen? Wie können wir den Körper abhärten? Wie wirken Antibiotika langfristig gesehen? Was wird an Kleidung angezogen? Wie reagiert das körpereigene Abwehrsystem? Was ist eine verschleppte Grippe?-
System 2: Psychisches System: Fühle ich mich krank? Macht mir ein Schnupfen etwas aus? Was für Reaktionen meiner Mutter fallen mir dann ein? Fallen mir Sätze von Ärzten ein? Wie fühle ich mich selbst bei Erkältung? Wann lasse ich mich krank schreiben? Ab welcher Körpertemperatur habe ich Fieber und fühle mich krank? Habe ich das Bedürfnis, mich zu schonen? Habe ich, wenn ich im Bett bleibe, das Gefühl, etwas zu verpassen?-
System 3: Soziales System: Wie reagieren meine Freunde, wenn ich nicht zur Schule/ zur Arbeit komme? Wie reagiert die Institution/ der Arbeitgeber? Wie reagieren meine nächsten Bezugspersonen (Mutter, Vater, Geschwister)? Gehe ich mit einer Erkältung zum Arzt?

(2) Thema Alkohol (Drogen)
System 1: Biologisches, körperliches System: Wie wirkt Alkohol auf den Körper? Was schädigt er genau? Wie sind meine körperlichen Reaktionen? Vertrage ich wenig/ viel Alkohol? Was bedeutet die Gewohnung an Alkohol? Was bedeutet medizinisch 'Abhängigkeit'?
System 2: Psychisches System: Warum trinke ich Alkohol? Wie fühle ich mich dabei? Was für Sätze kommen mir, wenn ich Alkohol getrunken habe? Wie sind meine Reaktionen danach? Habe ich Schuldgefühle? Wie ist das Verhältnis zwischen meinen Vorsätzen und meinem Tun? Was empfinde ich, wenn ich als einziger in einer Gruppe keinen Alkohol trinke? Wie empfinde ich diejenigen, die mehr vertragen können als ich?

System 3: Soziales System: Wie sind die öffentlichen Leitbilder bei Alkohol? Wer trinkt zu welchen Anlässen oder Gelegenheiten? Was denken oder sagen die anderen über meine Trinkgewohnheiten? Was wird in der Öffentlichkeit/ im Film/ im TV akzeptiert, was nicht?

(3) Thema Stress

System 1: Biologisches, körperliches System: Welche physiologischen Vorgänge laufen im Körper bei Stress ab? Welche Situationen und welche Arbeiten können Stress erzeugen? Warum kann ich mich bei Stress (zunächst) fitter und aktiver als üblich fühlen? Welche Funktion hat das Cortisol? Welches ist meine persönliche Stressreaktion? Wie kann ich Stress abbauen?

System 2: Psychisches System: Was macht mir persönlich den meisten Stress? Inwiefern gehören Angst und Stress zusammen? (Revenstorf 1997). Wie würde ich ohne Stress leben? Kann ich meinen Stress selber vermindern oder brauche ich externe Beratung? Mit wem kann ich über dieses Problem sprechen? Kann ich mich tief entspannen? Nagen Stress-Situationen an meinem Selbstwertgefühl?

System 3: Soziales System: Gehört Stress zur Normalität der modernen Arbeitswelt? Wie werden Menschen, die beruflichen Stress haben, von anderen wahrgenommen? Wodurch kann die heutige Gesellschaft persönlichen und beruflichen Stress noch erhöhen? Was wird in der Öffentlichkeit zum Abbau von Stress angeboten?

(4) Thema Behinderung

System 1: Biologisches, körperliches System: Worin besteht die Behinderung? Besteht sie von Geburt an oder ist sie später entstanden? Welche Tätigkeiten werden genau dadurch erschwert oder behindert? Welche Tätigkeiten werden nicht erschwert?

System 2: Psychisches System: Wie ist meine persönliche Einstellung zu (m)einer Behinderung? Was habe ich im Laufe meines Lebens schon an Erfahrungen mit Behinderungen (eigene oder andere) gemacht? In welchen Situationen genau gibt es Gefühle von Benachteiligung? Macht mir die (mögliche) Bewertung bzw. Abwertung durch andere etwas aus? Wieviel? Wie sehe ich das Verhältnis von dem, was ich kann, zu dem, was ich nicht kann, aber können müßte/ wollte? Wie sind die Beziehungen zu den anderen Menschen, die sich auf Grund der Behinderung ergeben (haben)?

System 3: Soziales System: Wie wird die (meine) Behinderung in der Öffentlichkeit eingeschätzt? Gibt es in der Öffentlichkeit Hilfestellungen? Macht die öffentliche Bewertung abhängiger von anderen Personen oder Institutionen? Über welche Defizite der anderen Menschen wird in der Öffentlichkeit eigentlich gesprochen/ nicht gesprochen? --

Gerade das letzte Beispiel mag zeigen, in welch hohem Grad die drei Systeme untereinander vernetzt sind, obwohl das psychische System im Prozeß der Selbstorganisation faktisch einen Vorrang hat. Nehmen wir als Beispiel eine 'einfache' körperliche Behinderung, z.B. Einhändigkeit nach Verkehrsunfall. Wir erhalten im biologischen System zwar einen objektiven Befund über die Leistungsfähigkeit oder -unfähigkeit des Organs. Wichtig wird aber nun die öffentliche Bewertung auf der Stufe des dritten Systems: Welcher Betrieb gibt einem Einarmigen eine Stelle? Welche Arbeiten am Computer sind möglich? Wie stellen sich die Kollegen dazu? Hier sind unterschiedliche Szenarios möglich. Dazu kommt nun als entscheidendes System das psychische System des Betroffenen: Leidet er unter der Behinderung? Unter der (vermuteten) Bewertung durch andere? Wie wirkt sich die Behinderung auf die persönlichen Beziehungen zu Frauen aus? Gibt es dort überhaupt Probleme? Oder vielleicht nur im Betrieb? Das Beispiel mag zeigen, daß es zwar so etwas wie einen objektiven Befund gibt; daß aber letztlich das (subjektive) psychische System in Rückkopplung mit dem objektiven Befund (im ersten System) und in Rückkopplung mit den Erfahrungen im sozialen System erst darüber entscheidet, welches Selbstwertbewußtsein entsteht. Dieses aber ist das *Selbstkonstrukt* des Betroffenen, als *selbstorganisiertes Resultat der synergetischen Organisation aller drei Systeme*. Dabei gehen die eigenen biografischen Erfahrungen mit - eigenen oder fremden - Behinderungen in den Selbstkonstruktionsprozeß ein.

*(5) Das Thema Gesundheit in der Schule: Wir brauchen ein
    'Orientierungswissen Gesundheit'!*

Die Schule könnte einen viel größeren Beitrag zur Gesundheitserziehung leisten als bisher. Und sie müßte dies auch, denn die erste Aufgabe der Schule lautet heute: Orientierungswissen bereitstellen, Orientierungspfade anzeigen. Je unübersichtlicher und komplexer die moderne Lebenswelt für die Schüler wird, um so wichtiger wird das Orientierungsangebot durch die Schule. Ein Beispiel: Noch vor hundert Jahren hätte ein Fach 'Ernährungskunde' keinen Sinn gemacht, denn vom System selber her waren die Angebote und Wahlmöglichkeiten begrenzt; es wurde das gegessen, was in der näheren Umgebung wuchs und produziert wurde. Heute fliegen Flugzeuge im Winter (und im Sommer!) Äpfel aus Australien, Gemüse aus Südafrika und Steaks aus Argentien ein; wir können praktisch zu jeder Jahreszeit aus allen Ländern alles bekommen. Und der europäische Markt selbst produziert bis zum Überfluß Nahrungsmittel, begleitet von endlosen Reklametexten. Wer weiß noch, was er wirklich zu seiner Ernährung braucht?

Systemtheoretisch formuliert: Um die Überkomplexität (an Informationen und an Angeboten) zu reduzieren, brauchen wir ein orientierendes Grundwissen, sowohl über Ernährung als auch über Gesundheit im allgemeinen. Dies ist eine Aufgabe der Schule für die nächste Zukunft.

Orientierungswissen ist Anregungswissen. Es bietet keine 'Rezepte', die befolgt werden *müssen*, denn aus diesen würde nicht von selbst die Fähigkeit zur Selbstorganisation und Selbstverantwortung entstehen, die wir fördern wollen. Aber Orientierungswissen regt zur Entdeckung des Selbst und der Selbststeuerungsfähigkeiten an. Danach ließe sich auch wieder von 'Gesundheits*bildung*' reden.

*****

3. Von der Familientherapie zur systemischen Beratung. Eine systempädagogische Perspektive

Der abweichende Geburtsname der Systemischen Therapie heißt: Familientherapie. Einer der Begründer der Systemischen Therapie in Deutschland, Helm Stierlin, sprach anfangs - in den 70er und in den 80er Jahren - zunächst von 'Familientherapie' (vgl. Simon/ Stierlin 1981/1992; Hoffman 1981/1987), der Familienbegriff kam in allen Variationen vor: 'Familiendynamik' (auch als Zeitschriftentitel), 'Familiengespräch' (Stierlin u.a. 1977); am Anfang steht das von Boszormenyi-Nagy (vgl. 1981 [1973]/1993; Untertitel: 'Die Dynamik familiärer Systeme') übernommene Theorem der 'Delegation' (Stierlin 1978) unerledigter familiärer Belastungen an die nächste Generation.

Inzwischen hat sich die Situation - zumindest sprachlich - stark verändert. Der Begriff 'Familientherapie' ist aus der neueren Literatur fast verschwunden. Schon 1988 erscheint das Buch: 'Von der Familientherapie zur systemischen Perspektive' (Reiter u.a.), und bei Rotthaus (1990, S. 25) trägt ein Kapitel die Überschrift: 'Von der Familientherapie zur Systemtherapie'. Nach der Wende von der Familientherapie zu einzeltherapeutischen und konstruktivistischen Ansätzen erscheinen Titel wie 'Jenseits der Familientherapie' (Pfeifer-Schaupp 1995). Das Kölner familientherapeutische Ausbildungsinstitut APF hieß ursprünglich: 'Arbeitsgemeinschaft für psychoanalytisch-systemische Familientherapie' und übersetzt den Kürzel F jetzt mit 'Forschung und Therapie'. Stierlin selber hat seinen biografischen und historischen Rückblick auf die Entwicklung der Familientherapie bezeichnenderweise getitelt mit 'Ich und die anderen' (1994).

Ist das Thema Familie erledigt, zumindest als Setting? Und ist damit auch der Ansatz der Familientherapie obsolet geworden? Ist der inzwischen klassische Titel von Weiß/ Haertel-Weiß (1991): 'Familientherapie ohne Familie' der pragmatische Endzustand der Familientherapie? Gibt es im Fortgang der Postmoderne keine vollständigen Familien mehr, mit denen therapeutisch gearbeitet werden kann? Und müssen Therapeuten heute, wenn sie mit dem Thema 'Familie' noch arbeiten wollen, wie Hellinger (1994) die Abwesenden durch Protagonisten ersetzen oder hauptsächlich mit den Verstorbenen arbeiten?

Der eigentliche Grund für das Abrücken vom Familienbegriff liegt, wie ich meine, in etwas anderem: in der *latenten Pathologisierung der gesamten Familie. War ehedem 'nur' der Patient krank, so wurde es nun die 'ganze Familie'*, die das Symptom gemeinsam hervorbrachte. 'Familientherapie' hieß dann eigentlich: Die ganze Familie gehört in die Therapie, keiner darf sich ausnehmen. Zu solcher Sicht hat die Heidelberger Schule selbst beigetragen, beispielsweise in ihren Untersuchungen zur "Bindungsfamilie" bei Magersüchtigen (Weber/Stierlin 1989/91). Damit drohte nun ein wichtiges Essential des Systemansatzes verloren zu gehen: die Ressourcenorientierung. Denn wenn nun die ganze Familie 'krank' war, ist es eigentlich noch schlimmer als vorher, wo 'wenigstens' nur ein Mitglied krank war. Zugleich, das leuchtet unmittelbar ein, wird damit die Position des Therapeuten prekär: Eigentlich sollte er nach dem neuen Ansatz nur 'Mitspieler' oder 'Anreger' sein; faktisch erhält er nun die Verantwortung für die Heilung des ganzen Systems. In dieser Situation konnte der Ansatz des *Konstruktivismus befreiend wirken: Das einzelne Mitglied des Systems trägt von jetzt an wieder die volle oder doch die weitgehende Verantwortung* für seine persönliche Konstruktion der Welt und seiner Beziehungen.

Die hier kurz beschriebene Entwicklung ist in mehrfacher Hinsicht für ein Konzept systemischer Beratung bedeutsam:

- 1. In *pragmatischer* Hinsicht haben sich einige Grundsätze und Arbeitsmethoden der Familientherapie bewährt, die nach meiner Einschätzung weiterhin für die Praxis der Therapie nützlich sein werden.

2. In *wissenschaftlicher* Hinsicht stellt die konstruktivistische Wende eine Bereicherung dar, die zugleich zu einem höheren wissenschaftstheoretischen Selbst-Bewußtsein des Systemansatzes beigetragen hat.

- 3. In *konzeptioneller* Hinsicht stellt die neuere Entwicklung eine Öffnung des Therapiebegriffs in Richtung eines offenen und damit auch *pädagogisch* anwendbaren Beratungskonzepts dar, das einerseits an bewährten systemischen Standards festhalten kann, andererseits zu einer praxisnäheren Pluralisierung von Beratungsangeboten auch in pädagogischen Feldern geführt hat, z.B. systemische Beratung in Schulen, systemische Sozialarbeit und Familienberatung, systemische Organisationsberatung, systemische Suchtberatung, systemische Supervision, systemische Beratung in der heilpädagogischen Praxis, in der Gesundheitsförderung usw.

Ich zeichne im folgenden die Entwicklung nach, indem ich *zwei Schwerpunkte* setze. Es geht mir dabei nicht um eine historische Rekonstruktion; dazu gibt es genügend Literatur inzwischen (z.B. Hoffman 1987; Reiter u.a. 1988; Boscolo u.a. 1992; Stierlin 1994; Grawe u.a. 1994). Ich möchte zunächst zeigen, daß *die ursprünglichen Einsichten und Ansatzpunkte der Familientherapie nicht einfach überholt sind,* daß in ihnen entscheidende pragmatische, aber auch wissenschaftstheoretisch weiterführende Axiome enthalten waren und sind, die wir nur zu unserem Nachteil über Bord werfen würden; ich möchte aber *zweitens* zeigen, *daß diese älteren Konzepte zu Recht inzwischen ergänzt und erweitert worden sind von konstruktivistischen Ideen.* Darum werde ich den Beitrag in zwei Hauptabschnitte (Modell I und Modell II) gliedern, die aufeinander bezogen bleiben, und ich werde das Gemeinsame und das Trennende herausarbeiten.

Ich gehöre aber nicht zu denen, die das simple Modell vom Paradigmenwechsel auch zwischen diesen beiden Phasen anwenden möchten: Kein Kenner der Literatur und der therapeutischen Praxis würde behaupten, daß die Familientherapeuten nur 'mechanistische' oder 'kausale' Konstrukte im Kopf hatten und womöglich bloß 'machtorientiert' agiert haben (wie es gelegentlich in allzu scharfen Kontrastierungen dieser Phasen erscheinen mag). Mir geht es mehr um die *Kontinuität dieser Entwicklung.*

So halte ich etwa die *Konfliktmusteranalyse* aus den Anfängen der Familientherapie, z.B. die Rekonstruktion von 'symmetrischen' oder 'komplementären Eskalationen' oder von Dreiecksmustern ('Triangulationen') bei der Konfliktanalyse für durchaus nützliche Instrumente, z.B. bei Konflikten in der Schule, in Organisationen, bei Paaren oder in Familien; sie sollten jedoch nicht der einzige Inhalt systemischer Beratungen sein und können sinnvoll verbunden werden mit der Konstruktion erweiterter und neuer Perspektiven der Akteure bei der Lösungsarbeit. In der Arbeit mit Studierenden habe ich die Erfahrung gemacht, daß es am Anfang sehr nützlich ist, mit einigen klaren, eher 'handwerklichen' Konzepten zu arbeiten, um später zu den spezifisch konstruktivistischen Ansätzen überzugehen. Kommen diese zu früh oder werden diese als einziges Konzept vermittelt, wechseln sich im Anfang Ratlosigkeit und Willkürlichkeit ab.

Ich möchte nicht versäumen, auch in diesem Kapitel nochmals zu unterstreichen, daß für mich *die pädagogische Grundfigur zugleich eine konsultative Grundfigur* ist - und *umgekehrt*. Ausgehend vom Beratungsbegriff sind die Überschneidungsbereiche zwischen Erziehung und Beratung größer als die Nichtüberschneidungsbereiche. Nur wenn ich Erziehung und Therapie - beide verstanden in der herkömmlichen, entgegengesetzten Bedeutung - gegenüberstelle, erhalte ich geringere Überschneidungsbereiche. Ich behandele diesen Ansatz hier auch wegen seines hervorragenden Beispielwertes für die Pädagogik. Die *Exemplarik der Systemischen Therapie/Beratung* liegt vor allem in den folgenden drei Punkten begründet:

- 1. Das *Verhältnis Ber-Rat/ Th-Kl* (Berater-Ratsuchender/ Therapeut-Klient) ist nach systemischer Rekonstruktion in wesentlichen Punkten exemplarisch für das sogenannte 'pädagogische Verhältnis' (Nohl), also das Verhältnis von 'Pädagoge' und 'Educandus' (oder meinetwegen auch 'Pädagogin'-'Educanda'), Lehrer-Schüler, Erzieherin-Kinder, Mutter-Kind usw.

- 2. In der Systemischen Therapie/ Beratung wird jede(r) Rat/Kl (Ratsuchende/ Klient) von Anfang an als Mitglied weiterer Systeme, d.h. in den *Beziehungskontexten* gesehen, also nicht nur als (Einzel-)Individuum. Das wird exemplarisch wichtig für einen revidierten Pädagogikbegriff.

- 3. Ein Grundproblem der Pädagogik besteht in der *'Steuerung'* (Lenkung/Leitung) eines anderen Menschen bei maximaler Selbststeuerung dieses anderen (also *'Fremdsteuerung'* vs. *'Selbstorganisation'*). Es stellt sich besonders eindrucksvoll bei der Frage der (therapeutischen) Interventionen.

1. Systemische Therapie/ Systemische Beratung, Modell I: Familientherapie

1.1. Der Ausgangspunkt

Der systemtheoretische Grundsatz, daß ein Element nicht einfach durch sich selbst definiert und verstanden werden kann, sondern aus seinen Relationen zu anderen Elementen, also aus seinem 'Kontext', ist auch hier der Ausgangspunkt für den neuen Blickwinkel. Auf die Familie angewendet heißt das: Nicht die Einzelperson mit ihren spezifischen 'Persönlichkeitseigenschaften' steht im Mittelpunkt des Interesses, sondern vielmehr ihre Beziehungen zu anderen und ihre mit anderen eingespielten Interaktionen. Der systemische Ansatz markiert auch hier den Abschied von der traditionellen Persönlichkeitspsychologie, die nach konstanten und überdauernden 'Persönlichkeitsmerkmalen' forschte. Er markiert aber auch, wie sich schon hier andeutet, einen Gegensatz zur traditionellen Psychoanalyse, sofern diese ihre Aufmerksamkeit vor allem auf die intrapsychischen Schicksale richtete, die einer Person im Verlauf ihrer Biografie widerfahren sind.

An dieser Stelle schon möchte ich auf ein Grundproblem aufmerksam machen, das dadurch entsteht, daß nicht mehr die Einzelperson selbst und mit ihren Persönlichkeitseigenschaften, sondern ihre *'Beziehungen'* zu anderen Personen das zentrale Thema darstellen. Müssen wir jetzt folgern: Jede Person wird durch das System definiert, in dem sie lebt? Wir können fragen: Werden Kinder durch ihre Eltern vollständig determiniert? Wird eine Familie durch die soziale oder berufliche Stellung des Vaters determiniert? Wird eine Frau durch ihre Ehe definiert? In der Realität werden wir auf solche Fragen vielleicht gelegentlich mit Ja antworten wollen. Dennoch behauptet die Systemtheorie, vor allem in ihrer konstruktivistisch-autopoietischen Version (s.u.), daß es nicht so ist. Die Systemtheorie antwortet: *Kein Element kann durch das System vollständig determiniert oder definiert werden.* Das ist eine Aussage mit erheblichen Konsequenzen für die Praxis. Gelegentlich kann gerade in der ersten Phase der Familientherapie der Eindruck entstehen, die Strukturen der Familien und ihre Interaktionsmuster definieren die Personen vollständig. Dies wird dann in der zweiten Phase nachdrücklich korrigiert, denn trotz vieler Determinationen bleibt immer *ein autopoietischer Rest*, in dem die Ressourcen der Person liegen.

Wenn also die Elemente erst zu Elementen durch ihre Beziehungen werden, dann kann sich die therapeutische Praxis folgerichtig auf Änderungen des systemischen *Beziehungskontextes* der betroffenen Personen richten. (In dieser ersten Phase richtet sich Therapie weniger darauf, Änderungen der subjektiven Einstellungen, der 'Episteme', zu erreichen.) Praktisch heißt das, daß die Personen durch ihre Interaktionen und ihre Interaktionsmuster miteinander verbunden sind, und daß die therapeutischen Veränderungen als Veränderungen solcher *wechselseitigen Verhaltensmuster* beginnen. Auch ein pathologisches Symptom bei dem sogenannten 'identifizierten Kranken' ist entsprechend zu verstehen: Das symptomatische Verhalten dient der Aufrechterhaltung der zuvor wechselseitig eingespielten Verhaltensweisen und Systemregeln, und je stärker fixiert solche Systemregeln vor allem in starren Systemen sind, um so fixierter wird das Symptom sein. Das Symptom kann verschwinden, wenn die *Systemregeln geändert* werden und damit auch die Interaktionen der Mitglieder oder, systemtheoretisch: wenn die Beziehungen der Elemente bzw. Subsysteme eines Systems in die Veränderungen einbezogen werden.

Damit ändern sich zugleich *Rolle und Methoden der TherapeutInnen.* Sie werden zu Teilnehmern und Mitspielern in Systemen, sie sind nicht mehr die einsamen Meister, Lehrer oder Berater einer Einzelperson. Die Familie hilft und aktiviert sich vor allem selbst als System in Richtung neuer positiver Beziehungen, die TherapeutInnen geben hierzu bloß den Anstoß.

Der *Begriff der Krankheit* muß nun auch neu gefaßt werden. Krankheit, abweichendes Verhalten, Symptome usw. können nicht länger bloß als Zustände oder Zuschreibungen eines einzelnen verstanden werden, sondern werden aus den systemischen Beziehungen in einem Lebenskontext verständlich. Ein Mensch, zumal ein 'kranker' Mensch, ist eben kein isolierbares 'Objekt' - oder vielmehr: erst als 'krank' oder 'abweichend' definierter wird er zum Objekt. An dieser Stelle schon werden die direkten Konsequenzen aus der systemischen Wissenschaftstheorie deutlich: Die Aufhebung der methodologischen Spaltung zwischen Subjekt und Objekt bedeutet hier eine neue Rollenvorschrift für Therapeut und Klient; sie können nicht mehr Subjekt und Objekt spielen; die 'Definitionsmacht' des Therapeuten ist dahin. Die Aura seiner Allmacht, die ja in Wahrheit doch nur das Gegenstück zur Ohnmacht des Patienten war, weicht dem gemeinsamen ratsuchenden Bemühen zweier oder mehrerer Subjekte, die zusammen ein System bilden: das 'therapeutische System' (wobei, wie in der Zeichnung S. 191, auf den ersten Blick gar nicht auszumachen ist, welche Person in der Runde BeraterIn/TherapeutIn ist). Auch die traditionelle 'Couch' des Psychiaters müssen wir noch als eine Form der 'Objektivierung', also der Isolierung des Ratsuchenden verstehen. Darum ist auch die Methode der Isolierung von Kranken in psychiatrischen oder anderen 'Anstalten' nach Auffassung der systemischen Therapie kein geeignetes Mittel zu seiner Gesundung, und schon die Anfänge der Familientherapie mit Schizophrenen zeigten ja, daß die zeitweilige Hospitation von Familienangehörigen in der Klinik des Patienten positive Heilungsverläufe bewirkte (wie es zuerst Murray Bowen wagte; vgl. Hoffman 1987, S. 27). Symptome werden sonst höchstens verstärkt und verfestigt. Über die Isolierung von alten Menschen in 'Altenheimen' wäre unter dem systemischen Aspekt ebenso nachzudenken wie über die Isolierung von behinderten Schülern in 'Sonderschulen'.

Der systemische Ansatz selber sieht seine neue Wendung durchaus mit Selbstbewußtsein. Guntern etwa (1980, S.74ff.) feiert den "Wandel vom psychoanalytischen zum systemischen Paradigma" als "kopernikanische Revolution in der Psychotherapie". Auch Andolfi (1988) sieht in dem neuen Ansatz einen epochalen Wandel: "Der Systemtheoretiker betrachtet Menschen und Geschehnisse nicht im Blick auf die ihnen innewohnenden Merkmale und Eigenschaften, sondern vor dem Hintergrund ihrer Interaktionen. Die theoretischen Grundlagen einer solchen Betrachtung der Dinge unterscheiden sich völlig von der mechanistisch-kausalen Betrachtungsweise, die jahrhundertelang unsere Kultur beherrscht und unser Denken geprägt hat. Mit der Behauptung, das Verhalten eines Individuums sei die Ursache des Verhaltens eines anderen Individuums, kommt ein allzu einfaches Begriffsmodell zur Anwendung, das die Komplexitäten der Realität künstlich auf die linearen Beziehungen von Ursache und Wirkung reduziert" (ebda. S. 7).

1.2. Die Familie als System

Bevor ich einige Methoden und Techniken aus der ersten Phase der Familientherapie anspreche, von denen wir heute noch profitieren können, erfolgt eine kurze Übersicht über die Familie als System, auch unter pädagogischer Perspektive. (Ausführlich bin ich unter pädagogischer und systemisch-therapeutischer Fragestellung auf die Bindungsdynamik in der Familie eingegangen in: Huschke-Rhein 1997).

An dieser Stelle, wo es um die *strukturelle Familientherapie* (Minuchin 1987) und ihre Interaktionsmuster geht, möchte ich nur auf die Familientherapeuten hinweisen, die hilfreiche Untersuchungen zu den Konfliktformen, zu Subsystemen und zu spezifischen Beziehungsmustern in Familien durchgeführt haben. Nach wie vor halte ich diese Untersuchungen und Erkenntnisse aus der Anfangsphase für nützlich, um erste Hypothesen über Familienkonflikte zu generieren oder um allgemeiner in die *Familiendynamik* einzuführen. (So verbinden etwa Lenz u.a. [1995] ein konstruktivistisches paartherapeutisches Konzept mit der Analyse von Koalitionen und Konflikten in Triaden.) Dabei wird es immer wieder (u.a.) um die folgenden *grundlegenden Probleme und Themen* gehen:

- *Symmetrische und komplementäre Beziehungen* und Eskalationen,
- *Koalitionen/ Allianzen* zwischen zwei Mitgliedern,
- *Triaden /Triangulationen*, d.h. Dreieckskonflikte (oder 'Umweg-Konflikte'),
- *Muster der Konflikte* oder der Konfliktvermeidung,
- Muster der *Delegation* von Aufgaben und Aufträgen,
- '*Übergänge'* und 'Brüche' in der Entwicklung des Familiensystems,
- die *Grenzen* des Systems nach außen: 'offen', 'diffus', 'starr',
- sog. '*Familienmythen'* oder 'Familiengeheimnisse',
- *Genogramme* (über die Herkunftsfamilien),
- *Zusammenarbeit* mit den sozialen Diensten u.a.m.

(Ausführliche Literatur hierzu z.B. bei: Hoffman 1987; Burnham 1995).

Hilfreich ist es auch (etwa für Studierende der Pädagogik), sich an einer ganz 'durchschnittlichen' Familie, sagen wir: bestehend aus Vater, Mutter, Tochter, Sohn, die *Komplexität der tatsächlichen und der möglichen Beziehungen* unter den Mitgliedern zu verdeutlichen. Nehmen wir die kleine Zeichnung zu dieser Familie auf dieser Seite. Zunächst gibt es (mindestens) sechs Subsysteme. Jeder hat dabei zu jedem (mindestens) drei Beziehungen, das macht insgesamt 12 direkte Beziehungen in der Familie. Wenn wir das System nun *zirkulär* betrachten, steigert sich diese Zahl sofort auf (mindestens) 96 Beziehungen. Dann könnten die Beziehungen so aussehen:

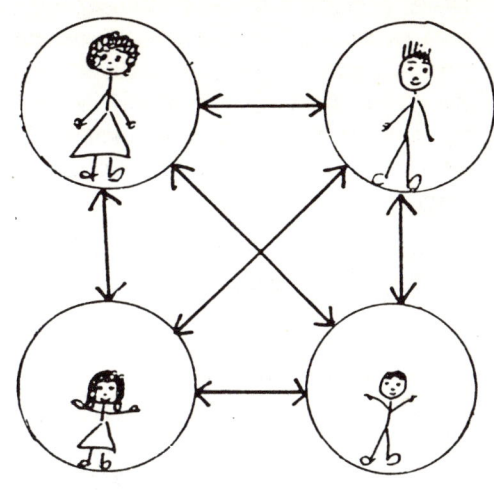

Der Vater beispielsweise versteht seine Beziehung zur Tochter jetzt nicht direkt zu dieser, sondern über den Umweg über die anderen, dabei ist für ihn also wichtig, wie z.B. die Mutter ihre Tochter sieht; diese Perspektive ist aber wiederum nicht unabhängig davon, wie die Mutter ihre Beziehung zu ihrem Sohn sieht, und diese wiederum kann stark davon abhängig sein, welches Verhältnis (und welche Erwartungen!) der Vater zu seinem Sohn hat. (Wenn der Vater seinen Sohn als 'zu weichlich' empfindet, wird die Mutter den Sohn vielleicht in Schutz nehmen wollen und sich vermehrt um ihn kümmern, was wiederum Auswirkungen auf ihr Verhältns zur Tochter hat und vor allem auf den Vater als ihren Mann... usw.). Vielleicht wird an diesem kleinen Beispiel aber auch deutlich: *Jede Strukturanalyse der Muster in einer Familie ist als Rekonstruktion immer zugleich eine Konstruktion.* Es ist keineswegs so einfach, als könne der Therapeut aus der Vielfalt der möglichen Beziehungen und Rückkopplungen dieses Systems 'mal eben' das eine 'richtige' Muster *objektiv* herausfiltern! Wenn mit einer solchen Musterrekonstruktion das Bewußtsein verbunden bleibt, daß es sich grundsätzlich um eine *Konstruktion von Realität* handelt, sehe ich keine Gefahr in der Anwendung dieser Methoden. Noch spannender wird die Sache, wenn es sich um Zweitfamilien oder Stieffamilien handelt; dann bekommt die Dynamik des Systems gleichsam noch einmal einen neuen Schub (vgl. Trapmann 1994).

Am einfachsten ist es, von den *Subsystemen* der Zeichnung auszugehen und zu fragen, welche Beziehungen dabei möglich sind. Dann ergeben sich alsbald auch die inhaltlichen Fragen, beispielsweise, welche Erwartungen die Mutter an ihren Sohn hat und wie diese Erwartungen sich auf ihre Beziehung zu ihrem Mann oder ihrer Tochter aus-wirken könnten usw. Üblicherweise können wir folgende Subsysteme unterscheiden:
- die Relation der Eltern bildet das Elternsystem,
- die Relation der Kinder bildet das Kindersystem,
- die Relation Mutter-Tochter ist das weibliche Subsystem,
- die Relation Vater-Sohn ist das männliche Subsystem,
- die Relation Mutter-Sohn und
- die Relation Vater-Tochter konstituieren weitere spezifische Subsysteme, die auf der Polarität der Geschlechter basieren ('ödipale Systeme').

Diese sechs Subsysteme können wir auch in drei spezifische Subsysteme gliedern, zwischen denen bestimmte Problemrelationen bestehen: das Eltern-Kinder-System sowie zwei Arten von Geschlechtsrollensystemen. Alle Relationen lassen sich wie in der Zeichnung durch Pfeile symbolisieren. Sie umfassen jeweils bestimmte Rollen, mit denen unterschiedliche pädagogische Aufgaben oder Probleme verbunden sind. Alle diese Rollen sind teils symmetrisch, teils komplementär strukturiert, d.h. die Rollen sind zwar unterschiedlich, aber sie ergänzen sich auch.

Wodurch wird nun ein solches System zu einem *pädagogischen System*? Wenn wir nur die Beziehungsdynamik zwischen den Rollen der Mitglieder ansehen, so haben wir zunächst ein soziales System, aber noch kein 'pädagogisches' System. Eine systemtheoretische Antwort, so viel sei hier in Kürze gesagt, sollte dabei von der *systemischen Grundfigur* ausgehen: Förderung und 'Organisation der Selbstorganisation' für Personen, die sich in Entwicklung befinden. Ich habe in verschiedenen Beiträgen das Leitmotiv herausgehoben: *Erziehung und Beratung/ Therapie liegen auf demselben Kontinuum,* nur an möglicherweise und gelegentlich unterschiedlichen Orten. *Die Aufgabe der Erziehung ist darum im Prinzip keine andere als die der Beratung und der Therapie.*

Für die Erziehung müßte an dieser Stelle noch die *Macht- oder Autoritätsthematik* hinzukommen. Dieses Thema ist im Grunde genau das *Steuerungsthema* der Systemtheorie und der Systemtherapie: *Wer steuert das System so, daß im Ergebnis die Selbststeuerungsfähigkeiten der einzelnen Mitglieder erhalten bleiben oder erhöht werden?* Auch in Therapien ist diese Frage wichtig. Dort heißt ihre Form: Wie können TherapeutInnen so arbeiten, daß sie möglichst wenige (direkte) Instruktionen geben, sondern die Selbstorganisation der Ratsuchenden anregen und stärken?

In *pädagogischen Familienprozessen* sind Transformationsprozesse *Langzeitprozesse.* Diese können nicht mit zehn Sitzungen abgeschlossen werden. Transformationen erleidet und erlebt das Familiensystem in bestimmten Entwicklungsphasen: bei Geburt eines neuen Mitglieds, beim Tod, bei Einschulung, beim Auszug aus dem Elternhaus, aber auch bei dem permanenten Prozeß des Auf-Wachsens und Größer-Werdens von Kindern überhaupt. Systemtheoretisch formuliert: Durch die andauernde Transformation gerät ein pädagogisches System immer aufs Neue ins Ungleichgewicht, und es muß versuchen, wieder zu einem Zustand des *balancierten Gleichgewichts, der 'Homöostase'*, zurückzufinden. Pointiert ließe sich sagen: Während ein Klient für eine erfolgreiche Beratung/Therapie sich eigentlich nur ein einziges Mal stärker zu verändern braucht, muß die Familie sich immerzu ändern, um 'erfolgreich' zu sein. Aus diesem kleinen Vergleich mag hervorgehen, welche immense ('pädagogische'!) Leistung jede Familie immerfort erbringen muß - und auch, weshalb solche Entwicklungen nicht selten daneben gehen.

Es gibt einige Schnittpunkte zwischen Familienpädagogik und Familientherapie, die sich auf die *Systemgrenzen* beziehen. Die Grenzen des Familiensystems gegenüber seiner Umwelt werden beschrieben nach dem Kriterium ihrer 'Offenheit' bzw. 'Geschlossenheit': Wie offen ist das System gegenüber der Systemumwelt? Und: Wo ist die Grenze des Systems nach außen? Gehören Freunde, Bekannte, Beziehungen zu Außenstellen wie Kirche, (Orts-)Parteien, Lehrern, Arbeitskollegen auch dazu?

Virginia Satir (1987, ähnlich S. Minuchin, 1987) hat vorgeschlagen, die Unterscheidung von '*offenen' und 'geschlossenen Systemen'* auch als Kategorien für die Familientherapie

anzuwenden. Dabei stellt sie die Frage, welche Interaktionsmuster zwischen den Generationen herrschen und wie die Systemgrenzen beschaffen sind:
- starr (d.h. traditionell-autoritär),
- klar (Ergebnis offener Verhandlungen der Mitglieder),
- diffus (unklar, verwaschen, ohne Verbindlichkeit)?

Alle Interaktionssysteme können danach bewertet werden, welchem der drei Zustände sie eher zuneigen. Für Familiensysteme (oder Gruppen) folgen daraus bestimmte Kennzeichnungen:

"Geschlossene Systeme sind solche, in denen jedes teilnehmende Mitglied sehr vorsichtig sein muß mit dem, was er oder sie sagt. Es scheint hier die oberste Regel zu sein, daß jeder die gleichen Meinungen, Gefühle und Wünsche wie der andere zu haben hat, ob das nun zutrifft oder nicht. In geschlossenen Systemen ist eine ehrliche Selbstäußerung unmöglich... Verschiedenheiten werden als gefährlich behandelt... Die Grenzen für individuelles Wachstum...sind offensichtlich, und ich habe herausgefunden, daß Gefühls- oder Verhaltensstörungen ein sicheres Zeichen dafür sind, daß die gestörte Person Mitglied eines geschlossenen Familiensystems ist. - Ein offenes System erlaubt seinen Mitgliedern ehrliche Selbstäußerungen. In einer solchen Gruppe oder Familie werden Verschiedenheiten als natürlich betrachtet, und es finden offene Auseinandersetzungen statt, um solche Verschiedenheiten zu lösen durch Kompromiß... In offenen Systemen kann der einzelne sagen, was er fühlt und denkt, und er kann für Realität und persönliches Wachstum eintreten, ohne sich selbst oder andere in dem System zu zerstören" (Satir 1987, S. 209f.).

Da die Familie im Prinzip aber ein 'offenes' System ist, interagiert sie auch mit ihren Kontextsystemen. Familien mit pathologischen Symptomen sind formal zunächst entsprechend zu verstehen: Das symptomatische Verhalten dient der Aufrechterhaltung starr fixierter Systemregeln. Ein Symptom kann verschwinden, wenn die Systemregeln geändert werden.

Die *Dynamik der Familie* hat, wie bei allen offenen Systemen, immer *zwei Aspekte*: den *homöostatischen*, also die 'Ausgewogenheit' der Relationen, und den *transformativen*, also die Veränderung der Beziehungen. Beides sind - systemtheoretisch gesehen - nur unterschiedliche *Aspekte* der Systemdynamik und bezeichnen nur die *Tendenzen*, die der Beobachter wahrnimmt; wir sollten darum bei den folgenden Unterscheidungen nicht vergessen, daß es in menschlichen und sozialen Systemen niemals eine Homöostase, ein 'Gleichgewicht', im strengen Sinne geben kann, weil es streng genommen nur zeitweilige oder balancierte Gleichgewichtszustände des Systems geben kann (vgl. Teil III). Aber für die Praxis der Familienberatung sind die Unterscheidungen nützlich.

Die 'eingespielten Verhaltensregeln' einer Familie können darum im Sinne rein 'statischer' Regeln verstanden werden, in denen familiale Macht- und Beziehungsstrukturen unflexibel und bloß traditionalistisch fortgeschleppt werden. Dies mag empirisch durchaus vorkommen. Aber 'Ausgewogenheit' und 'Gleichgewicht', also Homöostase, muß in jedem dynamischen System immer wieder *angestrebt* (oder *zeitweise* erreicht) werden, wenn eine gewisse Stabilität des Systems erlangt werden soll, und zwar gerade nach krisenhaften oder anderen Transformationen, z.B. Krankheit oder auch den 'normalen' Krisen, wie Pubertät, Geburt, Ausscheiden oder Tod eines Familienmitgliedes. Die neue Homöostase gelingt nur über Konflikte. Formal bzw. systemlogisch sind der homöostatische und der transformative Aspekt gleichwertig. Die Familie ist darum immer auch ein 'Konfliktsystem', das seine Balance zwischen Transformation und Homöostase immer neu herstellen muß. Die pädagogische Perspektive muß jedenfalls grundsätzlich beide

Aspekte einbeziehen. Die therapeutische Perspektive kann zeitweilig den einen oder den anderen Aspekt in den Vordergrund rücken, je nach dem, auf welcher Seite das Problem liegt. Die Bezeichnung der Familie als ein "selbstregulierendes System" (Guntern 1980) hält beide Aspekte offen.

1.3. Systemische therapeutische Methoden

Viele Methoden der Familientherapie gehen auf die *Mailänder Schule* zurück, die wiederum ursprünglich aus der anfänglichen Zusammenarbeit mit dem MRI (Mental Research Institut) in Palo Alto in Kalifornien entstand, wo die amerikanischen Initiatoren der Familientherapie sich sammelten bzw. trafen, z.B. Virginia Satir, Jay Haley, Paul Watzlawick und später Gregory Bateson. Die Mailänder - in der ersten Phase: Mara Selvini-Palazzoli, Giuliana Prata, Luigi Boscolo und Gianfranco Cecchin - führten gegenüber der Psychoanalyse neue Techniken und Methoden ein, wobei die folgenden wohl die berühmtesten sind:
- *positive Konnotation* des Symptoms,
- *zirkuläres Befragen* der Familie,
- *paradoxe Verschreibungen,*
- *Abschlußinterventionen,*
- Technik der *Einwegscheibe,* hinter der weitere Therapeuten beobachten,
- lange zeitliche *Abstände* (Frequenzen) zwischen den Sitzungen (ca. 4 Wochen).

Die Intention dieses Instrumentarium war in gewissem Sinne durchaus noch 'strategisch' gemeint.: Es sollte viel Bewegung - 'Systemdynamik' - in der Familie entstehen, so daß das Symptom 'in Bewegung geraten' kann. Die Familie wird dennoch zunächst ganz positiv beschrieben: Sie hält an eingespielten Mustern fest, die ihr Sicherheit und Stabilität verleihen; auch die defizitären Muster tragen zu solcher familiaren Stabilität bei, darum können sie zunächst durchaus, so der Terminus, *'positiv konnotiert'* werden. Um diese Muster aufzubrechen, die sich, z.B. als 'Familiengeheimnisse' oder 'Familienmythen', um ein Symptom herum eingespielt haben, werden Verschreibungen, Interventionen und sogar die - berühmten, inzwischen eher berüchtigten - 'paradoxen Interventionen' durchgeführt. Teilweise wurde damit, wenn auch in neuem Setting, das traditionelle Machtpoker weitergespielt: Der Therapeut weiß, wo es langgeht, und entweder er gewinnt und damit auch der Patient, oder er verliert und damit auch der Patient. Trotz dieser kritischen Bemerkungen hierzu meine ich, daß die Mailänder Schule sich die größten Verdienste um die Entwicklung der Systemischen Therapie erworben hat; *das zirkuläre Fragen und die positive Konnotation gehören inzwischen zum festen Handwerkzeug systemischer Therapeutinnen und Berater.*

Auf zwei Punkte möchte ich in diesem ersten Abschnitt noch eingehen: die positive Konnotation und die paradoxe Intervention, an der dann auch einige Probleme der Mailänder Methodik und der Systemischen Therapie überhaupt deutlich werden können. (Das zirkuläre Fragen habe ich ausführlicher in dem Beitrag behandelt: Was ist systemische Beratung?)

Eine wichtige neue Konsequenz des systemischen Denkens besteht darin, daß *anstelle der 'Diagnose' eine Hypothese* über das Symptom tritt (vgl. den vielzitierten Titel: 'Hypothetisieren, Zirkularität, Neutralität', Selvini-Palazzoli 1981). Statt der einen, 'objektiv richtigen' Diagnose der herkömmlichen, schulmedizinisch orientierten Behandlung treten nun mögliche zutreffende *Hypothesen*, die sich, wie auch sonst in der Forschung, bewähren können - oder auch nicht. Dennoch stand am Anfang meist die Verständigung über eine '*Definition des Problems*', die nun an die Stelle einer diagnostischen Definition tritt. Bemerkenswert erscheint mir allerdings, daß die 'Definition des Problems' als Technik auch noch heute bei mancher systemischen Praxis in Übung ist, nur mit dem Unterschied, daß nach der konstruktivistischen Wende eine solche Problembestimmung die gemeinsame Arbeit von Ber/Th *und* Rat/Kl ist, wenn nicht gar die hauptsächliche Arbeit von Rat/Kl allein.

Nach dem Mailänder Verfahren wird nun zunächst die *positive Rolle des Symptoms* für die Aufrechterhaltung der Homöostase im bisherigen System betont. Dabei wird beispielsweise die Magersucht (Anorexie) als ein Verhalten bewertet, das die Fürsorge der Mutter in besonderer Weise mobilisieren will, wodurch die gegenseitigen Abhängigkeiten enorm verstärkt werden, zumal in der Pubertät, wo es doch um die Entwicklung wachsender Selbständigkeit auf beiden Seiten gehen müßte. Systemisch gesehen bedeutet die positive Konnotation einer pathologischen Verhaltensweise, daß die Sündenbockfunktion oder die Stigmatisierung vom Kranken als dem allein Schuldigen weggenommen wird und als Problem dem Gesamtsystem übereignet wird. Dadurch wird ein System hergestellt, in dem Normalität und Krankheit "sich treffen" können, wie Andolfi (1988, S.97) es ausgedrückt hat; der Therapeut stellt durch diese systemische Betrachtungsweise in gewissem Sinne die "Normalität" der Krankheit oder anderer Abweichungen heraus, ja die "Normalität der Verrücktheit" (ebda.). Selvini-Palazzoli hat die Methode der positiven Konnotation als "goldene Grundregel" der Therapie bezeichnet (1985, S. 275). In der heutigen 'Lösungsorientierten Therapie' (De Shazer 1995) bzw. in der lösungsorientierten Methode allgemein (Walter/Peller 1994) spielt die positive Konnotation weiterhin eine zentrale Rolle.

Unter systemischem Aspekt besonders interessant ist die Methode der "*paradoxen Verschreibung*". Diese Methode geht von der allgemeinen therapeutischen Erfahrung aus, daß Rat/Kl üblicherweise auf das Hilfeangebot von Ber/Th in einer doppelten Weise reagieren: Sie rufen einerseits nach einer Veränderung ihres Zustands, sie sehen aber andererseits in der Veränderung eine gefährliche Bedrohung ihrer eingespielten, liebgewordenen pathologischen Verhaltensweisen, und sie lehnen die Hilfe daher insgeheim wieder ab. Bateson hatte solche Phänomene schon zuvor unter dem Begriff der "Doppelbindung" - "double-bind" - beschrieben. In der klassischen Psychoanalyse wird dieses Verhalten des Patienten seit Freud als 'Widerstand' bezeichnet. Die Logik des Verhaltens ist im genauen Sinne 'paradox': 'Hilf mir zur Veränderung; aber verändere mich nicht'. ('Wasch mir den Pelz, aber mach mich nicht naß'.)

Unter systemischem Aspekt ist diese Paradoxie leicht zu verstehen. Jedes Familiensystem kann, wie schon oben erwähnt, nach den Grundsätzen der dynamischen Systemtheorie unter zwei Systemzuständen beobachtet werden: dem der 'Homöostase' - Systemgleichgewicht - und dem der 'Transformation' - manchmal auch als 'Metamorphose' bezeichnet, also Veränderung in Richtung eines neuen Zustands. Im Moment des Erscheinens von Ber/Th kämpfen darum diese beiden Tendenzen verstärkt gegeneinander. Ber/Th löst darum nicht, wie vielleicht zunächst erwartet wird, die Veränderung aus, sondern verstärkt im Gegenteil - paradoxerweise - zunächst die Tendenz zur Beharrung.

An dieser Stelle erfanden die TherapeutInnen der Mailänder Schule (Selvini-Palazzoli u.a. 1977) einen 'Trick': das "*Gegenparadox*": Sie verordneten gerade das Symptom, das sie beseitigen wollten. Beispielsweise verschrieben sie dem Mädchen, das an Magersucht litt, ausdrücklich nicht zu essen. Systemisch gesehen, geschieht dabei Folgendes. Da das symptomatische Verhalten nun nicht mehr primär gegen die eigene Familie gerichtet ist, sondern auf Anweisung des Therapeuten zustande kommt, verliert es seine Funktion im Familiensystem, es verliert damit seine 'Widerstandsfunktion'. Gleichzeitig bedeutet die Verschreibung, daß die eigenen Kräfte der Patientin mobilisiert werden können, und zwar zunächst gegenüber der Therapeutin, indem ihr bewiesen wird, daß ihr Ansinnen wirklich unsinnig ist (warum sollte man einer Therapeutin zuliebe nichts mehr essen?). Außerdem wird damit die Blockade der eigenen Energien in einer dysfunktionalen Familienbeziehung langsam aufgehoben. Vor allem bedeutet die Verschreibung, daß die Therapeutin (anscheinend) nicht helfen will und daß sie darum auch nicht selbst - wie erwartet wurde - die Ursache einer Besserung werden kann, sondern daß sich nur das System selber helfen kann. Damit schlüpft Ber/Th - paradoxerweise - in die Rolle dessen, der zur Homöostase des Systems beizutragen scheint und nicht zu dessen Transformation, also eine Rolle einnimmt, die ja schon das System zuvor selber spielte. Daher muß nun das System - unbewußt - die weiteren Kräfte zur Transformation schließlich selber aufbringen, wenn es schon nicht der Therapeut oder die Therapeutin tun.

Andolfi (1988, S. 174) hat hierzu eine eindrucksvolle Grafik entwickelt, die den systemischen Prozeß recht gut veranschaulicht. Dabei bedeutet 'H': System im Zustand der Homöostase, 'T': System im Zustand der Transformation. Auf der linken Seite ist der Zustand des Familiensystems (oder des Patientensystems) abgebildet, auf der rechten Seite wird das Verhalten des therapeutischen Systems symbolisiert. Dabei wird deutlich, daß zunächst eine übergroße Erwartung nach Transformation auf die Therapeutin gerichtet ist, diese aber alsbald (2. Phase) ebenfalls mit H kontert; dadurch wird (3. und 4. Phase) das H des Patientensystems immer kleiner, während T wächst, bis beides wieder in ausgewogenem Verhältnis steht und sich das therapeutische System auflösen kann.

Lehrreich für die Praxis erscheinen mir noch die sogenannten "*Systemspiele*" von Virginia Satir (1987, S. 209ff.), die auch als gruppendynamische Konfliktspiele angesehen werden können. Satir hat auf der Basis der Unterscheidung 'offener' und 'geschlossener' Systeme "vier Grundregeln von Interaktionsmustern" entwickelt, die von Familienmitgliedern oder Gruppenangehörigen gespielt werden, damit sie sich ihre Systembeziehungen bewußt machen und dann verändern können. Die Grundmuster sind folgende:

- 1. A stimmt immer der Meinung der anderen zu.
- 2. B vertritt immer eine abweichende Meinung.
- 3. C ist ohne feste eigene Meinung.
- 4. D vertritt eine eigene Meinung, akzeptiert aber auch die anderen Meinungen.

94

Auf dieser Basis hat Satir *vier Spielarten* entwickelt, mit denen *drei Spieler* jeweils typische familiäre Interaktionsmuster (nicht nur Kommunikationsmuster!) spielen. Dabei sind die ersten drei Spiele pathogen, nur das vierte positiv:

a) "Rettungsspiele": Muster 1, 2 und 3 werden zusammen gespielt. Jeder Spieler spielt mehrmals A, B oder C. (Die geheime Tendenz des 'Retters' ist: Ich stimme einem anderen zu und helfe ihm dadurch.)

b) "Koalitionsspiele": Die Muster 1 und 2 werden gespielt, und zwar so, daß jeweils zwei Personen zusammenhalten. Dabei vertritt die dritte Person entweder eine abweichende Meinung, oder sie stimmt den zwei anderen Personen zu. (Dieses Modell weise auf "gestörtes Verhalten" hin.)

c) "Tödliche Spiele": Muster 1: "In einem solchen System stimmt jeder jedem zu auf Kosten seiner eigenen Befriedigungen und Bedürfnisse". (Kommt häufig bei Familien mit "psychosomatischen Krankheiten" vor.)

d) "Wachstums-Vitalitäts-Spiele": entsprechen Muster 4.

(Nach meinen Erfahrungen können die Spiele durchaus mit Gewinn auch in Gruppen von Studierenden gespielt werden.)

2. Systemisches Modell II: Konstruktivistische Therapie und Beratung

Erst der Konstruktivismus macht Ernst mit dem Theorem der Selbstorganisation. Darum zeigt sich in diesem Punkt eine bemerkenswerte Parallele zum pädagogischen Konstruktivismus. Der konstruktivistische Ansatz betont die 'Selbstarbeit' von Rat/Kl so stark, daß die Vermutung aufkommen kann, Ber/Th hätten bei dieser Art von Therapie eigentlich gar nichts mehr zu suchen, vergleichbar dem pädagogischen Konstruktivismus, bei dem die Führungsrolle der Pädagogen sehr bescheiden aussieht - wenn es sie denn überhaupt noch gibt. Etwas vereinfacht gesagt, besteht die Radikalität des konstruktivistischen Konzepts in der Annahme, die Wirklichkeitserfahrung eines Menschen sei 'selbsterzeugt', von jedem selbst 'konstruiert' (daher: 'Konstruktivismus'), 'selbst gemacht': genau dies ist die Übersetzung von (griech.) 'auto-poietisch', oder, etwas salopp gesagt, sie ist 'hausgemacht'.(Auf die Theorie dieses Konzepts bin ich ausführlicher im theoretischen Teil dieses Buches eingegangen.)

Mit dem Konstruktivismus ist eine schärfere Einstellung (Fokussierung) auf das Individuum verbunden, gleichsam eine Großeinstellung des Einzelelements. Die konstruktivistische Therapie hält zwar noch an dem Ausgangspunkt der systemischen Therapie fest, nämlich den einzelnen als Mitglieds eines Systems zu sehen und Probleme von den Systembeziehungen her zu rekonstruieren; dennoch *radikalisiert sie die Sicht aufs Individuum*, indem sie zunächst einmal fragt, wie denn dessen Wirklichkeitsverständnis aussieht. Sie geht also von den *Interaktionen, in die eine Person verstrickt ist, zurück auf die Konstruktion des Realitätsverständnisses*, das den *Aktionen* der Person zugrundeliegt.

Damit ändert sich auch die Sicht einiger Theoreme der systemischen Beratung und Therapie, vor allem in den folgenden Bereichen:

(1) Rolle der TherapeutInnen/ BeraterInnen
(2) Definition von Krankheit
(3) Ziele des Beratungsprozesses/ Therapieprozesses
(4) Methoden.

Im folgenden umreiße ich in Kürze einige Aspekte, die sich über die erste Phase der Familientherapie hinaus ergeben; dabei möchte ich aber auch auf die Kontinuitäten beider Phasen hinweisen. (Ausführlicher gehe ich auf das systemisch-konstruktivistische Verständnis des Beratungsprozesses ein in dem Beitrag: 'Was ist systemische Beratung?' Hier dagegen steht die Entwicklung von der Familientherapie zur Systemischen Therapie im Vordergrund.)

(1) Schon in der ersten Phase hatte die Mailänder Schule das 'Hypothetisieren' vor die Diagnose gestellt (s.o.). Dies wird nun weiter radikalisiert, und damit wandelt sich die *Rolle der Therapeuten/Beraterinnen* noch einmal. Jede Diagnose hat damit zunächst nur den Status einer 'Hypothese', die zu prüfen ist. Denn Ber/Th können bloß die Rolle von 'Beobachtern' spielen, die abwarten, ob die Hypothesen passen -"viabel" sind, wie von Glasersfeld sagt, also 'gangbar' sind - oder auch nicht passen, und welche Hypothesen sich vielleicht bewähren und welche nicht. Die Ber/Th werden dabei zu 'Mitspielern' und 'Mitkonstrukteuren' in einem System, das sie zusammen mit dem Rat/Kl bilden. Sie stehen diesem nicht in der Rolle von distanzierten Beobachtern als einem 'Objekt' gegenüber, und damit sind sie nicht in der Rolle derer, die von 'außen' kausal und linear zielverändernd in Systeme eingreifen, wie es nach der traditionellen Subjekt-Objekt-Spaltung der naturwissenschaftlichen Methodik üblich wäre.

Zu Recht hat die systemische Therapie ihre Grundhaltung als eine "Ethik der Bescheidenheit" (Schiepek 1988, S.77) bezeichnet. Von therapeutischer Macht oder gar Allmacht kann in diesem Modell keine Rede mehr sein; im Gegenteil: es ist ein Stück Anerkennung eigener Ohnmacht, und zwar der realistisch eingeschätzten Ohnmacht, angesichts der *selbstreferentiellen Verfassung* anderer Menschen sowie der sozialen Systeme überhaupt, also ihrer grundsätzlichen 'Selbstbezüglichkeit'.

Damit haben wir wieder den Vergleichspunkt erreicht, an dem die Faszination der konstruktivistischen Systemtheorie auch für die Pädagogik deutlich werden kann. Haben nicht die Pädagogen letztlich einen vergleichbaren Status wie die Therapeuten? Jedenfalls ergeben sich zahlreiche Parallelen, sobald wir die Selbstbezüglichkeit und Selbstorganisationsfähigkeit der anvertrauten Ratsuchenden/ Klienten/ Kinder/ Schüler ernstnehmen.

(2) Mit dem konstruktivistischen Ansatzpunkt wird der Abstand zwischen '*Krankheit*' und '*Normalität*' verringert. Wieso? Schon in der ersten Phase der Familientherapie bestand ein Essential des Systemansatzes darin, die Entstehung eines Symptoms nicht einem einzelnen Mitglied der Familie allein anzulasten, sondern die 'Mitarbeit' der anderen daran zu erkennen. Das Ziel dabei war es, die schuldzuweisenden Etikettierungen und Stigmatisierungen, die mit der Zuschreibung von Krankheiten, Abweichungen, Anomalien usw. durch die Gruppe der 'Normalen' oder 'Gesunden' verbunden sind, aufzuheben oder zu minimalisieren. Diese Sicht wird nun weiter radikalisiert: 'Objektive Tatsachen' kann es nicht geben, jedenfalls nicht im Sinne des klassischen Methodenpostulats der empirischen Wissenschaften als ein objektives Faktum, weil es, nach konstruktivistischer Auffassung, überhaupt keinen anderen Zugang zur Realität gibt als über ihre '*Konstruktion' als 'Wirklichkeit*'. (Zur Unterscheidung von 'Realität' und 'Wirklichkeit' s. Teil III). Was wir für 'wirklich' halten, ist zunächst die Sichtweise von Beobachtern, die ihre Wahrnehmungen der Wirklichkeit sprachlich 'konstruiert' haben, und 'Objektivität' entsteht, wenn sich mehrere Beobachter übereinstimmend (sprachlich) verständigt haben. Das hat zur Folge, daß Krankheiten, Abweichungen, Symptome, Dysfunktionalitäten,

die wir bei anderen Menschen wahrnehmen oder wahrzunehmen glauben, zunächst einmal unsere Konstruktionen der Phänomene darstellen und nicht einfach 'objektive Realitäten' sind.

(3) Weiter folgt: Der *Therapie- und Beratungsprozeß* sieht nun anders aus, wenn Rat/Kl nicht als nur 'krank', 'stigmatisiert', 'hoffnungslos' in diesen Prozeß eintritt, sondern - nach konstruktivistisch-lösungsorientierter Sicht sogar im Gegenteil! - *als jemand, der über Ressourcen verfügt und damit über den Schlüssel für seine Heilung.* Seine Symptomatik kann nun nicht nur 'positiv konnotiert' werden in dem Sinne, daß sein Symptom *bisher* einen gewissen Sinn für den Zusammenhalt des bisherigen Systems hatte (wie es die Mailänder sahen), sondern positiv in dem Sinne, daß Rat/Kl auch weiterhin der Verantwortliche für seine Heilungsfortschritte bleibt, sogar, wie es gelegentlich pointiert formuliert wird, der eigentliche *'Experte'* ist! Damit sind die herkömmlichen Rollen auf wunderbare Weise vertauscht. Ganz gleich, ob diese Rollenzuschreibung für Rat/Kl nun 'objektiv' zutrifft oder nicht: Sie ist jedenfalls nicht selten in der Praxis hilfreich - und sie ist dennoch nicht einfach ein fauler Trick, denn jeder Therapeut hat oft genug die leidvolle Erfahrung gemacht, daß er selbst jedenfalls *nicht* der Experte war in dem Sinne, daß er die Lösung des Problems wußte; diese liegt *tatsächlich* oft genug allein in der Macht und Kompetenz des Ratsuchenden/Klienten.

Eines der Theoreme des Konstruktivismus und der Autopoiesistheorie ist, daß *lebende Systeme energetisch offen, aber operational geschlossen* sind, d.h. sie sind durch ihre eigene Struktur determiniert, und es geht ihnen deshalb primär nur um die Fortsetzung ihrer eigenen Autopoiesis: Alle Umweltreize werden darauf hin bewertet, ob sie für die Fortsetzung der eigenen Struktur tauglich sind, 'anschlußfähig' sind. Dieses Theorem wird empirisch gestützt durch biologische und hirnphysiologische Forschungen (vgl. Roth 1995; Spitzer 1996; Schiepek/Tschacher 1997). Das Gehirn hat keinen direkten Umweltkontakt. Die Umwelt wird im Gehirn nicht 'abgebildet'. Vielmehr verarbeitet es die digitalen, binären Informationen zu qualitativen 'Gestalten' mit Sinnbezügen. Es arbeitet dabei nur nach den eigenen Gesetzen und Voraussetzungen: den neuronalen Gesetzmäßigkeiten. Das eben meint 'operational geschlossen'.

Die *Möglichkeiten therapeutischer Intervention* werden damit zunächst, so scheint es, *radikal beschnitten*. Das Problem läßt sich auf die Frage zuspitzen: Wie kommt ein Therapeut in ein geschlossenes, selbstreferentielles System hinein? Oder ausführlicher formuliert: "Welche Möglichkeiten hat...ein Therapeut, auf ein operational geschlossenes System - sei es ein Kommunikationssystem oder ein psychisches System -, das sich autonom, seiner eigenen internen Struktur entsprechend verhält, Einfluß zu nehmen?" (Simon 1988, S.141) Hypnotherapie und NLP suchen darum den Weg - fast Freudianisch - über das *'Unbewußte'* des Klienten. Aber natürlich bleibt auch hier das Interventionsproblem im Prinzip bestehen.

In seinen "Prinzipien der systemischen Therapie" geht Stierlin (1988, S. 54ff.) vom Begriff der *"Wirklichkeitskonstruktion"* aus:
"Mitglieder menschlicher Systeme beheimaten sich jeweils in bestimmten Wirklichkeitskonstruktionen. In diesen Konstruktionen spiegeln sich Vorannahmen - oder wenn man will: Ideen - darüber wider, wie man sich verhalten soll..., ob und wie man sich zu bestimmten Aufgaben, Lernerfahrungen, Lebensmöglichkeiten (z.B. alleine zu leben, ein Studium einzuschlagen, sich zu verlieben etc.) befähigt oder berechtigt fühlt, ob und wie man sich zukünftige Entwicklungen vorstellt oder nicht vorstellt... Solche Ideen sind gleichsam die Aufhänger (oder Pfeiler) der je-

weiligen Realitätskonstruktionen oder, wenn man will: der inneren Landkarten. Diese Konstruktionen gehen wieder mit bestimmten Mustern der Interaktionen einher, die - so zeigt es sich zumindest dem Außenstehenden (d.h. dem 'Beobachter', RHR) - nach Regeln ablaufen" (S. 54).

Damit wird sehr schön der gegenüber dem Modell I gewandelte Standpunkt deutlich: Zunächst kommen die Konstruktionen des einzelnen, diese fügen sich dann zu Mustern und Interaktionen mit den anderen Mitgliedern des Systems.

(4) Aus der konstruktivistischen Wendung folgen im Prinzip *nicht völlig andere Methoden als in der ersten Phase* der Familientherapie. Zwar kann es *auch* um die Korrektur von Mustern des Gesamtsystems gehen, in der Hauptsache aber geht es um die *Anregung von alternativen Perspektiven und neuen Selbstkonstrukten* bei Rat/Kl.

Stierlin dazu, der ja selber die Wendung vom Familientherapeuten zum systemischen bzw. konstruktivistischen Therapeuten vollzogen hat: Der Therapeut versucht, "Veränderungen anzuregen, indem er die vom ihm als dysfunktional gesehenen Muster oder als einschränkend gesehenen Ideen 'stört' und Ideen und Perspektiven einführt, die neue Optionen schaffen, neue Entwicklungen in Gang setzen und individuell und systemweit den Spielraum der Freiheit erweitern könnten. Somit hilft er dem System, sich in neuer Weise zu organisieren" (Stierlin 1988, S. 56). - Auch die Methode der "positiven Konnotation" (s.o.) kann hier wieder aufgenommen werden, ebenso das aus der Systemforschung bekannte Prinzip, durch "geringe Steuerimpulse" größere Systemveränderungen zu bewirken (vgl. meine entsprechende Formulierung in 1993a, S. 67): "durch vergleichsweise geringfügige Anstöße schnelle und diskontinuierliche Veränderungen zu bewirken" (Stierlin ebda. S. 56).

Die Einführung *neuer Ideen* ist eine wichtige Methode der Konstruktion von therapeutischen Perspektiven für Rat/Kl. Dieses Konzept beruht auf praktischen therapeutischen Erfahrungen (vgl. auch Willi 1985, S. 85: Personen als "ideenverarbeitende Systeme"): "Ideen bestätigen, erhalten sich durch rekursive Prozesse. So leiten sie unser Handeln oft im Sinne sich selbst erfüllender Prophezeiungen... Häufig verstärkt sich ein Problem durch den Versuch, es mit 'mehr desselben' zu lösen. Ein 'Kämpfer' wird z.B. versuchen, ein auftretendes Problem durch noch mehr Kämpfen zu lösen - und dadurch auch sicherzustellen, daß sich das Problem erhält und noch eher verstärkt"; hier kann Ber/Th "neue Problemdefinitionen" einführen und damit zu neuen 'Ideen' für Rat/Kl beitragen (Stierlin ebda. S. 61).

Manche Methoden sind bloß eine *Weiterentwicklung von Methoden aus der ersten Phase*, in der sie schon eine gewisse klassische Geltung erlangt hatten, wie beispielsweise die positive Konnotation oder das zirkuläre Fragen. So sind etwa die Methoden der *Umdeutung* oder die Einführung *neuer Ideen* verwandt mit der Technik der '*Verflüssigung*' fixierter Vorstellungen oder Muster.

Solches 'Verflüssigen' erhält unter konstruktivistischer Perspektive einen weiteren Sinn: Auch die - vielleicht unerwünschten - Eigenschaften von Rat/Kl sind keine objektiv definierten Persönlichkeitseigenschaften und sollten darum auch nicht so angesprochen werden, als seien sie dies; also nicht sagen: 'A ist dominant', 'B ist egoistisch', sondern eher als konkrete reziproke Beziehungen oder als Perspektive eines Beobachters ausdrücken : 'A hat sich in der Situation S gegen C so verhalten, daß C sagte, A ist dominant.' - Solche Vorsicht und Rücksicht sollte auch im Blick auf die 'Diagnose' walten; also nicht fragen: 'Wann bekam M. ihre Anorexie?', sondern eher: 'Wann entschloß ich M. zum ersten Mal, in den Hungerstreik zu treten?' (Weitere Methoden systemischer Beratung vgl. in dem entsprechend getitelten Beitrag.)

Diese Methoden lassen sich in der Praxis miteinander kombinieren. So kann Ber/Th die Umdeutungen beispielsweise in Fragen einbauen. "Diese Umdeutungen lassen sich als indirekt wirkende Suggestionen verstehen. Sie werden nach unserer Erfahrung leichter aufgenommen als explizit vom Therapeuten gelieferte Interpretationen". So macht es einen Unterschied, ob ein Therapeut zu einer Sechzehnjährigen sagt: "Mein Eindruck ist, daß es für Sie nicht leicht ist, sich von Ihrer Mutter zu trennen", oder ob er den Vater im gemeinsamen Familiengespräch fragt: "Angenommen, Ihre Tochter erlaubt sich in den nächsten Wochen einen für ihr Alter angemessenen Abstand von der Mutter, wie würde die Mutter den so gewonnenen Freiraum für sich selbst nutzen?", um dann als nächstes zu fragen: "Würde sie sich dem Vater daraufhin mehr oder weniger zuwenden?" (Stierlin ebda. S. 63).

Eine reizvolle Perspektive wäre es, die anderen therapeutischen Ansätze und Beratungsmethoden daraufhin zu befragen, ob sie nicht teilweise mit Methoden und Techniken des Konstruktivismus und des Systemansatzes übereinstimmen oder doch verträglich sind. Dies haben beispielsweise Jürg Willi (1996, S. 46ff.) für die 'Ökologische Psychotherapie' oder Thea Bauriedl (1994) für die Psychoanalyse unternommen, und ich selbst habe dazu die Transaktionstherapie und die Psychoanalyse verglichen (1992a, S. 56ff.). In den anderen Beiträgen zur systemischen Beratung habe ich manche Verwandtschaften zu den 'Humanistischen Ansätzen' festgestellt, v.a. zur Gesprächstherapie und zur Gestalttherapie. Ich bin sicher, daß es, zumindest aus der Perspektive des Systemansatzes, viele Punkte gibt, an denen sich interessante Parallelen und Übereinstimmungen zeigen sowie Bereicherungen für alle Ansätze ergeben.

4. Frühpädagogik und Vorschulerziehung aus systemischer Sicht

Ich gliedere diesen Beitrag in drei Abschnitte. Zuerst spreche ich kurz ein Theorem des Systemansatzes an, das für die Früherziehung von Belang ist; im zweiten Abschnitt werde ich zwei systemische Entwürfe skizzieren, die ich für die Konzeptualisierung der Früherziehung heranziehe, nämlich den sozialökologischen und den bindungstheoretischen Systemansatz; den dritten Abschnitt schließen einige Vorschläge für eine zukunftsorientierte Vorschulerziehung ab. -

Als ein Leitmotiv wird diesen Beitrag die Frage durchziehen, wie Kinder bei der Unmenge von wechselnden Eindrücken, die heute auf sie einstürmen, *emotionale Stabilität* erreichen können. Systemtheoretisch haben wir es mit dem Problem der 'Reduzierung' von Komplexität' zu tun (hierzu die Grundbegriffe in Teil III).

Ein weiteres Grundproblem streife ich hier nur am Rande, weil es in anderen Beiträgen ebenfalls verhandelt wird: Wieviel *pädagogische 'Führung' oder 'Orientierung'* brauchen unsere Kinder eigentlich heute, wenn erstens so viel Wert auf ihre Freiheit gelegt wird, wenn zweitens die Normen der Orientierung heute nicht mehr eindeutig genug sind, und wenn drittens der Systemansatz selber so entschieden zur 'Selbstorganisation' - auch der Kinder - aufruft? Hierzu mögen bitte die Ausführungen im ersten Teil zu den 'Orientierungsaufgaben' der Pädagogik herangezogen werden.

1. Wie läßt sich der Systemansatz beschreiben?

Unter dem 'Systemansatz' wird heute Unterschiedliches zusammengefaßt, aber es gibt einige Gemeinsamkeiten. Im Zentrum stehen zwei Begriffe: *Selbstorganisation (Autopoiesis) und Kontext.* Sie bedeuten zusammen ein zentrales Theorem des Systemansatzes: Ein lebendes System -nehmen wir für unser Thema als Beispiel ein Kind oder auch eine Gruppe von Kindern im Vorschulalter - ein solches System also kann zunächst beschrieben werden als ein System, das *sich selbst* organisiert, d.h. das seine eigenen Verhaltensregeln und Organisationsmuster produziert, die nur für dieses und kein anderes System gelten; und zweitens organisiert sich ein solches System immer nur innerhalb eines spezifischen *Kontextes*, einer spezifischen Umwelt oder Umgebung, mit der es auf eine einmalige Weise verbunden und vernetzt ist. Auch ein Kind kann ohne seinen Kontext weder verstanden werden noch pädagogisch gefördert werden.

Der Systemansatz verbindet damit zwei Beschreibungsweisen, die in der bisherigen wissenschaftlichen Beschreibung meist getrennt worden sind: Entweder wurden pädagogische Systeme bloß für sich selbst beschrieben, z.B. ein Kind, eine Kindergruppe, Schulen, Kindergärten, Einrichtungen der Sozialhilfe usw.; oder solche pädagogischen Systeme wurden nur in ihrer Beziehung zur Verwaltung oder zu politischen Entscheidungsträgern gesehen und nicht als sie selbst, also z.B. ein Kindergarten nur unter der Perspektive seines kirchlichen Auftrags oder eine Schule nur unter der Perspektive ihres weltanschaulichen Trägers usw.

Natürlich gab es immer auch Versuche, beide Sichtweisen zu verbinden. Aber das waren eher die Ausnahmen. Jedenfalls verfügt der Systemansatz über eine Methode, beide Sichtweisen gleichsam a priori zu verbinden: die Sicht auf das jeweilige System *und* die Vernetzung dieses Systems mit seinem Kontext werden als *miteinander vernetzt* gesehen. Oder anders formuliert: *Jedes pädagogische System wird - auch - im Kontext größerer Systeme betrachtet.*

Dieses Theorem des Systemansatzes soll gleich in zweiten Abschnitt verdeutlicht werden, wenn es um die Entwicklung des Kindes geht. Da wird sich zeigen, daß jedes dynamische System, also jedes sich in der Zeit entwickelnde System, auf seine Umwelt angewiesen bleibt - gerade um sich *selbst* überhaupt entwickeln zu können. Und ich denke, wir alle haben ein Alltagsverständnis davon, *daß ein Kind zu seiner Entwicklung ein gut vernetztes Verhältnis zu seiner Umwelt, zu seiner Umgebung braucht.*

Das *Neue* am Systemansatz ist jedoch, daß er weniger diese uns ja aus der Erfahrung vertraute Prämisse aller kindlichen Entwicklung betont, als vielmehr die Tatsache, daß die sich entwickelnden Systeme, hier also unsere Kinder, dabei ein überraschend großes *Potential an Selbstorganisation* entwickeln oder eben schon 'besitzen', das wir vielleicht bisher nicht in dem erforderlichen Maße als entwicklungsrelevant verstanden haben, jedenfalls häufig mehr im Zusammenhang mit kindlichem 'Trotz', mit 'Eigensinn' oder mit Entwicklungskrisen gesehen haben.

Genauer formuliert stellt der Systemansatz nun nicht einfach die Verbindung von Selbstorganisation und Umwelt her, sondern so, daß beiden Bereichen ein hohes Maß

an Eigengewicht zukommt, daß beide fast bis zum Widerspruch Eigenleben und Eigen-
gewicht beanspruchen dürfen, aber dennoch systemdyamisch aufeinander bezogen
bleiben. In den theoretischen Ausführungen des ersten und des dritten Teils (dieses Buches) kann aber deutlich werden, worin diese Spannung begründet ist und wie darin *die*
genuine Auffassung des pädagogischen Tuns begründet ist:

Die Selbstorganisation der Kinder müssen wir als Pädagogen zuallererst nur respektieren
- wir können sie nicht direkt verändern; die Qualität der Umwelt des Kindes aber, also
den Kontext, können wir verändern und verbessern, und damit fördern wir indirekt das,
was wir direkt nicht verändern können: die Fähigkeit der Selbstorganisation. -

Wie dies nun in der Praxis geschehen kann, davon gleich mehr im zweiten Abschnitt.

2. *Der sozialökologische und der bindungstheoretische Systemansatz in der Früh-pädagogik*

Beide Ansätze sind·gut geeignet, auf einfache Weise in das systempädagogische Denken
einzuführen. Ich gehe erst kurz auf den sozialökologischen Entwurf Bronfenbrenners
(1981) ein und dann auf den bindungstheoretischen Entwurf von Bischof (1991). Da ich
beides an anderer Stelle breiter ausgeführt habe (Huschke-Rhein 1992a, Kap. 2; ders.
1997), fasse ich mich hier kurz. Dabei hat Bronfenbrenner den großen Vorzug, daß er
sowohl theoretische Kriterien zur Begründung systempädagogischen Denkens bietet als
auch praktisch-methodische Hinweise enthält.

2.1. Bronfenbrenner entwirft ein Modell sich ausweitender Systeme. Er nennt sie:

- 1. *Mikrosystem* (griechisch 'mikro' = klein),
- 2. *Mesosystem* (gr. 'meso' = zwischen, inmitten),
- 3. *Exosystem* (gr. 'exo' = außen), und
- 4. *Makrosystem* (gr. 'makro' = groß), das übergreifende System (enthält die anderen).

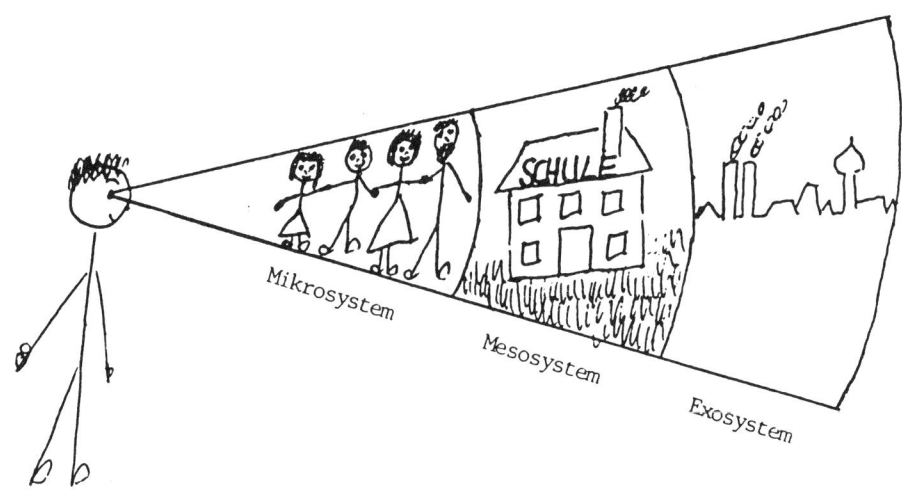

Gleich zu Beginn möchte ich betonen, daß die genannten Systeme - übrigens wie in jeder guten Systemtheorie! - weniger als Einzelsysteme bedeutsam sind, sondern erst in ihrem Zusammenspiel, eben: 'systemisch' Bedeutung gewinnen. Deshalb ist die Zeichnung der Kontextsysteme (auf der vorigen Seite) nur als eine Strukturskizze der ersten drei Systeme zu verstehen; das Makrosystem umfaßt wiederum alle drei anderen Systeme.

Programmatisch heißt es: "In der ökologischen Entwicklungsforschung müssen die Eigenschaften von Person und Umwelt...als voneinander abhängig angesehen und als Systeme analysiert werden" (Bronfenbrenner 1981, S.59). *Entwicklung einer Person ist darum "Entwicklung im Kontext"* (S. 29), ist "Beteiligung des Kindes an fortschreitend komplexeren Mustern wechselseitiger Tätigkeit" (S. 215), ist wesenhaft "Reziprozität" einer "wachsenden dynamischen Einheit" als "Interaktion zwischen Person und Umwelt in beiden Richtungen" (S. 38), wobei eine gute Entwicklung von *"zunehmender Komplexität"* gekennzeichnet ist (S. 62f.75.194). Die Ausweitung über das Mikrosystem hinaus ist hier angelegt. Dennoch kommt die positive Entwicklung eines Kindes nicht einfach formal durch die zunehmende Komplexität zustande. Vielmehr beschreibt Bronfenbrenner gründlich, ja liebevoll den Aufbau einer tragfähigen "Primärdyade", die keineswegs nur die Beziehung zwischen Mutter und Kind meint, sondern ebenso jede andere Beziehung umfaßt, die sich entwickelt.

Die Erweiterung der Komplexität bzw. des Ausgangssystems geschieht zunächst "im Kontext einer Primärdyade" (S. 194). Für deren Aufbau müssen die ErzieherInnen vor allem zwei Anforderungen erfüllen: sie müssen sorgen für

- *emotionale Stabilität*, und

- *Kontinuität der Bezugspersonen*.

Beides hängt eng zusammen und wird u.a. erreicht durch die "dauerhaften Gefühle füreinander" (S. 71ff.). Die zunehmende Komplexität sollte also nur auf der Basis emotionaler Stabilität arrangiert werden. Dies erscheint mir heute besonders wichtig für die frühe Erziehung der Kinder, wo ja bekanntermaßen Unmengen von Eindrücken durch die Medien, aber auch in den heute üblichen Freizeitkontexten täglich auf die Kinder einstürmen.

2.2. Ein anderes Modell habe ich aus dem Entwicklungsmodell von Norbert *Bischof* (1991; vgl. Huschke-Rhein 1997) abgeleitet. Dieses operiert auf der Basis *zweier Grundsysteme*, die ich folgendermaßen zusammenfasse:

- *System 1: Sicherheit/ Vertrautheit/ Nähe;*

- *System 2: Erregung/ Fremdheit/ Neugier.*

Das Sicherheitssystem (System 1) ist zeitlich früher ausgebildet; es wird aber schon bald durch ein zweites System erweitert, das dem ersten teilweise entgegengesetzt operiert. Während das Sicherheitssystem ausgerichtet ist auf die Stabilität von Bindung, Vertrautheit und Nähe, kommen nun die gegensätzlichen Verhaltensweisen ins Spiel: Loslösung, Fremdheit, Wagnis, Neugier, Unsicherheiten, Entfernung vom Vertrauten.

Am *Beispiel*: Ein Kind, das krabbeln gelernt hat, verfügt über mehr selbstbestimmte Handlungsmöglichkeiten als der Säugling, der nur nach der Mutter (und dem Vater) schreien kann; es kann nämlich selber die Nähe oder die Distanz zum 'Objekt' Mutter/Vater bestimmen, es kann durch Hinkrabbeln selber Nähe herstellen oder durch Wegkrabbeln Distanz erzeugen.

Systemisch möchte ich hier, über Bischof hinausgehend, von *zunehmender Komplexität* sprechen, und diese muß, wie stets, vom sich entwickelnden System verarbeitet werden, sie muß, so der Terminus, *anschlußfähig* sein. Das System erreicht dadurch einen höheren Grad der Selbststeuerung, es erhält mehr Optionen für seine Operationen. Es zeigt sich dabei aber auch die grundlegende *Ambivalenz des explorativen Verhaltens auf dem Weg zu mehr Autonomie und Selbstbestimmung*: Das Risiko der Neugier sind die Fremdheit und die Furcht vor dem Fremden, weil damit die Sicherheit des primär Vertrauten in Frage gestellt wird; der Preis und die Belohnung liegen in der Erweiterung der Selbststeuerungspotentiale. Kurz: Das Risiko der Fremdheit und der Unsicherheiten ist unvermeidbar für ein Lebewesen, das nicht in der uterinen Geborgenheit verharren kann und auch nicht in der Vertrautheit des primären Sicherheitssystems.

Schon hier, im ersten Lebensjahr, zeigt sich die immanente Systemdynamik des Bindungsbegriffs: Er wird gleichsam systemisch auf seine 'Reißfestigkeit' geprüft. Die zunehmende Komplexität des sich erweiternden Systems prüft, ob die sicherheitsspendenden Bänder dehnbar sind und halten. Die dosiert erweiterte Komplexität sorgt selber für eine erhöhte Reißfestigkeit der primären Systembeziehungen.

Bei Bischof kommt dieser Zusammenhang sehr schön dadurch zum Ausdruck, daß er als freie Variable noch die Größe "Unternehmungslust" (UNT) mit dem Schaltkreis des Erregungssystems koppelt. Den Vorzug dieser Bezeichnung sehe ich darin, daß man darunter sowohl die erweiterten motorischen Fähigkeiten des Kindes (Krabbeln, Laufenlernen) verstehen kann als auch die erweiterten psychischen und kognitiven Tätigkeiten, die mit Exploration und allgemein mit neuen Erfahrungen verbunden sind.

3. Einige Folgerungen für die Früh- und Vorschulpädagogik

Eine der wichtigsten Aufgaben der heutigen Früh- und Vorschulerziehung und des Kindergartens wäre es also, *die Komplexitätsentwicklung des Kindes zu stützen, zu fördern und pädagogisch zu begleiten*. Das bedeutet: Die Entwicklung eines Kindes ist zu fördern im Sinne seiner zunehmenden Fähigkeit, *Komplexität selbstorganisiert zu verarbeiten*, und zwar sowohl die zunehmende Eigenkomplexität als auch die zunehmende Umweltkomplexität. Gerade die Fähigkeit zur Selbstorganisation des Kindes kann beeinträchtigt werden, wenn zu viele Eindrücke und Informationen von außen kommen, die nicht 'kompatibel', also verträglich angeschlossen werden können. Das aber ist erst möglich, wenn das Kind auch gelernt hat, Komplexität zu reduzieren, d.h. mit Komplexität verläßlich umzugehen.

Hierzu wurden zwei Vorschläge gemacht: *Einerseits* muß Sicherheit und Zuverlässigkeit angelegt und erfahren worden sein, vor allem auch emotionale Stabilität. Das erfordert verläßliche Muster der Welterfahrung und der Umweltverarbeitung. *Andererseits* muß das Kind - dennoch - den Mut und die Lust verspüren, Unbekanntes und Fremdes zu erfahren, also seine Umweltkomplexität zu erweitern.

Beide Grundsysteme stehen in einem rekursiven, rückgekoppelten Verhältnis. Das eine ist nicht ohne das andere möglich; das eine ist gleichsam die Basis für das andere (wobei am Anfang allerdings - (entwicklungs-)logischerweise - das Sicherheitssystem den 'ersten Zug' tun muß; danch herrscht Reziprozität). Beides muß in einer wohlausgewogenen Spannung stehen. Systemtheoretisch gesprochen: Das System muß einerseits *eine gewisse Homöostase* (Stabilität) zeigen, andererseits aber auch Momente der *dosierten Instabilität*, ja auch zeitweiliger nonlinearer, fluktuierender Phasen, wie sie die Chaosforschung als Bedingung der Möglichkeit von kreativer Veränderung zu neuen Strukturen erforscht hat. Das System balanciert dabei zwischen zwei Zuständen: zwischen dem homöostatischen, stabilen Systemzustand - der jedoch keine weitergehende Entwicklung ermöglichen würde; und dem instabilen, dynamischen, fluktuierenden ('chaoti-schen') Systemzustand, der immer eine Voraussetzung für neue Entwicklungen (Transformationen) des Systems darstellt. *Die Aufgabe der ErzieherInnen, der Eltern, der LehrerInnen und die Kunst der Erziehung überhaupt ist es, die Balance beider Grundsysteme beim sich entwickelnden Kind zu unterstützen, zu begleiten, zu fördern.* Dies kann, wie wir bei Bronfenbrenner sahen, vor allem durch die verläßlichen emotionalen Bindungen zu den Bezugspersonen gefördert werden.

Zur Entwicklung beider Grundsysteme kann die Früh- und Vorschulerziehung beitragen. Sie muß feste Grundlagen legen, so wie die Familie und die engsten Bezugspersonen (hoffentlich) feste emotionale Grundlagen gelegt haben. Sie muß aber auch neue Erfahrungen ermöglichen, sie muß Programme bereitstellen, auf Grund deren die Kinder neue Erfahrungen in ihrer Umwelt machen können und später immer wieder machen werden.

In der *Postmoderne* ist beides von besonderer Wichtigkeit. Wenn die traditionell stützenden Kontexte - langfristige stützende gesellschaftliche Normen, Konventionen, Institutionen und Traditionen - langsam aber sicher an normierendem Einfluß auf das Leben der Menschen (in Europa) verlieren, dann entsteht für die Erziehung eine neue Situation: Die Individuen können ihr Potential zur Selbstorganisation besser ausschöpfen - und sie müssen das auch tatsächlich tun, weil ihnen die gesellschaftlichen Normen dies nicht mehr abnehmen können. Sie benötigen also eine *größere Flexibilität*, um sich auf nicht vorhersehbare, nicht vertraute Situationen jeweils neu einstellen zu können. Die Zukunft wird für sie offener, unvorhersehbarer, unsicherer werden als für frühere Generationen. *Gleichzeitig müssen wir in der Erziehung sorgfältiger als früher darauf achten, daß die Kinder in dieser offenen, komplexen Situation nicht überfordert werden. Sie benötigen weiterhin - und dringender als früher - ein Grundsystem der Sicherheiten, das emotionale Stabilität und die Kontinuität der Bezugspersonen umfaßt, um mit derart hochkomplexen Situationen angemessen umgehen zu können.* Zu beiden Aufgaben wird die Frühpädagogik und die Vorschulerziehung in Zukunft ihren Beitrag leisten.

*****

5. Lernen als evolutionäre Selbstorganisation. Zum Verhältnis von Autopoiesis und ökologischem Lernen

In mancher Hinsicht bildet dieser Beitrag die Voraussetzung zum Verständnis des nächsten Beitrags zum Lernen in der Schule (Nr.6). Ich hätte ihn auch unter die Beiträge des dritten Teils aufnehmen können. Wegen des Zusammenhangs mit dem Beitrag Nr.6 habe ich mich jedoch für diese Plazierung entschieden.

Die *Thesen* aus systemischer Sicht vorweg:
- *Lernen ist ein Prozeß der Selbstorganisation.* Und:
- *Evolution ist ein Prozeß der Selbstorganisation.*

In anderer Formulierung:
- *Evolution ist der phylogenetische Prozeß der Selbstorganisation.* Und:
- *Lernen ist der ontogenetische Prozeß der Selbstorganisation.*

Es gibt eine Reihe von Verbindungslinien zwischen Evolution und Lernen:

- '*Autonomie*', also 'Selbstbestimmung', ist ein offensichtliches Ziel bisheriger evolutionärer Prozesse und gleichfalls ein Ziel moderner pädagogischer Bildungsprozesse.

- Neuere Evolutionstheorien (Jantsch 1982; Riedl 1986; Kauffman 1995) bezeichnen die *Evolution selber als einen Lernprozeß.*

- Der Aufbau und die Organisation des menschlichen Gehirns wird nach neueren Konzepten der Neurobiologie beschrieben als *neuronale Selbstorganisation* (Spitzer 1995; Roth 1995; Edelman 1995; Schiepek/ Tschacher 1997). Das menschliche Lernen ist dann nur ein Teilaspekt innerhalb des Selbstorganisationsprozesses des Gehirns.

- Der Begriff der '*soziokulturellen Evolution*' meint den evolutiven Prozeß der menschlichen Kultur, *die Konstruktion der Kultur durch die Herauslösung der Kultur aus der Natur als Selbstorganisation der sozialen Systeme.* Dieser Prozeß ist heute keineswegs abgeschlossen, sondern vollzieht sich nach wie vor in dramatischer Weise. Der kulturelle Selbstorganisationsprozeß als Ablösungsprozeß aus der Natur ist *seit seinen Anfängen in der menschlichen Urgeschichte mit Lern- und Erziehungsprozessen verbunden.* Ohne Lernen ist eine kulturelle Evolution gar nicht denkbar.

- Schließlich gibt es formal und inhaltlich bemerkenswerte *Parallelen zwischen den Lernprozessen in der biologischen Evolution und dem menschlichen Lernen.* Wenn wir einen nicht zu engen Lernbegriff anwenden, der nicht nur die Speicherung von Wissen und die Übertragung von Information meint, sondern auch das Erlernen von neuen Verhaltensweisen und Gewohnheiten einschließt, der vor allem aber *das Lernen evolutionär erfolgreicher Neukonstruktionen bis hin zur Konstruktion neuer Selbstorganisationskonzepte* einschließt, dann gibt es Lernprozesse nicht nur bei den Menschen, sondern auch bei den Tieren und schließlich - in evolutionärer Langzeitperspektive gesehen - auch bei Pflanzen, ja sogar bei chemischen Strukturen und Verbindungen (Prigogine 1979; Jantsch 1982; Riedl 1986; Coveney 1992; Kauffman 1995).

Meine These ist also, *daß wir bei einer evolutionären Betrachtung des Lernens Möglichkeiten und Aufgaben heutiger Lern- und Erziehungsprozesse besser verstehen kön-*

nen, und weiter vertrete ich die These, daß wir bei einer evolutionären Betrachtung des Lernens Sinn und *aktuelle Aufgaben der Lernziele 'Autonomie' und 'Selbstorganisation' besser und vorteilhafter werden handhaben können.*

Beide Aspekte zusammenfassend möchte ich formulieren: *'Lernen' und 'Erziehung' meinen die konstruktiven, systemischen Beziehungen eines Individuums zu seiner Umwelt.* Speziell *die Erziehungsziele 'Selbstbestimmung' und 'Autonomie' sind implizit auf die Konstruktion der Autopoiesis innerhalb der Kontexte des Individuums bezogen,* auch wenn dies zunächst paradox erscheinen mag. 'Lernen' hat also, nach systemisch-konstruktivistischer Auffassung, wenig mit der alten Vorstellung zu tun, Lernen sei Informationsübertragung oder Wissensanreicherung.

Ich werde im folgenden zunächst auf die Frage nach der Autonomie eingehen, dann auf das Thema der Veränderung des Lernens im evolutionären Verlauf, und drittens auf die Veränderung der Erziehungsprozesse im Verlaufe der soziokulturellen Evolution. Abschließend sollen im vierten Abschnitt einige Folgerungen für die heutige Erziehung und das heutige Lernen aufgezeigt werden, auch und vor allem unter dem ökologischen Aspekt.

1. Selbstorganisation, Evolution und Autonomie

Selbstbestimmung und Autonomie waren nicht immer ausdrückliche Ziele des Erziehungsprozesses, sie sind zu offiziellen Erziehungszielen erst durch die europäische Aufklärung des 18. Jahrhunderts ernannt worden. In einer abkürzenden systemisch-konstruktivistischen Formulierung möchte ich den Begriff der Bildung wie folgt kennzeichnen:

Bildung ist der erwünschte Endzustand eines Systems, das auf der Basis von Selbstorganisation mit Hilfe von Erziehung aus dem Systemzustand anfänglicher Fremdbestimmung zum Systemzustand maximaler Selbstbestimmung gelangen soll. Dieser Prozeß ist ein 'evolutionärer' Prozeß, also ein Entwicklungsprozeß.

Wir können diesen Prozeß auch intuitiv verstehen, wenn wir uns vorstellen, daß die Zahl der Abhängigkeiten beim Säugling zunächst sehr hoch ist, denn dieser ist von vielen Situationen und Personen abhängig, die ihn bestimmen und prägen. Später soll er dann aus solchen Abhängigkeiten und Fremdbestimmungen zur Selbstbestimmung finden, die Erzieher und die Erziehung sollen sich, wie schon Herman Nohl (1970, S. 137) sagte, schließlich "überflüssig" machen, der "Zögling" braucht solche Anleitungen dann nicht mehr. In unserem Themenzusammenhang können wir auch davon sprechen, daß *der pädagogische Evolutionsprozeß ein ontogenetischer, also individueller und gleichsam privater Evolutionsprozeß ist, der zur persönlichen Höherentwicklung führt.*

Bevor ich das scheinbar unangreifbare Erziehungsziel der Selbstbestimmung kritisch befrage, möchte ich es zunächst stärker befestigen, als dies bisher üblich war. Die Erzieher haben ja in ihrer Geschichte manche weitreichenden Erziehungsziele aufgestellt, die von ihren armen Adressaten in deren harten, alltäglichen Wirklichkeiten kaum eingelöst werden konnten. Und die Pädagogen der *Aufklärung*, ja auch Kant selbst, haben die Forderung nach Selbstbestimmung des Menschen auf eine sehr riskante andere Forderung begründet, nämlich auf die Forderung, seine eigene *Vernunft* zu gebrauchen. So 'vernünftig' dies zunächst erscheinen mag, sich nämlich nicht zu verlassen auf das, was fremde Autoritäten und andere Menschen oder Institutionen als normativ unumstößlich hinstellen, also generell die Berechtigung fremdbestimmender Ansprüche zuerst mit der eigenen Vernunft zu prüfen, so schwierig erscheint dies dann in der Realität, wenn wir feststellen, mit welchen Problemen der Vernunftgebrauch verbunden ist, wenn dieser nicht einmal zu eindeutigen Handlungsanweisungen führt. Nicht nur die Psychoanalyse oder die christliche Theologie haben davor gewarnt, die Reichweite der Vernunft zu überschätzen, auch die gegenwärtige Philosophie der Postmoderne warnt hiervor (vgl. Lyotard 1986).

Obwohl ich die argumentative Reichweite der Vernunft als Selbstreflexion kritisch sehe und schon hier meine These andeuten will, daß die Vernunft erst durch eine neue Bestimmung ihres Verhältnisses zur naturalen Systembasis selber 'zur Vernunft' kommt und allenfalls in der Form einer kommunikativen oder dialogischen Vernunft (vgl. Habermas 1985) akzeptabel ist, möchte ich für die Selbstbestimmung zunächst ein evolutionäres Argument beibringen, das mir geeignet erscheint, die Frage nach der Selbstbestimmung von der bloß vernunftgeschichtlichen Begründung zu einer evolutionären Begründung zu wenden.

Offensichtlich verfolgt die Evolution, soweit wir sie auf unserem Planeten überblicken können, mit der Entwicklung zum Selbstbewußtsein im menschlichen Gehirn einen Weg mit einer *unumkehrbaren Richtung zu immer höheren individuellen Freiheitsgraden. Die Freiheitsräume werden dabei zugleich organisch organisiert.*

Ich veranschauliche dies durch ein *Beispiel*, das Hoimar von Ditfurth hierzu gebracht hat. Die hirnphysiologische Entwicklung zu größeren Freiheitsspielräumen hat ihren Ausgang genommen von einer Neuerung, mit der die Evolution irgendwann das sehr zuverlässige, wenn auch starre Schema des im Zwischenhirn festgelegten Verhaltensprogramms verlassen hat, um eine "Leerstelle" (wie Ditfurth sich ausdrückt, vgl. 1976, S. 202ff.) im Gehirn zu installieren, auf der eine neue und individuelle Erfahrung kodiert werden kann. Gemeint ist das zuerst von Konrad Lorenz erforschte Phänomen der sogenannten *'Nachfolgeprägung'*. Dies meint, daß ein eben aus dem Ei geschlüpftes Küken innerhalb der ersten Lebensminuten das erste bewegte Objekt, das es vor sich sieht, als seine 'Mutter' definiert und ihm von jetzt an auf Schritt und Tritt nachfolgt. Die Wissenschaftler des 20. Jahrhunderts hatten keine ethischen Probleme damit, das Muttertier zu ersetzen durch Holzkisten oder ausgestopfte Tiere oder schließlich, wie es der Zoologe Karl von Frisch tat, durch sich selbst, um sich ihre Entdeckung experimentell bestätigen zu lassen.

Für unseren Zusammenhang entscheidend ist nun vor allem, daß hier erstmals so etwas wie 'Lernen' geschieht, d.h. es wird nicht durch ein genetisches Programm im voraus entschieden, welche Erfahrung zugelassen wird, vielmehr wird umgekehrt ein Freiraum für eine individuelle Erfahrung geschaffen, die nicht identisch zu sein braucht mit der Erfahrung aller anderen Mitglieder der Gattung. Dazu muß jedoch die gesamte Hirnstruktur revolutioniert werden. Es müssen für solche individuellen Erfahrungen die entsprechenden genetisch nichtprogrammierten Hirnzellen bereitgestellt werden, durch die ein Individuum seine und nur seine Welterfahrung machen kann. Dies ist zugleich der Beginn des individuellen, ontogenetischen Lernens, d.h. der *Möglichkeit neuer, nicht genetisch programmierter Erfahrungen*. Die Evolution entwickelt ihre neue Strategie dann konsequent weiter: Das neue Konzept für die Hirnstruktur mündet in die Entwicklung des Großhirns, worin schließlich beim Menschen immer mehr Bereiche von nicht mehr vorprogrammierten Neuronen zur Verfügung stehen, um immer mehr nicht vorweg festgelegte eigene Erfahrungen zu machen, *um die Welt immer neu selbst zu erfahren, zu konstruieren, zu verantworten.*

Das Hinaustreten aus der genetischen Programmierung in immer größere Freiräume, die nicht schon durch Verhaltensprogramme determiniert sind, ist, wie wir schon am Kükenbeispiel sehen, eine *riskante Strategie der Evolution*: Der Preis der Freiheit ist der Preis riskanter Unsicherheiten, die mit der Ablösung von den natürlichen Programmen verbunden sind. Pointiert formuliert: Das Risiko der neuen Strategie besteht darin, daß jederzeit anstelle der Mutter die Holzkiste treten kann.

Zugleich mit dem Risiko steigen allerdings auch die Chancen, die durch die neue Strategie eröffnet werden. Durch die neue Strategie erhält jede Handlung eines solchen riskierten Individuums ein großes Gewicht: Jedes Geschöpf dieser Art ist ein einmaliges Selbst, hat seine einmaligen Möglichkeiten, aber auch seine einmaligen Verantwortlichkeiten. Das mag pathetisch klingen, ist aber bloß die Beschreibung des neuen evolutionären Tatbestandes.

Bei Laszlo heißt es hierzu: "Die Evolution beinhaltet auf hohen Organisationsebenen ein Risiko: den Ersatz verhältnismäßig einfacher und verläßlicher...Reaktionen durch komplexe Sequenzen dynamischer...Eigenschaften... - Der Evolutionsvektor weist aufwärts zu...immer komplexeren, aber verwundbaren biologischen Arten und verläßt sich immer mehr auf das Geschick und die Selbständigkeit der Einzelwesen. Der Homo ist vielleicht das auffälligste Beispiel dieses Hasardspiels" (Laszlo 1987, S.106).

Im nächsten Abschnitt werden wir die evolutionäre Entwicklung zum Selbst am Beispiel der Entwicklung des Lernens in der Evolution noch genauer zu erfassen suchen.

2. Selbstorganisation, Evolution und Lernen

"Evolution ist zumindest im Bereich des Lebens sehr wesentlich ein Lernprozeß" (Jantsch 1982, S. 34). Die Evolution hat nicht nur das Lernen erfunden, sie ist selbst ein Lernprozeß. Wir können den Evolutionsprozeß unter dem Motto beschreiben: 'Von der Kopie zum Lernen'. Was meint das? Der Beginn des Lebens liegt (nach Maturana) in der Leistung der 'Selbstkopie'. ('Autopoiesis' möchte ich hier einmal als 'Selbstkopie' übersetzen.) Die Selbstkopie oder, wie der Terminus in der Chaosforschung heißt: die 'Iteration' (vgl. Briggs/ Peat 1990, S. 92ff.) ist nur scheinbar ein Garant absoluter Stabilität; in Wahrheit wird durch jede Kopie und durch jede Iteration die Umwelt verändert, d.h. - in systemtheoretischer Terminologie - sie wird komplexer. Die Zunahme von Komplexität in der Umwelt fordert jedoch neue Leistungen der lebendigen Systeme - sie müssen längerfristig neue Verhaltensweisen 'lernen'.

Der evolutionäre Lernprozeß hat sich, im Überblick gesehen, in vier Schritten vollzogen (ausführlicher in Huschke-Rhein 1993a, S. 9ff.).

(1) Der erste Schritt besteht in der Form *genetischer Variation*, etwa durch Mutationen. Diese begründen, wenn sie die 'Selektion' durch die Umwelt gut überstanden haben, neue Formen und Arten, sie bewirken also Veränderungen der Art und ebenso der Um-

welt. Damit haben wir einen ersten Lernvorgang identifiziert: Wir können den Erfolg einer veränderten Art, nämlich in einer für sie neuen Umwelt sich am Leben zu erhalten, etwa durch eine neue Form der Nahrungsbeschaffung, durchaus als Lernerfolg ansehen.

Jedenfalls können wir schon auf darwinistischem Niveau die zahlreichen Prozesse genetischer Variation und die dadurch bedingten Prozesse der Leistungsoptimierung, die im Kampf um das knappe Gut Nahrung zur 'Selektion' führen, als 'Lernprozesse' beschreiben. Systemtheoretisch sagen wir: Das jeweils neue System hat 'gelernt', freie Energie aus seiner Umwelt optimal zum Aufbau seiner Selbstorganisation (Autopoiesis) zu nutzen. Gleichzeitig ist dabei die Eigenkomplexität und die Komplexität der Umwelt gestiegen, was wiederum zu erhöhten Selektionsleistungen oder eben: Lernleistungen im Verhältnis zur Umwelt führt und führen muß.

(2) Der nächste Lernschritt ist zwar berühmt, wird aber selten als 'Lernprogramm' angesehen. Die Rede ist von der evolutionären Erfindung der sogenannten 'sexuellen Rekombination'. Es leuchtet ein, daß gegenüber der Vision nahezu identischer Eltern und Kinder, wie sie aus der genetisch identischen Kopie folgen würde, hier ein unbegrenzter Variationsreichtum entsteht. Gleichzeitig bedeutet dies aber ein neues Lernprogramm: Kein Individuum repräsentiert von jetzt an alleine seine ganze Art. Damit wird der spezifische Beitrag eines einzelnen Individuums zur Gattung viel bedeutungsvoller, und damit auch die Möglichkeit, die Leistung jedes einzelnen 'selektiv' zu bewerten, wie von neodarwinistischer Seite an dieser Stelle sogleich zu Recht ergänzt wird (vgl. Markl 1986, S. 54). Umgekehrt aber sollte, wie ich meine, auch nicht die andere Seite übersehen werden: das stärkere gegenseitige Abhängigsein und Aufeinanderangewiesensein. Das soziale Prinzip erhält eine völlig neue Dimension.

(3) Der nächste größere Schritt besteht nun in der Erfindung *neuronaler Lernprozesse*, die im menschlichen Gehirn gipfeln. Ein Neuron oder eine Nervenzelle kann Informationen wesentlich schneller weitergeben, als dies zuvor auf der Ebene der genetischen oder der metabolischen Informationsprozesse möglich war. Es wird geschätzt, daß die neuronale Kommunikation etwa 1000mal schneller als die metabolische verläuft (die ja immerhin auch noch ziemlich schnell verläuft, wie wir erfahren, wenn uns z.B. 'der Schreck in die Glieder fährt', als Nachricht des Hormons Adrenalin in unserem Blut) und daß die Zeit für Innovationen durch Lernen gegenüber Innovationen im Rahmen des Generationenzyklus eine Million mal kürzer geworden ist (Jantsch 1982, S.222; Markl 1986, S.56).

Wie wir schon sahen, bedeutet die 'Leerstelle' im Gehirn einen Freiraum für neue Erfahrungen und damit für neue Lernvorgänge, und mit der Ausbildung des Großhirns werden nun riesige Räume zur Speicherung und Verarbeitung nichtprogrammierter Inhalte bereitgestellt. Damit können Informationen nicht nur schneller, sondern auch entsprechend zahlreicher eingehen, es werden also sehr viel mehr 'Erfahrungen' möglich. Dennoch blieb ein wichtiger Vorteil dieser neuen Lernart im Prinzip ungenutzt: Zunahme und Schnelligkeit neuer Erfahrungen konnten kaum wirklich genutzt werden, solange sie nicht wirkungsvoll und zuverlässig gespeichert wurden, solange also keine anderen Datenträger als die genetischen zur Verfügung standen, was ja außerdem relativ lange Zeiträume beanspruchte.

110

(4) Die Lösung dieses Problems führte darauf zu einem weiteren Lernschritt der Evolution: zur Bildung von *kultureller Tradition* durch Sprache und Schrift. Nach der Erfindung der Sprache konnten nun sowohl die Erfahrungen eines Individuums als auch der einzelnen Gruppen an die übrigen Mitglieder der Gattung weitergegeben werden. Auch hier wird schon statistisch die Zunahme der Variationsmöglichkeiten und damit der Komplexität deutlich: Eindrucksvoll ist sowohl die Schnelligkeit der Übertragung als auch die Zunahme der zu verarbeitenden Informationsmenge, die nun nicht mehr nur das 'Lernen' im engeren Sinne betrifft, sondern die ganze Erziehung. Beim Menschen werden *durch die symbolische Begriffssprache die Möglichkeiten zu neuer Variation, Exploration und Kreativität ins nahezu Unbegrenzte gesteigert.* Wenn wir die Möglichkeiten der Sprache zur "Ideenproduktion" und der damit für eine Gesellschaft verbundenen Intensivierung der "neuronalen Kommunikation" betrachten, kommt eine Ebene der "Ko-evolution" ins Blickfeld, die eine eigene und neue, also 'emergente' Stufe der Selbstorganisation bedeutet (so Jantsch 1982, S. 225ff.).--

An dem enormen Zuwachs von Komplexität, der durch die kulturellen Erfindungen der Schrift und der sprachlichen Ideenproduktion abermals exponentiell angestiegen ist, werden einige Gründe für die Mühsal menschlichen Lernens, aber auch für die Schwierigkeiten heutiger Erziehung deutlicher. *Wir erkennen an dieser Stelle erstmals die doppelte Strategie der Evolution, die zum exponentiellen Anwachsen der Komplexität führt.* Erstens wird durch die Auflösung der erblich festgelegten Verhaltensprogramme und ihre 'Ersetzung' durch nichtfestgelegte Neuronenmengen im Großhirn ein enormer Freiheitsspielraum geschaffen, bei dem wir noch zu fragen haben werden, wozu er letztlich 'gut' ist und wie die Menschen hiermit 'fertig werden' können. Die zweite Strategie der Evolution ist genau so eindrucksvoll wie anstrengend: Die Evolution muß, nach der Erfindung von Schrift, kultureller Tradition und symbolischer Ideenproduktion, auf der soziokulturellen Schiene ein reichhaltiges 'Nahrungsangebot' für die gleichsam hungrigen Neuronenmassen des Großhirns - ca. 10 Milliarden an der Zahl (oder noch viel mehr!) - bereitstellen. *Die Evolution muß also auch auf der Ebene der soziokulturellen Realität für die hirnphysiologische Potentialität, die sie nun einmal geschaffen hat, ein möglichst plurales Angebot bereithalten.* Denn es wäre ja vollkommen widersinnig, wenn die Evolution, nachdem sie einmal die Möglichkeit individueller Erfahrung in einem einzelnen nicht vollständig programmierten Großhirn geschaffen hat, diese wieder vernichten würde durch uniforme, quasi deterministische Programme, in denen die neugeschaffene Möglichkeit zu individueller Erfahrung und Verantwortung durch kollektiv erzwungene Verhaltensnormierungen und Verhaltenskontrollen wieder rückgängig gemacht würde (wie dies anschaulich und drastisch in dem Roman von Margret Atwood 'Die Dienerin' geschildert wird).

Die Antwort der traditionellen Anthropologie (vgl. Gehlen 1966) erscheint hier banal, wenn nicht pädagogisch gefährlich: 'Die Institutionen und Organisationen, die der Mensch selbst geschaffen hat, sollen die fehlenden Erbprogramme ersetzen'. Bei dieser Lesart wäre es sicher das Beste, faschistische Diktaturen mit barbarisch strenger Kontrolle der vorgeschriebenen Gesetze und Normen einzurichten, um das Fehlende und die großen Unsicherheiten auszugleichen. Und die Erziehung hätte nur die eine Aufgabe, auf die autoritärste Weise die jungen Großhirne vor der individuellen Überforderung zu schützen; sie müßte bloß noch negativ Pluralität und damit Individualität und Verantwortlichkeit vermeiden helfen. Es wäre dann auch am besten, wenn, wie es früher war, die eine Kirche oder heute noch gelegentlich die eine Partei darüber zu entscheiden hätte, was für alle Großhirne die eine richtige Wahrheit ist.

3. Lernen, Selbstorganisation und die soziokulturelle Evolution

Damit haben wir den dritten Punkt unserer Überlegungen erreicht. Der Prozeß der Erziehung wird durch die skizzierten evolutionären Entwicklungen vollkommen und im wörtlichen Sinne in Mitleidenschaft gezogen. Daß in der *Urgeschichte* der Menschheit der Erziehungsprozeß vornehmlich darin bestand, Tradition zu bewahren und weiterzugeben, also *nichts zu verändern*, ist sicherlich ebenfalls eine Leistung, die wir nicht gering schätzen dürfen. Pointiert könnten wir sagen, daß es darauf ankam, *niemanden zur Selbstverantwortung zu führen*, diese vielmehr möglichst auszuschließen und nur die Verantwortung gegenüber den bestehenden Gruppennormen als oberstes Ziel der Erziehung zu sehen - falls wir denn überhaupt von einem 'Ziel' der Erziehung zu jener Zeit sprechen dürfen, weil eine solche Formulierung ja doch schon die Freiheit der Wahl zwischen mehreren möglichen Zielen voraussetzen würde. Aber dies gerade war nicht gewünscht - und auch nicht gefordert. Welche Tiere auf welche Weise gejagt werden können, welche Nahrung bekömmlich und wo sie zu finden war, wie sie verteilt wurde, ob und wie lange und wo sie aufzubewahren war, wer welche Arbeiten zu welcher Zeit an welchem Ort zu verrichten hatte, in welchem Umfang und von welchem Alter die Kinder daran beteiligt wurden - das alles war nicht Gegenstand oder Ergebnis längerer Diskurse, sondern war vorweg geregelt, blieb in den ersten zwei Millionen Jahren seit Erscheinen des Homo über Jahrhunderte und Jahrtausende in stabilen Traditionen geregelt, die durchaus den erblich programmierten Verhaltensweisen vergleichbar waren, mit denen die Evolution jene Lebewesen ausgestattet hatte, deren Verhaltensprogramme genetisch in den Zwischenhirnen gespeichert sind und die wir 'Tiere' nennen. Offenbar waren in den ersten zwei Millionen Jahren Masse und Gewicht des Großhirns noch nicht so groß wie heute, dennoch war diese Erfindung der Evolution schon vorhanden und nicht mehr rückgängig zu machen. Und wenn auch Veränderungen in den strikt geregelten Umgangsformen und Verhaltensweisen eines Stammes oder einer Gruppe höchst selten waren, weil sie mit dem hohen Risiko des individuellen Abenteuers und der Abweichung von bewährten kollektiven Normen verbunden waren, so konnten doch langfristig Veränderungen nicht ausbleiben.

Mumford (1984) hat versucht, diese Geschichte der kleinen und kleinsten Veränderungen nachzuzeichnen, etwa die Veränderung, die die Erfindung eines einfachen Traggefäßes für den Transport von Nahrung bedeutete. Uns mag hieran als Pädagogen nur dies interessieren: Es war sicherlich das reinste pädagogische Paradies, denn eigentlich brauchten die Kinder nichts zu lernen - 'lernen' im heutigen Sinne verstanden, also solche Fremderfahrungen im Selbstsystem zu codieren, die sie in der Regel niemals selber machen werden, seien dies Jahreszahlen von Ereignissen der Geschichte oder Erkenntnisse aus dem Aufbau des Atoms oder Angaben über den geologischen Aufbau der Gesteinsschichten in fernen Ländern oder eben auch im eigenen Land.

Wir haben uns im vorigen Abschnitt (2.) das Anwachsen der *internen Komplexität* verdeutlicht, die durch die evolutionäre Erfindung des Großhirns bedingt ist. Nun können wir *das korrespondierende Anwachsen der externen Komplexität* verfolgen, die äußerlich in einem langsamen Anwachsen der kulturellen Veränderungen sich zeigt, in dem *zunächst unmerklichen, dann aber immer schneller sich vollziehenden Wandel des sozialen und kulturellen Rahmens, der ja immer zugleich der Rahmen für alle Erziehungsprozesse ist.* Hier möchte ich nur kurz auf denjenigen Wandel Bezug nehmen, der zwar den meisten bekannt sein wird, dessen allgemeine kulturelle und dessen spezifische pädagogische Folgen bis heute nur wenig erforscht sind (vgl. dazu Liedtke 1991; sowie historisch: Brunner 1983; Waetzold 1989). Ich spreche von der Phase der Erfindung des Ackerbaus. Sie hatte wahrhaft revolutionäre Folgen: Zum ersten Male konnten Vorräte angelegt werden, und diese scheinbar so simple Tatsache führte zur Ausbildung spezifischer Teilsysteme der Gesellschaft: Handwerk und Gerätebau, Bauen und Architektur, Verwaltung mit Hilfe von Schreiben und Rechnen, Beobachtung der Natur und damit erste Anfänge einer distanzierten, quasi-wissenschaftlichen Sicht der Natur, Einsatz spezieller 'Arbeiterheere' für Vorratsbauten und später für gigantische Bauvorhaben wie die Pyramiden, schließlich die Notwendigkeit der Verteidigung der Vorräte durch das Militär, und darauf die Entdeckung, daß die Organisation der Verteidigung ebenso gut zur Eroberung weiterer Vorräte genutzt werden kann, - eine Erfindung, die sich seltsamerweise bis heute gehalten hat. *Die Gesellschaft hat sich nun differenziert, sie hat Subsysteme ausgebildet für spezielle Aufgaben. Es leuchtet ein, daß eine solche Gesellschaft einen sehr viel höheren Grad an Komplexität erreicht hat.* Schon der Gebrauch der Schrift ist, wie wir uns erinnern, ein untrügliches Zeichen für die Komplexitätssteigerung. *Gleichzeitig wird deutlich, daß sich die Aufgaben der Erziehung ändern, weil sie systembedingt anwachsen*: für Verwaltung, Rechtsprechung, Agrikultur, Baukunst, und damit auch für Lesen, Schreiben und Rechnen müssen nun entsprechende Ausbildungsgänge, also entsprechende *Lernsysteme* geschaffen werden. *Den ausdifferenzierten Kultursystemen entsprechen jeweils bestimmte Lernsysteme.*

Und noch ein zweiter Aspekt dieser Phase hat revolutionierend auf alle Folgeepochen gewirkt. *Die Menschen erreichen erstmals eine gewisse Unabhängigkeit von der Natur.* Wer Vorräte für das nächste Jahr organisieren kann, braucht weniger Sorge vor den Launen und Wechselfällen der Natur zu haben. Es bildet sich aber zugleich ein *neues Zeitbewußtsein*, ja überhaupt ein grundlegend *neues Seinsbewußtsein* der Menschen: Wer heute für das Morgen sorgt, sieht die Natur anders an, als derjenige, der nur im Heute lebt. Nicht Dankbarkeit, sondern Planung hat Vorrang; nicht passive Hinnahme, sondern aktive Beherrschung; nicht gefühlsmäßiges Erleben gegenwärtiger Ereignisse, sondern distanziertes Beobachten längerfristiger Prozesse rücken nun in den Vordergrund. Die Eingebundenheit in die Natur wird damit nun auch extern gelockert - analog zur internen Entwicklung, die wir auf der Ebene der Hirnorganisation als Lockerung der im Zwischenhirn genetisch festgelegten Verhaltensprogramme kennengelernt hatten.

Die größeren Freiheitsräume sind immer gleichbedeutend mit einer Distanzierung von der Natur. An unserem Beispiel läßt sich dies gut veranschaulichen. Auf der Ebene des Heute herrscht die völlige Abhängigkeit von demjenigen Nahrungsangebot, das die Natur jeweils heute gewährt - oder vorenthält. Bestimmte Beeren, bestimmte Früchte gibt es eben nur zu bestimmten Jahreszeiten oder gar nur an bestimmten Tagen. Wer sagt: 'Ich nehme nicht mehr nur das, was ich gerade finde, sondern ich organisiere und plane die Nahrungsvorsorge für die Zukunft', der steigt sowohl intern als auch extern aus einer ganzen Reihe von Naturabhängigkeiten aus. Extern bedeutet dies, daß die Vorratswirtschaft mindestens für das nächste Jahr geplant werden muß: Es wird ein Teil des Getreides nicht aufgegessen, sondern als Saatgut für die Zukunft aufbewahrt. Dies ist aber zugleich ein interner Vorgang: Der Satz: 'Ich verzichte darauf, alles aufzuessen, was mich jetzt reizen würde. Ich lege etwas zurück für morgen und für übermorgen', ist eine große mentale Leistung, und sie hat durchaus schon etwas mit der von Max Weber (1963) untersuchten Einstellung des modernen, von Weber 'kapitalistisch' genannten Menschen zu tun, der seine Rationalität einsetzt, um seinen Besitz, aber auch sein zukünftiges Glück auf diese Weise zu mehren.

Scheinbar verhalten sich auch einige Tiere schon vorratswirtschaftlich, z.B. wenn die Eichhörnchen Nüsse für den nächsten Winter verstecken. Die Tiere, die Winterschlaf halten, scheinen ebenfalls die Zukunft entdeckt zu haben und nicht mehr bloß im Heute zu leben. Dennoch hat dieses Verhalten bei den Tieren eine vollkommen andere Dimension: Die Eichhörnchen bleiben ebenso wie die Winterschläfer völlig vom Nahrungsangebot der Natur abhängig; wenn es keine Nüsse gibt, können sie keine verstecken, und sie können auch nicht beschließen, neue Nußbäume zu pflanzen, um in Zukunft wenigstens Nüsse zu haben; sie können auch keine geheizten Gewächshäuser bauen, wenn es für bestimmte Pflanzen im Winter zu kalt ist. Dazu wäre nämlich erst die vollkommene *Umkehrung des Bewußtseins* erforderlich, die mit der Erfindung des Ackerbaus eingesetzt hat, die sich in der Formulierung ausdrückt: 'Ich will nicht mehr nur von der Natur abhängig sein, sondern ich mache umgekehrt die Natur von mir und meiner Planung abhängig'.

Ich erinnere außerdem an Max Webers (1964) Formulierung von dem "*asketischen Geist*", der die Grundlage des modernen Bewußtseins ist, sowie an Hegels bekannte Formulierung aus der Phänomenologie, daß der Ursprung des modernen Arbeitsbewußtseins eine, wie er sagt: "gehemmte Begierde" sei, die es gelernt habe, den 'Genuß' und den "unmittelbaren Verzehr" eines Naturdinges im Heute aufzuschieben, um es statt dessen für das Morgen zu bearbeiten (Hegel 1952, S. 146ff.).

Wir können den gesamten Kulturprozeß der Neuzeit und der Moderne als Perfektionierung dieses 'Kultur'-Bewußtseins interpretieren. Die Naturwissenschaften haben, wenn wir sie in diesem Kontext verstehen, vor allem das Ziel verfolgt, die Herrschaft über die Natur zu erreichen, um die Zukunft sicherer planen zu können und nicht von den Zufälligkeiten und scheinbaren Unveränderbarkeiten der Natur abhängig zu bleiben. Und wir können entsprechend *das gesamte Bildungs- und Schulwesen der Moderne als den Versuch verstehen, das menschliche Wissen zu steigern, um die menschliche Abhängigkeit von der Natur zu verringern*, die intern angelegte Freiheit real zu organisieren und die Zukunft sicherer zu planen.

Die Veränderung des Naturbewußtseins und des Zeitbewußtseins mit seinen *pädagogischen Konsequenzen* pointiere ich scherzhaft, aber wohl doch legitim in dem folgenden Vergleich: Während der Urmensch (fast noch wie das Tier) zu seinem Sohn sagte: 'Iß heute diese Frucht auf!', sagt ein moderner Vater zu seinem Sohn oder zu seiner Tochter: 'Damit du später in deinem Leben zu essen hast, lerne bitte erst 13 Jahre auf der Schule und dann noch 13 Semester auf der Universität'. Natürlich bekommt er zwischenzeitlich auch etwas zu essen; aber die ungeheure zeitliche Dimensionierung zwischen dem Heute und dem relevanten Morgen ist nur auf dem Hintergrund dieser kulturellen Wandlungsgeschichte zu begreifen, die vor allem eine Geschichte des Wandels unseres Naturverhältnisses und unseres Naturbewußtseins ist.

Ich fasse zusammen. Die Ausbildung von unterschiedlichen Systemen der Gesellschaft ist eine Folge des neuen Kulturprogramms: Planung der Zukunft, größere Unabhängigkeit von der Natur, Vorsorge und Bevorratung für morgen und übermorgen. Die intern und kognitiv im Gehirn angelegte Autonomie verschafft sich auch extern in der Außenwelt ihre notwendigen Spielräume, alle Institutionen arbeiten auf ihre Weise an der wachsenden Freiheit mit, es kommt zur 'Differenzierung' (Luhmann) des Gesamtsystems in unterschiedliche Subsysteme. Dies wird am anschaulichsten, wenn man sich das erforderliche Wissen für einige der wichtigsten Teilsysteme verdeutlicht, wie Wirtschaft, Wis-

senschaft, Technik, Rechtswesen, Politik, Medizin. *Schließlich hat sich selbst die Erziehung als Spezialsystem ausdifferenziert: als sogenanntes Bildungssystem.* Denn dieser Prozeß ist zugleich ein ungeheurer Bildungsprozeß: Ohne die Organisation des Wissens und der Ausbildung in den genannten Teilsystemen und Funktionsbereichen der Gesellschaft würde ein solches System sofort wieder zusammenbrechen. Überall ist Fachwissen erforderlich, und die Menge des Wissens steigt ständig exponentiell an. Man hat errechnet, daß sich die Informationsmenge des Gesamtsystems alle vier Jahre verdoppelt. Damit steigt wiederum die Komplexität des Gesamtsystems, und nicht nur in der Erziehung und im Unterricht entsteht die Frage, wie wir diese ständig anwachsende Komplexität in Zukunft werden steuern können.

4. Folgerungen für das Lernen und die Erziehung

Welche Folgerungen ergeben sich nun für das Lernen? An dem enormen Zuwachs von Komplexität, der einerseits durch die Hirnorganisation des Menschen und andererseits durch die kulturellen Erfindungen der Schrift und der Sprache abermals exponentiell angestiegen ist, werden die Gründe für die Mühsal menschlichen Lernens, aber auch einige Gründe für die Schwierigkeiten heutiger Erziehung deutlicher. Für die raffinierte Erfindung, nicht mehr die natürlichen Informationsträger des Erbgutes zu verwenden, sondern die viel leistungsfähigeren 'künstlichen' Träger - nochmals gesteigert durch die elektronischen Medien -, müssen wir, oder sagen wir genauer: unsere lernenden Kinder einen hohen Preis zahlen: sie müssen gleichsam immer neu 'bei Null' anfangen. Pointiert können wir sagen: Wofür sich die Evolution Jahrmillionen Zeit gelassen hat, das müssen unsere Kinder und wir in wenigen Jahren lernen. Wissenschaftlicher ausgedrückt: Der Lernprozeß der Phylogenese muß im Rahmen der Ontogenese nachgeholt werden. *Anstelle der genetischen Orientierungsprogramme sind die selbstkonstruierten Traditionen getreten,* und jeglicher Informations- und Wissenszuwachs ist sachlich ja gleichbedeutend mit einem Zuwachs an Tradition, die geschaffen, 'konstruiert' wurde und darum prinzipiell verfügbar bleiben muß, auch wenn sie nur durch die Medien verfügbar ist. Wenn wir dabei außerdem noch berücksichtigen, daß die Wissensakkumulation im Verlauf der Phylogenese nicht geradlinig und stetig, sondern im Sinne der aufgezeigten Zunahme der Komplexität exponentiell vor sich geht, dann können wir in etwa ermessen, was 'Lernen' heute und unter dieser Perspektive bedeutet. Und die Pädagogen mögen diskutieren, ob sie diese evolutionäre Organisation des Lernprozesses als Weisheit der Schöpfung preisen oder lieber als Zumutung verfluchen möchten. Das Argument der gesteigerten Komplexität gilt auch dann noch, wenn wir im elektronischen Zeitalter davon ausgehen können, daß vieles von dem, was an Wissen und Information besteht, nicht individuell 'gelernt' werden muß, sondern auch einfach abgespeichert werden kann.

Daraus ergibt sich dennoch ein gravierendes *Folgeproblem für die Pädagogik.* Es besteht in zweifacher Form: erstens als Problem der *Auswahl* des Lernstoffes, und zweitens als Problem der *Orientierung* in den immer unübersichtlicher angewachsenen Stoff- und Traditionsmassen. *Systemtheoretisch gesehen handelt es sich allerdings um ein und dasselbe Problem: die Reduktion von Komplexität und der Orientierungsbedarf bei überschießender Komplexität in einer enttraditionalisierten Gesellschaft sind nur zwei Aspekte desselben Systems.*

Durch die exponentielle Steigerung der Komplexität wird die Auswahl, also die *Notwendigkeit der Selektion* immer dringlicher. Komplexitätssteigerung erzeugt wachsenden Selektionsdruck. Was soll gelernt werden? Welche Traditionen sollen in der Erziehung übernommen werden? *Einerseits wird die Autonomie der Individuen immer größer: die Veränderungen der Umwelt und die Beschleunigung der Enttraditionalisierung sind kulturell und nicht genetisch bedingt,* also 'hausgemacht' oder wissenschaftlicher: *durch ständig erhöhte Eigenkomplexität bedingt; damit steigen die Aufgaben der Selbstselektion und dadurch wieder die Selbstverantwortung jedes einzelnen. So werden offensichtlich Lernen und Erziehung immer wichtiger,* aber nicht einfach 'an sich', etwa nach dem Motto: 'Mut zur Erziehung', sondern vielmehr die dosierte und begründete Auswahl des zu Lernenden und der begründete Rückbezug auf solche Traditionen, die dazu beitragen können, das Problem der überschießenden Komplexität besser zu handhaben. Ich hatte schon darauf hingewiesen, *daß nach systemisch-konstruktivistischer Perspektive jedes Lernen eine Umweltbeziehung konstruiert oder mit-konstruiert. Daraus folgt, daß bei der Komplexitätsreduktion das Lernen unter ökologischem Aspekt eine bedeutsame Rolle spielen muß* (vgl. den Beitrag zu Lernen und Schule sowie den Beitrag in Teil III).

Für die *Pädagogik und für die Didaktik* entsteht ebenfalls ein Folgeproblem. Die Pädagogik als die 'Wissenschaft von der Kunst des Erziehens' müßte sich als neuzeitliche

116

Wissenschaft bei diesem Thema ebenso wie die Didaktik als die 'Wissenschaft von der Kunst des Lehrens' - heute würden wir besser von Kunst des Lehrens und Lernens sprechen - wiederum *als Teilsysteme und Spezialwissenschaften 'ausdifferenzieren'*; und Luhmann hat in einigen bemerkenswerten Analysen hierzu beklagt, wie wenig "professionell" die pädagogische "Zunft" heute sei, daß sie einen ziemlich rückständigen Eindruck mache gemessen an den Erfordernissen moderner Funktionalisierung und Spezialisierung (vgl. Huschke-Rhein zu Luhmann in 1994a). Aber dabei würde sie ja selber die Komplexität eben bloß erhöhen.

Darum bleibt zu fragen, ob die Pädagogen und die Didaktiker angesichts der aufgezeigten Probleme in Zukunft nicht eher für *einen 'Blick auf das Gesamtsystem'* zuständig werden sollen: Sie sollten sorgen für ihre *Spezialisierung als 'Generalisten'*. Spezialisierungen fürs einzelne, Teilautonomie der Subsysteme, zunehmende Differenzierungen in allen Bereichen des Systems haben wir genug und übergenug; dafür sorgen die Subsysteme selber und, wie wir wissen, der 'Trend' zur wachsenden Komplexität ohnehin.

Die Fragen und Aufgaben der Reduktion von Komplexität sind, so dürfte deutlich geworden sein, nicht ohne ihre evolutionäre und nicht ohne ihre ökologische Dimension verständlich und lösbar. *Gerade die praktischen Fragen, die sich für das Lernen in der Schule stellen, sind auch nicht verständlich und nicht lösbar, wenn nicht die kulturelle Evolution selber als ein Lernprozeß begriffen wird, dessen wichtigste Dimension die evolutionär-ökologische Thematik ist.*

*****

Hier wird versucht, Komplexität zu reduzieren

6. Lernen unter systemisch-konstruktivistischer Perspektive. Anregungen für die Schule und für die Schüler von morgen

Die folgenden Überlegungen zum Lernen gehen von der Frage aus, welches *Lernen* für die Schule und für die Schüler von morgen aus systemischer Perspektive sinnvoll ist. Mit der Frage nach dem Lernen von morgen eng verbunden ist selbstverständlich die andere Frage nach der *Schule* von morgen. Diese Frage habe ich zentral in dem nächsten Beitrag behandelt (Nr. 7); ich streife sie hier nur am Rande. Um nicht von einem zu engen Begriff des Lernens auszugehen, knüpfe ich zuvor an den evolutionären Lernbegriff an, den ich im Beitrag über das Lernen als 'evolutionäre Selbstorganisation' (Nr. 5) entfaltet habe.

1. Vorbemerkungen zum systemischen Begriff des Lernens und zur systemischen Didaktik

Unter systemischer Perspektive ist Lernen eine Systembeziehung, und zwar diejenige Tätigkeit, die ein lebendes System investieren muß, um seine Autopoiesis (seine Selbstorganisation) in einer *Umwelt* fortsetzen zu können. Lernsysteme sind eine Form der Zwischensysteme (Intersysteme), die mithelfen, das Verhältnis zwischen der Autopoiesis des Systems und seiner Umwelt verträglich zu regulieren. *Kurz: Lernsysteme dienen der kompatiblen Konstruktion der Umweltbeziehungen von autopoietischen Systemen.* Besonders die höheren Lebewesen brauchen das Lernen als eine spezifische Systembeziehung, um die Fortsetzung ihrer Autopoiesis in einer hochkomplexen, aber vorweg nicht hinreichend bekannten Umwelt zu ermöglichen.

(1) Am Beispiel des Lernens läßt sich die Relevanz wichtiger *systemwissenschaftlicher Theoreme* verdeutlichen:

- *Selbstreferenz*: Bezug auf das autopoietische Individualsystem der Person.
- *Kontextbezug*: Jeder Lernprozeß stellt ein Verhältnis zur Systemumwelt her (zu den Primär-, den Kontext- und den Suprasystemen), er ist also nicht bloß ein interner Vorgang innerhalb der Operationen des autopoietischen Systems.
- *Praxisbezug*: Reduktion von Komplexität und (dadurch) Orientierungsfunktion, speziell für Kinder; Wissen zur System- und Selbststeuerung; Aufbau einer sozialen Welt durch strukturelle Koppelung von Wissensbeständen.
- *Bio-psycho-sozialer Bezug*: Das Lernen hat direkte oder indirekte Auswirkungen auf alle drei Grundsysteme: auf das körperliche bzw. ökologische System; auf das psychische bzw. Bewußtseinssystem; und auf das soziale, gesellschaftliche Kontextsystem (wie teilweise schon angesprochen).

118

Der systemische Lernbegriff umfaßt sowohl das *Lernen im weiteren Sinne* als *im engeren Sinne*. Er umfaßt sowohl das Lernen im Sinne von '*Sozialisation*' als auch das *schulische Lernen*. Im Begriff des 'Sozialen Lernens' hat sich der weitere Lernbegriff immerhin auch begrifflich durchgesetzt. Sonst wird ja 'Lernen' meist mit 'schulischem Lernen' gleichgesetzt, und dann überwiegt bereits die - aus systemischer Sicht: *falsche - Vorstellung, Lernen sei eine Informationsübertragung*. Aber es kommt nach meiner Auffassung *gerade beim schulischen Lernen heute darauf an, jegliches Lernen auch kontextuell zu verstehen, also als Lernen im weiteren Sinne, das sich grundsätzlich auf die ganze bio-psycho-soziale Systemeinheit bezieht*.

(2) Zur didaktischen Vermittlung:

Die Aufgabe der didaktischen Arbeit ist die schrittweise Förderung eines Selbstorganisationssystems von der (dosierten) Fremdsteuerung hin zur Selbststeuerung der Lernenden durch die Vermittlung anschlußfähiger Inhalte.

Nach Auffassung der systemischen Erziehungswissenschaft ist eines der wichtigsten Kriterien des Lernens die sog. '*nicht-instruktive Interaktion*' (s.u.) oder positiv: *Lernen ist letztlich eine Leistung des autopoietisch-selbstreferentiellen Systems selber und nicht das Ergebnis einer Informationsübertragung*, auch nicht eines noch so hervorragenden didaktischen Inputs. Jede Information - auch die scheinbar trivialste - steht systemisch gesehen unter der Frage ihrer '*Anschlußfähigkeit*' im selbstreferentiellen System des Lernenden. Da das Nervensystem, vor allem im Gehirn, als operativ geschlossenes System immer nur Zustände generieren kann, die das Resultat von Interaktionen mit den eigenen vorausgehenden Zuständen sind, steht das selbstreferentielle System immer vor der Aufgabe, eine Information, wie jeden anderen 'Reiz' aus der Systemumwelt ('Außenwelt'), redundant ('überflüssig') werden zu lassen - oder er wird nicht redundant (wie schon die informationstheoretische Didaktik betonte). Nur für einen Beobachter mag es so aussehen, als gelange eine Information des Lehrers unmittelbar 'in den Kopf' des Schülers.

Ein drastisches Bild mag den Unterschied veranschaulichen: Für den Beobachter sieht es so aus, als komme der Lernstoff ins Hirn wie die Bratwurst in den Bauch. Nach systemischer Auffassung entscheidet aber erst das System darüber, was es mit der Information anfangen kann.

Eine Information ist, aus der Sicht der autopoietischen Lerntheorie (z.B. Maturanas, s.u.), ihrer formalen Qualität nach nichts als eine '*Perturbation*', also eine (Ver-)Störung des Systems, die verbunden ist mit der Anfrage, ob und - wenn ja - wie sie vom System aktiv verarbeitet wird. Das heißt nicht, daß didaktische Kunst nun überflüssig würde, weil sie ohnehin nicht ans Ziel käme; gerade umgekehrt ist zu folgern, *daß didaktische Hilfen um so wichtiger werden, je mehr von ihrer Anschlußfähigkeit abhängt*, oder anders gesagt: je weniger davon ausgegangen werden kann, daß zwischen der Information des Lehrenden und ihrer Verarbeitung durch den Lernenden ein Input-Output-Mechanismus vorliegt.

Wir können hier vom '*autopoietischen Vorbehalt*' beim Lernen sprechen. Gemeint ist damit, daß die Autopoiesis existentiell den Sinn hat, nur das im System anzuschließen, was *lebensbedeutsam* ist (so wie die Zelle nur die chemischen Substanzen anschließt, die sie für ihre Existenz benötigt). Hier führt ein Weg weiter zum *Leben*: Warum sollte das autopoietische System Inhalte anschließen, die nicht seiner Autopoiesis dienlich sind, also nicht seinem Leben dienen, nicht 'lebens-dienlich' sind? Lernen kann damit wieder lebensbedeutsam werden, was auch heißt: es wird *handlungsrelevant*. *("Lernen = Leben"*, wie Portele 1994 formuliert). Hiermit kann die Didaktik und die Lerntheorie der *Formel Maturanas* gerecht werden: "*Erkennen = Tun*" (s.u.). Die (Selbst-)Organisation des selbstreferentiellen Systems in einer Systemumwelt fordert die kontextuelle Auslegung des Lernens.

2. Die Organisation des Wissens: Systembildung zwischen Stabilität und Neukonstruktion

(1) Mit der Ausdifferenzierung der Kultursysteme in der (westlichen) Moderne hatte sich auch die Schule als eigenes Lernsystem ausdifferenziert. Als Subsystem der Erziehung erhielt es eine klare Aufgabe: Es sollte den Output des Lernens institutionell und professionell sichern, und zwar gegen alle Unzuverlässigkeiten und Zufälligkeiten, die mit dem Schicksal einzelner Familien gegeben waren, gegen die unkontrollierbaren Kontingenzen einer unsicheren Lebenswelt, in der die Kinder hauptsächlich und oft genug für ganz andere Aufgaben und Zwecke in Anspruch genommen wurden.

Die Schule ist darum in der Hauptsache - wie übrigens alle Systeme - an der, wie Luhmann formuliert hat, "Fortsetzung der (sc. eigenen) Autopoiesis" (1986, S. 38) interessiert, also an der Fortsetzung ihrer eigenen Existenz. Sie ist darum, ganz zu Recht, in gewissem Sinne gegenüber ihrer Umwelt abgeschlossen, gleichsam schwerhörig, sie läßt sich nicht gern durch sie 'perturbieren', wie Maturana sagen würde, also nicht 'verwirren', wenn es nicht unbedingt sein muß. Systemtheoretisch haben wir hier auf der Luhmannschen Betrachtungsebene den gleichen Fall wie bei den anderen Systemen: Systeme sind zuallererst in sich selbst verliebt, sie sind gleichsam von Geburt an narzißtisch oder gar autistisch. Sonst könnten sie nicht der Funktion dienen, die ihre Organisatoren von ihnen erwarten: die Garanten zu sein für die Stabilität des eigenen Systems, oder systemtheoretisch formuliert: *Garanten für die Fortsetzung ihrer eigenen Autopoiesis* zu sein. Darum müssen wir zunächst sagen: *Schüler lernen für das System. Sie helfen dem System zu überleben.*

(2) Nun sollen die Schüler, nach einem alten Spruch, '*für das Leben lernen*' und selbstverständlich nicht nur für das System Schule. Denn das Lernen soll ja die Beziehung zum späteren (Lebens-)Kontext der Schüler herstellen, damit die Schüler auch selber später ihre eigene Existenz, eben 'ihre Autopoiesis' fortsetzen können. Welches Lernen aber ist dazu nötig? Welche Inhalte können dazu beitragen? Welche Schule kann dies heute für morgen leisten? Gibt es hierzu systemische Überlegungen, die hilfreich sein können?

Zunächst einmal besteht aus systemisch-konstruktivistischer Perspektive kein Zwang, das System Schule allein und ausschließlich unter der Effizienz seines Outputs an Lernleistung zu sehen. Diese Perspektive ist legitim, aber es ist nur eine mögliche Perspektive, und zwar die von Soziologen oder von Bildungspolitikern. Pädagogen aber können das System auch anders beobachten. Ihr *Beobachtungsinteresse* braucht nicht nur auf die Fortsetzung der Autopoiesis des Systems gerichtet zu sein, sondern kann auch auf die "strukturelle Koppelung" (Maturana, s.u.) zwischen den *Autopoiesis-Interessen des System und den Autopoiesis-Interessen seiner Mitglieder, also der Schüler*, gerichtet sein. Hier sollte Anschlußfähigkeit bestehen, sonst wird das System selber überflüssig. Solche Anschlußfähigkeit aber kann ein systemisch revidierter Lernbegriff herstellen.

Aktuelle Schulprobleme wie 'Lernverweigerung' oder 'Schulunlust' können in dieser Sichtweise bedeuten, daß die *strukturelle Koppelung der Schule und ihrer gesellschaftlichen Kontexte* nicht gelungen ist. Die Schule als verwaltetes System hat dann eine andere Selbstbeobachtung von sich angefertigt, als es die Beobachtung durch die Schüler und Schülerinnen ist, die sich eine andere Konstruktion des Verhältnisses von Schule und Leben wünschen. Das macht dann neue Anläufe zur strukturellen Koppelung zwischen Schule und Leben nötig oder *neue Definitionen oder 'Rahmungen' der Lerninhalte*. An dieser Stelle befinden wir uns m.E. in der gegenwärtigen Situation der Schule. Darum soll in diesem Beitrag vor allem gefragt werden, welches Verhältnis zwischen Lernen und Leben nach den Lernkonzepten des Konstruktivismus und der Systemtheorie wünschenswert ist.

(3) Um aber den *Konflikt zwischen den unterschiedlichen Beobachterinteressen* noch genauer zu verstehen, muß er noch schärfer herausgearbeitet werden. (Dies ist nach meiner Erfahrung besonders für das berufliche Selbstverständnis der Lehrerinnen und Lehrer nützlich.) Ich sagte, daß sich *zwei rivalisierende Formen von Selbstorganisation* gegenüberstehen. Auf der einen Seite steht die Schule als in der Moderne ausdifferenziertes Lernsystem, das in gewisser Weise sich selber genug ist und genug sein muß. Dem gegenüber stehen die vielfältigen Selbstorganisationssysteme, die die Schülerinnen und Schüler selber darstellen bzw. repräsentieren. Eine Leistung von Selbstorganisationssystemen besteht, wie wir sagten, in ihrer *Fähigkeit zur Selbstbeobachtung*. Die praktische Frage, die sich hier zuerst stellt, ist eine ganz simple: Wie gelingt es denn überhaupt dem System Schule, eine solche Vielzahl autopoietischer Systeme strukturell so zu koppeln, daß alle - oder doch die meisten - nachher über ein gemeinsames Wissen verfügen und, wohl noch weiterreichend, auch viele gemeinsame Ansichten und Vorstellungen über die Welt haben, so daß es, mit einem systemischen Terminus gesagt, hernach zahlreiche *'konsensuelle Bereiche'* (Maturana) zwischen ihnen gibt? Das ist doch überraschend, wenn wir gemäß dem systemischen Axiom davon ausgehen müssen, daß keine Ansicht direkt von jemandem in ein fremdes Gehirn transportiert werden kann. Wir unterschätzen, so meine ich, im allgemeinen die Stabilität, d.h. den großen Konsens der Ansichten aller am System Beteiligten, indem wir den Dissens bei bestimmten politischen oder weltanschaulichen Fragen überschätzen. Wir unterbewerten zum Beispiel leicht die Tatsache des beachtlichen kulturellen Konsenses, der dadurch zustandekommt, daß viele Ereignisse oder Vorgänge durch mathematische oder technische Operationen berechnet und verfügbar gehalten werden können - ein Konsensbereich, den es in dieser Form weder in anderen Kulturen noch zu anderen Zeiten gab.

Die Antwort auf die gestellte Frage ist dennoch, aus systemischer Sicht, relativ einfach. Sie entspricht im Kern der Antwort auf die Frage, wie überhaupt in einer Kultur oder in einem ihrer Subsysteme relativ *stabile Konsensbereiche* entstehen können, wo doch jedes Gehirn nur für seine Autopoiesis verantwortlich zeichnen kann. Die Antwort liegt darin, daß 'objektive' Bestände in der Kultur - und in der Schule! - systemtheoretisch formuliert durch *Selektion* und *Rekursion*, also durch Auswahl und Wiederholung gebildet werden und daß dadurch die Komplexität der Welt und ihrer Systeme reduziert werden kann und wird. Was meint das praktisch?

Die *Rekursivität*, also die wiederholte Rückkopplung der Lerninhalte im Gehirn des Lernenden und die gleichzeitige strukturelle Koppelung des Lernenden mit anderen Lernmenschen im sozialen Feld, hier also in einer Schule, ermöglicht die 'konsensuellen Bereiche', in denen eine Gesellschaft oder eine Schule ihre Lehrpläne, ihren Wissenskodex, ihre Wissensbestände in stabiler Form zu organisieren sucht. Der Begriff des konsensuellen Bereichs bezeichnet den Tatbestand, daß es - 'trotz' der prinzipiell autopoietischen oder selbstreferentiellen Grundverfassung des individuellen Lernens - gesellschaftlich approbierte und etablierte, zeitweise stabile Wissensbestände gibt, denen offizielle Geltung oder gar 'objektive' Geltung zukommt. Der Begriff 'konsensuell' weist also zurück auf den *Ausgangspunkt aller 'Objektivität'*, nämlich die Verantwortung und die Entscheidung der einzelnen autopoietischen Systeme in der Gesellschaft. Eine systemische Erziehungswissenschaft vertritt die Auffassung, *daß es keine Wissensbestände gibt, denen 'an sich' 'Objektivität' oder 'Wahrheit' zukommt*, sondern nur solche, denen aus der Verantwortung und aus der Sicht ihrer Befürworter Objektivität und Wahrheit zugesprochen (zuerkannt) wird.

Die Etablierung der konsensuellen Bereiche - seien dies *die Wissensbestände, die Lehrpläne für Schulen* oder überhaupt die normativen Regelungen einer Gesellschaft - erlauben wiederum die rekursive Rückkopplung an die Individuen und somit *ihre Kontrolle*. Wissensbestände oder normative Regularien, ursprünglich in Akten einer selbstreferentiellen Operation der Individuen gegründet und damit Ausdruck ihrer genuinen *internen* Kompetenz, können auf diesem Weg wieder eine *externe* Macht über ihre Produzenten gewinnen und sie der *externen* Kontrolle unterwerfen. Jedenfalls, und darauf kommt es hier an, *kann Lern-Stoff - wie schon der Name sagt - als eine Art 'Quasi-Materie', genau wie alle anderen Normen der Erziehung, von außen wieder ins autopoietische System hineinkommen und dadurch auch eine Form der Fremdbestimmung bewirken, durch die das Ziel der Selbstorganisation in Frage gestellt werden kann. Die autopoietisch grundierte Selbstverantwortung kann so suspendiert werden, und das selbstreferentielle System konsumiert den Stoff wie Ware, wie Materie.*

Wir sollten aber doch auch - vielleicht: erst einmal - einige *Vorzüge* solcher Systembildung auf der sozialen Ebene würdigen. Verhalten wird so nicht nur kontrollierbar, sondern auch *erwartbar*. Wenn alle auf dieselbe Frage dieselbe Antwort geben, so mag dies trivial erscheinen, es hat aber auch seine Vorteile. Wenn keiner, beispielsweise in einer Klasse, auf die Frage, wieviel '1 und 1' ist, mit 'drei' antwortet, und keiner auf die Frage, an welchem Fluß Köln liegt, 'an der Weser' sagt, wird die alltägliche Orientierung leichter, und damit werden die Fälle, in denen das ohnehin schwierige Leben leichter wird, zahlreicher. Systemtheoretisch kann ich auch formulieren: *Erwartete Antworten reduzieren die Komplexität der Welt*, unerwartete und unverständliche Antworten jedoch steigern die Komplexität und erschweren damit die Verständigung. Systeme werden durch Verhaltensmuster gesteuert oder genauer: sie steuern sich durch die im System eingespielten Normen und Verhaltensmuster selbst, sie bilden selbstorganisiert ihre Grenze zur Systemumwelt und *reduzieren durch normgerechtes Verhalten sowohl die System-komplexität als auch die Umweltkomplexität*. Aus Komplexität entsteht *Stabilität*, sowohl intern im System als extern im Verhältnis zur Systemumwelt. Erwartbares Verhalten ist für andere berechenbar, es ist prognostizierbar. Darum erfreut sich beispielsweise der Gehorsam bei Eltern und Pädagogen nicht zu Unrecht großer Beliebtheit. Was als Normalität gilt, wird vom System definiert. Abweichendes Verhalten ist darum prinzipiell gefährlich, ob es sich um psychotisches oder schizophrenes oder bloß um systemkritisches Verhalten handelt. *Systemstabilität* ist, so gesehen, ein Ergebnis gelungenen sozialen Lernens. Die Schule garantiert also als System eine gewisse Stabilität der gesellschaftlichen Normen und eine gewisse Objektivität der Wissensbestände; darum ist sie aber systemlogisch auch gezwungen, Kontrolle über ihr System auszuüben, und hierzu wiederum braucht sie ein gewisses Maß an Macht.

(4) Das aber ist *nur die eine Seite der Sache*. Denn es zeigt sich auch ironischerweise: Systeme sollten sich am besten niemals ändern, um ihre Stabilität und ihre Homöostase zu bewahren. Ein großer Felsen kann immer derselbe bleiben - und der Beobachter hat es dann am leichtesten, ihn als denselben zu identifizieren. Aber lebende Systeme sind dynamische Systeme, sie operieren in der Zeit. *Zwei Grundsatz-Argumente sprechen dagegen, daß wir eine solche Theorie der Systemstabilität für eine zureichende Systemtheorie halten dürfen*, und zwar ein allgemeiner systemtheoretischer Einwand und ein erziehungspraktischer Einwand. Der systemtheoretische Einwand besagt, daß die Kategorie der Zeit oder genauer: die Existenz der gerichteten Zeit, also der sog. 'Zeitpfeil' verhindert, daß Systeme wandlungsresistent stabil bleiben. Eine evolutionäre Betrachtung der Systemdynamik, also die Betrachtung der Systeme unter dem Gesichtspunkt ihrer Entwicklung und, um einen heute modischen Begriff zu gebrauchen: ihrer 'Organisationsentwicklung' müßte Wandlungen und Instabilitäten akzeptieren, und zwar als *normale* und *konstruktive* Systemprozesse - bis hin zu gelegentlichen Phasen chaotischer Fluktuation oder Turbulenz des Systems: Daraus kann Neues entstehen.

Das *andere* Argument ist die *Autopoiesis der Lernenden* und der Sich-Entwickelnden: Sie könnten unter der Bedingung planer Systemstabilität weder lernen noch sich weiter entwickeln, was doch ihr Wesen und ihr Ziel ist.

Aber auch eine konstruktivistisch ausgerichtete Lerntheorie wird nicht einseitig für die permanente Neukonstruktion von Wissen und Schule plädieren. Ich habe darauf hinweisen wollen, daß auch die 'Neue Schule' systemlogisch ein legitimes Interesse an Stabilität und Tradition haben muß; anders ist die konsensuelle Organisation von Autopoiesis der einzelnen Schüler ja nicht möglich. Dieses Moment steht, wie wir sehen, in einer *Spannung* zu der konstruktivistischen Auffassung, die mit einer gewissen Naivität nur die Kreativität als solche betont. Aber ich meine, *daß eine seriöse Systemtheorie beide Aspekte enthalten muß*: "Erstmaligkeit" und "Bestätigung", wie es in der Systemtheorie der Evolution heißt (Jantsch; v. Weizsäcker; Riedl). Anders kann auch die Schule nicht ihren Beitrag zur Aufgabe der 'Orientierung' leisten. *Das Entscheidende dabei ist allerdings, daß die Schule ihr eigenes Profil konstruiert - vielleicht 'erstmalig' - und daß sie hierfür dann auch die Bestätigung organisiert, die dem System das Weiterleben ermöglicht.*

3. Konzepte des Lernens in Konstruktivismus und Systemtheorie

Ansätze oder Theorien des Lernens gemäß den Positionen wichtiger Vertreter des Systemansatzes und des Konstruktivismus wurden bislang kaum ausgearbeitet. Im allgemeinen sind die Annahmen zum Lernen bei den Systemtheoretikern und Konstruktivisten eher versteckt vorhanden. Ich bin jedoch überzeugt, daß sich aus dem bearbeiteten Material einige lohnende Folgerungen für die 'Schule der Zukunft' ziehen lassen.

3.1. Lernen als Konstruktion einer Welt und als Interaktion mit der Umwelt (Maturana)

Nach *Maturana und Varela* (1987, S. 105ff.186) ist Lernen die Organisation einer "strukturellen Koppelung" des Menschen mit seiner Umwelt. Mit einer Formel, die ich an anderer Stelle verwendet habe, formuliere ich: Lernen ist die Organisation von Selbstsein im Verhältnis zu einer Umwelt, und *menschliches Lernen ist die Organisation von Selbstsein auf höchstem Komplexitätsniveau im Verhältnis zu einer Umwelt* - 'Selbstsein' hier verstanden im Sinne des systemischen Begriffs der 'autopoietischen' Einheit (Huschke-Rhein 1992, S. 9).

Diese Formulierung vermeidet einen zu engen Begriff des Lernens, als sei Lernen bloß etwas, was im Kopf geschieht und sonst nichts, oder eine Informationsübertragung von einem Kopf in den anderen. Nehme ich die 'Umwelt' eines lernenden Lebewesens mit in die Bestimmung des Begriffs hinein, so erhält der Lernbegriff eine neue eigene Dynamik, die es 'in sich hat'. Indem er Bezug erhält auf die Kontextsysteme, wird er in eben diesem Sinne 'systemisch' oder, wie ich auch sagen könnte, 'ökologisch'. Ich folge damit einer Richtung der Systemtheorie und des Konstruktivismus, die von Systemforschern unterschiedlicher fachlicher Herkunft eingeschlagen worden ist.

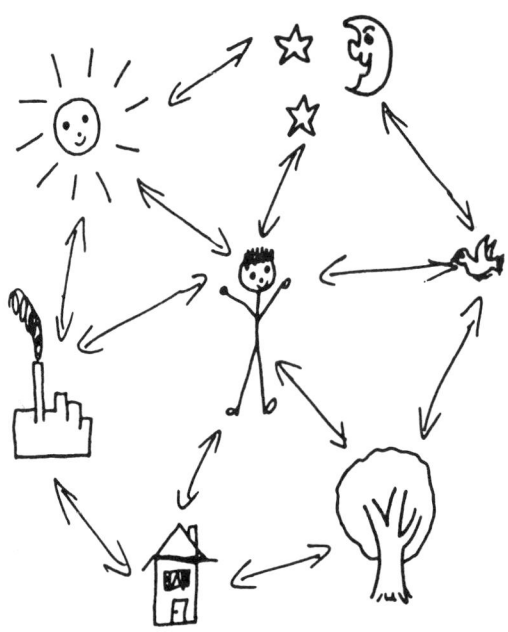

(1) Maturana und Varela haben aus der Sicht der Systemtheorie eine einfache Bestimmung des menschlichen Lernens gegeben, die vom Ziel des menschlichen Lernens ausgeht: Lernen dient der *"strukturellen Koppelung des Organismus mit seinem Interaktionsmilieu"*, oder in anderer Formulierung: "adäquates Lernen" sorgt dafür, daß eine "Verträglichkeit zwischen der Arbeitsweise des Organismus und des Milieus" hergestellt und "aufrechterhalten" wird (S. 186ff.).

Die "strukturelle Koppelung" eines Menschen mit seiner Umwelt ist aber kein statisches Verhältnis, sondern ist das immer vorläufige "Resultat" wechselseitiger *"Interaktionen"* zwischen beiden, die "gegenseitig als Auslöser für Strukturveränderungen wirken", und zwar genauer dadurch, daß die "Neuronen", vor allem die des Großhirns, ständig neue Antworten geben müssen, daß es eine "andauernde mikroskopische Transformation des neuronalen Netzwerkes während der Interaktionen des Organismus" gibt, die dem Ziel dienen und dienen müssen, einem Organismus das "weitere Operieren (zu) ermöglichen" (S.186f.). Inhaltlich berührt sich, wie wir sehen werden, diese Aussage mit der systemtheoretischen Aussage Luhmanns (s. 3.4.), daß es einem System zuerst um die "Fortsetzung seiner Autopoiesis" geht, also seiner Selbstorganisation.

Ich resümiere dies an dieser Stelle in einer These: *Lernen dient der Fortsetzung der Selbstorganisation, d.h. der Fortsetzung der Autopoiesis eines Systems, es ermöglicht das "weitere Operieren" des Systems, und zwar in einer bestimmten Umwelt.*

(2) Wenn die strukturelle Koppelung eines Menschen mit seiner Umwelt aber kein statisches Verhältnis ist, sondern das vorläufige Resultat von *Interaktionen* mit den Kontexten, so klingt dies zunächst reichlich biologisch. Wir werden aber sehen, daß gerade damit das Spezifikum menschlichen Lernens recht angemessen beschrieben wird. Denn wenn wir uns vorstellen, daß bei einem einfachen Lebewesen, etwa einem Einzeller, eine strukturelle Koppelung dieses Organismus mit seinem Milieu nur sehr einfache Interaktionen voraussetzt, die keineswegs mit "andauernden Transformationen des neuronalen Netzwerks" einhergehen, also systemtheoretisch formuliert: die von niedriger Komplexität sind, und wenn wir dem dann die *andauernde Notwendigkeit menschlicher Interaktionen mit ihrem Milieu* - sowohl dem natürlichen Milieu als auch dem sozialen Milieu - gegenüberstellen, die sämtlich hochkomplex sind, dann wird deutlich, daß dies ein *andauerndes neuronales Tätigsein*, ein neuronales "Operieren", wie Maturana sagt, erfordert, das wiederum die *andauernde Organisation von Lernprozessen* erfordert.

(3) Wesentlich für das Verständnis der *Lerntheorie des Konstruktivismus* ist die konstruktivistische Erkenntnistheorie mit ihrem "Kernaphorismus", wie Maturana/Varela selber sagen: *"Jedes Tun ist Erkennen, und jedes Erkennen ist Tun"* (S.31f.). Ich übersetze darum den Kernsatz von Maturana und Varela: "Jeder Akt des Erkennens bringt eine Welt hervor" (S.31 u.ö.) in die These: '*Jeder Akt des Lernens bringt eine Welt hervor*'. Denn jedes Lernen ist ein Erkennen, und jedes Lernen ist auch ein Tun. Darum kann die konstruktivistische Kernthese besonders gut im thematischen Kontext des Lernens expliziert werden. Wenn Maturana und Varela von der *"Zirkularität" zwischen Wissen, Erfahrung und Handlung* sprechen (S. 31 u.ö.), so übersetze ich das in die Unter-These, in die Hypo-These: '*Es gibt eine Zirkularität zwischen Lernen, Erfahren und Handeln*'.

Nach der konstruktivistischen Erkenntnistheorie *hat alles Wissen und Erkennen schon einen 'operativen', also handlungsbezogenen Sinn. Es gibt kein Wissen, das folgenlos oder handlungsneutral wäre*, auch wenn wir das vielleicht manchmal so finden oder uns wünschen. Jedes Erkennen ist eine "Operation" ('operatio' heißt wörtlich 'Tätigkeit'), eine Handlung des Systems, die konkrete Voraussetzungen und Folgen hat, oder, systemtheoretisch formuliert, die *kontextuell operiert*, die also, wie Bateson sagt, durch ihre *"Rahmung"* oder, wie Watzlawick sagt, durch ihre "Interpunktion des Kontextes" ihrerseits bestimmt wird.

Diese These widerspricht der üblichen Trennung von Wissen und Handeln, der häufigen Vermutung, das Gewußte oder Gelernte hätte keinen Einfluß auf unser Handeln oder auf unser Leben. Wenn die Kinder aus der Schule nach Hause gehen, dann könnte ein Beobachter meinen, das eigentliche Leben finde außerhalb der Schule statt und darum außerhalb des Wissens statt, das die Kinder morgens in ihrem Kopf gespeichert haben. Ich meine aber, daß es eine *nützliche Perspektive auf das schulische Lernen* wäre, wenn wir es einmal unter der Fragestellung Maturanas und Varelas betrachten, welche Handlungen oder Tätigkeiten eigentlich aus ihm folgen oder mit ihm 'operational' verbunden sind. Dabei wäre es ebenso interessant festzustellen, welche Handlungen *nicht* folgen. *Ich möchte die Schule verstehen als einen Kontext oder als einen 'Rahmen' (Bateson), durch den bestimmte Lerninhalte interpunktiert werden, durch den sie eine operationale Bedeutung erhalten.* Wenn SchülerInnen im Mathematikunterricht Formeln lernen, die zwar im Rahmen der Schule eine Bedeutung haben - vielleicht für die nächste Leistungskontrolle -, die aber im späteren Leben anders oder gar nicht mehr gerahmt werden, dann ist das Lernen folgenlos geblieben. Umgekehrt kann es sein, daß SchülerInnen vielleicht im Englischunterricht sprachliche Formeln gelernt haben, die ihnen später in einer bestimmten Ausbildung nützlich sind. *Über die Bedeutung von Inhalten bestimmt also auch beim Lernen der Kontext und seine Rahmungen, und es ergibt sich schon hier für die Schule die Aufgabe, über die spätere Rahmung von Lerninhalten möglichst im voraus nachzudenken,* damit sie kontinuierbar werden und die Autopoiesis der Lernenden fortsetzen können.

Ich möchte noch einen Hinweis geben zum Verständnis des Ansatzes von Maturana und Varela. Daß wir nicht einfach sagen können: 'Wir erkennen *die* Welt', machen die Autoren an Beobachtungen über die Raum- und Farbwahrnehmungen deutlich, und sie betonen im Vergleich zur Raum- und Farbwahrnehmung der Tiere die menschliche Subjektivität der Wahrnehmungen: "Wir sehen nicht den 'Raum' der Welt, sondern wir erleben *unser* visuelles Feld; wir sehen nicht die 'Farben' der Welt, sondern wir erleben *unseren* chromatischen Raum" (1987, S. 28; Hvh.i.Original). Unser Wissen führt wieder zu weiteren Erfahrungen und Handlungen, aber es bildet wiederum einen Rahmen: sowohl für das Wissen als auch für das Handeln. Eine Biene kann auf Grund ihres farblichen Wissens bestimmte Blumen anfliegen und dort Honig saugen, ein Mensch kann das bekanntlich nicht tun. Maturana und Varela sagen: "Das Sein und das Tun einer autopoietischen Einheit sind untrennbar" (S.56). Ein lebendes "System" bringt "im Operieren seine gesamte Phänomenologie hervor" (ebda.). Das Sein der Biene ist zirkulär mit ihrem Tun, mit ihrem 'Operieren' verbunden, und prinzipiell gilt der Satz von der Zirkularität von

Sein und Tun auch für den Menschen. Beim Menschen gibt es jedoch eine Besonderheit, und dieser wollen wir uns jetzt zuwenden.

Ich nehme nochmals Bezug auf das Beispiel der Biene. Das Sein der Biene enthält ein *Wissen* darüber, wie ihr *Tätigkeitsbereich*, ihr Operationsbereich in der Umwelt aussieht: wie sie zu den Blüten kommt, was sie dort zu tun hat, wie sie in ihren Stock zurückkommt und wie sie sich dort zu ihren Artgenossinnen zu verhalten hat. Sie braucht das eben nicht zu lernen (obwohl ich vorsichtig hinzufügen möchte, daß ich nicht so sicher bin, ob in ihrer Jugend, bis sie die genannten Tätigkeiten ausführen kann, gar keine Lernprozesse stattgefunden haben). Aber für die Bienen gilt wie für die Menschen die Beschreibung von Maturana und Varela, daß alle autopoietischen Lebewesen mit ihrem Milieu "strukturell gekoppelt" sind. Diese Lebewesen sind aber nicht, wie Maturana und Varela gegen einen vulgären Darwinismus einwenden, von ihrer Umwelt "determiniert", sondern sie bestimmen auf Grund ihrer Organisation als autopoietische Lebewesen die "Interaktionen" mit ihrem Milieu als "autonome Systeme" (S. 55ff.), sie sind ihrer Umwelt gegenüber "operational unabhängig" (S. 106), sie müssen dabei nur für "Verträglichkeit" sorgen, für die "Erhaltung" (S. 187f.) der strukturellen Koppelung mit ihrer Umwelt, und darum müssen sie "destruktive Interaktionen" (S. 113) vermeiden, denn sonst gilt: "die Einheit löst sich auf" (S. 106.187). Da nun genau diese strukturelle Koppelung mit der Umwelt bei den Menschen nicht einfach fertig vorliegt - sagen wir mit einer gewissen Vergröberung: wie bei der Biene -, sondern andauernd neu organisiert werden muß, sprechen unsere Autoren hier von der Notwendigkeit "*adäquaten Lernens*" (S. 186). Man kann auch systemtheoretisch formulieren: Der hohe Grad der Autonomie des Menschen gegenüber seiner Umwelt führt zu hochkomplexen Umweltbeziehungen, und *die hohe Komplexität muß handhabbar, 'operationabel' gehalten werden, wenn sie verträglich für das Leben und das Überleben bleiben soll; darum sind hierfür besondere Lernprozesse erforderlich.*

Das *Ergebnis* dieser Überlegungen halte ich in einer weiteren *Hypo-These* fest: *'Lernen organisiert nicht nur das Leben, sondern gleichzeitig das Überleben der Gattung'.*

(4) Nach konstruktivistischer Auffassung hat das Lernen noch eine weitere Besonderheit, der wir uns jetzt zuwenden. Maturana und Varela überraschen uns mit der Aussage, daß *'Information' und 'Instruktion' als Grundbegriffe für das Lernen ausscheiden* müssen. Warum das?

Der Grund liegt für sie in der prinzipiell "*autonomen*" Verfassung eines autopoietischen Systems. Schon auf der Ebene der Zellorganisation erkennen die Autoren diese Autonomie. Ein Zellverband zum Beispiel werde nicht durch äußere Einflüsse dazu gezwungen, dieses oder jenes Element aus der Umwelt zu seiner Erhaltung aufzunehmen, sondern umgekehrt: die *eigene Organisation* (bzw. Struktur) entscheidet darüber, welche Einflüsse (Elemente; Stoffe) aus der Umwelt aufgenommen werden und welche nicht (welche schädlich oder tödlich sind). Das eben besagt der Begriff der 'Autonomie' eines autopoietischen Systems:

"Bei den Interaktionen zwischen dem Lebewesen und der Umgebung innerhalb dieser strukturellen Kongruenz determinieren die Perturbationen (d.h. Einflüsse, RHR) der Umgebung nicht, was dem Lebewesen geschieht; es ist vielmehr die Struktur des Lebewesens, die determiniert, zu welchem Wandel es infolge der Perturbation in ihm kommt. Eine solche Interaktion schreibt deshalb ihre Effekte nicht vor. Sie determiniert sie nicht und ist daher *nicht 'instruierend'*, weshalb wir davon sprechen, daß eine Wirkung 'ausgelöst' wird" (ebda. S. 106).

Entscheidend für ein systemisches Verständnis ist nun - vor allem bei der Übertragung auf pädagogische oder therapeutische Interventionen - die Aussage der Autoren, daß *kein System für ein anderes "instruierend" sein könne.* Bedeutet dies das Ende für die 'normale' Pädagogik? Hinzu kommt, daß Maturana/Varela auch den Begriff der 'Information' ablehnen, weil er von der Logik autopoietischer Systeme her nicht anwendbar sei. Auf Grund der operationalen Geschlossenheit können das Nervensystem oder das Gehirn nicht so verstanden werden, als erhielten sie einfach eine 'Information' aus der Umwelt, die sie auf mehr oder weniger direktem Wege erreicht. Vielmehr wird jeder 'Input' (auch diesen Begriff lehnen die Autoren ab) vom System aus selektiv und autonom 'umgedeutet', 'verrechnet', gleichsam digital transformiert.

Nervensystem und Gehirn arbeiten sowohl "*zirkulär*" als auch "*operational geschlossen*", wobei jeder neuronale "Aktivitätszustand zu einem anderen Aktivitätszustand in derselben Einheit führt" (ebda. S. 180.182). Nervensystem und Gehirn funktionieren aber *nicht "im Sinne einer Telefondraht-Verbindung"* (ebda. S.177) zur Außenwelt, und Maturana und Varela verweisen darauf, daß ja auch die Netzhaut nicht etwa ein 'Bild' der Außenwelt ans Gehirn weitergibt, sondern ein Bild erst "konstruiert". Derselbe Sachverhalt begegnet uns beim Vorgang des Lernens. *Auch das Lernen ist eine Form der Konstruktion,* bei der die Beziehung eines autopoietischen Systems zu seiner Umwelt erst hergestellt bzw. aufrechterhalten wird: Lernen ist "Ausdruck einer Strukturkoppelung", bei der die "Verträglichkeit zwischen der Arbeitsweise des Organismus und des Milieus aufrechterhalten wird" (ebda. S. 188).

Wir wollen an dieser Stelle *resümieren,* warum Lernen, obwohl wir es als PädagogInnen oft ja schon nicht mehr glauben, (nach Maturana) eine Lebensbedeutung hat:

- Jedes Lernen bringt eine Welt hervor.
- Jedes Lernen bedeutet (darum) eine Beziehung zur natürlichen und zur sozialen Umwelt des Lernenden.
- Das Lernen hat darum erstens eine Bedeutung für das Leben des Lernenden und zweitens eine Bedeutung für das Überleben der ganzen Gattung.

Wichtig erscheint mir noch der Hinweis, daß es systemlogisch gesehen keinen Unterschied macht, ob unter 'Umwelt' die natürliche oder die soziale Umwelt eines autopoietischen Systems verstanden wird. Beide Umwelten sind, aus der Sicht des autopoietischen Systems gesehen, jeweils andere autopoietische Systeme, mit denen das System strukturelle Koppelungen eingehen muß, solange es die Fortsetzung seiner Autopoiesis aufrecht erhalten möchte.

3.2. Lernen als "viable" Konstruktion des Überlebens

Der Konstruktivist Ernst von Glasersfeld (1987) unterscheidet zwei Arten des Lernens: Er unterscheidet das "Auswendiglernen", das auf "Wiederholung" und "Iterierung" eines "festgelegten Weges" gerichtet ist, von einem Lernen als "Konstruktion eines solchen Weges". "Im ersten Fall gibt es einen Weg, der eine Anzahl von Elementen verbindet, und erlernt werden muß lediglich die Fertigkeit, sich entlang dieses Weges zu bewegen; im zweiten Falle gibt es einzelne Wegstücke sowie ein Ziel, und erlernt werden muß die Fähigkeit, Stücke so auszuwählen und aneinanderzufügen, daß ein Weg zum Ziel herauskommt. Diese zweite Art des Lernens ist daher *eine echte konstruktivistische Tätigkeit*" (ebda. S. 131f., Hvh. HR).

(1) Bei Glasersfeld, der sich für seine Ausgangspunkte auf die genetische Epistemologie von Piaget beruft, steht das konstruktive Lernen, das Lernen als konstruktive Tätigkeit, im Dienste und im Kontext größerer evolutionärer Systemprozesse. Bei Glaserfeld wird die Systembeziehung des Lernens mit den Lernkontexten, besonders aber mit den ökologischen Kontexten zur eigentlichen Pointe seines Ansatzes. Dies folgt aber - und das macht den Rang seiner Konzeption aus - nicht nur aus den ökologischen Argumenten selber, sondern aus seinen erkenntnistheoretischen Prämissen, die er über Piaget hinaus entwickelt.

Die konstruktivistische Erkenntnistheorie, soviel sei hier in Kürze angedeutet, geht davon aus, daß wir 'die Wirklichkeit' nicht einfach "*abbilden*" können, sondern daß wir sie "*konstruieren*" müssen. *Unser "Wissen" von der Wirklichkeit ist "als systemspezifische interne Konstruktion" zu verstehen.* Und das "Kriterium für die Beurteilung des Wissens" kann darum nicht einfach die Genauigkeit der Abbildung sein - "nicht seine ikonische Übereinstimmung oder seine Isomorphie mit dieser Realität", sondern daß es "in die einschränkenden Bedingungen unserer Erfahrungswirklichkeiten *paßt*" (ebda S. 213; kursiv i.O.), daß es, wie von Glasersfeld meist sagt: '*viabel*', also 'gangbar' ist. Erkenntnis und Wissen werden danach "nicht mehr als Suche nach ikonischer Übereinstimmung mit der ontologischen Wirklichkeit, sondern als Suche nach *passenden* Verhaltensweisen und Denkarten verstanden" (ebda. S. 212; kursiv i.O.).

Dieses *suchende, heuristische Moment* ist mir wichtig. Es ist sowohl für das konstruktive Lernen als auch für die Methodik des Systemansatzes überhaupt wichtig, denn es fordert die aktive Mitarbeit des Subjekts als Konstrukteur der Wirklichkeit. "Wissen wird vom lebenden Organismus aufgebaut", denn "kognitive Konstrukte sind folglich das Resultat der aktiven Erfahrungsinterpretation" (ebda. S.121f.). Der lernende Organismus darf darum nicht "als passiver Empfänger angesehen" werden, "dessen Wahrnehmungen und kognitive Strukturen ihm kausal von der Außenwelt aufgezwungen werden, sondern... als ein schöpferisch tätiges Subjekt" (ebda. S.134).

(2) Das Spannende ist bei Glasersfeld, daß er eine Erkenntnistheorie mit einer *Evolutionstheorie* des Wissens und Verhaltens verbindet, ich kann auch sagen: mit einer Überlebenstheorie. Denn keineswegs konstruieren Menschen ständig ihr handlungsleitendes Wissen, weil sie alle mit philosophischen Neigungen ausgestattet wären, vielmehr umgekehrt: Sie philosophieren, weil sie ihre Wirklichkeit konstruieren müssen und weil sie ihre Wirklichkeit nicht, wie die honigsammelnde Biene, je schon kennen. Sie müssen, um im Bild zu bleiben, ihren Honig gleichsam selber machen. 'Konstruktivismus' bedeutet darum nicht die Annahme, daß es keine Wirklichkeit außerhalb des Kopfes gibt, wie gelegentlich halbernst gegen ihn eingewendet wird, wozu auch einige Formulierungen vielleicht gelegentlich einladen mögen; 'Konstruktivismus' schließt jedoch die Annahme

ein, daß wir - um es in unserem Zusammenhang einmal anders zu sagen - schlicht *anthropologisch gezwungen sind, mit der Wirklichkeit außerhalb unseres Kopfes konstruktiv lernend umzugehen, weil wir sonst nicht "überlebensfähig" wären*, wie von Glasersfeld sagt (ebda. S. 136). Pädagogik - vor allem Schulpädagogik und Didaktik - wäre also, wenn wir dies auf unser Thema anwenden, gefragt, ob das von ihr in der Schule bereitgestellte Wissen zum Ziel des 'Überlebens' beitragen kann - oder nicht; ob Pädagogik dazu beitragen kann, daß Menschen mit dem bereitgestellten Wissen die Reifeprüfung als Konstrukteure ihrer Welt bestehen.

Mit Glasersfelds eigenen Worten: "In einer Erkenntnistheorie, die den erkennenden Menschen als aktiven Konstrukteur seiner Erfahrungswelt setzt, ist es sinnlos, die Struktur dieser seiner Welt als von einer ontologischen Realität determiniert anzusehen. Und dennoch können wir sagen, daß sie 'angepaßt' ist... Wenn wir sagen, daß ein Organismus an seine Umwelt angepaßt ist, dann sagen wir nicht weniger und nicht mehr, als daß der Organismus überlebt hat und daher ein 'überlebensfähiger', ein 'viabler' Organismus ist" (ebda. S. 136).

Von Glasersfeld stellt die Piagetsche genetische Konzeption mit ihren evolutionären Begriffen der 'Assimilation' und der 'Akkomodation' auf eine Stufe mit der Bedeutung der Theorie Darwins (ebda. S. 134), und er selbst verbindet diesen Ansatz mit der Systemtheorie (ebda. S. 217). Dazu heißt es weiter: "Das System muß Aktivitäten entdecken, die es instandsetzen, sein Gleichgewicht aufrecht zu erhalten, oder es muß zugrundegehen. Dies ist ähnlich der Situation biologischer Organismen in der Evolutionstheorie insofern, als nur die *viablen* Strukturen überleben... Auf der kognitiven Ebene sind die Störeinwirkungen in der Regel natürlich nicht unmittelbar tödlich. Die Ontogenese bietet Gelegenheiten des Lernens, die Phylogenese merzt aus" (ebda. S. 217).

3.3. Lernen als strukturelle Koppelung von Emotion und Kognition

Seit der Debatte über die 'Emotionale Intelligenz' (Goleman 1996) dürften die Forschungen des Schweizer Psychiaters und Systemtheoretikers *Luc Ciompi* (1988; 1989) zum Verhältnis von Denken und Gefühl - ausgehend von Erfahrungen mit depressiven und schizophrenen Patienten - noch an Aktualität gewonnen haben. In der Humanistischen Pädagogik wird ebenfalls die Rolle der Gefühle in den schulischen und außerschulischen Lernprozessen zum Thema gemacht (Buddrus 1992; 1995). Im allgemeinen wird unter *ganzheitlichem Lernen* die Einbeziehung der Sinneswahrnehmungen und der Gefühle in den Lernprozeß verstanden, manchmal verkürzend auch nur das Lernen im Sinnesbereich. Die Einbeziehung der Gefühle stellt eine wichtige Ergänzung und Korrektur des kopflastigen Lernens dar.

Ich meine jedoch, daß es aus systemischer Sicht darum geht, *Gefühl und Denken als zwei zunächst selbständige autopoietische Systeme zu verstehen, die jedoch rekursiv und operational zusammenwirken,* und zwar in dem schon bei Glasersfeld aufgezeigten Sinne eines konstruktivistisch zu verstehenden Gesamtsystems menschlicher Welterfahrung und Welterkenntnis. Dieses System hat sich phylogenetisch und evolutionär entwickelt; es ist aber auch ontogenetisch in der biografischen Geschichte jedes Individuums wirksam, um Wissen und Welterfahrung zu organisieren.

Hierzu möchte ich Überlegungen von Ciompi aufnehmen, der mit Bezug auf Maturana und Prigogine eine *Systemtheorie der "strukturellen Koppelung"* zwischen kognitivem

System und affektivem System entworfen hat. Ciompi will mit seinem Entwurf nicht bloß eine Zustandsbeschreibung zweier Systeme vorlegen; er sieht vielmehr eine *Lernaufgabe*, der wir nicht ausweichen können, und er vermutet, daß "die weitere Evolution" eine "bessere Integration" zwischen dem "Fühlsystem" und dem "Denksystem" erfordere (Ciompi 1988, S. 206f.). Denn nach der bisherigen "Entwicklung vom Fühl- zum Denkmenschen" sei es nun an der Zeit, eine Weiterentwicklung "zum äquilibrierten Fühl-Denk- oder Denk-Fühlmenschen zu erreichen" (ebda. S. 191). Den von Piaget übernommenen Begriff der Äquilibration, also der 'Ausgewogenheit' zwischen zwei Systemen oder zwei Entwicklungsrichtungen gebraucht Ciompi hier, um mit Systembegriffen eine evolutionäre Lernaufgabe zu beschreiben: "Meines Erachtens gibt es... ausge-prägte Wechselwirkungen zwischen den beiden Subsystemen, wie sie bei der Annahme einer reziproken strukturellen Koppelung ohnehin zu erwarten sind. Eine solche wird ja auch durch den Umstand wahrscheinlich gemacht, daß phylo- und ontogenetisch sich das jüngere 'Denksystem' dem älteren 'Fühlsystem' anzupassen hat, beziehungsweise daß beide sich aneinander assimilieren und akkomodieren müssen. Reziproke strukturelle Koppelung aber bedeutet nach Maturana gegenseitige Strukturmodifikation im Interaktionsbereich" (ebda. S. 197).

Diese Lernaufgabe beschreibt Ciompi als eine Anpassungsaufgabe, die aber wie bei von Glasersfeld nicht die passive Anpassung, sondern die aktive Konstruktionsaufgabe eines 'viablen' Weges meint, der in einer *beiderseitigen, wechselseitigen Beziehungskonstruktion der beiden Systeme des Fühlens und des Denkens* besteht. Jedes System ist zunächst charakteristisch verschieden und evolutionär mit unterschiedlichen Funktionen ausgestattet, jedem System kommt darum zunächst eine "Eigenwahrheit" zu, die nicht auflösbar ist (ebda. S. 93ff. 294ff.). Wie bei anderen Systemen gilt auch hier, daß es sich um "zwei in sich autonome, im Sinn von Maturana et al. 'geschlossene' phänomenale Bereiche" handelt, aber hier eben um solche, die "untereinander *reziprok strukturell gekoppelt* sind" und darum "Wechselwirkungen" ausüben (ebda. 1988, S. 279; kursiv i.O.).

Ciompi arbeitet zunächst die "*Eigenwahrheit*" beider Systeme heraus und unterstreicht damit die Aufgabe, die jedes für sich hat. Während das *Fühlsystem* eher mit *Raumparametern* arbeitet und so mit einer Tiefendimension und einer Gleichzeitigkeit, die in diesem Sinne als 'ganzheitlich' zu verstehen ist, arbeitet das *Denksystem* mit dem *Zeitparameter* und so eher oberflächig und sequentiell, so daß es in diesem Sinne "partikular" und "analytisch" zu nennen ist: "Das Fühlsystem umfaßt ('affiziert') den ganzen Körper; es nimmt die 'Wirklichkeit' vorwiegend ganzheitlich-synchron-synthetisch, aber vergleichsweise unscharf und langsam wahr. Damit steht es jedenfalls der Funktionsweise der nicht dominanten Hemisphäre, der averbalen Bild- und Körpersprache, und vermutlich auch dem Raum und überhaupt den 'synchronen Systemen' nahe. Das typische Denksystem dagegen ist körperfern und abstrakt. Es erfaßt sehr schnell und scharf vor allem Einzelheiten bzw. Relationen zwischen ihnen und steht deshalb in besonderer Beziehung zur Sprache, zu 'linkshirnig' diachron-sequentiellen Abläufen, und damit ebenfalls zur Zeit und zu 'diachronen Systemen' überhaupt" (S. 244).

'*Ganzheitlichkeit*' liegt aber, systemisch gesehen, erst in der "*strukturellen Koppelung*" beider Systeme, wie Ciompi mit Maturana sagt (ebda. S. 186ff.): "Denken heißt spalten, Fühlen heißt vereinigen, vereinfacht gesagt. Erst beides zusammen ist das Ganze" (S. 265). 'Ganzheitlichkeit' dürfte darum genau genommen nicht schon einer Seite oder dem

Fühlen allein zugesprochen werden (wie es Ciompi selber nicht selten tut!), sondern erst der systemischen Synthese. Dabei geht es um mehr, als die "Eigenwahrheit" jedes einzelnen Systems zu erhalten. Es handelt sich um eine Integrationsaufgabe, die für jedes System das Ziel einer "*integrativen Autonom*ie" einschließt (vgl. Huschke-Rhein 1992a, S. 114).

Wie können wir uns *die Wirksamkeit von Ideen,* inneren Leitsätzen und weltanschaulichen Konzepten eigentlich vorstellen? Diese Fragestellung hat bei Ciompi keinen spekulativen oder philosophischen Hintergrund, sondern entspringt einem konkreten und praktischen Interesse, was ja aus seinem psychiatrischen Kontext leicht begreiflich ist. Ciompi geht aus, wie vor ihm ähnlich schon Bateson (1983) in seiner "Ökologie des Geistes", von einer *"Feldtheorie" des Geistes,* die er quasi empirisch als "Relativitätstheorie des Geistes" versteht. Dabei bilden *Denken und Fühlen zusammen eine Form der "Verdichtung von Energie",* die sich gegenseitig und ihre Umgebung jeweils "anziehen" und eine Art "Knotenpunkt" im Feld bilden (ähnlich wie bei Einstein Gravitation als Krümmung des Feldes durch Energie und Masse im Feld verstanden wird). Denken und Fühlen sind danach "Bezugssysteme", die beide aufeinander bezogen sind, und *erst zusammen ihre ganze Energie im Feld entfalten können*: "Die 'Eigenwahrheit' eines jeden affektiv-kognitiven Bezugssystems beeinflußt und 'krümmt' also in der Tat das umliegende psychische und psychosoziale Feld prinzipiell gar nicht anders, als lokal verdichtete, materielle 'Bezugssysteme' benachbartes materielles Geschehen beeinflussen. Eine derartige 'Gravitationskraft' wird von psychischen Verdichtungen beliebiger Größenordnung ausgeübt, sowohl von einzelnen Begriffen oder ganzen Theorien, Ideologien, wie auch von einzelnen Menschen oder ganzen Gruppen, Staaten etc." (ebda. S. 250f.252).

Für eine *zukünftige 'Gesunde Schule'* sind, so meine ich, einige gesundheitspsychologische Überlegungen Ciompis von Bedeutung. Er entwirft nämlich eine *Pathologie der "psychosomatischen Störungen",* die dann auftreten, wenn das Denk-Fühl-System nicht produktiv gekoppelt ist. Ein (wie bei Maturana) produktiv strukturell gekoppeltes *Denk-Fühl-System* entfaltet nämlich als solches schon eine positive praktische Wirksamkeit, denn es ist zugleich ein *'operationales' System.* Auf diese Weise können die möglichen Gefahren, die von den "Eigenwahrheiten" der nicht-gekoppelten, nicht-integrierten Einzelsysteme ausgehen, gebannt werden. Für solche Gefahren besitzt Ciompi als Psychiater wohl einen besonders scharfen Blick. Die 'Eigenwahrheiten' der Systeme sind nämlich zunächst 'selbstbestätigend' und können damit zu Zwangsvorstellungen oder zu *Autismus* entarten. Es wäre nämlich "viel bequemer, die jeweils 'andere Seite' einfach zu negieren und zu verleugnen, statt sie zu integrieren" (ebda. S. 265). Dies aber, so die therapeutische Warnung, könne pathologisch entarten zu einem *"Gefangensein in dem eigenen Bezugssystem"* (ebda. S. 294ff.) und zu psychischen Ungleichgewichten führen, die sich psychosomatisch niederschlagen: Ciompi entwirft eine *Pathologie der "psychosomatischen Störungen",* die davon ausgeht, daß die meisten dieser Störungen - z.B. Magen-, Darm-, Herz-, Kreislaufkrankheiten und auch, wie Ciompi sagt, "Gelenkrheumatismus" - bis hin zu den meisten Formen der Schizophrenie *auf eine Störung des "Zusammenspiels zwischen Fühlen und Denken" zurückzuführen* seien (ebda. S. 319). Pathologische Entwicklungen

132

3.4. Lernen bei Luhmann

In mancher Hinsicht gehört Luhmann nicht in diesen Beitrag, denn erstens interessieren ihn die Umwelten und Kontexte des Lernens nicht besonders und zweitens spielen bei ihm die Fragen nach dem Verhältnis von Lernen und Gefühl auch keine Rolle. Auch habe ich Luhmann an anderen Stellen des Buches, an denen es um die wissenschaftlichen Begründungen und Zusammenhänge des systemisch-konstruktivistischen Denkens geht, genügend berücksichtigt. In anderer Hinsicht freilich darf man Luhmann als wichtige Station auf dem Wege zum Systemansatz nicht übergehen, und darum soll er wenigstens kurz zu Wort kommen. Dabei möchte ich zwei Punkte fokussieren: zum einen seinen Begriff der '*Anschlußfähigkeit*', den ich auch für didaktisch bedeutsam halte, und zweitens mit seinem Konzept des *geschlossenen autopoietischen Systems* des Lernenden, das man durchaus im Einklang mit neueren neurobiologischen Forschungen (vgl. Spitzer 1995) sehen kann. Freillich lädt Luhmann hier wie stets die Pädagogen auch zur Kritik an manchen seiner Ansichten ein.

(1) Luhmann sieht lernende Kinder als "autopoietische Systeme" an, die nach den Spielregeln "psychischer Systeme" nur intern operieren, d.h. innerhalb ihrer "Vorstellungen". Sie haben darum "nur miteinander, nicht aber mit Elementen der Außenwelt direkten Kontakt", sie bleiben dabei immer "*an den eigentümlichen autopoietischen Modus interner Operationen gebunden*". Das bedeutet für ihr Lernen: "Auch Lernen muß deshalb als Prozeß der Restrukturierung innerhalb eines geschlossenen Systems begriffen werden, wobei Geschlossenheit aber nur heißt, daß jede Einzeloperation des Systems an die autopoietische Regenerierung eben dieses Systems gebunden ist und nur als Mitwirkung daran konstituiert wird". Etwas einfacher formuliert könnten wir sagen: Lernen und Denken überhaupt stehen immer unter dem Kriterium, ob sie zu weiterer Konstruktion oder 'Restruktion', ja Regeneration fähig sind, sie müssen ihre internen Strukturen immer wieder neu konstruieren, "restrukturieren" (Luhmann 1987, S. 60). Die Theorie der 'Geschlossenheit des Gehirns' findet allerdings in neueren Forschungen auch eine solide empirische Grundlage; so heißt es zum Beispiel: "99,9 % aller kortikalen Neuronen erhalten ihren Input von anderen kortikalen Neuronen und liefern ihren Input an andere kortikale Neuronen. Überspitzt ausgedrückt: Unser Gehirn beschäftigt sich fast ausschließlich mit sich selbst" (Spitzer 1995, S. 135).

Eigentlich ist es dann nicht mehr nötig zu sagen, was folgt; mit den Worten Luhmanns: "Diese Theorie schließt alle Annahmen aus, die davon ausgehen, daß Elemente oder Strukturen eines solchen Systems von außen bezogen oder von außen nach innen transportiert werden können" (Luhmann 1987, S. 60). Dies ist ein Gedanke, der uns von Maturana her ja schon vertraut ist.

Lernen geschieht nach demselben Muster wie andere Sozialisationsprozesse, bei denen "psychische Systeme ihre Strukturen anhand von sozialen Erwartungen aufbauen", und Luhmann fügt realistisch hinzu: "sei es, daß sie diese Erwartungen übernehmen, sei es, daß sie sie durchkreuzen und sich auf Abweichung festlegen" (ebda.). Systemlogisch kommt Lernen wie jede Sozialisation zwar durch einen "Anstoß" von außen in Gang, durch die "Erfahrung einer Differenz" zum vorherigen Zustand, und zwar "aus erfahrenen Zumutungen oder Erwartungen", aber eben als "*Eigenleistung*" des Systems (ebda.).

(2) Beim Lernen geht es um *das immer neue Anschließen von Elementen,* und dies führt, wie Luhmanns sich ausdrückt, zum Begriff der 'dynamischen Stabilität'; damit müsse der alte Begriff der 'strukturellen Stabilität' aufgegeben werden. Der alten Lerntheorie sei es, wie der Erziehung überhaupt, bloß auf die Reproduktion von Strukturen angekommen, auf die zuverlässige "Wiederholung einer ähnlichen Handlung" (Luhmann 1984, S. 61; vgl. 1987, S. 69). Es wurde zielbezogen gelernt, z.B. "daß man mit Messer und Gabel zu essen hat", "mit der Nähmaschine nähen", "und vielleicht sogar: daß man den Eindruck erwecken kann, daß man behilflich ist, wenn eine Dame im Begriff ist, sich auf einen Stuhl zu setzen" (Luhmann 1987, S. 69). Für diese und ähnliche Strukturmuster wurde das Lernen und die Pädagogik, so sagt Luhmann, als ein "Sondersozialsystem ausdifferenziert" (ebda.). Das autopoietische Lernsystem sei jedoch anders beschaffen: Es gehe ihm nicht um die strukturelle Stabilität, sondern um den immer neuen Anschluß des "nächsten Elements", um "Fortschreiten von Ereignis zu Ereignis" und damit um das "Überleben" des autopoietischen Systems. Denn "das Grundproblem liegt hier nicht in der Wiederholung, sondern in der Anschlußfähigkeit" (1984, S. 62). -

Ich werde an dieser Stelle nicht die mit der Luhmannschen Position gegebenen Probleme diskutieren; diese liegen vor allem in der Abwertung des Strukturbegriffs zugunsten des Funktionsbegriffs, was bei Maturana, wie wir sahen, nicht der Fall ist, wenn er von "struktureller Anpassung" spricht (zur kritischen Diskussion mit Luhmann s. Huschke-Rhein 1992a, S. 81ff.96ff.). Daß auch Luhmann Lernen nicht als Informationsübertragung, sondern als "Eigenleistung" des lernenden Systems ansieht und es damit in den gesamten Sozialisationsprozeß des Lernenden einordnet, soll hier als der wesentliche Gesichtspunkt herausgestellt bleiben.

Ausblick

Meine These ist, daß die Schule wesentliche Probleme und Aufgaben, die ihr in Zukunft gestellt sein werden, besser wird lösen können, wenn sie sich einige Vorschläge und Konzepte des systemisch-konstruktivistischen Lernbegriffs zu eigen macht. Eines der Hauptprobleme der Schule von heute und von morgen wird in der *Unübersichtlichkeit* bestehen, die durch die *überschießende Komplexität der Lernstoffe und der postmodernen Inhalte überhaupt* bedingt ist. Darum braucht die Schule zuverlässige und wirksame Kriterien der Selektion und der Reduktion. Dabei habe ich bewußt nicht einseitig für die permanente Neukonstruktion von Wissen und Schule plädiert. Ich habe gezeigt, daß jede Schule - auch die 'Neue Schule' - systemlogisch ein legitimes Interesse an Stabilität und Tradition hat und haben muß; anders ist die konsensuelle Organisation von Autopoiesis der einzelnen Schüler nicht denkbar und nicht machbar. Aber dieses Moment steht, wie ich zugebe, als 'systemischer Aspekt' - systemisch im engeren Sinne verstanden - in einer Spannung zum konstruktivistischen Aspekt, der - so wird er jedenfalls zumeist verstanden - mit einer gewissen Naivität für die permanente Neukonstruktion von Realität Partei nimmt. Aber gerade an den Positionen, die ich dargestellt habe, wird deutlich, *daß ein anspruchsvoller und nichtnaiver Systembegriff beide Aspekte enthält und enthalten muß: Kontinuität und Neukonstruktion, beides aber innerhalb eines evolutionären Systembegriffs* (wie ihn Maturana und Glasersfeld vertreten), *in dem die Anschlußfähigkeit, die 'Viabilität' der Neukonstruktionen im Verhältnis von System und Systemumwelt gesichert wird, um das System überlebensfähig zu halten.* "Erstmaligkeit" *und* "Bestätigung" (Jantsch; v. Weizsäcker; Riedl) sind die Kategorien, die von der Systemtheorie der Evolution für diesen Prozeß gefunden wurden. Orientierungsprozesse müssen Elemente von 'Bestätigung' enthalten, gerade wenn sie in Neuland führen und dort Wege bahnen wollen. Insofern nimmt dieser Beitrag wieder das Thema der 'Orientierung' auf (aus dem Teil I), um die sich eine zukunftsorientierte Pädagogik angesichts der Überkomplexität heute bemüht.

Die vorgestellten Positionen bieten, wie ich meine, nicht alle auf die gleiche Weise, aber doch jede auf ihre Weise *Anregungen und Vorschläge für ein lebendigeres Lernen und für eine lebendigere Schule*, die nicht vor den schwierigen Zukunftsanforderungen zu resignieren braucht. In ihr sollten wenigstens einige der folgenden Kriterien eines systemischen Lernbegriffs erfüllt werden, die ich hier abschließend zusammenstelle:

- Lernen ist immer eine *Eigenleistung der Selbstorganisation des Lernenden* - selbst dann, wenn der Unterricht besonders gut war; davor sollten die Lehrerinnen und Lehrer Respekt zeigen.

- Wissen hat überall auch eine *emotionale Dimension*; Lernen sollte immer und überall, wo es möglich ist, diese emotionale Dimension berücksichtigen; dann wird der Unterricht für alle Beteiligten spannender und lebensnäher.

- Auch die Schule hat Anteil an der 'Erziehung' als der zeitweisen Fremdsteuerung des Lernenden, weil sie als Lernsystem Lernstoffe 'von außen' zur *Orientierung* anbietet. Systeme brauchen zeitweilige Stabilität, auch wenn sie dem Ziel der Selbstorganisation dienen wollen. Die Lernstoffe müssen darum unter dem Kriterium geprüft werden, ob sie letztlich diesem Ziel dienen oder nicht.

- Alles Wissen und jeder Lernstoff hat implizite *Folgen für das praktische Handeln*. Wenn die Schule bei jedem Lernstoff angibt, welche Verbindungslinien zur Lebenspraxis darin liegen, wird sie von selbst mehr Lebensnähe gewinnen.

- Alles menschliche Lernen ist schon selber eine *Konstruktion von Welt und von Umwelt*. Die Schule von morgen fördert die Fähigkeiten zur kreativen Konstruktion neuer lebenswerter Welten, Umwelten und Mitwelten.

- Lernen stellt einen Bezug zum Leben her, es ist *lebensbedeutsam*. 'Nicht für die Schule, sondern für das Leben lernen wir', heißt ein alter Spruch. Könnte die Schule ihre Lerninhalte nicht stärker daran ausrichten?

- Bei Maturana und Glasersfeld finden wir einen Lernbegriff, der immer auch die *Bedeutung des Gelernten für das Überleben* der menschlichen Gattung einschließt; ein solcher *evolutionär bedeutsamer Lernbegriff* würde der Schule der Zukunft ein eigenes Zukunftsprofil ermöglichen.

*****

7. Systemische Psychologie der Schule. Die Ursachen schulischer Belastungen und die Notwendigkeit einer schulischen Gesundheitsvorsorge

Im folgenden gehe ich zunächst den Ursachen nach, die das Unterrichten heute für Lehrerinnen und Lehrer so strapaziös machen. Es geht mir aber nicht darum, die zahlreichen, reichlich bekannten Belastungen hier noch einmal aufzuzählen, sondern sie aus den Notwendigkeiten der kulturellen Selbstorganisation moderner Systeme heraus zu verstehen - um von dort aus die *psychologischen* Belastungen zu verstehen, denen die Lehrerinnen und Lehrer heute ausgesetzt sind. Die Systemtheorie hat bisher ziemlich einseitig die Analyse des *sozialen Systems* Schule in den Vordergrund gerückt, hierin Luhmann folgend (so z.B. Oelkers/Tenorth 1987), ohne die systemische Vernetzung der sozialen Systeme mit den *psychischen Systemen* - Lehrern wie Schülern - zu erfassen. Aber erst von hier aus ergeben sich Einsichten in die *psychologischen Prozesse, die beim Unterrichten unbemerkt mitlaufen*, und erst von diesen Einsichten her ergeben sich Möglichkeiten zur Abhilfe und Perspektiven für Entlastungskonzepte.

Dieser Beitrag sollte auch in Verbindung mit den anderen Beiträgen gelesen werden, die sich direkt oder indirekt mit dem Thema der 'Entlastung' befassen; Stichworte: Supervision, Beratung, Beratungslehrer, Konsultation, Entlastungstraining.

1. Die Schule als Lernsystem. Wofür das System gut ist und wofür es weniger gut ist

(1) Der *Systemansatz* geht aus von der Eigendynamik der Systeme, ihrer sog. Selbstorganisation, sieht diese jedoch in Kontexte ('Umwelten') eingebettet. Indem Systeme ihre Organisation auf bestimmte Ziele richten und andere Ziele ausschließen, bilden sie sogenannte *Leitdifferenzen*, mit deren Hilfe sie die Komplexität der Welt oder ihrer Umwelt reduzieren. Damit erzeugen sie gleichzeitig eine bestimmte Sicht der Wirklichkeit. Die Perspektive eines Systems auf seine Umwelt ist aber gleichbedeutend mit der Wahrnehmung der Welt oder der Wirklichkeit überhaupt. Die perspektivische Orientierung wiederum macht die Welt oder die Wirklichkeit erst handhabbar, d.h. sie ordnet die Welt auf, konstruiert sie und vermittelt ihren Mitgliedern durch diese - wenn auch selektive - Orientierung Anschlüsse für ihre Lebenspraxis in der (Um-)Welt.

Auch die Schule als System hat seit ihrer (Neu-)Erfindung in der Moderne mit dieser systemischen Operationslogik gearbeitet. Die Leistung der Schule als System besteht darin, *mit Hilfe der Leitdifferenz des 'Lernens' die Welt aufzuordnen*, sie als Wirklichkeit zu konstruieren, und ihren Mitgliedern, also den Schülern, durch das 'Wissen-Lernen' eine *Orientierung* in der Welt zu bieten, die ihnen spätere Handlungsoptionen ermöglicht. In der sich entwickelnden Industriegesellschaft war das Konzept der 'Allgemeinbildung' dazu geeignet, einerseits als Formel für die Leitdifferenz des schulischen Lernens zu dienen - alle öffentlichen Schulen hießen 'allgemeinbildende Schulen' -, andererseits konnte die Schule als ein *spezielles* (Teil-)System der Gesellschaft ihren Mitgliedern *mit dem Konzept einer allgemeinen Bildung die Anschlüsse an die 'allgemeine' Umwelt des Systems*, also an die *Gesamtgesellschaft* herstellen.

Lernen als Leitdifferenz des Systems Schule ist eine sehr erfolgreiche Erfindung gewesen - und ist es natürlich auch heute noch. Durch die Konzentration der Lernprozesse an einem überschaubaren Ort zu einer planbaren Zeit und durch die Abstraktion von der unmittelbaren, sinnlich gegebenen Wirklichkeit wird die Quantität und womöglich auch die Qualität der Erkenntnisse über die Wirklichkeit enorm gesteigert. Damit können *Zeit und Raum gespart werden. Komplexität wird reduziert - um sie hernach besser handhaben (beherrschen) zu können.*

Zum *Beispiel* werden Bäume in der Klasse in Baumklassen eingeteilt, in die alle weiteren Bäume eingeordnet werden können, auch diejenigen, die die Schüler noch gar nicht kennen und erst später kennen lernen. So kann auch das Eintauchen in den Amazonas und die Reise dahin gespart werden, wenn die nötigen Informationen im Schulraum (in der Klasse) erfolgen, und am selben Tag kann noch ein zweiter Fluß 'durchgenommen' werden, vielleicht der Nil, ohne daß die Schüler deshalb nach Ägypten reisen müßten.

Ebenso im Fachbereich Physik: die technischen Formeln gelten 'allgemeingültig' für *alle möglichen Fälle,* und sie können später bei Bedarf angewendet werden, ohne daß alle Experimente dazu im einzelnen und vorher durchgeführt werden müßten (vgl. Huschke-Rhein 1993a, Kapitel über Galilei). Das spart auch hier Zeit und Raum, reduziert die Komplexität der physikalischen Erscheinungen und schafft Wissen, das bei Bedarf abgerufen und als Technik erfolgreich angewendet werden kann. -

Selbstverständlich ist ein so organisiertes System *empfindlich gegenüber Störungen* von innen und von außen, weil dies die *Effektivität des Outputs* beeinträchtigen würde. Während man bei Reisen an den Amazonas oder an den Nil mit unliebsamen Überraschungen und Verzögerungen rechnen müßte, gilt Vergleichbares nicht für den Zeitraum des Unterrichts, in dem die beiden Flüsse durchgenommen werden. Krokodile gibt es dann höchstens auf der Leinwand, und die Schüler sind pünktlich zum Mittagessen von ihren virtuellen Reisen zurück.

(2) Allerdings ist dieses Konzept nur so lange nützlich, wie *zwischen beiden Systemen, dem System Schule und dem sozialen System der Gesellschaft, eine relativ enge strukturelle Koppelung* vorliegt, was praktisch bedeutet, daß die leitenden Norm- und Wertvorstellungen beider Systeme nicht zu weit auseinanderliegen dürfen. Bei Eduard Spranger etwa finden wir noch trotz der zunehmenden sozialen Spannungen in der sich entwickelnden Industriegesellschaft den liberalen Optimismus, daß die sechs grundlegenden gesellschaftlichen Systeme, die zugleich die Grundlage des Lehrplans und der damaligen schulischen Allgemeinbildung waren, auch in Zukunft die zeitlosen "Lebensformen" für alle Kulturgesellschaften sind und bleiben werden (Spranger nennt: Wissenschaft und Wirtschaft, Familie und Staat, Kunst und Kirche; vgl. Huschke-Rhein 1986).

Auch die Schule als soziales System organisiert ihr eigenes System entsprechend dieser (kurz umrissenenen) systemischen Operationslogik. Im Unterschied zu anderen Systemen, denen es primär um die Fortsetzung ihrer eigenen 'Autopoiesis' ('Selbstherstellung') geht und damit primär um die *Differenz* zu ihrer Umwelt, muß die Schule jedoch ihr System so organisieren, daß ihren Mitgliedern, also den Schülern, nicht nur Differenzen oder Ausschlüsse zur Umwelt, sondern im Gegenteil *Anschlußmöglichkeiten* geboten werden für spätere Wirklichkeitskonstruktionen, also Identifikationsmöglichkeiten oder mindestens Orientierungsangebote. Traditionellerweise löste die Schule, wie schon erwähnt, dieses Dilemma mit ihrem Leitkonzept der *'Allgemeinbildung'*, die immer die Grundlage für jede spätere spezielle Berufsbildung war, und darum konnten auch solche Sätze wahr sein wie: "Wir lernen nicht für die Schule, sondern für das Leben" - obwohl ja zunächst jeder Schüler nur innerhalb des Systems und nur für das System zu lernen hat. Dieses originäre Dilemma war im übrigen solange prinzipiell lösbar, wie die Komplexität der Schulumwelt nicht übergroß im Verhältnis zur Komplexität des Systems Schule selber war, solange also die Schule ihre eigenen, internen Wirklichkeitskonstrukte deutlich auf die später zu erwartende gesellschaftliche Wirklichkeit, also die externe Realität, einstellen konnte.

In der *Postmoderne* nun hat sich das Verhältnis von Schulsystem und gesellschaftlichem Kontext verändert, und die *Differenzen* zwischen beiden haben sich verschärft. Nicht nur hat sich die Schule selber als System in den letzten Jahren weiter differenziert und damit die eigene *Komplexität* weiter gesteigert. Ich denke dabei an die zahlreichen neuen Wahlmöglichkeiten für Schüler, Lehrer, Schulstufen und Schulfächer usw. Gravierender ist, daß auch der Kontext der gesellschaftlichen Postmoderne viel komplexer geworden ist dadurch, daß die Spielräume für subjektive Wirklichkeitskonstruktionen immens gewachsen sind. Dadurch entsteht die Frage, wie das Schulsystem darauf reagieren will. Eine Folge: Viele *kontextuelle Unsicherheiten werden direkt ins Lernsystem Schule hineingetragen*, weil ja Lernprozesse auch als interaktive Prozesse zwischen Lehrenden und Lernenden ablaufen, und sie belasten damit vor allem die psychischen Systeme beider Interaktionspartner.

Ich gehe hier und im Folgenden von der *systemtheoretischen anthropologischen Formel* aus, nach der Menschen ihre Ontogenese nach den *drei Grundsystemen* konstruieren, die sich phylogenetisch in der Evolution entwickelt haben: biologisch-körperliche Systeme; psychische Systeme; soziale Systeme (vgl. Beitrag zur Gesundheitsberatung sowie in Teil III). Dabei haben die psychischen Systeme insofern eine Schlüsselstellung inne, als sie Anforderungen und Ansprüche aus den beiden anderen Systemen ausbalancieren müssen.

Für eine zukünftige Schule ergeben sich vorläufig *drei Aufgaben- und Fragenbereiche*:

1. Welche Hilfen können den Lehrenden und den Lernenden im Bereich der *psychischen Systeme* gegeben werden?

2. Wie kann ein *künftiges Schulsystem* aussehen, das zwar seine Leitdifferenz 'Lernen' nicht aufgibt, das aber den Bedürfnissen und Ansprüchen der *biologischen Systeme* und den Bedürfnissen und Ansprüchen der *psychischen Systeme* besser gerecht wird und diese nicht aus dem Schulraum auszugrenzen versucht?

3. Wie sähen inhaltlich, also von den *Lerninhalten* her, die Wirklichkeitskonstrukte des Systems Schule aus, wenn es den Schülern Welterkenntnisse und Wirklichkeitskonstrukte bieten wollte, die eine spätere *Weltorientierung* und auch spätere *berufliche Anschlüsse* ermöglichen?

Die drei Fragen sind nach steigendem Komplexitäts- bzw. Schwierigkeitsgrad geordnet. Ich werde vor allem die erste Frage behandeln, weil ich dazu einige Vorschläge zu machen habe, die schon in der Praxis erprobt wurden. Das ist verständlicherweise bei den beiden anderen Fragen nicht der Fall. - Ich setze nun zunächst die Systemanalyse der Schule fort, um mich dann den Fragen der psychischen Systeme zuzuwenden.

138

(3) Das System Schule hat sich also, wie alle modernen Systeme, unter dem Aspekt seiner besonderen Leitdifferenz "ausdifferenziert" (wie Luhmann, 1984, zu sagen pflegt), und zwar als '*Lernsystem*', bei dem es primär auf den zuverlässig erbrachten Output an Lernleistung ankommt - und eben nicht darauf, ob jemand Hunger hat, schlechte Laune hat, nicht gut geschlafen hat, Liebeskummer hat, Bauchschmerzen hat usw. - , so daß also gerade diejenigen Dinge keine Rolle spielen, die uns normalerweise als Menschen besonders wichtig sind. Wäre es anders, so sagt es jedenfalls die Luhmannsche Version der Systemtheorie, dann könnte das System seine Leistung eben nicht oder nur schlecht erbringen. Mit dieser Zielsetzung ist nun hauptsächlich die gesellschaftlich erwartete Systemleistung angesprochen, also die *Schule als soziales System, das den Output 'Lernen' erbringen muß,* weil das die Gesellschaft von ihr erwartet, - vor allem deshalb, weil die Gesellschaft als moderne Industriegesellschaft sonst keinen Tag länger existieren könnte. Die Beobachterposition ist hier, wie man sieht, die gesellschaftliche Beobachterperspektive, und das Theorieprodukt ist die Konstruktion des sozialen Systems Schule als Lernsystem.

Aber es sind noch *andere Beobachterpositionen* möglich, das ist ja gerade das Spannende an der Systemtheorie oder am Konstruktivismus. Zum Beispiel kann ich mich besonders für die psychischen Systeme interessieren, die an diesen sozialen Systemen beteiligt sind, d.h. für die psychischen oder Bewußtseinsprozesse, die mit dem Lernen im System der Schule verbunden sind. Dieses Beobachtungsinteresse kommt in der soziologischen Systemtheorie von Luhmann reichlich zu kurz, ich meine aber, daß es für das Berufsverständnis und für das Selbstverständnis der Lehrerinnen und Lehrer besonders wichtig wäre. Hier besteht zweifellos eine Lücke in der bisherigen Literatur des Systemansatzes.

(4) Ich möchte nun zunächst zeigen, daß gerade heute der von der Schule als Lernleistung erwartete *System-Output infrage gestellt ist, wenn die dabei mitlaufenden psychischen Prozesse aus der Didaktik und Methodik oder der Schultheorie überhaupt ausgeblendet werden,* als scheinbar systemfremd externalisiert werden. In den Zeiten, da die Fleiß- und Disziplinvorstellungen der Schule noch stärker strukturell an die Fleiß- und Disziplinvorstellungen der Gesamtgesellschaft angekoppelt waren, hätte es immerhin noch einen Grund gegeben für die Behauptung, daß die beteiligten psychischen Systeme der Lehrer und der Schüler Privatsache seien: nämlich die Tatsache des stillschweigenden normativen Konsenses zwischen Schule und gesellschaftlichem Kontext. Heute aber, so meine ich, gibt es keine zureichenden Gründe mehr dafür, die psychischen Systeme zur Privatsache zur erklären und sie aus dem Lernsystem Schule heraushalten zu wollen. Vielmehr müssen wir heute davon ausgehen, daß bei allen schulischen Lernprozessen von Anfang an die psychischen Prozesse mitlaufen, und zwar nicht nur mitlaufen, sondern überhaupt erst solche Lernprozesse ermöglichen.

Damit deutlich wird, warum eine Systemanalyse der Schule sowohl unter der sozialen als auch unter der psychischen Beobachterperspektive sinnvoll ist, und warum hier Lehrer ebenso wie Schüler besonderen Belastungen ausgesetzt sind, möchte ich zunächst die Sonderstellung der Schule als soziales System in der Moderne ansprechen.

(5) Die Schule hat insofern eine *Sonderstellung* unter den neuzeitlichen sozialen Systemen, als sie ihren Sinn und ihre Semantik zwar einerseits selbst produziert, genau so wie

andere soziale und lebende Systeme, d.h. *interne* Eigenwerte produziert (z.B. Lernerfolge); andererseits jedoch *besteht ihre Systemfunktion ja gerade darin, daß sie gelingende Anschlüsse an die externe Lebenswirklichkeit ihrer Mitglieder (Schüler) bietet*, also anders gesagt: daß die Schüler nicht nur für die Schule als System lernen, sondern für ihr späteres Leben. D.h. *die Schule muß etwas leisten, das kein anderes System in dieser Form leisten muß: Obschon ein eigenes System mit eigenen Grenzen und eigenem Programm, muß sie gleichzeitig auf alle anderen Systeme der Gesellschaft konstruktiv bezogen bleiben, weil ihr Output sonst sinnlos wird.* Darin liegt die Sonderstellung des Systems Schule. (Gehen wir beispielsweise die sechs Sprangerschen Hauptsysteme durch, so wird das deutlicher: Wissenschaft, Wirtschaft, Familie und Staat, Kunst und Kirche. Die Schule mußte immer schon auf alle diese äußeren Systeme bezogen sein, und daher konnte sie ja auch ihren Anspruch auf 'Allgemeinbildung' begründen).

Es ist mir wichtig, *diese historische Leistung des Schulsystems zunächst ganz positiv zu sehen*, sonst werden wir ihr nicht gerecht. Die historische Leistung der Schule als System bestand primär in einem steuerbaren und berechenbaren Output an Lernwissen, das der Staat als System organisierte, damit das Lernen der Kinder nicht einfach den Zufällen oder auch den Katastrophen familiärer Sozialisation überlassen blieb oder nur den Privilegien der gesellschaftlichen Stände. Aber Erziehung und Sozialisation waren nicht die primäre Aufgabe der Schule. Zum einen deshalb, weil Erziehung und Sozialisation noch überwiegend in der Familie stattfand - wie unzureichend dies in den sogenannten Unterschichten auch ausfiel -; und zum anderen, weil Erziehung und Sozialisation nicht als steuerbare und vorausberechenbare lineare Systeme wie das Lernen planbar waren und sind, - darin möchte ich Luhmann und Schorr gerne zustimmen: Sozialisation oder Erziehung sind nur "mitlaufende" Prozesse und nicht als vom System her anzusteuernder Output planbar (Luhmann 1987).

(6) Dagegen muß *heute* geltend gemacht werden: Die *Erziehungsfunktion der Schule*, die ursprünglich nicht zu ihren primären Aufgaben als System gehörte, kann gegenwärtig *nicht mehr als systemfremd externalisiert werden* und an die Kontexte zurückgegeben werden, weil es die Kontexte der Erziehung nicht mehr so ohne weiteres gibt, nämlich die stabilisierenden Institutionen und Traditionen der Gesellschaft, z.B. Familien oder Kirchengruppen, zumindest nicht in ihrer traditionellen Form einer stabilisierenden strukturellen Koppelung zwischen schulischem System und gesellschaftlichem System.

Und dadurch kommen die Lehrerinnen und Lehrer unter einen zusätzlichen Druck, der in dieser Form früher nicht bestand. Das soziale System Schule produziert eine Belastung für die psychischen Systeme der Lehrer und Lehrerinnen, der für viele und immer häufiger eine auftragsgemäße Erfüllung der primären Systemfunktion, nämlich die erfolgreiche Organisation der Lernprozesse, unmöglich macht. Damit kehren sich die Verhältnisse um. Die vordem selbstverständlichen, zumindest in der Schule nicht problematisierten gesellschaftlichen Tugenden wie Fleiß, Disziplin und Ordnung waren auch die nicht problematisierten Voraussetzungen der Lernprozesse. Der Prozeß war rekursiv und selbstverstärkend: Wurden die Tugenden in der Schule, also im Lernsystem erfüllt, winkte später der erfolgreiche Anschluß an die Gratifikationen der Gesellschaft: berufliches und ökonomisches Weiterkommen und Prestige.

Heute jedoch werden die kontextuell nicht erledigten Erziehungs-Hausaufgaben der Eltern ohne Rückfrage an die Schule weitergegeben. Zwar ist auch die häusliche Erziehung wieder von gesellschaftlichen Kontexten umgeben, die ihr zusätzliche Probleme schaffen. Die Erziehungsfunktion, die traditionell von den gesellschaftlichen Systemen *funktional* mitverwaltet wurde, also von Politik, Kirche, sozialen Gruppen usw., fällt zunehmend weg und kann von der häuslichen und elterlichen Erziehung nicht mehr kompensiert werden, denn die Eltern erklären sich ihrerseits für unzuständig, sei es aus postmodernem Vorsatz oder weil sie damit schlicht überfordert sind.

Das Ganze gleicht einem *Schwarzer-Peter-Spiel über Erziehung, an dessen Ende diese Karte jedenfalls immer nur den Lehrerinnen und Lehrern in die Hand gespielt wird.* Bei diesem Spiel wird die Schwarzer-Peter-Karte jeweils von denen, die sie nicht behalten wollen, weil sie ihre Niederlage im voraus besiegeln würde, weitergeschoben an die Systemnachbarn, die sie auch nicht behalten wollen. Der Motor dieses Spiels ist die unbewußte Erwartung der Öffentlichkeit, die Schule und besonders die Lehrerinnen und Lehrer sollen und können die Kinder erziehen - denn das sei ja ihr Job als 'Päd-agogen', die für so schwierige Aufgaben eben die beruflichen Experten seien.

These: *Die Erziehungsfunktion der Schule, die vom Luhmannschen Systemansatz her ja nicht zu ihren primären Aufgaben als System gehört, kann heute nicht mehr als systemfremd externalisiert werden und an die Kontexte zurückgegeben werden, weil es heute keine Kontexte mehr gibt, die diese Aufgabe zuverlässig erledigen können, zumindest nicht in ihrer traditionellen Form. Also muß sich die Schule als System dieser Aufgabe erneut stellen.*

Was aber kann die Schule tun? Zunächst einmal muß sie sich der Aufgabe stellen, die Realität der psychischen Systeme von Lehrern und Schülern in ihre Theorie und in ihre Praxis einzubeziehen.

2. Die Psychologie des Lernsystems

2.1. Die Lehrer-Schüler-Interaktion als systemische Interaktion von 'Geben' und 'Nehmen'

(1) Wenn die Familien heute zunehmend erziehungsabstinent sind, so hat dies auch Folgen für die Lehrenden. Diese kommen nämlich, meist ohne es zu merken, in die Rolle von *Ersatzvätern oder Ersatzmüttern*, sie werden, wie Boszormenyi-Nagy sagen würde, *'parentifiziert'*, müssen Eltern-Ersatz-Rollen übernehmen. Ebenso gravierend ist die Folge, die diese Erwartungen wiederum für die Schulkinder selber haben: diese nämlich werden entsprechend 'infantilisiert', übernehmen also auch dort die Kind-Rolle, wo sie aufgrund ihres Reifegrades und aufgrund der vom System geforderten nichtfamiliären Verhaltensstile schon selbständig handeln könnten.

Wenn die Lehrenden 'parentifiziert' werden, hat dies Auswirkungen auf die basale Lehrer-Schüler-Interaktion. Boszormenyi-Nagy (1993, S. 58ff.) hat darauf hingewiesen, daß ein Erzieher oder ein Lehrer immer "*gibt*" und ein Kind darum "*nimmt*". Denn der Lernstoff wird vom Lehrer letztlich als eine 'Gabe' verstanden, von der die Lehrenden wünschen und hoffen, daß die Schüler sie auch 'nehmen', annehmen. Ich habe einige Gründe dafür genannt (in Teil I, im Abschnitt über die Pädagogenrolle), daß die Lehrer durch tiefe und weitreichende Motive in ihrer Persönlichkeit und in ihrer Biografie sich zu diesem Beruf entschieden haben. Diesen Beweggründen für die Entscheidung zum Lehrerberuf liegt, etwas vereinfacht gesagt, häufig der Wunsch zugrunde, etwas weiterzugeben, das ihnen sehr wichtig und wertvoll ist, auch unter hohem Einsatz an die nächste Generation weiterzugeben, manchmal aber auch die naive Leidenschaft, mit einem Interessengebiet, das jemanden ganz persönlich fasziniert, auch die anderen zu begeistern. In jedem Fall geht es immer um die Weitergabe, also das Weiter-Geben, an andere, in der Hoffnung, daß sie an-nehmen.

Nun wissen alle Lehrenden aber davon ein Lied zu singen, daß solches Weitergeben auch auf *Widerstände* stößt. Die 'Gabe', die der Lehrende in bester Absicht gibt, wird von den Schülern oft genug als Zumutung verstanden. Die Lehrenden möchten mit dem Stoff ihre Schüler versorgen und für die Zukunft ausstatten, sie möchten sie gleichsam 'nähren', aber den angemessenen Dank dafür werden sie oft nicht erhalten, weil die Gabe als 'Gift' verstanden wird. Dadurch kommt es zu einem *Rollenkonflikt*, dessen Ursachen gar nicht in der Persönlichkeit des Lehrenden liegen müssen, sondern eher *im System liegen* oder in der *häuslichen Situation* eines Schülers. Aber der Konflikt wird dennoch ganz konkret *im psychischen System des Lehrenden ausgetragen* und sorgt dort für schmerzende Ungleichgewichte, die meist solange nicht bewußt sind, wie der Rollenstreß andauert.

Treffend beschreibt Boszormenyi-Nagy (ebda. S. 75ff.), daß *Lernen im Grunde ein "Vertrauen" voraussetzt*, nämlich das Vertrauen sowohl in die Person des Lehrers als auch in die Sache, die er anbietet. Es ist, so meine ich, des Nachdenkens wert, ob hiermit, wenn wir dies auf heute übertragen, nicht ganz elementare Lernschwierigkeiten angesprochen sind, die mit dem schwindenden Vertrauen der nachwachsenden Generation in unsere Lebenswelt allgemein zu tun haben, wie beispielsweise der Psychoanalytiker Petri (1992) vermutet.

Nach konstruktivistischer Auffassung ist der Lernprozeß zwar ein Konstruktionsprozeß und enthält damit ein aktives Moment. Wenn ich diesen Konstruktionsprozeß aber auf der Folie der Interaktion zwischen Lehrer und Schüler sehe, wird deutlich, daß der Lernende auch etwas *nimmt* - weil er im Unterricht etwas empfängt. *Das Lernen spielt sich immer auch auf dem Grund oder dem Hintergrund der persönlichen Beziehung zwischen Lernendem und Lehrendem ab, eben als Basisprozeß des Gebens und Nehmens.* Oft meinen Lehrer, der 'Stoff' existiere eigentlich für sich und sie müßten ihn nur didaktisch aufbereiten, sozusagen technisch anwendbar machen. Das ist zwar auch wichtig, aber die Schüler beobachten dieses System anders: Da steht ein Mensch, der will etwas, der müht sich ab, der wird ärgerlich, er wird traurig, er lacht, er freut sich, dauernd erhalten die Schüler Informationen, die, wie Ciompi (vgl. den vorherigen Beitrag) gesehen hat, immer auch ihre *emotionale Seite* haben. Das ist ja gerade das Interessante an der Schule: Scheinbar geht es nur um Sachgehalte, die gelernt werden sollen. In Wirklichkeit laufen aber unentwegt affektive und emotionale Prozesse mit, und zwar vor allem bei den Schülern als den Beobachtern der Lernprozesse. Lehrer meinen zwar oft, daß gerade die Gefühlsseite im Unterricht nichts zu suchen habe, und damit befinden sie

142

sich genau auf der Linie der rationalistischen Systemtheorie der kybernetischen Sachsysteme (vgl. Teil III), an denen bloß die Seite des sachlichen und effektiven Outputs von Systemen interessiert, also ihre Leistung im Vergleich mit anderen Systemen. Damit erhalten emotionale Prozesse den niedrigen Rang von *Störvariablen*.

(2) Schon bis hierher mag deutlich geworden sein, daß beim Lernsystem Schule der Hintergrund der *persönlichen Beziehungen* im Lernsystem Klasse ganz entscheidend ist, systemisch gesagt: der Zustand der am Lernen beteiligten psychischen Systeme. In einem Bild gesprochen: die Lernatmosphäre ist die Hintergrundmusik, die über das Wohl und Wehe der Kunden, also der Schüler, mitentscheidet. Wenn die Lehrerinnen und Lehrer nicht spüren, daß das, was sie geben, auch genommen wird und daß die Schüler auch zurückgeben können, nicht alles, aber auf ihre Weise auch etwas, entsteht ein *Ungleichgewicht des Gebens und Nehmens im System*, es kommt mit der Zeit zu Frustrationen und zu Freudlosigkeit, wie in allen menschlichen Beziehungen, in denen einseitig gegeben oder genommen wird - so lange, bis ein System kippt.

Beschreiben wir das *Lernen als ein System des Gebens und Nehmens*, so wird deutlich, daß das System nur dann im Gleichgewicht ist, wenn es ausgeglichen ist, d.h. wenn nicht einer nur gibt und einer nur nimmt. Lehrerinnen und Lehrer wollen *spüren*, daß das, was sie geben, auch genommen wird - und daß ihre Schüler auch zurückgeben können. Geben und Nehmen, Anziehen und Abstoßen hält auch die sozialen Systeme im Gleichgewicht, nicht nur die physikalischen und die kosmischen. Aber gelegentlich sind die Schüler wie die berühmten *Schwarzen Löcher*, die alle umgebende Energie und Materie in sich aufsaugen und im Nichts verschwinden lassen:

Für Bert Hellinger (1994; 1995) ist, in der Nachfolge von Boszormenyi-Nagy, das *Verhältnis zwischen Geben und Nehmen das dynamische Grundverhältnis in allen Systemen*, in denen Menschen mit ihren Beziehungen beteiligt sind. Sind die Beziehungen einseitig oder im Ungleichgewicht, so entstehen Phänomene wie Schuld, Verstrickung, unaufgelöste Verpflichtungen, unbewußte Vorwürfe, Ängste, Wut usw. Ich werde in diesem Zusammenhang nicht weiter auf Hellinger eingehen; aber es ist lohnend, Beziehungssysteme einmal unter dieser Perspektive zu beschreiben (vgl. Huschke-Rhein 1997). In diesem Beitrag geht es mir darum, ein Sachsystem wie das Lernsystem der Schule als System personaler Beziehungen wiederzuentdecken, also die *psychischen* Systeme im Sachsystem zu beschreiben.

(3) Was können die psychischen Systeme der Lehrenden gegen die 'Schwarzen Löcher' tun, die alle Gaben der Lehrenden ohne Rückstand absorbieren, ohne daß sie sich an die Balance-Regel halten, etwas im System zurückzugeben? Der erste und einfachste Rat besteht darin, *unser eigenes Verhalten* so einzurichten, daß wir als Lehrende mit unserer Energie vorsichtig umgehen und sie nicht im Nichts verpulvern. Wir müssen gleichsam den Umgang mit den 'Schwarzen Löchern' lernen, und das heißt zweitens: immer wieder Abstand davon halten, unsere Distanz regulieren lernen. Das aber geht nur, wenn wir zunächst *zu uns selbst* einen gewissen Abstand halten. Das läßt sich lernen: Indem wir das *eigene* Verhalten besser kennen lernen, können wir es auch besser kontrollieren und so schließlich auch unser Verhalten zu den 'Schwarzen Löchern' verbessern, zum Beispiel durch Konfliktmanagement (s. Beitrag hierzu), oder indem wir mit anderen in den Supervisionsgruppen zusammenarbeiten und so unseren Energielevel regenerieren.

2.2. Die Lehrer-Schüler-Interaktion und die schulischen Kontexte

Systemisch gesehen vollzieht sich das Verhältnis von 'Geben' und 'Nehmen' wie jeder systemische Prozeß immer in einem *Kontext*, in diesem Fall in den schulischen Kontexten, die wir uns jetzt genauer ansehen wollen.

(1) Die folgenden Überlegungen möchte ich verdeutlichen am Beispiel des *Entwicklungsprozesses der Individuation*. Helm Stierlin hat gesagt, daß jeder Individuationsprozeß, wenn er gelingen soll, in zwei Richtungen verlaufen muß: "Individuation mit..." und "Individuation gegen..." (zum folgenden vgl. Stierlin 1994, S. 120ff.). Am Beispiel: "Individuation mit den Eltern" liegt dann vor, wenn die Kinder das Wertesystem der Eltern übernehmen, und "Individuation gegen..." dann, wenn es abgelehnt wird und ein anderes Wertesystem gesucht wird.

Nehmen nun die Schüler die Forderungen, die an sie gestellt werden, an, so nehmen sie zugleich das dahinterstehende *Werte- und Normensystem* an. Das *Annehmen der Forderungen aber bindet*, es führt zu gegenseitigen Verpflichtungen, so daß, wie Boszormenyi-Nagy sagen würde, "Loyalität" im System entsteht. Schüler fühlen sich dann gebunden an das Werte- und Normensystem, das ihre Leistung fordert - genauso, wie das elterliche Werte- und Normensystem die Kinder bindet. Das wäre also "*Individuation mit...*", wie Stierlin (1994) sagt. Lehrer und Lehrerinnen sind damit abermals in einer Rolle, in der zunächst nur die *Eltern* sind. Und unbewußt gehen wir wohl auch als Lehrer und Lehrerinnen davon aus, daß es für die Schüler am besten sei, das gegebene Wertesystem der Schule - Leistungsanforderungen, Wissenserwerb, Fleiß, Pünktlichkeit usw. - zu übernehmen - ohne daß wir zunächst auf die Idee kommen, es könnte für die Schüler günstig sein, wenn sie zu ihrer individuellen Entwicklung bestimmte Forderungen ablehnen würden, um *durch "Individuation gegen..." ein eigenes Profil zu erlangen.* In diesem Fall haben wir als Lehrerinnen und Lehrer natürlich die verständliche Hoffnung, daß die Schüler, wenn sie schon einige Fächer ablehnen wollen, bitte nicht gerade *unser* Fach ablehnen, weil es vielleicht nicht ihren Interessen entspricht; im ungünstigsten Fall - aus der Lehrerperspektive beobachtet - entscheiden sie sich allerdings 'gegen den ganzen Laden', gegen das ganze System.

(2) Wenn wir die Sache kritisch ansehen, können Schüler allerdings in der heutigen Schulsituation eine Reihe von Gründen finden, um in der Schule eine 'Individuation gegen...' zu bevorzugen. Sie könnten beispielsweise sagen: Warum sollen wir das vor-'gegebene' Wertesystem über-'nehmen', wenn die Versprechen, die damit verbunden sind, sich nicht erfüllen werden - wenn z.B. Leistung in der Schule gar nicht notwendig zu einem Arbeitsplatz führt?

Oder simpler: 'Die Sitze in der Schule sind spartanisch hart und ungepolstert, das gibt es sonst kaum irgendwo.' Oder: 'Warum gibt es keine Unterrichtsstoffe als TV-Filme? Unterricht ist langweilig und traurig.' Oder: 'Warum muß ich in der Schule pünktlich sein? Woanders gibt es doch auch gleitende Arbeitszeit.' Oder: 'Wieso muß ich tun, was der Lehrer sagt? Zu Hause mache ich doch auch nicht, was meine Eltern sagen.'

Indem die Schüler das gegebene Normen- und Wertesystem in Frage stellen, handeln sie also im Rahmen ihrer 'Individuation gegen...'. Schüler beobachten das System eben oft anders als Lehrer, und dazu haben sie im Prinzip das Recht. Das wäre ja auch nicht besonders neu. Neu, jedenfalls für die Selbstbeobachtung von Lehrerinnen und Lehrern ist heute aber, *daß diese zusätzlichen Lasten wiederum von den Lehrerinnen und Lehrern getragen werden müssen,* und sie sollen diese Lasten wiederum in ihrem psychischen System ausgleichen.

Lehrer und Lehrerinnen sind damit abermals in einer Rolle, in der zunächst nur die Eltern sind. Und wir stehen als Lehrer ebenso wie die Eltern in der Gefahr zu glauben, daß das, was die Kinder von uns nehmen, ihnen *in jedem Fall* gut tut, daß dadurch ihre Entwicklung, ihre Sozialisation und ihre Individuation gefördert werde. Diese emotionale Situation macht es schwierig, Distanz zu bewahren und Alternativen zu praktizieren.

Das *Schulsystem* operiert aber gegenüber dem Familiensystem anders, um mit diesem Problem zurecht zu kommen. Das Lernsystem Schule ist immer so organisiert gewesen, daß eine Ablehnung des Gebens vom Grundsatz her nicht vorkommen darf: *Wird der Lernstoff abgelehnt, d.h. nicht gelernt, muß der Schüler das System verlassen.* Insofern ist Schule als System enttäuschungsresistent organisiert. Auch hierin zeigt sich, daß die Gefühle vom System her eigentlich nicht zugelassen sind, zumindest brauchen sie nicht offizielles Thema zu werden, wie etwa in der Familie. Auf einem Dokument braucht das Verlassen des Systems dann nur schriftlich bescheinigt oder angedroht zu werden.

(3) Ist das die Lösung? Radikale Selektion als Problemlösung? Und was geschieht dabei mit den psychischen Systemen der Lehrerinnen und Lehrer? Die Antwort ist einfach: Je mehr heute die Lehrerinnen und Lehrer in die Position von *Ersatzeltern* kommen und zu

Bindungsfiguren werden, um so größer ist die Gefahr, daß sie von einer nicht-nehmenden, ablehnenden Haltung der Schüler enttäuscht werden. Und wiederum ist die Tendenz der Schülerinnen und Schüler, das von der Schule vor-'gegebene' Normen- und Wertesystem nicht zu nehmen, sondern abzulehnen, heute größer denn je: Warum sollten sie auch ein Wertesystem übernehmen, wenn das ihnen nicht mehr wie früher versprechen kann, daß ihre schulische Leistung auch zu einem Arbeitsplatz führen wird? Oder warum sollten sie ein Wertesystem übernehmen, das mit zahlreichen Werten operiert, die sie nicht mehr nehmen und übernehmen möchten, und seien dies auch nur Werte wie: langfristige Planung, Konsumverzicht, Disziplin und Ordnungsliebe? Schüler beobachten, wie gesagt, das System eben oft anders als Lehrer, und dazu haben sie im Prinzip das Recht. Auch hier sehen wir wieder: Das Ergebnis sind zusätzliche Lasten, die die Lehrerinnen und Lehrer zu tragen haben. Mit oder ohne radikale Selektion kann das Problem also nicht gelöst werden - es bleibt in beiden Fällen heute bestehen.

(4) Das *Selbstwertgefühl* der Lehrenden bestimmt letztlich ihre Freude am Unterrichten, bestimmt die Motivation, für ihre Ziele einzutreten, sich zu engagieren, und es ist überhaupt die emotionale Basis des Berufsverständnisses. *Das Selbstwertgefühl aber ist abhängig von der gelungenen Balance der Selbstorganisation des psychischen Systems.* Wenn wir die zahlreichen Zumutungen betrachten, denen die psychischen Systeme der Lehrenden heute ausgesetzt sind (s. o.), dann wird der ungeheure Energieaufwand deutlich, den die Lehrenden heute aufbringen müssen, um einigermaßen gelingende Balancen psychisch zu organisieren. *Es wäre eine wahnwitzige Vorstellung, daß jemand diese Leistung ohne fremde Hilfe und ohne gegenseitige Unterstützung ganz aus sich heraus aufbringen könnte.* Die Balancierungskünste, die hier erwartet werden, sind eher dazu angetan, den Absturz vom pädagogischen Hochseil einzuleiten. Ich habe den Verdacht, daß es niemanden gibt, der diesen Hochseilakt psychisch heil überstehen kann - es sei, er wird aufgefangen durch ein Netz von Hilfen und Hilfsmitteln, die wir heute neu entwickeln müssen, - und zu diesem Netz möchte der Systemansatz ein paar Maschen hinzuknüpfen.

2.3. Schule und Lehrer im Widerspruch zwischen 'harten' und 'weichen' Kontexten. Ein Ausweg: Das individuelle Schulprofil

Obwohl die Schule zunächst als Lernsystem organisiert worden ist, spielt sie heute als Erziehungssystem eine größere Rolle, als ihr bewußt ist und als ihr lieb sein kann - vor allem: als den meisten Lehrenden lieb sein kann; spielt sie doch eine Hauptrolle beim Drama der 'Individuation' von Kindern und Jugendlichen, und hier besonders in dem Drama, das zwischen den 'harten' und 'weichen' Kontexten spielt, zwischen denen jeder Jugendliche seine Rolle suchen und finden muß, um seine Individuation weiterzubringen. Das betrifft zum einen die Schule als System, zum anderen aber wieder die Lehrerinnen und Lehrer als die 'Agenten' des Systems.

(1) Zu einer gelingenden Individuation gehört, so sagte ich (mit einem Begriff von Stierlin), auch die 'Individuation *gegen...*', also gegen bestimmte vorgegebene Normen und Werte, *neben* der 'Individuation *mit*' vorgegebenen Normen und Werten. Dahinter steht die - therapeutische, aber ebenso pädagogische - Erfahrung, daß zu einer 'reifen' Persönlichkeit auch die Fähigkeit der selbständigen Wahl von Normen und Werten gehört, de-

nen man sich verpflichtet fühlt. Aus systemischer Perspektive kann ich auch sagen: Ein erwünschter Grad von Selbstorganisation oder Selbstbestimmung impliziert, daß jemand seine verpflichtenden Normen und Werte *selbst organisieren* und selbst bestimmen kann, was bedeutet: frei gewählt hat, also weder einfach übernommen hat - das wäre keine Selbstbestimmung, sondern Fremdbestimmung -, noch ganz ohne irgendwelche Verpflichtungen lebt - das wäre ebenfalls keine Selbstbestimmung. Wenn ich aber selbst bestimmen möchte, impliziert dies, daß ich sowohl ablehnen kann als auch zustimmen kann. Das erstere führt zu Konflikten, das zweite zu neuen - oder auch alten - sozialen Bindungen.

(2) Aus psychologischer Sicht müssen die Kontexte, *gegen* die sich Schüler oder Jugendliche entscheiden, logischerweise - psycho-logischerweise - eine bestimmte eigene, klare Kontur haben, ein eigenes Profil, eine gewisse "Härte", wie Stierlin sagt, sonst wären sie ja kein ernsthafter Gegenpart für die eigene Ablehnung oder Auflehnung. Erst wenn die Beziehungskontexte eine gewisse Härte besitzen, d.h. wenn zu ihnen klare und eindeutige Positionen gehören, können sie zum Widerspruch, zum 'Gegen'-Wind herausfordern.

Wenn aber, wie sich Stierlin ausdrückt, "Beziehungsnebel" herrscht, wenn die Positionen also unklar, "weich" sind und kein Profil haben, können auch Konflikte und Kontroversen nicht ausgetragen werden, sie haben dann gar keine Angriffsfläche. Stierlin folgert:

"Solche Weichheit der Beziehungsrealität bedeutet indessen: Es gibt keine genügend klar und lange genug festgehaltenen elterlichen Einstellungen und Positionen, die es etwa einem Heranwachsenden erlauben könnten, sich dagegen zu individualisieren und damit ein höheres Niveau bezogener Individuation zu erreichen. Es fehlen somit die Voraussetzungen für eine gelingende 'Individuation gegen'. Wenn diese Voraussetzungen fehlen, dann bleibt dem Heranwachsenden kaum etwas anderes übrig, als sich im herrschenden Beziehungs- und Kommunikationsnebel einzurichten. Das heißt aber auch: Er vermag seine eigenen Ziele, Bedürfnisse, Wünsche und Werte nicht von den Bedürfnissen, Wünschen und Werten der anderen abzugrenzen..., und das bedeutet eben: Er bleibt weiterhin gebunden", sc. an die anderen und deren Interessen (Stierlin 1994, S. 135).

Wenn es zutrifft, daß die Postmoderne eine Ansammlung 'weicher' Kontexte ist, dann fehlen offenbar zuerst in der *außerschulischen* Sozialisation klare Kontexte, in denen die Heranwachsenden auch Bindungsangebote sehen können. Das fängt oft in der eigenen Familie an, oder auch, wenn in Zweitfamilien nicht mehr klar ist, wer jetzt von der Rolle her der Vater oder die Mutter ist und wer das Sagen hat. Es wird fortgesetzt, wenn zum Beispiel die Eltern die kirchliche Konfirmation wünschen, aber selber keine praktizierenden Christen sind. Schließlich dringt von vielen Seiten her ein diffuser Werte- und Orientierungsnebel in den Sozialisationsprozeß, seien dies die Medien, die Wirtschaft, berufliche Perspektiven, ethische Grundfragen, finanzielle Praktiken, politische Institutionen usw., viele Bereiche also, in denen es kaum deutliche Konturen gibt, gegen die sich etwas abheben könnte.

(3) Welchen Part spielt nun *die Schule* in diesem Drama? Die Schule kommt, wie ich meine, in eine seltsame Position, die ich einmal versuchsweise und ein wenig karikierend '*ein bißchen schizophren*' nennen möchte. Wieso dies? Einerseits ist sie zur weltanschaulichen und politischen Neutralität verpflichtet, und damit unterstützt sie kräftig den Orientierungs- und Wertenebel. Hier ist sie ein typisch '*weicher*' Kontext. Andererseits

vertritt sie als System und von ihrer formalen Organisation her ausgesprochen 'harte' Werte, und zwar im ganz offensichtlichen Gegensatz zur außerschulischen und familiären Realität.

Dazu einige *Beispiele*:

- Die Schule verlangt Pünktlichkeit für alle zur gleichen Zeit - aber die Mutter hat gleitende Arbeitszeit, und zu Hause gibt es kaum feste Zeiten, nicht einmal fürs Essen.
- Die Schule verlangt Ordnung - aber zu Hause im eigenen Zimmer liegt alles chaotisch herum und keiner stört sich daran.
- Die Schule verlangt Fleiß - aber der fleißige Vater ist arbeitslos.
- Die Schule verbietet die Drogen - aber abends weiß jeder, wo man sie kriegen kann.
- Die Schule verbietet den Alkohol - aber zu Hause gibt es genug in greifbarer Nähe.
- Und, vielleicht das deutlichste Bild, in der Schule gibt es harte Sitze - aber zu Hause und sonst ist alles weich und bequem gepolstert.

Der *Widerspruch* ist unübersehbar, und beide haben daran zu tragen: Lehrer und Schüler. Was bedeutet er für das Zentralthema der *Selbstorganisation*? Zu Hause haben die Schüler in vielem die freie Auswahl: Sie können zwischen allen Programmen wählen, sie können sich konsummäßig wie die Erwachsenen verhalten, sie lassen sich wenig oder nichts sagen; sie können sich als Herrscher über die Programme fühlen und als diejenigen, die die Auswahl der Programme und die Wahl ihrer Kleidung *selbst bestimmen* dürfen - Selbstbestimmung wenigstens hier. In der Schule aber schmilzt die Illusion der Selbstbestimmung schnell dahin: Die Schüler haben dort kaum mehr etwas zu bestimmen, sie werden gesteuert vom System, und die Richtung wird von anderen bestimmt; dort haben sie nicht mehr die freie Auswahl, sie werden auch nicht gefragt, was sie annehmen wollen und was nicht, das Programm ist fertig vorgegeben. Vorbei ist es mit der weichen Realität und auch mit der Pluralität der Optionen.

Was damit charakterisiert - vielleicht auch 'karikiert' - ist, das ist zunächst einmal die Funktion der schulischen und außerschulischen *Kontexte des Systems*, nicht aber die Akteure des Systems selber: die Lehrerinnen und Lehrer *persönlich*. Sollten diese etwa auch als Vertreter einer 'harten' System-Realität einsortiert werden? Versuchen nicht viele Lehrerinnen und Lehrer genau das zu praktizieren, was bei Tausch in den beiden Dimensionen "emotionale Wärme" und "geringe direktive Lenkung" gemeint ist (Tausch und Tausch 1971, S. 170ff.)? Sie versuchen doch das, was gewissermaßen dem System als System fehlt, persönlich nachzuarbeiten. *Sie versuchen die 'harten' Bedingungen des Systems durch einen 'weicheren' Stil persönlich auszugleichen*, gleichsam die vormodernen Züge des Systems einem postmodernen Stil anzunähern. Dabei geht es nicht um die Frage, ob das überhaupt möglich ist oder wie das gehen könnte. Ich beobachte jetzt nur, welche Anforderungen, besser sage ich: *zusätzlichen Anforderungen* hier auf die psychischen Systeme dieser LehrerInnen und Lehrer zukommen. Ich frage jetzt nur danach, in welchen *Rollenzwiespalt* diese Lehrerinnen und Lehrer dadurch kommen. Sie versuchen das, was - idealiter - im familiaren Erziehungsstil praktiziert wird, in ein anderes System zu übertragen, das von seinem Ansatz her als modernes Lernsystem gut und gerne auf diese Dimensionen verzichten möchte - es sei denn, sie wirkten sich leistungssteigernd aus. *Es wäre ja wünschenswert für die neu zu erfindende Schule, daß gerade die emotionale Seite des Lernens, und zwar nicht nur in den Grundschulklassen, viel stärker in das Schulleben einbezogen wird; das aber führt wiederum zu zusätzlichen Lasten für die LehrerInnen.* (Karin Flake [1990] weist darauf hin, daß vor allem die Lehrerinnen, nicht so sehr die Lehrer, schon jetzt diese Lasten tragen.) Darum ist die erste Frage, die hier gestellt werden muß: Wie müßten die Kontextbedingungen und das System selber geändert werden, damit diese Forderung im System selbst erfüllt werden kann? Diese Fragen werde ich im letzten Teil wieder aufnehmen.

(4) Eine *Auflösung des Widerspruchs* sieht heute häufig so aus: Im postmodernen Beziehungsdschungel avancieren die Lehrerinnen und Lehrer schneller als es ihnen lieb sein kann zu *idealen Bindungsfiguren*, denn sie sind jetzt diejenigen und oft die einzigen, die einen klar definierten Werteset bieten können, den es so jedenfalls zu Hause nicht gibt. Und wenn sie als solche Bindungspersonen angenommen worden sind, erhalten sie den zusätzlichen Bonus, daß sich die Jugendlichen von ihnen eine Menge Verständnis für ihre 'Individuation gegen...' erhoffen - wiederum allerdings ein zusätzlicher pädagogischer Job für die LehrerInnen.

Der Zwiespalt, der sich aus der Schülerperspektive zwischen der weich-gepolsterten häuslichen Realität und der härteren Sitz- und Existenzweise in der Schule ergibt, ist also wiederum ein *Zwiespalt, den die Lehrerinnen und Lehrer selber zu tragen haben*, und zwar nicht nur in der Wahrnehmung dieser Schülerperspektive, sondern sie durchleben ja selber in ihrer Alltagsrealität in vielen Punkten diesen Kontrast zwischen harter und weicher Realität. Und selbstverständlich wird von ihnen erwartet, daß sie *den Rollenzwiespalt ausgleichen*: Sie sollen einerseits gewährende und nährende Mütter und Übermütter sein, andererseits erwartet das System als Lernsystem von ihnen die gegensätzliche Rolle, vor allem die traditionelle Vaterrolle, die Leistungen, Verzicht, Langzeitplanung fordert und damit auch Frustrationen als normal ansieht.

An dieser Stelle mag deutlich werden, daß der *persönliche Unterrichtsstil* eines Lehrers eben gar keine bloß persönliche Angelegenheit ist, sondern eine eminent wichtige *Funktion im System* spielt. Darum sollte in der Supervision oder in den Fortbildungsveranstaltungen dieser Punkt auch angesprochen werden.

In den Seminaren zum Entlastungstraining kann dieser Punkt zum Thema einer *Gruppenphase* gemacht werden: Neige ich mehr dem weichen oder mehr dem harten Stil zu? Vorteile und Nachteile jedes Stils? Wie könnte ein vermittelnder Stil bei mir aussehen, bei dem ich meine persönliche Linie beibehalten kann?

(5) Eine so konträre Gegenüberstellung der alten und der neuen Werte, wie sie die Schule täglich erlebt, führt also wiederum zu einer spezifischen Belastung, die die Lehrerinnen und Lehrer zusätzlich zu tragen haben. Es ist außerdem der *ideale Nährboden für die sogenannten double-binds*, die 'doppelten Bindungen': Da lauern die klassischen Beziehungsfallen, denn es werden immer gleich *zwei Botschaften* ausgesendet: *Auf der institutionellen Systemebene werden die klaren, traditionellen Werte eingefordert, auf der personalen Systemebene wird von guten Lehrern Verständnis für Abweichungen und Lebensprobleme erwartet.* Zum einen belastet dies, wie gesagt, den psychischen Haushalt der Lehrerinnen und Lehrer. Es ist zum anderen aber auch eine Falle für die Schülerinnen und Schüler, denn durch diese Rollenunsicherheit können regressive, also rückschrittliche, möglicherweise frühkindliche Verhaltensmuster reaktiviert und damit

wiederum Individuationsprozesse blockiert werden. Letztlich sollte ja gerade in der Schule als einer primär nicht-familistischen Institution auch *die Ablösung von frühkindlichen familistischen Bindungsmustern* eingeübt und allmählich gekonnt werden.

Damit werden die Lehrerinnen und Lehrer erneut zu Ersatzfiguren, die den Ausgleich schaffen sollen für die Defizite aus den ungelösten *Bindungsbiografien* ihrer Schüler, eine Rollenzumutung, die ohne den zusätzlichen persönlichen Einsatz und - das wird immer deutlicher - ohne *zusätzliche Kompetenzen* gar nicht zu schaffen ist.

(6) Von hier aus führt ein beklagenswerter Weg direkt zum *burn-out-Syndrom*. In den ambivalenten Rollenzumutungen verbirgt sich generell ein bedrohlicher Nährboden für die Entstehung von Depressionen oder von Schizophrenien (das betont auch Stierlin, 1994, S. 134ff.). Normalerweise - so können wir jedenfalls 'Normalität' beschreiben - halten Menschen ein gewisses Maß an Ambivalenz widersprüchlicher Anforderungen aus; die psychische Leistung besteht eben darin, die widersprechenden Zumutungen konstruktiv auszugleichen. Gelingt dies aber nicht, können Schizophrenien entstehen. Dann werden zwei widersprüchliche Wahrnehmungen der Wirklichkeit nicht mehr vermittelt und die Grundkonflikte bleiben ungelöst nebeneinander stehen, obwohl sie sich ausschließen. Diese 'Spaltung' - das griechische Wort für Spaltung ist ja 'schisma' - der Wahrnehmung der Wirklichkeit in zwei sich widersprechende Muster oder Konstrukte bedroht heute, wie deutlich wird, in spezifischer Weise die Schule oder genauer die psychische Seite der Lehrertätigkeit, und zwar *systemnotwendig*, d.h. ohne daß hier zunächst irgendjemand persönlich als 'schizophren' etikettiert werden müßte.

Eine *andere* Reaktionsweise auf diesen Systemzustand kann in einer depressiven Verstimmung oder in einer Depression liegen. In diesem Fall zieht sich die Psyche gleichsam zurück aus den Widersprüchen, die unsere Fähigkeit zum Ertragen von Ambivalenzen oder unsere Ambiguitätstoleranz überfordern. Das psychische System drückt das dann in der folgenden Episteme aus: 'Das alles ist nur zu ertragen, wenn ich mich für ohnmächtig und hilflos erkläre; eigentlich bin ich ja selbst für alles verantwortlich, eigentlich müßte ich das ja alles wie früher hinkriegen und schaffen, aber jetzt schäme ich mich, daß ich so schwach und verdammenswert bin; da gehe ich lieber zurück in die Rolle des kleinen Kindes, das darauf wartet, daß die Mutter kommt und alles wieder gut macht.'

Und eine *dritte* Reaktionsweise auf diese Systemdynamik könnte darin liegen, sich aus einer eher fundamentalistisch-harten Position heraus in die unversöhnlichen Konflikte gleichsam zu "verbeißen", um dann zeitweise manisch, zeitweise depressiv zu reagieren. Es kommt zu einem von Stierlin und Mitarbeitern so genannten "schizo-affektiven" Muster (vgl. Stierlin ebda. S. 143).

In summa: Bei allen drei psychotischen Reaktionsweisen werden die zugrundeliegenden Konflikte nicht gelöst, sondern schwelen weiter und belasten die psychischen Systeme der Lehrerinnen und Lehrer weiter.

**

(7) Am Ende dieses Teils möchte ich *zwei Auswege* aufzeigen. Der eine betrifft die zukünftige Organisation von Schule. *Eine Schule der Zukunft müßte vor allem ein individuelles Profil entwickeln,* das den Schülern einen Orientierungsrahmen vorgibt, der die Funktion tradierter 'harter' Werte übernimmt, ihnen zugleich aber genügend Spielraum läßt, um auch eigene Vorstellungen und Ideen darin einzubringen; der ihnen aber auch die erstrebenswerten Wahlmöglichkeiten der postmodernen Landschaft bietet, also die Funktion 'weicher' Kontexte übernimmt, indem eine gewisse Vielfalt und die Diversität von Möglichkeiten angeboten wird, aber nicht die Beliebigkeit postmoderner Optionen und Wahlmöglichkeiten wie in den Supermärkten oder Einkaufzentren. Eine solche Schule der Zukunft wird ihr individuelles Profil entwickeln, das zwischen den beiden Extremen liegt und mittlere Werte zwischen 'hart' und 'weich' anstrebt. Sie vermeidet damit die gefährliche Falle, die darin liegen würde, daß es entweder gar keine Wahlmöglichkeiten gibt, oder daß es beliebig viele gibt.

Der *andere Ausweg* kann rascher realisiert werden: Er betrifft die *Notwendigkeit von permanenter Supervision.* Die Forderung nach professioneller Unterstützung, nach Supervisionsgruppen oder Balintgruppen für Lehrerinnen und Lehrer, kann, so meine ich, inzwischen nicht mehr als Panikmache oder extravagante Pflegeleistung abgetan werden. Supervision könnte nur nach einer miserablen Berufsprofilanalyse abgelehnt werden. Sie gehört so selbstverständlich zur Berufsbegleitung wie die Luft zum Atmen.

Ausblick

Ich habe am Ende des vorigen Abschnitts (7) zwei Auswege aufgezeigt, die aus den Überlegungen zur Psychologie des Schulsystems hervorgegangen sind: die Arbeit an einem individuellen Schulprofil und die Beteiligung an Supervisionsgruppen. Ersteres erfordert einen langen Atem; letzteres kann jeder schon morgen in die Wege leiten.

Ich möchte darum zum Schluß nicht die üblichen allgemeinen Vorschläge machen, die immer anfangen mit der Formel: 'Die Schule soll...' (andere Methoden einführen/ kleinere Klassen bilden/ die Lehrer mehr entlasten/ mehr Pausen einlegen/ flexiblere Stundentakte einführen usw.). Was ist denn 'die Schule' - als System?

Wie kann sich das System Schule ändern?. Nach der Systemtheorie ist die Schule ein selbstorganisierendes System, und wenn nicht das System selbst etwas ändert, wird sich auch nichts ändern. Darum ist es kein guter systemischer Stil, auf die Änderung durch die Bürokratie von oben zu warten. Systeme sind mehrfach rekursiv, mehrfach vernetzt, und darum ist es systemtheoretisch gleichgültig, an welcher Stelle die Änderungen einsetzen. Hier folgt etwas Überraschendes. Vom traditionellen, gewöhnlichen Hierarchiedenken aus hört man oft den Satz: 'Wenn die da oben nicht das System ändern, wird nichts passieren'. Ein solcher Leitsatz organisiert bereits die eigene Ohnmacht. Er verhindert, daß ich schon heute oder morgen in meiner Klasse oder bei mir selbst etwas ändere. Er betoniert den status quo. Aus der Chaosforschung wissen wir, daß hochkomplexe Systeme nonlinear sind, das bedeutet, daß ein Eingriff an einer beliebigen Stelle erfolgen kann und durch Rückkopplungen oder Iterationen im System erhebliche Resonanz erzeugen kann. Sie kennen vermutlich das arg strapazierte Bild vom Flügelschlag eines Schmetterlings, der einen Wirbelsturm auslösen kann. Das ist keine kausale Beschreibung, sondern eine mathematische und eine physikalische Möglichkeit in nonlinearen Systemen, und insofern eine reale Möglichkeit, nicht bloß eine Metapher. Ich möchte das Bild aber gerne darüber hinaus als Metapher verwenden: Solange wir nicht mit unseren Flügeln schlagen, werden wir nichts bewegen. Nur wenn wir tatsächlich mit unseren Flügeln schlagen, können wir etwas bewegen. Und je mehr von uns dies tun, um so eher wird sich etwas im System tun.

Zum Schluß ein *inneres Bild* für Ihre bildhafte Vorstellung: Eine Supervisionsgruppe von Lehrerinnen und Lehrern. Sie sitzen im Kreis von Kolleginnen und Kollegen, die nicht aus Ihrer eigenen Schule sein müssen. Sie spüren: Es tut mir gut, über das zu sprechen, was ich sonst nicht besprechen kann. Es tut meinem Magen gut, es tut meinem Herzen gut, und es tut meinem Kopf gut. Und meist bekomme ich dabei auch *einen* Rat, den ich gebrauchen kann.

Aus diesem Grund plädiere ich fürs persönliche Flügelschlagen. Jeder ist selbst immer der erste, der, wenn er will, etwas tun kann. Einen anderen Menschen kann ich nie zwingen, etwas zu tun oder zu verändern. Aber ich selbst brauche nicht auf mich zu warten, wenn ich es nicht will, ich habe den großen Vorteil, daß ich schon heute oder morgen anfangen kann, wenn ich das will.

*****

8. Beratung in der Schule und an der Schule: Systemische Perspektiven und Arbeitsweisen für BeratungslehrerInnen

1. Die Beratungsaufgaben in der Schule

Wir können vier Beratungsaufgaben in der Schule unterscheiden:
- Schullaufbahnberatung,
- Pädagogisch-psychologische Beratung (früher auch als individualpsychologische oder Einzelfallberatung bezeichnet),
- Unterrichtsberatung,
- Organisationsberatung/Systemberatung, d.h. Beratung der Schule als Institution.

Von diesen Beratungsaufgaben stehen die zweite und die vierte im Blickpunkt des systemischen Interesses. Ich befasse mich im folgenden mit der zweiten Aufgabe, der pädagogisch-psychologischen Beratung aus systemischer Sicht. Bei diesem Themenfeld spielt neuerdings die zunehmende Beachtung des Beratungslehrers eine Rolle. Ich stelle die Frage: Wäre es möglich, daß BeratungslehrerInnen (BL) ohne volles Psychologiestudium eine Einzelfallberatung übernehmen - und dies vielleicht sogar effektiver leisten können als traditionell psychologisch ausgebildete Spezialisten? Vom Systemansatz her gebe ich die aufreizende Antwort: Ja! Für diese Auffassung gibt es eine Reihe von Argumenten - und auch eine Reihe von ermutigenden Erfahrungsberichten.

2. Schulische Bedingungen

(Dazu werde ich an dieser Stelle keine Ausführungen machen. Die LeserInnen vergleichen hierzu bitte den Beitrag über die 'Systemische Psychologie der Schule'.)

3. Ziele des systemischen Vorgehens

Grundsätzlich sind alle Beteiligten dem Bildungsziel verpflichtet, das nach systemischer Lesart lautet: Förderung der Selbstorganisationsfähigkeiten der Schüler.

Worin liegen nun die Zielvorstellungen einer systemischen Beratungspraxis in der Schule im einzelnen? Aus dem Systemansatz selber ergeben sich bereits einige *Anhaltspunkte für die Beratungspraxis:*
- möglichst weitgehende *Selbstbestimmung* der Beteiligten,
- *Kontextbezug*: Abstimmung mit den anderen Interessen im System,
- *Konflikte* sind ein natürliches Vorkommnis in allen Systemen, die aus mehreren Elementen (Personen) bestehen,
- *Ressourcen*: die Potentiale aller Beteiligten aufspüren und nutzen,
- *Perspektivenwechsel*: Wechsel in die Perspektive der anderen Teilnehmer,
- *Handlungsalternativen*: bisher nicht genutzte Möglichkeiten im System?
- *Verhaltensmuster*: Welche Verhaltensmuster (zwischen wem) sind eingeschliffen?
- *Wirklichkeitskonstruktion*: Welche Wirklichkeitskonstruktion hat jeder Beteiligte von der Sache? von den anderen? von sich selbst?
- *Respekt* vor der Ansicht und der Autonomie des anderen: Jeder kann/ darf/ muß seine eigene Sicht der Welt und der Dinge haben. Es gibt zunächst einmal - für die systemische Sichtweise - keine bloß 'falschen' Ansichten, sondern nur vorläufige und gelegentlich dysfunktionale oder nicht-nützliche.

- *'Eigenschaften'*: Nach systemischer Auffassung sind Eigenschaften, die wir bei anderen beobachten, niemals nur Eigenschaften der einzelnen Personen, sondern beobachtbare Verhaltensweisen auf der *Beziehungsebene zwischen den beteiligten Personen* oder *im System.* (Beispiel: 'Faul' heißt 'faul bei einer bestimmten Aufgabe' oder 'faul bei einem bestimmten Lehrer oder in einem bestimmten Fach'; 'aggressiv' ist ein Schüler 'gegen jemanden' usw.)
- *Änderungen* des (unerwünschten) Verhaltens:
(1) über die Veränderung des *Kontextes*;
(2) über die Veränderung einzelner *Beziehungen* im System;
(3) über die Nutzung bisher nicht genutzter *Ressourcen*;
(4) über Anregungen im persönlichen *Gespräch.*
- *Hypothesen sind keine Diagnosen:* Abgesehen von einigen testpsychologischen Ergebnissen (die oft auch noch Interpretationssache sind) verkündet der Berater keine unumstößlichen Ergebnisse oder Diagnosen oder Wahrheiten. Die TeilnehmerInnen wären solchen Behauptungen gegenüber mit Recht mißtrauisch, denn es würde für sie bedeuten, daß einer das Sagen hat und die anderen auf ihn hören müßten. Es bewährt sich hier ein Grundsatz der Systemtherapie, der da heißt: *Jede (Krankheits-)Diagnose ist immer nur eine Hypothese über das System.*

Das System, das natürlicherweise Konflikte produziert, kann natürlicherweise auch Lösungen produzieren. Dazu sind oft nur minimale Impulse erforderlich. Das *Hauptziel* liegt in der *ressourcenorientierten Veränderung* des Systems:
- Wen kann ich für welche - evtl. geringfügige - Veränderung ansprechen?
- Wer ist zu einem - evtl. nur kleinen - kooperativen Beitrag im System bereit?
Es leuchtet intuitiv ein, daß solche Veränderungen gerade nicht von den eingeschliffenen alltäglichen Verhaltensmustern der Beteiligten zu erwarten sind, sondern nur dadurch zustande kommen, daß jemand in die Metaposition (Beobachterposition) des Systems einsteigt, das System 'von außen sieht' und dadurch eine neue Perspektive aufs System gewinnt, vor allem auf die einzelnen Beziehungen im System. Diese ermuntert er zu (kleinen) Änderungen, die im Effekt durchaus zu großen Änderungen führen können.

Zum allgemeinen Vorgehen der Beratungslehrer oder der Beratungslehrerinnen (BL): Grundsätzlich werden nur die üblichen Strategien und Methoden des systemischen Vorgehens angewendet. (Das gilt, auch wenn später in Punkt 6 einige spezielle Verhaltensregeln für BL empfohlen werden.)
- BL stellen *zirkuläre Fragen*; so wird den Teilnehmern ihre *Rolle im System* klarer;
- BL nutzen die *Lebens- und Berufserfahrungen* der Teilnehmer als Ressource;
- BL sorgen dafür, daß *unterschiedliche Standpunkte* zu Worte kommen und nicht gegenseitig abgewertet werden, so daß auch unterschiedliche Perspektiven entstehen;
- BL interpretieren die abweichenden oder rivalisierenden Standpunkte als *unterschiedliche Auffassungen über den besten pädagogischen Weg* zum Wohl des Kindes; so können auch einseitige und 'harte' Positionen *umgedeutet* werden im Sinne eines systemischen Reframings;
- BL *verhindern einseitige Verurteilungen:* vorschnelle, monokausale Schuldzuweisungen werden abgewehrt und besser als *zirkuläre Effekte* des Systems gewertet, an denen immer mehrere beteiligt sind.

4. Ein Fallbeispiel

Kai (3. Schuljahr) macht seiner Klassenlehrerin neuerdings Probleme: Er ist im Unterricht unkonzentriert, stört häufiger, schreibt schlechtere Tests, vor allem im Rechtschreiben. Die Mutter ist darüber besorgt, wo sie doch so viel Zeit mit ihm auf die Hausaufgaben verwendet. Sie befürchtet, daß der Junge, wenn das so weiter geht, nicht auf die Höhere Schule kommt. Der Vater, der häufig auswärtige Termine hat und das Schulgeschehen nicht aus der Nähe erlebt, rät zum Abwarten, das werde sich schon wieder geben. Er ist aber damit einverstanden, daß die Mutter Kontakte zur Lehrerin und zum Beratungslehrer aufnimmt.

4.1. Fragen zum System

Wir sehen uns nun das System V-M-L-S (Vater-Mutter-Lehrerin-Schüler; Figur 1) an und überlegen zunächst, welche *Beziehungen (Interaktionen)* jeweils zwischen den Beteiligten möglich oder wahrscheinlich sind, am besten zuerst bei den Zweier-Beziehungen. - Dabei achten wir erstens auf *Koalitionen*, die verdeckt oder offen sein können (als Symbole werden dafür die üblichen Symbole aus den systemischen Genogrammen verwendet, vgl. Schlippe/ Schweitzer 1996, S. 133, oder Goldrick/Gerson 1990). - Danach sehen wir uns zweitens jeweils die Dreierbeziehungen als *Triangulationen* an. Triangulation heißt: "Erweiterung einer konflikthaften Zweierbeziehung um eine dritte Person, die den Konflikt verdeckt und/oder entschärft" (Simon/ Stierlin 1992, S. 366).

Betrachten wir nun (oder auch zuerst!) das *Gesamtsystem*, so sehen wir, daß Kai *Mitglied zweier Systeme* ist, die *beide zum Bildungsziel der Selbstorganisation* beitragen (wollen), indem sie beide sowohl Forderungen an ihn stellen als auch Potentiale (Ressourcen) bieten: das *Schulsystem* und das *Familiensystem*. Im idealen Fall unterstützen sich die Systeme gegenseitig ('rekursiv'), indem beide ihre Potentiale (Ressourcen) einbringen:
- Die Lehrerin und die anderen Lehrer bringen ihre pädagogischen Fähigkeiten und Erfahrungen ein; sie steuern den Lernprozeß mit Hilfe des Lernsystems Schule, das in unserer Kultur ein notwendiges System ist, um das Bildungsziel der Selbstorganisation zu erreichen.
- Die Eltern und die anderen Mitglieder des Familiensystems bringen ihre Fähigkeiten, Ressourcen und Erfahrungen ein, um auf der Ebene des Erziehungssystems ebenfalls ihren Beitrag zu leisten, um das Bildungsziel der Selbstorganisation zu erreichen.

Die beiden Systeme sind schematisch in dem Gesamtsystem enthalten (*Figur 1*) und können aus diesem 'herausgelesen' werden: das *Familiensystem* besteht aus M-V-S

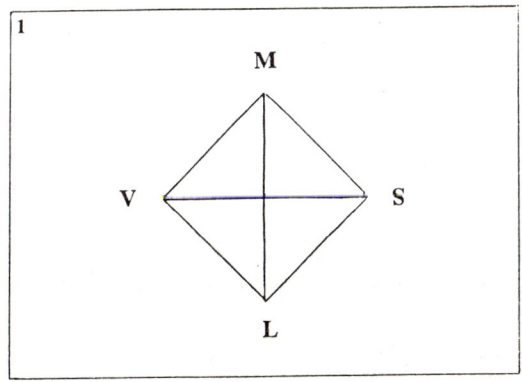

(Mutter, Vater, Sohn=Schüler), das *Schulsystem* wird abgekürzt mit L-S (Lehrerin, Schüler). Bei dem Gesamtsystem, das ich hier 'Basisschema' nennen möchte, kann es (im Idealfall) für die Beziehungen zwischen diesen vier Personen zusätzlich noch Pluskreuze geben, was heißt, daß zwischen den betreffenden Personen primär positive Beziehungen bestehen, so daß beide Systeme ihre Potentiale allen Beteiligten zur Verfügung stellen können (das wird die Figur 5 zeigen).

4.2. Durchführung in Seminaren

Es gibt mehrere Möglichkeiten, das Fallbeispiel zu besprechen bzw. daran die systemische Sichtweise zu vertiefen:

- *Symbole eintragen:* Besprechung vor der ganzen Gruppe. Die Gruppe macht Vorschläge, wie in den (folgenden) Zeichnungen die *Beziehungen* aus der Perspektive des(r) BeratungslehrerIn (BL) gewertet werden sollen, d.h. welche *Symbole eingetragen* werden sollen.

- *Zweier- und Dreierbeziehungen* (Dreiecke) werden mit Symbolen gewichtet und/oder nach *komplementären* oder *symmetrischen Beziehungen* abgesucht bzw. die Dreiecke nach *Koalitionen*.

- *Segmente herausnehmen:* Es werden einzelne Segmente des Systems herausgenommen und nach ihrer *Dynamik* für das System bewertet.

- *Kontaktplan:* Daraus kann ein Kontaktplan entwickelt werden, nach dem BL vorgehen würde, um die Kontakte mit den einzelnen Segmenten herzustellen, also beispielsweise ein erstes Gespräch nur mit der Mutter oder mit beiden Eltern, ohne Kai oder mit Kai; mit anderen Kollegen usw.

- *Spielphase:* Zweier- und Dreierbeziehungen werden von den Teilnehmern im Rollenspiel gespielt (mit Beobachtungsaufgaben, mit Rollendoppeln als Beobachter u.a.). Nach dem Rollenfeedback werden sie von der Gruppe (nochmals) mit Symbolen gewichtet (Tafel oder Flipchart).

- Das *ganze Konfliktsystem* wird gespielt, also alle Beteiligten außer BL.

- Das ganze *System plus BL* wird gespielt: Dabei wird die übliche Phasenfolge (s.u.) für ein solches Gespräch genau beachtet. Anschließend Rollenfeedback und Auswertungsgespräch.

(Hinweis: Übrigens können im Fortgang der Systemanalyse die systemischen Grundbegriffe gleichsam nebenbei eingeführt und mit Inhalt gefüllt werden, z.B. Zirkularität, Kreiskausalität, Systemdynamik, Wirklichkeitskonstrukt, positive ode negative Verstärkung, Selbstorganisation/ Selbststeuerung vs. Fremdbestimmung, Ressourcen usw.)

4.3. Rollenspielanweisungen

Erfahrungsgemäß werden die Probleme der Systemanalyse durch die *psychodramatischen Rollenspiele* leichter durchschaubar, so daß beim Spielen auch schon *Lösungsperspektiven* in den Blick kommen (vgl. Ritscher 1996). Ich gebe jetzt einige Hinweise für die Rollenspiele, die sich in der Praxis bewährt haben.

Zuerst werden wichtige *Zweierbeziehungen gespielt.* (Manchmal empfiehlt es sich auch, mit einem interessanten *Dreieck* anzufangen.)

- Diejenigen, die dabei gerade keine Rolle haben, können Rollen als *Beobachter* übernehmen, z.B.: die Mutter wird von 'anderen Müttern' beobachtet, die Lehrerin wird von 'anderen Lehrerinnen' beobachtet usw.
- Dazu kommen dann noch die *'Beziehungsbeobachter'*; diese beobachten die Interaktionen der beiden Protagonisten (oder im Dreieck die Interaktionen der drei Protagonisten).
- Beim *Rollenfeedback* bzw. bei der Nachbesprechung wird dann gefragt, ob es zwischen zwei Personen, die gespielt haben (bzw. zwischen den drei Personen) ein *gemeinsames Gefühl* gegeben hat oder unterschiedliche Gefühle.

Vom Systemansatz her ist darauf zu achten, welches *gemeinsame Gefühl* durch die Interaktion im System entsteht, und darauf, wie eine Spielerin auf die andere reagiert, wie also die wechselseitigen Reaktionen der beiden Spielerinnen aussehen:
- Gibt es Muster? Typische Reaktionen? Sich aufschaukelnde Reaktionen? Zunehmenden Ärger? Bestimmte Antworten auf bestimmte Vorwürfe? Stereotypische Reaktionsketten? Werden positive Vorschläge (Potentiale und Ressourcen) ins Spiel gebracht? Wie ist die Reaktion darauf?

Die *Zweierbeziehungen* (v.a. die folgenden!) sollen, wenn genug Zeit dafür ist, immer auch *umgedreht*, d.h. von den Spielern getauscht werden, also statt L-S dann S-L oder statt V-S dann S-V. So ergibt sich jeweils die *andere Perspektive*. Für Lehrer und für Lehrerinnen ist es sehr nützlich, auch den Schüler zu spielen, d.h. die Schülerperspektive einzunehmen, natürlich auch für die Eltern. Bei den Konfliktspielen (s. Molnar/Lindquist!) ist das ganz unverzichtbar! Dabei werden von den anderen Teilnehmern/Beobachtern nachher, nach dem Spiel, die jeweiligen *inneren Leitsätze* jeder Position (jedes Spielers) geraten/ formuliert/ nachgefühlt. (Z.B. die Lehrerin: 'Mit deinem dauernden Gequatsche, meistens auch noch mit dem faulen Udo, bist du für mich wirklich eine elende Nervensäge!')

4.4. Zweierbeziehungen (Interaktionen)

Für das Folgende verwenden wir wieder das obige Basisschema (Figur 1). Dabei versucht die Gruppe, zunächst ein gemeinsames Symbol für die Beziehung zwischen zwei Personen zu finden. Bei der Diskussion wird sich aber schon zeigen, daß die Sichtweisen der beiden Beziehungspersonen unterschiedlich sein können. Darum habe ich die Reihenfolge der beiden Personen gelegentlich umgekehrt, also zum Beispiel zuerst L-S (Lehrerin-Schüler), dann später S-L (Schüler-Lehrerin), was heißt, das jetzt die Beziehung aus der Perspektive des Schülers angesehen wird. Wenn die Beziehungen differenziert werden sollen, gehen wir also so vor: Auf der Linie zwischen zwei Personen werden *zwei Symbole* verwendet, jeweils eines in der Nähe eines Namens=Buchstabens=Person, das dann für die Sichtweise der jeweiligen Person auf die andere steht (und umgekehrt; vgl. auch die Figur im Beitrag SEK!). Im einfachsten Fall könnte auf einer Linie zwischen Mann und Frau ein Plus in der Nähe des Mannes und ein Minus in der Nähe der Frau stehen, was bedeuten kann, daß er in sie verliebt ist, sie ihn aber ablehnt - was ja vorkommt.- Zur Vereinfachung schlage ich die folgenden drei zusätzlichen Symbole (zu den üblichen) vor:

+ = positive Beziehung oder positive Sicht einer Person auf die andere;
- = negative Beziehung oder negative Sicht einer Person auf die andere;
v = neutrale Beziehung oder neutrale Einstellung zur anderen Person.

- *L-S*: Die Lehrerin fühlt sich durch das Verhalten von Kai (S=Schüler) in der Klasse gestört. Außerdem beobachtet sie einen Leistungsabfall. Sie vermutet 'natürlich' einen Zusammenhang zwischen beidem. Die Beziehung ist gespannt. (Symbol: konflikthafte Beziehung bzw. offener Konflikt).

- *M-S*: Die Mutter von Kai (S) hat bislang mit viel Geduld und Einsatz seine Hausaufgaben kontrolliert und ihn ständig dabei unterstützt. Sie hat sich viel um Kai gesorgt, der ja immer schon nicht so einfach war. Durch den Leistungsabfall und die Beschwerden wird die enge Beziehung allerdings belastet (Symbol: verdeckter Konflikt).

- *V-S*: Der Vater hat ein gutes Verhältnis zu seinem Sohn, findet es 'normal, daß es mal nicht so läuft'. Das kann die gute Beziehung nicht trüben. (Symbol: positive Beziehung).

- *M-L*: Die Mutter ist der Meinung, die Lehrerin stellt zu hohe Anforderungen und geht zu wenig auf die einzelnen Kinder ein. Die Mutter hat bisher immer gleichsam für die Schule und die Lehrerin mitgearbeitet, darum fühlt sie jetzt eine starke Spannung zur Lehrerin und kritisiert diese dafür. (Symbole: offener oder verdeckter Konflikt).

- *V-L*: Der Vater findet es gut, daß die Lehrerin die Kinder auch fordert. Das sei in der heutigen Leistungsgesellschaft das einzig Richtige. Außerdem findet er sie auch persönlich sympathisch. (Symbol: positive Beziehung).

- *S-L*: Kai spürt, daß sich die Beziehung zur Lehrerin verschlechtert hat. Er erfährt auch deutliche verbale Kritik an seinem störenden Verhalten in der Klasse. Andererseits hat er das Gefühl, daß die Lehrerin oft zu viel von ihm und den anderen erwartet und eigentlich ein bißchen 'netter' zu ihm sein könnte. (Symbol: offener Konflikt).

- *L-M*: Die Lehrerin empfindet die Mutter zwar als kooperativ, hat aber andererseits das Gefühl, daß diese zu besorgt um Kai ist und damit seine Selbständigkeit zu wenig fördert. Wachsende Anforderungen an die Schüler hält sie für normal, auch für unvermeidbar. (Beziehung: Symbol für (mindestens) verdeckten Konflikt).

- *V-M*: Der Vater hält seine Frau für zu besorgt. Sie solle die momentanen Schwierigkeiten nicht überbewerten und sich weniger darüber aufregen. Das würde dem Sohn auch besser bekommen. Beziehung: deutliche Differenz der Auffassungen. (Symbol: offener Konflikt).

- *S-M*: Kai spürt, daß ihm die Mutter durch ihre ständige Kontrolle zunehmend lästig wird. Einerseits müßte sie jetzt noch mehr mit ihm arbeiten, weil er in der Schule schlechter geworden ist; andererseits wünscht er sich mehr in Ruhe gelassen zu werden. (Symbol: offener Konflikt). (Übrigens zeigt der Vergleich mit M-S eine unterschiedliche Einzelperspektive; die Gruppe muß entscheiden, ob sie das Muster zwischen beiden als verdeckten oder offenen Konflikt bewerten will oder die Seiten differenziert.)

4.5. Die Systemdynamik: Drei Rückkopplungskreise zur Stärkung (oder zur Schwächung) der Selbstorganisation und der Synergie-Effekt durch Beratung

(1) An dieser Stelle ist eine Bemerkung zur *Systemdynamik* angebracht. Es hat, wie die Beispiele zeigen, sich bei einzelnen Zweierbeziehungen ergeben, daß die Umkehrung der Perspektive zu einer anderen Bewertung des gemeinsamen Symbols führt. Dennoch gibt es, systemisch gesehen, immer auch eine *einheitliche Systemdynamik*.

(2) Nehmen wir das Beispiel S-M bzw. M-S. Je schlechter Kai in der Schule wird, um so mehr hat die Mutter das Bedürfnis, den *Druck* und die *Forderungen* an Kai zu erhöhen. Darauf reagiert Kai mit *Unlust*; darauf wieder reagiert die Mutter mit verstärkten Bemühungen, so daß Kai sich wieder mehr *zurückziehen* möchte usw. usw. Systemdynamisch sprechen wir hier von 'komplementärer Eskalation' eines Konfliktes, d.h. eine Dynamik steigert sich auf beiden Seiten, und zwar so, daß sie sich gegenteilig/ gegensinnig ('komplementär') verstärkt. Eine 'symmetrische Eskalation' läge vor,

wenn beide Seiten dieselbe Strategie anwenden würden. (*Figur 2*: Komplementärer Zirkel zwischen *Forderung und Rückzug*).

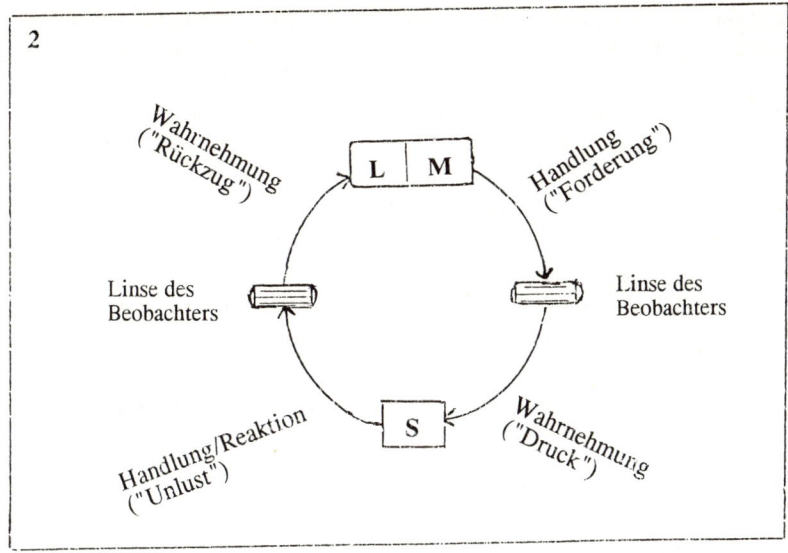

(3) Auch für unser *systemisches Hauptthema, die Förderung der Selbststeuerung*, ergibt sich eine *zweite ungünstige Systemdynamik*. Je mehr sich die Mutter um Kai *sorgt*, um so stärker wird seine *Abhängigkeit* von ihr, so daß leider seine *Unselbständigkeit* gefördert wird statt seiner Selbständigkeit. Je unselbständiger nun Kai ist, um so mehr muß die Mutter ihre Sorge um ihn verstärken, je stärker aber die Sorge der Mutter um ihn ist, um so unselbständiger wird er usw. (*Figur 3*: Zirkel zwischen *Sorge und Abhängigkeit*).

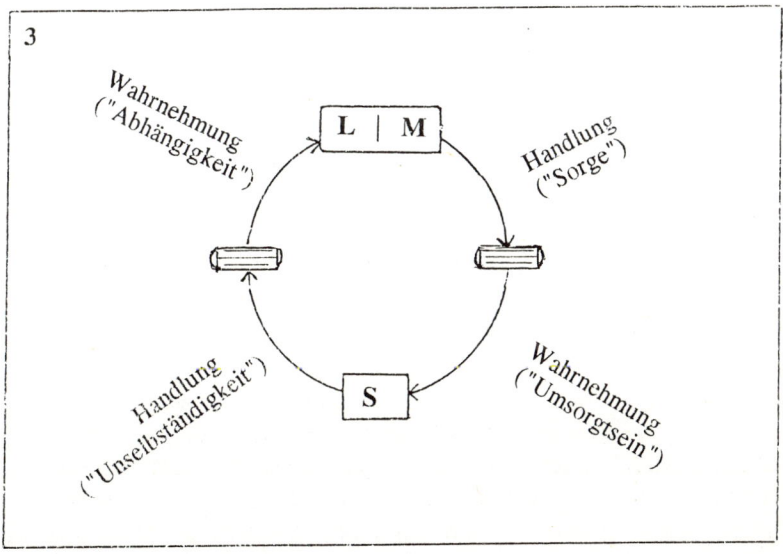

(4) Hier ergibt sich das berühmte *schulische Doppelparadox* (ich nenne es so) als *dritter selbstverstärkender Zirkel*: Die Schule will die Lernfähigkeit und die Fähigkeit zum selbständigen Lernen (langsam) steigern, also die Selbststeuerungsfähigkeit. Aber für die Eltern liegt die Versuchung darin, die Leistungsanforderungen der Schule dadurch zu unterstützen, daß sie hierum sehr besorgt sind, indem sie ihr Kind ständig zu Hause kontrollieren, es also praktisch in der Unselbständigkeit/ Fremdsteuerung belassen. So wird die Aufgabenerfüllung praktisch zur Erfüllung fremdbestimmter Aufgaben und Anforderungen: erstens zu Hause und zweitens, noch einmal verstärkt, in der Schule. Dieses System schaukelt sich dann zunehmend weiter auf, denn das ist die normale Systemdynamik: Das Kind erzählt zu Hause, daß es in der Schule nicht mitkommt, daraufhin erhöht die Familie wieder den Druck (und sei es durch externe Nachhilfe), der zu vermehrter Unselbständigkeit führt, was sich wieder nachteilig in der Schule auswirkt, weil deren Anforderungen wiederum stärker wahrgenommen werden und dadurch für noch stärkeren Druck zu Hause sorgen, der wiederum in der Schule...usw.usw. - ein Teufelkreis: Beide Systeme, die von ihrem pädagogischen Auftrag her die Selbststeuerungsfähigkeiten fördern sollten, arbeiten faktisch in die Gegenrichtung: sie fördern die Fremdbestimmung. So wird aus der Förderung der Lern- und Leistungsfähigkeit des Schülers faktisch ein Weg in die Förderung der Unselbständigkeit des Schülers. (*Figur 4: Negativer Zirkel zwischen Familie und Schule*).

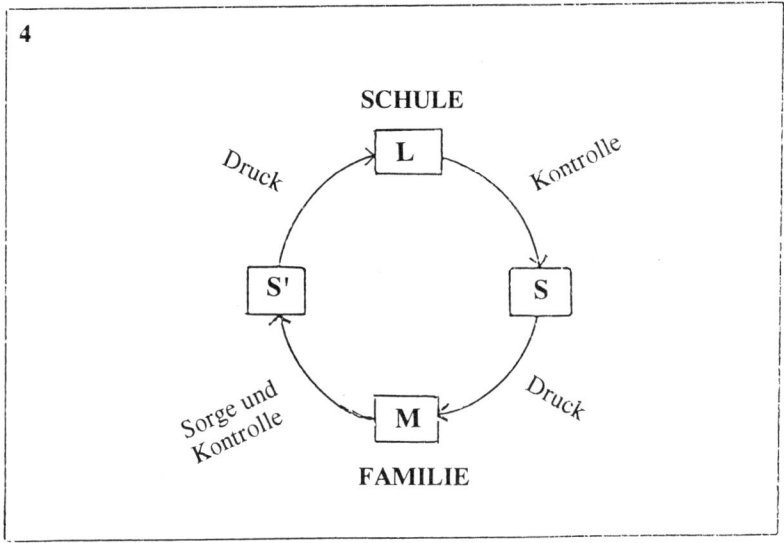

(5) An dieser Stelle erkennen wir wieder die Hauptaufgabe der schulischen Beratung bzw. des BL: Die positiven Potentiale beider Systeme, die zu selbständigem, nicht nur fremdveranlaßtem Lernen ermutigen, müssen verstärkt werden, dann können sie beide zu dem systemischen Effekt beitragen, den man im Fachjargon *Synergie-Effekt* nennt (s. Beitrag zur Synergetik in Teil III des Buches). Zwei Systeme können dann zusammen viel mehr erreichen als jedes für sich oder durch die bloße Addition beider Systeme. Die positive Dynamik des Gesamtsystems entspricht der konkreten Aufgabe von BL: BL arrangiert einen Prozeß, bei dem sich die positiven Ressourcen der Sy-

steme aufschaukeln können. So kommt es zur allmählichen Zunahme der Selbständigkeit bei Kai und zur allmählichen Abnahme der (für-)sorgenden Hilfe der Mutter, verbunden mit einer wohldosierten Strategie der Lehrerin, Kai zwar mehr zu fordern, aber auch mehr auf ihn einzugehen, ihn mehr zu loben, öfter zu ermutigen, gelegentlich vielleicht auch weniger zu fordern und weniger von ihm zu erwarten. In Figur 5 ergeben sich dadurch neue Werte und neue Effekte: Ein Zirkel zwischen Zunahme der Selbständigkeit und Abnahme der Sorge; sowie ein Zirkel zwischen wohldosierter Zunahme der Forderungen und wohldosierter Verminderung der Versorgung. (*Figur 5*: *Positiver Zirkel zwischen Familie und Schule*).

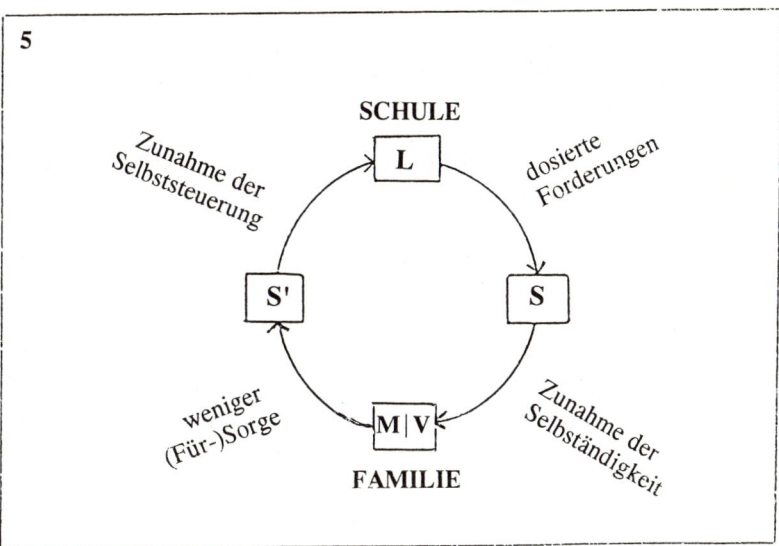

4.5. Dreiecke/ Triangulationen

Wenn wir unser Basismodell (Schema 1) betrachten, gibt es im System vier Dreiecke (diese können für sich gezeichnet und bewertet werden, oder mit Farben markiert werden):

(1) Triangulation (Dreieck) *M-S-L*: Einerseits besteht eine gewisse Koalition der Mutter mit Kai gegenüber der Lehrerin, andererseits gibt es neuerdings zwischen Mutter und Sohn verstärkt Probleme (verdeckter bis offener Konflikt), weil die Mutter die Kontrolle verstärkt. Die Mutter findet aber, daß die Lehrerin zu große Forderungen an die Klasse stellt und sich dabei zu wenig um die einzelnen Kinder kümmert.

(2) Triangulation (Dreieck) *V-S-L*: Der Vater findet es ganz in Ordnung, daß die Lehrerin die Schüler auch fordert. Er findet die Lehrerin 'ganz o.k.'. Die Lehrerin trägt gleichsam zur Entschärfung des möglichen Konflikts mit seinem Sohn bei, weil sie Forderungen stellt, die seine Frau nach seiner Meinung eigentlich selber stellen müßte, also praktisch eine Helferin für die familiären Erziehungsaufgaben spielt. (Das kann natürlich ein ausgezeichneter Ressourcenpunkt für BL werden!) Hier bilden der Vater und die Lehrerin (fast) eine Koalition gegen den Sohn!

(3) Triangulation (Dreieck) *V-M-L*: Mutter und Vater sind im Konflikt darüber, wie sie auf die Beschwerden der Lehrerin reagieren sollen. Während der Vater eher abwartend und gelassen reagieren möchte (und damit eine verdeckte Koalition mit der Lehrerin eingeht), ist die Reakti-

on der Mutter eher ungeduldig: Sie hat den Druck zu Hause schon erhöht und sieht sofortigen und weiteren Handlungsbedarf, um das Ziel 'Höhere Schule' zu erreichen (vgl. das Gespräch des Beratungslehrers mit den Eltern). Andererseits sind die unterschiedlichen Muster, mit denen die Eltern 'reagieren', nicht erst durch die aktuelle Schulsituation des Sohnes entstanden...

(4) Triangulation (Dreieck) *V–M–S*: Wir können die vorige Triangulation auch umgekehrt formulieren: Ein konflikthaftes Interaktionsmuster der Eltern als Ehepaar wird nur aktualisiert durch die aktuelle Schulsituation. Das ist bedeutsam für die spätere *Klärung der Beratungsfragen*: Wer kann etwas ändern? Wer bewirkt durch sein Verhalten welche Folgen? Wer ist 'schuld'? usw. Denn offenbar ist es nicht einfach so, daß nur der Sohn plötzlich Probleme hat und er darum auch den Eltern Probleme macht. Wenn wir eine systemische Sichtweise anlegen, gibt es sowieso nicht einfach nur ein Problem, das einer für sich allein hätte, sondern wir müssen sagen: ein sich entwickelndes System hat ein neues Problem (oder Thema), und das steht eben zur Lösung an. Allerdings besteht eine *verdeckte Koalition des Vaters mit seinem Sohn*, die die Mutter natürlich spürt, was wieder ihren Konflikt mit dem Vater (ihrem Mann) über die unterschiedliche Sicht der aktuellen Situation verschärft. Da der Sohn die Unterstützung durch den Vater spürt, sieht er vermutlich erst einmal keinen Grund, seine innere Rebellion gegen das lästige Kontrollverhalten der Mutter zu ändern, was wieder den Konflikt mit der Mutter verschärft, was wieder deren Konflikt mit dem Vater verschärft, was wieder dessen Koalition mit dem Sohn verstärkt, was wieder...

Nach meiner Erfahrung ist die Wahrnehmung solcher Koalitions- und Konfliktspiele ('*Ko-Ko-Spiele*') - auch 'Systemspiele' genannt - für das Erlernen der BL-Tätigkeit eine sehr gute Vorbereitung. Außerdem bereitet die Arbeit mit den Zweier- und Dreierbeziehungen in Seminaren i.a. eher Spaß und Vergnügen als Verdruß; es breitet sich eine Art Kreuzworträtselstimmung aus. Denn das ist die Basis für *zwei Fähigkeiten*, die später von BL erwartet werden: erstens ein *allparteiliches Beratungsgespräch* am Runden Tisch zu arrangieren, das für die Beteiligten hilfreich ist; und zweitens, noch wichtiger, die teilweise vollkommen *widersprüchlichen Rollenerwartungen/* Rollenzumutungen zu durchschauen, um nicht in unnötige Fallen zu geraten. Bevor ich abschließend auf die Durchführung und die Planung eines solchen Gespräches eingehe, werden zuvor noch einige Punkte zum Beraterverhalten erörtert.

4.6. Das Reflecting-Team Spiel (RT-Spiel)

In Beratungsgesprächen kann die Triangulation bzw. der Beziehungskonflikt auch positiv zu einem RT-Spiel genutzt werden. Wie geht das? RT heißt: Reflecting Team nach dem Modell von Andersen (1991). Bei diesem Konzept hört ein Team zu (ursprünglich unsichtbar hinter der Scheibe!), wenn ein therapeutisches Interview stattfindet. Dieses Team nimmt anschließend Stellung zu dem Gespräch, dessen Zeuge es geworden ist, und dabei hört nun das Interview-System zu.

Irgendwann hatte ich die Idee, dieses Vorgehen für Beratungsgespräche zu nutzen (damit diese weniger chaotisch verlaufen und eine bessere Struktur erhalten). Jeweils zwei Kontrahenten unterhalten sich, und zwar am besten nach vorher festgelegten Regeln und über ein zuvor festgelegtes Thema/ Problem, sagen wir: 5 Minuten lang; derweil hört ein Dritter (oder mehrere) zu, die anschließend ihre Meinung dazu sagen. Das Entscheidende ist, daß jeweils einige sprechen (dürfen), die anderen zuhören (müssen), und danach erst kommentieren (dürfen). Damit kommt mehr Struktur in das Gespräch, und die Aufmerksamkeit auf das, was ein anderer sagt, wird erhöht.

(1) *Beispiel 1*: In einer ersten Runde des Gespräches hat jeder Teilnehmer seine Meinung gesagt. BL hat zusammenfassend noch einmal die strittigen Hauptpunkte resümiert. Nun unterhalten sich jeweils zwei Kontrahenten bzw. Beteiligte, sagen wir: die Lehrerin und die Mutter darüber, während Kai (und alle anderen) nur zuhört (und nichts kommentieren darf) - so, als säße er eben hinter der Scheibe. Danach sagt er in kurzen Statements:

- a) Wo kann ich zustimmen? (Was fand ich o.k.);
- b) Wo kann ich nicht zustimmen? (Was fand ich ätzend);
- c) Was ist mir unklar? (Wo verstehe ich Bahnhof).

BL kann dann als Moderator auch andere in dieser Weise zu solchen Zweiergesprächen bitten. - In der nächsten Runde werden die Rollen getauscht. Dann ergibt sich beispielsweise (oben die Diskutanten; unten die Zuhörer):

```
M - L        L - V        M - V        L - S        L - S
-----   /   -----   /   -----   /   -----   /   -----   usw.
  S            S            L            M            V
```

Anschließend versucht BL, aus den Statements mögliche Ansatzpunkte für ein gemeinsames Vorgehen herauszufiltern.

(2) *Beispiel 2*: Eine *andere Form* der Anwendung sieht so aus, daß jeweils, wie in einer Spielrunde, zwei Spieler, die nebeneinander sitzen, ein kurzes Gespräch über das Thema führen, der dritte in der Reihe, die rechts herum geht wie bei den Würfelrunden, hört jeweils zu, kommentiert dann und bildet mit dem zweiten Spieler das nächste Paar. Dabei sollte jeweils der neue Spieler an den Äußerungen seines Vorgängers *anknüpfen*. Wenn also die Runde so aussieht: - V - M - Kai - L - (ohne BL-Beteiligung!) - V... , dann sieht die Spielrunde folgendermaßen aus:

```
V - M        M - Kai      Kai - L      L - V        V - M
-----   /   -------   /   -------   /   -----   /   -----   usw.
 Kai           L            V            M            Kai
```

(3) *Beispiel 3*: Schließlich können auch noch Paare aus den Gegenübersitzenden gebildet werden, wenn es gewünscht wird, und jeweils neue Zuhörer/Kommentatoren ernannt werden. Manchmal führt ein solches Spiel zu Entspannung und zu Humor, so daß eine konstruktive Stimmung entsteht.

5. Das Rollenprofil der Beratungslehrer: Erwartungen, Kompetenzen, Strategien

5.1. Eine Falle: Die Erwartungen an Beratungslehrer

Alle Probleme von BL liegen nur in seiner systembedingten Sonderrolle. Die Rolle von BL befindet sich zwischen zwei unterschiedlichen Positionen A und B, die unterschiedliche Erwartungen mit sich bringen:

- *Position A*: BL hat - gut systemisch-konstruktivistisch - eine *Metaposition*, über den anderen Positionen. Damit hat er/sie - im Gegensatz zu den anderen, die in einen Konflikt verwickelt sind - die einmalige Chance, den Konflikt von außen zu sehen, und damit Neues, anderes und mehr zu entdecken als die anderen. -

- *Position B*: Wenn BL 'über' den anderen steht oder sitzt, sitzt BL damit schon 'zwischen allen Stühlen'. BL scheint nirgends hinzugehören, und er/sie verbreitet damit erstmal Unsicherheit und Unklarheit, wie jeder, der nicht von Anfang an eine klare Position hat.

- *Erwartung A*: Wie jeder 'externe' Berater, weckt er große Erwartungen. Er wird unbewußt in die *Expertenrolle* gedrängt: Jetzt kommt der Experte und zeigt, wo es lang geht! Man erwartet die ultimative Diagnose, die endgültige Etikettierung des Problemschülers usw.

- *Erwartung B*: Die anderen sagen (unhörbar): Was will der denn! Der weiß ja gar nicht, was hier Sache ist! Der hält sich doch am Ende raus und macht nur eine schlaue Miene zum Spiel usw.

Wenn BL sich diese möglichen ganz *unterschiedlichen Erwartungen* klar macht, kann er/sie weniger Fehler machen. Im konkreten Einzelfall sollte BL noch überlegen, *welche Aufträge* ihm *von wem* mit *welcher Erwartung* unausgesprochen gegeben werden. Dazu ist es nützlich, sich die Erwartungen nicht nur der einzelnen Teilnehmer, sondern auch aus den Zweier- und Dreierkonstellierungen klar zu machen (so wie wir dies oben getan haben). *Oberster Grundsatz: Vorsicht! Jedes Subsystem möchte dich zum Koalitionspartner haben!*

Unser *Beispiel* könnte dann so aussehen: BL soll folgende Geheimaufträge erledigen:
- die *Kollegen* erwarten: dem unliebsamen Schüler mal ordentlich die Meinung sagen; ihn auf Vordermann bringen;
- die *Mutter* erwartet Unterstützung, erwartet, daß BL die Probleme 'wegzaubert', so daß der Sohn mit ihr wieder richtig die Hausaufgaben macht und in der Schule wieder mitarbeitet;
- die *Mutter* erwartet, daß BL der *Lehrerin* klar macht, daß sie mehr auf ihr Kind eingehen muß;
- der *Vater* erwartet, daß BL bei seinem Sohn mehr erreicht als er selber;
- die *Lehrerin* erwartet, daß BL erreicht, daß sich der *Vater* mehr um seinen Sohn kümmert und seinen Einfluß verstärkt;
- einige *Kollegen* erwarten vielleicht auch: ein paar zünftige Psychotests werden schon zeigen, daß der IQ und noch manches andere so ist, daß es keinen Sinn hat, S zu fördern.

5.2. Der Ausweg: Die Rollendefinition

Aus dem Rollendilemma gibt es einen einfachen *Ausweg*: BL muß den Beteiligten gegenüber seine Rolle klar definieren, ihnen sagen, wie er vorgehen wird, welches seine Ziele sind, was er erreichen kann, wenn alle kooperieren, und was er nicht erreichen kann, wo seine Grenzen liegen. Das alles kann und sollte *auch schriftlich* und damit doppelt klar für alle auf dem Tisch liegen.

Dazu ist es hilfreich, sich zunäcxt klarzumachen, was der *Berater vermeiden* sollte, damit er sich nicht gleich in die Nesseln setzt:
- keine Koalitionen bilden
- keine Parteinahme für eine Seite, Neutralität wahren
- keine Be- oder Abwertungen der Teilnehmeräußerungen (mit Ausnahme der nichteingehaltenen Regeln der Gesprächsführung!)
- keine vorzeitigen Lösungen einführen oder unterstützen
- keine (individuellen) Schuldzuweisungen akzeptieren
- keine schnellen Ratschläge bzw. mit Ratschlägen zurückhaltend sein.

(6) *Strukturskizze*: BL versucht eine systemische Strukturskizze (wie oben), in der die Beziehungsstrukturen als wechselseitige Strukturen deutlich werden (s.o.), damit das Problem für alle als *gemeinsame Aufgabe* angesehen werden kann.

(7) *Zielplanung*: Worin könnte ein gemeinsames Ziel für alle Beteiligten liegen? (Kleinster gemeinsamer Nenner)

(8) *Beiträge*: Wo könnten die Beiträge der einzelnen Teilnehmer liegen ?

(9) *Kontrakt*: Am Ende steht ein neuer Kontrakt darüber (über 7 und 8) unter den Anwesenden: Wozu kann sich jeder verpflichten?

(10) *Zeitplan*: Vereinbarung eines Zeitplanes für das weitere Vorgehen. (Kann auch Teil des Kontraktes sein).

(11) *Informationswege*: Vereinbarung über die Weitergabe von neuen Informationen an die Teilnehmer betr. den Fortgang der Sache.

Nützlich ist für solche Gespräche die vorherige *Vereinbarung von Regeln für die Gesprächsführung*, die in etwa den TZI-Regeln entsprechen. BL sollte mit Fingerspitzengefühl abschätzen, wie weit dies in der Gesprächsrunde sinnvoll ist und welche Regeln ausgewählt werden sollen. Dazu würden etwa gehören:

- Jeder spricht nur *für sich selbst* (nicht für einen anderen; andere sollen für sich sprechen: 'Jeder ist sein eigener Chairman').
- In der *Ich-form* sprechen (Ich-Botschaften senden, nicht 'man' oder 'wir').
- Es spricht immer *nur einer* zur gleichen Zeit.
- *Nebengespräche*, Unklarheiten, Störungen werden vor die ganze Gruppe gebracht.

7. Die Klassenmoderation

Schließlich empfehle ich noch ein Verfahren zur Klassenmoderation, das bei Konflikten/ Problemen/ Störungen/ Beschwerden in der Klasse angewendet werden kann. (Zum Vorgehen vgl. WEKA 1993, 9/2/2). Die *Phasenfolge* ist:

1. *Auftragsklärung*: Thema/ Problem. Wer, mit wem, wann?
2. *Organisation*: Zeitlicher Rahmen, Gesprächsregeln, Sitzordnung.
3. *Schülerperspektive*: Beschwerde anmelden. SchülerInnen: Was stört mich? Warum? Seit wann? Wen noch?...
4. *Lehrerperspektive*: Wie nehme ich das wahr? Was stört mich? ...
5. *Rollenwechsel*/ Rollenspiel/ Perspektivenwechsel: SchülerInnen und LehrerInnen tauschen die Plätze und wechseln die Perspektive und die Rollen: Was nehme ich jetzt wahr? Was stört mich? ...
6. *Rollenfeedback*.
7. *Lösungsideen* (Tafel/ Flipchart).
8. *Kontrakt* /Vereinbarung: Was kann realisiert werden und wozu verpflichten sich die Beteiligten?
9. *Zeitplan:* Zeitlicher Rahmen für das weitere Vorgehen.
10. *Evaluation*/ Kontrolle.

****

9. SEK: Systemisches Entlastungstraining und Konfliktberatung für Lehrerinnen und Lehrer. Konzept und Seminarprogramm (Fortbildungskurs)

Übersicht über die Bausteine des Kurses/ Seminars:

0. Einführung ins Thema und Ziele des Kurses
1. Selbsterfahrung: Rollenbilder als Selbstkonstrukte
2. Nicht hilfreich: Die Personalisierung der Konflikte (Selbsttest)
3. Die Schule als Lernsystem: Systembedingungen von Konflikten
4. Beziehungsmuster bei Konflikten (mit Rollenspiel)
5. Systemdynamik der Konflikte: Ein Teufelskreis (mit Rollenspiel)
6. Drei Einstellungsfehler, die verändert werden können
7. Perspektivenwechsel und Umdeuten von Schülerverhalten (mit Rollenspielen)
8. Kognitives Umstrukturieren: Veränderung von Leitsätzen und Stressreduktion
9. Übung und Rollenspiel: Kollegiale Fallsupervision
10. Zusammenfassung und Ausblick in die Zukunft.

0. Einführung ins Thema

Die Belastungen, die heute auf die Lehrerinnen und Lehrer aller Schulformen und Schulstufen vermehrt und ständig steigend zukommen, sind bekannt. Zumindest sprechen sie sich inzwischen auch dort herum, wo man früher der Ansicht war, daß die Lehrer durchweg eine ruhige Kugel schieben können: viele Ferien und außerdem die Nachmittage frei. Inzwischen sprechen sich in der öffentlichkeit andere Dinge herum. Es ist die Rede vom 'burn-out' der Pädagogen - nur wenige erreichen noch die berufliche Altersgrenze -, von zunehmender Gewalt an Schulen und davon, daß keiner mehr Lehrer werden will, zumindest nicht in den Großstädten und nicht an den Hauptschulen. Erziehungsaufgaben von ungeahntem Ausmaß kommen auf die Lehrerinnen und Lehrer zu, gleichsam als unbezahlte Zusatzaufgaben, und die wenigsten sind hierfür speziell ausgebildet worden - obwohl doch alle Welt meint, daß, wenn überhaupt jemand, dann die Pädagogen solche Erziehungsprobleme lösen können; sie haben ja schließlich Pädagogik studiert. Und während der berühmte Pädagoge Friedrich Herbart (1776-1841) noch die Illusion hatte, man könne *durch* Unterricht und also *im* Unterricht gleichzeitig Erziehung betreiben, fordern erfahrene Schulmeister heute, man solle doch die Kinder überhaupt erst einmal erziehen, bevor man mit dem Unterricht anfängt.

Was können wir tun? Ich knüpfe zuerst an die Überlegungen zur Supervision an (s. Beitrag dort). Meine These ist: *Prävention statt Therapie.* Wie in der Gesundheitsvorsorge sollte es auch im Lehrberuf selbstverständlich werden, daß Vorsorge besser als Nachsorge ist, abgesehen davon, daß sie auch billiger ist. Die Parallele zum Gesundheitswesen hat aber einen tieferen Sinn: Es geht bei der Entlastungsvorsorge im wörtlichen Sinne um Gesundheit, nämlich um die seelische Gesundheit der Lehrerinnen und Lehrer, weil 'Gesund-*sein*' bei Belastungen wie Streß, Konflikten und Erziehungsproblemen immer zugleich ein psychosomatischer Komplex ist, oder, wie ich mit systemischer Begrifflichkeit sage: Gesundsein ist ein 'bio-psycho-sozialer' Komplex, d.h. Gesundsein betrifft die körperliche Gesundheit, die seelische Gesundheit und die sozialen Kontakte und Beziehungen. Es geht, wie man auch gelegentlich sagt, um 'Psychohygiene', d.h. um die Hygiene, um Sauberkeit und Gesundheit der Seele ('hygieia' heißt auf Griechisch 'Sauberkeit' und 'Gesundheit'). Jeder Praktiker weiß: Wenn die Seele, die Psyche von ungelösten Konflikten in der Schule überschwemmt ist, macht das Unterrichten keinen Spaß mehr; ist die Seele frei davon, macht mir der Unterricht Freude, und ich kann diese Freude ausstrahlen auf die Kinder; und die Kinder strahlen dann wieder etwas davon auf mich zurück. Das ist das elementarste Systemgesetz, das wir kennen: Geben und Nehmen kommen ins Gleichgewicht, und alle haben nachher mehr als vorher, so daß es ihnen besser geht.

Was können wir tun, damit uns dies besser gelingt? Es gibt Wege hierzu, und sie sind gar nicht so schwer zu gehen. Es ist nur wichtig, daß wir sie rechtzeitig und früh genug anfangen. Später und nachher sind sie schwieriger zu gehen. Die Methode, die ich hier anbiete, basiert auf wenigen systemischen Grundsätzen, die ich gleich ansprechen werde, und vor allem darauf, daß einige dieser Grundsätze in Rollenspielen gespielt und in Übungen vertieft werden. Kurz gesagt, geht es darum, *erstens sich selbst als Teil eines Systems zu sehen/ zu fühlen/ zu spüren, und zweitens darum, auch die anderen als Elemente des Systems zu sehen.* Das ist alles. Es ist eigentlich ganz einfach. Es geht nur darum, seine Perspektive auf die anderen Mitglieder des Systems ab und zu im Spiel mit ihnen zu tauschen, zu wechseln, d.h. auch die anderen Rollen gelegentlich zu übernehmen. Denn dabei entsteht das kreative Potential, das für eine neue Perspektive auf festgefahrene Beziehungen nötig ist und zu Veränderungen führt.

Das mag nun für die einen etwas zu simpel klingen; für die anderen vielleicht schon bedrohlich. Bedrohlich deshalb, weil ja offensichtlich etwas Unzumutbares verlangt wird: aus der Rolle rausgehen, die wir doch gerade deshalb gewählt haben, weil wir Pädagogen geworden sind. Die Pädagogenrolle gibt ja auch Sicherheit: Einer ist der Lehrer, der andere (nur?) der Schüler. An dieser Stelle bekommen es einige immer ein bißchen mit der Angst zu tun - völlig mit Recht; sie haben wenig Erfahrungen mit Rollenspielen, und sie fühlen sich am Anfang etwas unsicher. Kann ich das? Blamiere ich mich nicht? Fallen mir die richtigen Worte ein? - Aber das ist hier deshalb kein Problem, weil das Spielen freiwillig bleibt; jeder und jede kann auch nur zusehen und zuhören. Oder es kann gewählt werden: Wer will spielen, und wer möchte (nur) Beobachter sein? Außerdem nehmen wir ganz einfache Beispiele, die vorgegeben sind, und die Aufgabe besteht dann nur darin, zu sagen, was uns für Gedanken kommen, wenn wir uns in die Rolle des anderen versetzt haben. (Zum Thema sollte auf jeden Fall der Beitrag 6 in Teil I herangezogen werden!) -

Die Ziele des Kurses: Lösungsbereiche und Selbsthilfen

Ich vermittle den Teilnehmern von Anfang an, daß es Lösungen und Lösungsstrategien gibt, mit deren Hilfe jeder und jede ihre Situation verbessern kann. Dieser Hinweis erfolgt an verschiedenen Stellen des Kurses, und es sollte den Tn. zwischendurch verdeutlicht werden, an welcher Stelle dieser Lösungsliste der Kurs sich jetzt befindet (in diesem Beitrag gehe ich nicht auf alle Punkte ein). Die Liste der Lösungsmöglichkeiten sollte gut sichtbar an einer der Wände des Plenums angebracht werden (wenigstens die hauptsächlichen Stichworte). Grundsätzlich gibt es (mindestens) *sieben Systemebenen, auf denen Veränderungen und Lösungen möglich sind:*

- 1. im *Selbstsystem:* Selbstbild, Selbstkonstrukte, Selbstinstruktionen;
- 2. in den *Beziehungen zu einzelnen:* Beziehungsmuster, Beziehungsanalysen, Perspektivenwechsel, Umdeutungen;
- 3. im *Kontext:* Beobachterperspektive auf das Gesamtsystem, Kontextanalyse;
- 4. durch *Innovationen* im System: Organisationsentwicklung, Profiländerung in der Organisation;
- 5. durch Kooperation mit *BeratungslehrerInnen;*
- 6. durch Fallbesprechung in einer *Klassenmoderation* (Modell dazu s. im Beitrag 'Beratungslehrer');
- 7. durch Anregungen in einer *kollegialen Supervisionsgruppe.*

Folgende Lösungen können auch von *einzelnen* als Selbsthilfe angestrebt werden:

1. Ich kann meine inneren Sätze, die mein Handeln leiten, verändern.
2. Ich kann meine Verhaltensmuster, die mich mit bestimmten Personen (Schülern) verbinden, auf meiner Seite verändern.
3. Ich kann die Perspektive wechseln: Ich sehe einen Konflikt aus der Perspektive eines anderen Beteiligten oder sehe mich als Teil eines Beziehungsmusters. Damit gehe ich erst einmal aus meiner Rolle heraus.
4. Ich kann die externe Beobachterperspektive trainieren: Ich sehe meinen Konflikt mit (X) dann von außen als Teil des Gesamtsystems.
5. Ich kann mir jederzeit klarmachen, daß Störungen auch systembedingt sind (und nicht einfach das Teufelswerk von S...).
6. Ich kann mir über Umdeutungen des Schülerverhaltens helfen.
7. Ich kann mir zusätzliche Entlastung holen, wenn ich in einer kollegialen Supervisionsgruppe mitmache.
8. Ich kann mir bewußt machen, daß Schule als modernes Lernsystem Störungen eigentlich schlecht verdauen kann. Um so besser, wenn ich trotzdem ab und zu Lösungen erreiche.

1. Selbsterfahrung: Rollenbilder als Selbstkonstrukte. Meine Konstruktionen von der schulischen Realität (Rollenbilder und Rollenfantasien)

Am Anfang ist es hilfreich und eine Art warming-up, wenn die Teilnehmer versuchen, sich ihre *eigenen Erwartungen* an Schule und Schüler zu verdeutlichen:

Welches sind meine *bisherigen Konstrukte zur schulischen Realität*? Welches sind meine Hoffnungen, *meine Ideale*, meine Erwartungen, meine Vorstellungen, meine Einstellungen und meine Ziele? Auch: Welche Befürchtungen habe ich? Wovor habe ich *Angst*?

Vor allem *für Studierende* ist eine solche - frühzeitige! - Selbstreflexion der eigenen Konstrukte nützlich: Wie sehen meine Fantasien von meiner zukünftigen Rolle als Lehrerin oder Lehrer aus?

Hier kann - in vorsichtiger Form! - auch schon die 'Helfer-und-Geber-Motivation' zum Thema gemacht werden (vgl. Beitrag 6 in Teil I). Denn diese Motivationslage ist nicht nur für die spezifisch weibliche Motivation für den Lehrberuf wichtig (Flake 1990); für jede pädagogische Praxis ist dies ein elementares Thema, das, je nach Kompetenz des Leiters, angesprochen werden sollte. Ohne dieses Thema bleibt ein Kurs, nach meiner Überzeugung, an der Oberfläche. Allerdings muß dieses Thema nicht explizit oder gar therapeutisch behandelt werden; es genügen die impliziten Verbindungen zum Thema.

Zuerst setzen sich alle möglichst entspannt hin (oder in anderer entspannter Lage), atmen ruhig und tief, lassen die Gedanken kommen. Sie lenken in dieser Phase die Fantasien und Reflexionen auf die folgenden drei Bereiche (evtl. gelenkte Trance durch den Leiter oder Fantasiereise an den späteren Unterrichtsort):
- Meine Fantasien und Vorstellungen von meiner *eigenen Rolle* als Lehrerin oder Lehrer.../ Meine Befürchtungen...
- Meine Fantasien und Vorstellungen von meinen *Schülerinnen* und Schülern.../ Meine Befürchtungen...
- Meine Fantasien und Vorstellungen von meinen *Kolleginnen* und Kollegen.../ Meine Befürchtungen...
- Meine Fantasien und Vorstellungen von den *Eltern* der Schüler.../ Meine Befürchtungen...
Dabei ist der erste Bereich der wichtigste. Die Tn. notieren ihre Gedanken zunächst für sich auf einem Blatt. Sie können ihre Gedanken auch in Form von Sprechblasen bzw. Gedankenblasen über einer kleinen Zeichnung oder Skizze anbringen: zuerst nur über sich selbst, dann vielleicht über einer Klasse, schließlich über dem Konferenztisch im Lehrerzimmer. - Dann finden sich die Tn. in Kleingruppen zusammen und versuchen, einiges davon sich gegenseitig mitzuteilen.

Die Tn. werden gebeten, das Blatt bei sich aufzubewahren. In einer späteren Phase werden diese Sätze zur Grundlage einer *kognitiven Umstrukturierung* ('Re-Konstruktion') gemacht. Obwohl dieses Verfahren als ein ursprünglich therapeutisches Verfahren besser im Einzelsetting organisiert wird, lassen sich auch in der Gruppe einige Anstöße vermitteln.

Der Leiter oder die Leiterin sollte mit einigem Fingerspitzengefühl entscheiden, ob schon in dieser Phase einige dieser Sätze im Plenum zu Gehör gebracht werden. Er oder sie sollte nicht darauf bestehen, damit - gerade am Anfang, wo sich die Tn. noch nicht gut kennen - der persönliche Charakter der Mitteilungen nicht gewaltsam aufgehoben wird. Andererseits ist es wichtig, daß entweder hier oder wenigstens in einer späteren Phase die *idealisierenden Sätze* auch angesprochen und ausgesprochen werden. Dazu kommt, daß viele Pädagogen Konflikte, Belastungen und Aggressionen nach wie vor als eher private und persönliche Angelegenheiten verstehen, die vielleicht in den Familien der Schüler, aber doch bitte nicht in einem öffentlichen Raum wie der Schule ihren normalen Ort haben. Darum sollte wenigstens später, in der Phase 7 (kognitives Umstrukturieren), wenn der Kontakt in der Gruppe größer geworden ist, dieser Teil wieder aufgegriffen werden. Dann hat er auch schon seinen notwendigen Platz in der Systemanalyse erhalten und wird nicht mehr als bloß privat mißverstanden. (Anders ist es, wenn sich die Tn. schon kennen; dann kann es im Plenum interessant sein und auch für den Leiter oder die Leiterin des Kurses wichtig, hier einige Rückmeldungen zu erhalten, so daß das Gruppenklima schon am Anfang offener wird.)-

2. Nicht hilfreich: Die Personalisierung der Konflikte (Selbsttest)

In der nächsten Phase geht es um die Frage, warum schulische Konflikte für die Lehrpersonen so belastend sind. Wenn wir das komplexe Bedingungsfeld genauer kennen, entlastet dies von persönlichen Schuldzuweisungen, und außerdem ergeben sich mehr Ansatzpunkte für Konfliktlösungen.

Beginnen wir mit einem kleinen *Selbsttest*. Denken wir jetzt an einen x-beliebigen Schüler, der uns Probleme macht, vielleicht ein besonderer Störenfried ist o.ä. (Auch Studierende können sich bestimmt an einen solchen Schüler aus ihrem Praktikum erinnern.) Was fällt uns jetzt ein? Was für Gedanken sind das? Wie ist unser Gefühl dabei? Wir lassen uns einige Momente Zeit hierfür, können uns auch Stichworte auf ein Blatt notieren. Vielleicht kommen uns einige der folgenden Worte in den Sinn: 'faul', 'frech', 'dumm', 'unbegabt', 'ewiger Störer', 'hoffnungslos', 'hat keine Erziehung', 'Eltern kümmern sich nicht', 'zu Hause ist die Hölle los' usw.

Die Beschreibung des Schülers, mit dem der Konflikt besteht, verwendet Ausdrücke, die zweierlei gemeinsam haben: Sie sind *negative* Beschreibungen, und sie beziehen sich auf *persönliche* Eigenschaften oder Umstände des Schülers; und zusammen ergeben sie gleichsam eine *persönliche Mängelliste* des Schülers. Wir unterstellen jetzt einmal, daß die meisten Beschreibungen sogar zutreffen, also einen wahren Kern haben. Trotzdem müssen wir zugeben, daß *diese Mängelliste wenig hilfreich ist, um etwas zu verändern.* Denn wir wären als Lehrpersonen ja vollkommen überfordert, wollten wir die Persönlichkeit des Schülers ändern oder gar die seiner Eltern, deren Erziehungspraktiken oder gar die Familienverhältnisse überhaupt.

Dennoch ist genau diese *negative* Beschreibung und die *individuelle* Sicht des Falles das Problem. Denn beides führt dazu, daß sich vorläufig keine Ansatzpunkte für Veränderungen ergeben. Aus *systemischer* Sicht nämlich wäre erst einmal zu fragen: Gibt es *Ressourcen*, also irgendwelche positiven *Potentiale*? Und weiter: Wie sieht das Problem im Kontext des ganzen Systems aus? Wer ist auf welcher Ebene noch beteiligt? Was würde der Beratungslehrer vielleicht vorschlagen? Was könnte ich selber überhaupt machen, außer eine negative Beschreibung anzufertigen?

3. Die Schule als Lernsystem: Systembedingungen von Konflikten

Bevor wir Antworten auf die gestellten Fragen versuchen, zurück zu der Ausgangsfrage: Warum sind schulische Konflikte für die Lehrpersonen so belastend? Ich möchte vier Gründe hierfür anführen, die ich in *vier Thesen* formuliere:

(1) Das moderne Lernsystem Schule kann nur dann auftragsgemäß arbeiten, wenn seine *Effektivität* durch Störungen nicht oder nur wenig beeinträchtigt wird.

(2) In der Realität von Konflikten neigen wir leider - evolutionsbedingt - zu *personalen Wahrnehmungen* und zu *negativen Attribuierungen* des anderen, d.h. zu der nichtproduktiven Strategie, die Ursache erstens im persönlichen Bereich zu suchen und zweitens beim anderen zu suchen, indem wir von ihm eine negative Beschreibung anfertigen.

(3) Infolge der *Systemdynamik* schaukeln sich Beziehungskonflikte zwischen zwei Personen meist deshalb sehr schnell auf, weil die anderen Personen durch die Rückkopplungsstruktur des Systems in irgendeiner Weise mit hineingezogen werden.

(4) **Das** *Enttäuschungskarussell*: Systembedingt schlagen Enttäuschungen von Pädagogen leicht in Konflikte und Konflikte leicht in Enttäuschungen um, weil die Pädagogen dabei, oft zum wiederholten Male, erfahren müssen, daß Belohnungen für ihr Engagement ausbleiben.

Genau dies tun übrings auch die *Schulnoten*, wenn wir sie einmal von dieser Seite aus ansehen: Sie attribuieren (rechnen kausal zu) den Erfolg oder den Mißerfolg des Lernens auf der *persönlichen* Ebene. In gewissem Sinne werden damit Kontexte und Systembedingungen des Lernens systematisch 'verschwiegen' und ausgeblendet: der Unterrichtsstil eines Lehrers, die häuslichen Verhältnisse des Schülers, Konflikte oder Unterstützung durch Mitschüler usw.; dennoch beansprucht die Note 'Objektivität', obwohl man sie auch als eine Form der Personalisierung auffassen kann.

Diese Beschreibungen der besonderen Konfliktsensibilität von Lehrerinnen und Lehrern mögen verdeutlichen, weshalb hier unbedingter Handlungsbedarf besteht. Lehren ist eben kein Job wie jeder andere. Es gehört zu einer zeitgemäßen Ausbildung von Pädagogen, auf solche Zusammenhänge schon im Studium aufmerksam zu machen, um die Motivation für die Konfliktarbeit frühzeitig zu stärken.

Vielleicht ist dies der wichtigste Punkt an der ganzen Sache: Lehrerinnen und Lehrer sind in gewisser Weise durchs System, in dem sie arbeiten, dazu gezwungen, die Unterscheidung zwischen negativen und positiven Beschreibungen ihrer Schüler zu treffen. Jedes System, so belehrt uns die Systemtheorie (vgl. Luhmann 1986), organisiert sich über einen Kode und über Programme, die darüber entscheiden, ob ein Verhalten im System funktional dienlich ist oder nicht; abgekürzt formuliert: wer gehört dazu und wer nicht? Parteien, Kirchen, Klubs müssen *Kriterien* dafür haben, wer unter welchen Bedingungen dazu gehören darf und wer nicht. Ohne weiter in systemtheoretische Überlegungen einzusteigen, leuchtet wohl schon intuitiv ein, daß auch die Schule, wenn sie als modernes (Lern-)System verstanden wird, über solche Kriterien verfügen muß. Eines dieser Kriterien heißt: *Lernerfolg - Ja oder Nein?* Wir müssen uns historisch verdeutlichen, daß das große Verdienst der Schule in der Neuzeit darin besteht, daß sie den Lernerfolg nicht mehr dem Zufall und nicht mehr der Zufälligkeit der sozialen Herkunft der Lernenden überlassen wollte, wie dies zuvor im Mittelalter der Fall war, sondern daß sie sich, wie andere Institutionen in der Neuzeit, als System organisiert hat - "ausdifferenziert" hat, wie Luhmann sagt -, um den Lernprozeß effektiver zu organisieren (vgl. die Beiträge zur Schule als Lernsystem).

Das hat seinen Preis. In einem solchen System können auch *Störungen* nicht so behandelt werden, als seien sie natürlich und selbstverständlich, denn das wäre, aus der Sicht des Systems, ein Rückschritt ins Mittelalter. Wir sehen hier schon das pädagogische Problem, das sich daraus ergibt: Als Erzieher und Erzieherinnen wissen wir, daß Störungen von Kindern völlig normal sind; das wären keine Kinder, wenn sie nicht auch immer wieder stören würden. In der Schule aber gibt es damit ein Problem: Das System verträgt einen gewissen Grad an Störungen, eben so viel, wie ein Lehrer oder eine Lehrerin verträgt, ohne das Gefühl zu haben, daß der Unterricht darunter leidet. Was zu Hause und sonst bei Kindern normal ist, kann es in der Schule qua Lernsystem nicht sein. Wir sehen, weshalb Unterrichten für pädagogisch engagierte Menschen, die Kinder als Kinder gerne haben, zum Problem werden kann: Sie müssen nicht nur im System, sondern vor allem in sich selbst häufig oder sogar ständig den Impuls unterdrücken, auf die Kinder und ihre Störungen einzugehen. Das heißt: Sie müssen sich immer häufiger so verhalten, wie sie sich eigentlich nicht verhalten möchten. Sie müssen gleichsam systematisch vergessen, daß sie selber einmal Kinder waren. Damit werden sie auf Dauer selber empfindlicher gegen Störungen, als es sonst der Fall wäre. Sie geraten so in eine Systemdynamik, die diesen Konflikt weiter aufschaukelt: zu ihren Ungunsten. Dagegen müssen sie rechtzeitig etwas tun.

Das erste ist: die Dynamik dieses Konflikts erkennen. Das hat zweierlei positive Konsequenzen:

- 1. Sie werden erkennen, daß *Schüler, die stören, nicht an sich oder als Persönlichkeit 'böse' sind, sondern sich auf ihre Weise durchaus 'normal' verhalten* - ihr Verhalten erhält allerdings im Kontext des Systems notwendig eine bestimmte negative Bewertung.

- 2. Da ich als Lehrerin oder Lehrer in einem solchen System arbeite, ist es wichtig, *mein eigenes Verhalten* den störenden Schülern gegenüber immer wieder von außen aus der Perspektive des Systembeobachters anzusehen. Ich sehe dann, daß mir einige Bewertungen und Bedeutungen vom System vorgeschrieben sind: vor allem die Sätze: 'Störungen und schlechte Noten führen zu einer *negativen* Bewertung der *Person* des Schülers', oder: 'Die Person des Schülers ist die Ursache dafür, daß ich ihn negativ bewerten muß', oder: 'Dieser Schüler stört - darum muß ich ihn negativ bewerten'. An den Bewertungen des Systems ist kurzfristig meist nichts zu ändern; aber *an meinen eigenen Bewertungen kann ich etwas ändern* (wie wir in den nächsten Punkten genauer sehen werden).

4. Beziehungsmuster bei Konflikten (mit Rollenspiel)

Ein Konflikt ist darstellbar als ein System von abweichenden Bedeutungen, die die Personen davon anfertigen. Nehmen wir an, vier Personen erleben gemeinsam dasselbe Ereignis. Dennoch kann die Interpretation des Ereignisses, die Bedeutung also, die jeder davon in seinem Kopf anfertigt, unterschiedlich ausfallen.

Beginnen wir mit einem *Beispiel*. Nehmen wir an: Der Lehrer L, Herr Ludwig, empfindet seine Schülerin S, Sabine, schon lange als ausgesprochen tyrannisches Kind. Sabine aber hat die Vorstellung, man muß in dieser Welt, besonders in der Schule, für seine Rechte energisch kämpfen. Darum wird sie von ihrer Freundin F, Fanny, sehr bewundert; Fanny hat die Meinung, daß Sabine selbstbewußt ist und vorbildlich für ihre Rechte eintritt. Bei einer Rangelei auf dem Schulhof nun beobachtet der Lehrer L Sabine, die sich gerade mal wieder nichts gefallen läßt von einem aggressiv auftretenden Jungen J, dem Jürgen, der sie tituliert mit "doofe Kotze". (Oder hat der Lehrer tatsächlich statt 'Kotze' eben ein ähnlich klingendes Wort gehört, das mit einem anderen Buchstaben anfängt? War nicht ganz verständlich, aber meistens redet der doch so!) Sabine kontert: "Du arschdoofer Macho!" Herr Ludwig weist Sabine zurecht und ermahnt sie zur Zurückhaltung. Sabine empfindet Herrn Ludwig wieder mal als ungerecht und überstreng. Herr Ludwig wird in seiner Meinung bestätigt, Sabine sei "streitsüchtig" und "tyrannisch". Fanny empfindet noch mehr Bewunderung für Sabine, denn auch dieser Streit zeigt, daß Sabine eine "selbstbewußte Kämpferin" für ihre Rechte ist. Jürgen kämpft schon länger darum, von Sabine mehr beachtet zu werden und will deshalb stark männlich auftreten, was Sabine aber nur mehr in ihrer Meinung bestärkt, daß Jürgen bloß ein Angeber mit starken Worten ist, aber nichts dahinter. Der Lehrer hält Jürgen für zu schnell aufbrausend und hat immer wieder Ärger mit ihm. Jürgen sieht Fanny ganz im Schlepptau von Sabine.

Eine einfache Szene, die zeigt, daß alle vier Personen unterschiedliche Vorstellungen von den anderen haben, was sich zunächst einmal daran zeigt, daß gegenseitig *viele negative Bewertungen* angefertigt werden (in der Skizze sind das die Symbole für 'Kon-

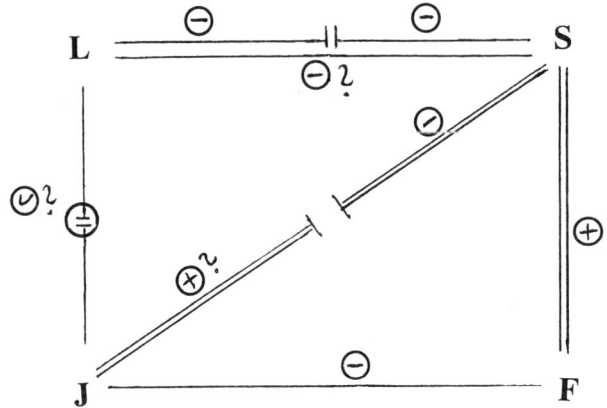

flikt'= unterbrochene, durchgestrichene Linie; auch durch Minuszeichen darstellbar oder durch rote Linien im Gegensatz zu grünen=positiven Linien zwischen zwei Personen). Jeder hat von dem Verhalten des anderen seine eigene Interpretation angefertigt. Jeder fühlt sich aber in diesem System durch den Streit in seiner vorherigen Meinung bestätigt. Sind Konflikte dazu erfunden worden, um jeden in seinem eigenen Urteil oder Vorurteil zu bestätigen, damit er danach nichts mehr zu verändern braucht? Wie aber kommt man aus seinen festen Vorstellungen heraus, wenn man es überhaupt will? Sicherlich müßte ich *zunächst einmal wissen, welche Interpretation ein anderer von dem Ereignis anfertigt* und welche Interpretation ein anderer von den Verhaltensweisen der anderen anfertigt. Das heißt, es ist nützlich, sich zuerst einmal *in die Perspektive des anderen zu versetzen, wenn ich überhaupt etwas verändern möchte.*

Es ist also hilfreich, sich die unterschiedlichen Vorstellungen der Konfliktparteien zu verdeutlichen, denn dadurch kommt 'Bewegung in die Sache'. Immer, wenn ich eine Sache oder einen Konflikt nur von einer Seite aus sehen kann, bin ich selbst auch schon darin festgefahren. Aber bei Konflikten, bei denen ich etwas ändern möchte, ist es nützlich, sich die *Systemdynamik* zu verdeutlichen. Es gibt dann mehrere Möglichkeiten des Eingreifens. Vielleicht hat der Lehrer Ludwig einen Konflikt mit Sabine, *weil* Sabine ihn deshalb ablehnt, *weil* er sie nicht unterstützt gegen verbale und andere Angriffe von Jürgen und anderen Jungen. Es ist nützlich, sich dabei nochmals bildlich die vielen Rückkopplungsschleifen zu verdeutlichen, die zwischen den Elementen eines Systems gezeichnet werden können und die ein dichtes Netz bilden: Ändere ich an einer einzigen Stelle etwas, so wird dies unweigerlich Auswirkungen auf das *ganze* System haben.

Für unser *Beispiel* bedeutet das: Wenn L Sabine zurechtweist und bestraft, so greift er gleichzeitig in das ganze Interaktionssystem der vier Personen des Systems ein; - diese vier sind aber auch nur herausgeschnitten aus dem größeren System der Klasse oder des Kontextes, zu dem etwa die Eltern und die Freunde von Jürgen gehören. Was wird passieren, wenn L nun versucht, seine Beziehung zu Sabine einmal anders zu sehen, beispielsweise aus der Perspektive von F oder von J, der S insgeheim bewundert, aber in ihr die Rivalin sieht, die ihn ablehnt? Es könnte ja sein, daß dann das ganze Interaktionssystem der Vier eine andere Dynamik entwickelt!

Wir sehen aber auch, daß das Umdeuten zwar einen verläßlichen Effekt auf die Lehrperson selbst hat (wenn es ihr gelingt!), daß aber der Effekt auf die weiteren Mitglieder des Systems nicht direkt kausal zu berechnen ist, sondern immer den Charakter eines *Experiments* behalten wird.

5. Systemdynamik der Konflikte: Ein Teufelskreis (mit Rollenspiel)

Machen wir uns die *Systemdynamik* an einem anderen Beispiel klar (Skizze). Der Lehrer L (Liebherr) fühlt sich schon länger durch seinen Schüler S (Stefan) gestört, der ist kein guter Schüler, führt viele Seitengespräche und schneidet auch Grimassen, die die anderen belustigen. Irgendwann platzt L der Kragen, er brüllt los und gibt S eine saftige Strafarbeit auf. Was ist passiert?

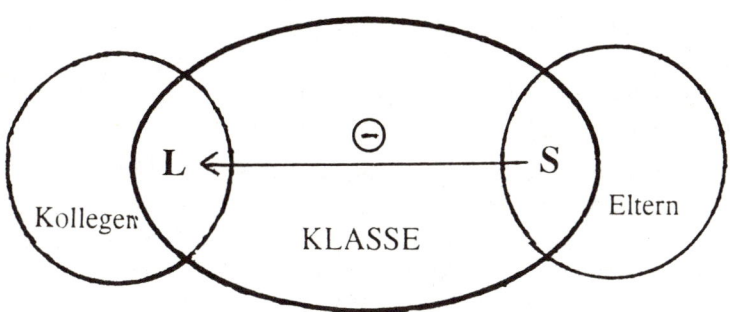

Worin liegt die Systemdynamik, wenn wir die Interaktion L-S im Kontext betrachten? S hat etwas erlebt (erreicht?), was für L gefährlich ist: S hat erreicht, daß er L so provozieren kann, daß L der Kragen platzt. Und das bedeutet: *S hat agiert, und L mußte re-agieren; das ist die Umkehrung der Verhältnisse,* und vor allem: *eine Täter-Opfer-Relation.* L ist gar nicht glücklich darüber, daß er sich so hat reizen lassen, denn sonst brüllt L nicht, und darum schämt er sich dafür, daß er die Kontrolle über sich verloren hat. Zugleich hat L jetzt einen *offenen* Konflikt mit S, der zwar vorher auch bestand, aber verdeckt war, also noch anders lösbar war. L hat damit viel Kontrolle abgegeben: Kontrolle über S, über sich selbst, und auch einen Teil der Kontrolle über die Klasse. Denn die Klasse hat (leider) auch etwas Neues 'gelernt': Sie weiß, wie man L in die Rolle des passiv Reagierenden zurückstufen kann. Darum wird sich S beim nächsten Mal noch stärker fühlen und kann sich noch provokanter aufführen, weil er die Rückendeckung durch seine Klasse spürt. So kann schnell ein *Teufelskreis* entstehen, in dem weitere Schüler mitspielen. Aber das Schlimmste daran ist: Die Position von L wird laufend schwächer. Systemdynamisch sprechen wir davon, daß sich *ein Konflikt aufschaukelt.* (Es trägt sehr zur Verdeutlichung der Systemdynamik und des Teufelskreises bei, wenn diese Szene oder eine ähnliche auch gespielt wird!)

6. Drei Einstellungsfehler, die verändert werden können

Was kann die Lehrperson in solchen Fällen tun? Wir verdeutlichen uns vom System her, was prinzipiell möglich ist. Grundsätzlich kann ein Lehrer oder eine Lehrerin drei Einstellungsfehler machen im Umgang mit Konflikten:

- 1. Der andere (der Schüler) ist schuld.
- 2. Ich bin schuld.
- 3. Das System ist schuld.

Bevor ich in die einzelnen Punkte gehe, möchte ich feststellen: Schon die Frage nach der 'Schuld' - im üblichen Sinne: 'Wer ist der Schuldige?' - ist *keine systemische Frage.* Denn sie führt in aller Regel nur dazu, ein Problem vordergründig kausal so zu verteilen, daß es möglichst weit von mir weggeschoben wird. Systemisch formuliert: eine einseitige Schuldzuschreibung ist eine *zu einfache Komplexitätsreduktion.* Schuld ist immer komplex, und darum wäre eine monokausale Zuschreibung von Schuld keine systemische Sichtweise. Wer unbedingt am Schuldbegriff festhalten will, kann es so sehen: Schuldfragen müssen im Systemansatz nicht aufgehoben werden, aber sie werden anders gestellt und anders beantwortet, und vor allem: sie werden aufs System und seine Mitglieder verteilt. - Die drei Einstellungsfehler meinen eine Rangfolge abnehmender Schwere. Im einzelnen ergeben sich folgende Lösungen:

Zu 1. Am meisten verbreitet und am verständlichsten ist der erste Fehler. Schüler machen Krach, sind aggressiv, stören. Also sind sie 'schuld'. Basta. Das ist natürlich auch richtig. Aber es löst keine Probleme und vor allem keine Konflikte. Unsere Wahrnehmung als Lehrperson ist: Da sitzt einer und der stört. Das ist Fakt. Es stimmt im Moment. Aber es gibt dabei nur *eine* Perspektive: die der Lehrperson. Da sich die Lehrperson aber im System befindet, gibt es weitere Perspektiven, zum Beispiel die des Schülers, die der Klasse, die der anderen Kollegen, die der Eltern. *Einen Konflikt systemisch betrachten, heißt: sich auch um die anderen Perspektiven kümmern; denn so erst ergeben sich Handlungsmöglichkeiten, um Konflikte zu lösen.* Logisch: Beharrt jeder auf seinem Standpunkt (seiner Perspektive), kann der Konflikt unverändert weiterdauern. - Zu sagen: 'Der andere ist schuld!' ist momentan verständlich, weil es in der augenblicklichen Wahrnehmung so erscheinen mag; man befindet sich dabei aber auf dem regressiven Niveau der Kinder, die sich an der Tür gestoßen haben und rufen: 'Blöde Tür!'

Zu 2. Auch die resignative Position - ich selbst bin schuld - ist keine systemisch mögliche Position. Hieran mag zunächst richtig sein: Ich bekomme den Konflikt nicht geregelt. Ich habe nicht mehr die Nerven dazu. Ich habe keine neuen Ideen. Andere Kollegen kriegen das wohl besser hin. Mir ist das alles zu viel. - Auch hierbei können die Konflikte nur fortgeschrieben werden. *Allerdings bin ich* - nach einem Gemeinplatz aus der Therapie - *der einzige im System, auf den ich direkten Einfluß habe, um etwas zu verändern.* Das ist das Positive an der Selbstattribution.

Zu 3. Obwohl er zunächst durchaus systemisch klingt, ist der Satz: 'Das System ist schuld' ebenfalls kein systemischer Satz, sondern eine Form der unzulässigen Komplexitätsreduktion, jedenfalls dann, wenn damit die Personen ausgenommen werden sollen.

Der Systemansatz wäre falsch verstanden, wenn man meinte: 'Ab jetzt ist das System schuld!' Natürlich gibt es wichtige institutionelle Regelungen, die konfliktverschärfend oder konflikterzeugend wirken. Wie schon oben gesagt, sind mit dem Lernsystem Schule auch repressive Normen verbunden, die gar nicht nach dem Geschmack und den Bedürfnissen der Kinder sind, beispielsweise daß sie stundenlang still sitzen sollen. Auch die Diskussion um die sogenannte 'strukturelle Gewalt', die von der Schule ausgehe, hat hier ihren Platz, wenn die Begrifflichkeit auch oft überzogen ist und die Argumentation meist nicht systemisch ist. Es ist aber wichtig, diese Normen, die an der Konflikterzeugung *mitbeteiligt* sind, weil sie das System mitkonstruieren, zu kennen, denn sonst können wir nichts ändern und agieren blind im System. Aber systemisch entscheidend ist, mit welchen Ideen und Vorstellungen *die Personen* auf die Normen reagieren bzw. wie sie sie umsetzen. Dennoch ist dieser dritte Fehler der am wenigsten schwere systemische Fehler.

Zusammenfassend kann ich resümieren: Erst die *vernetzte Sicht der drei Systemebenen - Ich, andere, System -* ist eine zureichende Sichtweise, um Konflikte aus der Beobachterperspektive wahrzunehmen.

7. Perspektivenwechsel und Umdeutungen von Schülerverhalten (mit Rollenspielen). Veränderndes Umdeuten nach der lösungsorientierten Methode

Während beim kognitiven Umstrukturieren (s. nächste Phase) die allgemeinen Einstellungen der Lehrpersonen, ihre Selbstkonstrukte und ihre leitenden Überzeugungen zum Thema gemacht und verändert werden, gehen wir beim Umdeuten nach der lösungsorientierten Methode von konkreten Fällen aus und verändern dabei *sowohl unsere Einstellung als auch die Beziehung* zu einem bestimmten Schüler. (Darum läßt sich diese Methode auch gut innerhalb der kollegialen Fallsupervision anwenden.)

Nehmen wir als *Beispiel* einen Fall, der in jeder Klasse immer wieder vorkommt. Man hat es nicht mit einem, sondern gleich mit *zwei Störern* zu tun. Zwei Schülerinnen oder zwei Schüler sind miteinander dick befreundet, und nichts in der Welt kann ihnen zu der Einsicht verhelfen, daß sie ihre Freundschaft nicht so, wie sie es außerhalb der Schule gewohnt sind, fortsetzen sollten. Dauernd haben sie sich irgendetwas mitzuteilen, was selbstverständlich nicht immer im Flüsterton geschieht, und außerdem gibt es dabei meist etwas zu lachen oder zu grinsen. Das ist dann für den Lehrer fast noch irritierender, weil man beim Grinsen ja nicht weiß, ob man selbst der Grund dafür ist. Verschiedentliche Ermunterungen und Ermahnungen haben nichts gefruchtet. Man hat als Lehrer das Gefühl, daß von dem Verhalten der beiden auch andere angesteckt werden und daß Konzentration und Klima in der Klasse bald insgesamt dadurch beeinträchtigt werden. Auch das Auseinandersetzen der beiden hat nichts gebracht, im Gegenteil: Die Wege für die gegenseitigen Mitteilungen wurden dadurch nur länger und der Austausch darum noch lauter.

Es versteht sich von selbst, daß jede Lehrperson die Störungen als störend wahrnimmt und sich darüber ärgert. Aber es gibt Möglichkeiten, über das Umstrukturieren und Umdeuten sich selbst zu helfen. Das geht folgendermaßen.

(1) In einem ersten Schritt mache ich mir klar, daß beide Seiten sich ganz 'normal' verhalten, jede Seite hat *ihre eigene Perspektive*: Als Lehrerin oder Lehrer darf und muß ich mich über solche Störungen ärgern; und: die Schülerinnen haben ein vitales Bedürfnis, Gedanken und Gefühle, die sie im Moment bewegen, auszutauschen.

Andererseits folgen aus dem systemischen Vorgehen einige vorteilhafte Verhaltensweisen, die BL *beachten* sollte (ausführlicher im Beitrag zur systemischen Beratung):

- allparteiliches Interesse
- Akzeptanz der Gesprächspartner
- einfühlendes empathisches Verstehen (mit Spiegeln, Paraphrasieren)
- zirkuläres Fragen
- Beziehungsaspekte der Äußerungen herausarbeiten
- Lösungen finden statt Ursachen suchen
- Zukunftsperspektive statt Vergangenheitsorientierung
- Ressourcen statt Defizite benennen
- Perspektivenwechsel: aus der Perspektive des anderen sieht es anders aus
- Respekt: alle geäußerten Meinungen respektieren
- Gespräch nach den Systemebenen strukturieren.

Die *wichtigste Grundhaltung* sollte darin bestehen, daß sich der Beratungslehrer von Zeit zu Zeit die *systemische Maxime* wiederholt: *Die Lösung liegt bei den Ratsuchenden - ebenso wie das Problem. Er kann es weder* für *die anderen noch* ohne *sie lösen. Er kann nur die Lösungskapazität der Unterstützungssysteme stärken.* Dies sollte er auch den Ratsuchenden so sagen! Nützlich ist darum manchmal der Hinweis, daß der Berater nur so viel erreichen kann, wie die Teilnehmer des Gespräches selber wollen.

6. Die Phasen des Beratungsverlaufs

Im folgenden gebe ich die Struktur für einen allgemeinen Plan vor, nach dem die Phasen eines Beratungsprozesses organisiert werden können.

1. Der Beratungsanlaß.

2. Die Kontaktaufnahmen: Die Kontaktaufnahmen erfolgen zuerst in verschiedenen Einzelgesprächen als Erstgesprächen durch BL. Dabei wird mit den einzelnen Seiten das weitere Vorgehen abgestimmt, d.h. wer wann und wo weiter teilnimmt. Die Ratsuchenden - und nicht nur BL! - entscheiden also darüber, wer und wieviele an der Beratung teilnehmen. Ziel ist es allerdings, möglichst alle Systemebenen einzubeziehen. Wenn es Ratsuchende wünschen, kann es aber auch zu Beschränkungen (evtl. mit vereinbarter Schweigepflicht) kommen.

3. Evtl. testpsychologische *Diagnostik* (falls vereinbart).

4. Der Gesprächsverlauf:

(1) *Informationen* an die Teilnehmer über die bisherigen Kontakte und über die bisherigen Ergebnisse (auch Testergebnisse).

(2) *Falldarstellung* aus der Sicht der Hauptbetroffenen, ohne daß unterbrochen oder kommentiert werden darf. Wenn kein besonderer Informations- oder Klärungsbedarf vorliegt und die Teilnehmer im wesentlichen informiert sind, ist es oft günstig, auf den Punkt (2) zu verzichten und gleich zu (3) zu gehen.

(3) Bisherige *Lösungsversuche*: Jeder berichtet aus seiner Sicht, was bisher zur Problemlösung unternommen worden ist.

(4) Welche *Ressourcen* lassen sich beim Schüler (bisher) erkennen?

(5) *Eingrenzung* des Themas auf ein bestimmtes Problem.

Perspektivenwechsel im Rollenspiel: Im ersten Schritt wird die Störung gespielt, wobei jeder seine Perspektive möglichst deutlich zum Ausdruck bringt. Es ist hilfreich, die beiden Perspektiven erst einmal im *Rollenspiel nachzuvollziehen und selbst zu erleben*, und zwar vor allem die eigene Ärgerreaktion. Während ich mir diese im Unterricht kaum gestatte und gestatten darf, jedenfalls so gut wie möglich unterdrücke, kann ich im Rollenspiel ganz in dieses Gefühl hineingehen und brauche es nicht wie üblich abzuspalten. Dann wird die andere Seite gespielt. Es ist immer wieder eindrucksvoll, wie intensiv die Lehrpersonen plötzlich die Gefühle der anderen Seite erleben können. (Dreiergruppen spielen jeweils zwei Schüler und eine Lehrperson, maximal kommt ein Beobachter dazu. Anschließend werden die Rollen gewechselt, so daß jeder einmal die Lehrperson und (mindestens) einmal die Schülerrolle gespielt hat. Danach kurzes *Rollenfeedback* im Plenum.)

Das Umdeuten mit Perspektivenwechsel sollte an mehreren Beispielen geübt werden. Es kann auch ohne Rollenspiele geübt werden, indem in der Gruppe reihrum jeder ein Negativbeipiel bringt und jeweils die drei nächsten dann einen Vorschlag der positiven Umdeutung machen.

(2) In einem zweiten Schritt können nun diejenigen, die Interesse daran haben, das *Umdeuten spielen*. Wichtig ist dabei allerdings, daß zuerst nur diejenigen spielen, die auf Grund der Vorerfahrung im ersten Schritt ein Gespür dafür bekommen haben, wie das Umdeuten aussehen könnte, wenn es tatsächlich *respektvoll und aufrichtig* geschieht.

Die Rollenspieler probieren jetzt Sätze aus, wie sie den beiden Schülern in irgendeiner *positiven Aussage* ihr Verständnis und ihren Respekt vor deren Freundschaft mitteilen können. Gleichzeitig sollte ein solcher Satz auf eine konkrete Unterrichtssituation bezogen sein, also nicht bloß allgemein sein.

Auch hierbei ist der *anschließende Rollenwechsel* wichtig, weil die 'Schüler' dabei erleben sollen, wie die akzeptierende, positive Mitteilung über ihre Freundschaft auf sie gewirkt hat. Wenn die Mitteilungen über die Freundschaft nicht aufrichtig sind, werden es die 'Schüler', so ist zu befürchten, durchaus merken, und der Erfolg der Umdeutung ist dann unsicher. Im Ernstfall geht es hier später nämlich durchaus um die Rogerssche *'Authentizität'* und *'Echtheit'*. (Auch hiernach wieder ein *Rollenfeedback*. - Wer nicht mitspielen möchte, sollte aus den genannten Gründen an dieser Stelle nicht dazu gedrängt werden!)

(3) Ein dritter Schritt kann jetzt folgen, ist aber schon ein weiterführender Schritt, der je nach dem Stand der Gruppe folgen kann oder nicht. Er besteht darin, im Anschluß an die positive Mitteilung einen *konstruktiven Vorschlag* zu einer kleinen *Verhaltensänderung* zu machen oder eine Absprache zu treffen, die zu einer Veränderung des Verhaltens führen kann.

Beispielsweise so: 'In jeder Stunde hat jeder von Euch beiden einmal Aufstehen gut, um dem anderen etwas mitzuteilen. Bei diesem einen Mal werde ich weder nachfragen noch ermahnen.' Oder: Es wird ein *Punktevertrag* geschlossen: 'In jeder Stunde habt Ihr (einen, zwei, drei) Gratispunkte. Danach gibt es die vereinbarten Minuspunkte. Wenn Ihr in der Woche unter ... (Punkte) bleibt, erhaltet Ihr.... Wenn Ihr aber über...(Punkte) kommt, dann wird vereinbart...' (Andere Beispiele bei Molnar/Lindquist 1991).

Der konstruktive Vorschlag ist natürlich ein Element, das schon über das Umdeuten hinausgeht und auch unabhängig vom Umdeuten durchgeführt werden kann. Das Umdeuten des Verhaltens muß einem Vertrag - der ja ein eher verhaltenstherapeutisches Werkzeug darstellt - nicht unbedingt vorausgehen (ist aber erfahrungsgemäß beim Rollenspiel gut anzuschließen).

(4) In einem letzten Schritt resümieren die 'Lehrpersonen' in einem Feedback im Plenum ihre Erfahrungen mit dem Umdeuten, vor allem damit, ob dies dazu beigetragen hat, ihre vorher bestehenden negativen Bewertungen der üblichen Störungen zu modifizie-

ren. An dieser Stelle soll der Hinweis nicht fehlen, daß das Durchspielen eines einzigen Beispielfalles natürlich nicht ausreicht, um eine längerfristige Veränderung zu erreichen. - Hiernach können die Teilnehmer darüber entscheiden, welches der vier Elemente sie vertiefen möchten.

8. Kognitives Umstrukturieren: Veränderung von Leitsätzen und Stressreduktion (mit Übungen)

In dieser Phase kann je nach dem Interesse der Gruppe an der Veränderung der persönlichen Rollenbilder, der idealisierenden Leitsätze (aus der ersten Phase) oder allgemeiner an Techniken der Stressreduzierung gearbeitet werden. Im Prinzip gehören diese Punkte zusammen, denn es gibt heute keine Stressreduzierung ohne kognitive Methoden (vgl. Revenstorf/ Zeyer 1997).

(1) Mit diesem Baustein wird angeknüpft an die erste Phase. Im Grunde geht es um ein ähnliches Verfahren wie beim vorigen Punkt. Es ist allerdings insofern etwas komplizierter, als das Übungsmaterial und die Beispiele nicht aus Fällen der Schulpraxis stammen, sondern aus den Leitsätzen des eigenen Verhaltens, soweit sie die TeilnehmerInnen als idealisierende persönliche Rollenbilder in der Phase der Selbsterfahrung rekonstruiert haben. Die jetzige Phase setzt einen bestimmten Grad von Offenheit im Gruppenklima voraus, und sie fordert vom Leiter oder der Leiterin eine zutreffende Einschätzung des Klimas sowie eine gewisse Erfahrung mit der Methode des Umstrukturierens.

Es gibt auch die andere Möglichkeit, den TeilnehmerInnen die folgenden Idealsätze vorzutragen und zu fragen, welchen Sätzen sie zustimmen könnten.

Gehen wir von den folgenden *Beispielsätzen* aus und nehmen an, einige Tn. haben in der Phase 1 diese oder ähnliche Sätze festgehalten:

- 'Die Kinder/alle Kinder lieben mich/haben mich gerne'
- 'Die Kinder/alle Kinder hören mir aufmerksam zu'
- 'Für meinen Einsatz ernte ich viel Dankbarkeit'
- 'Ich fühle mich den Kindern stark verbunden'
- 'Ich sehe mich in großer Ruhe vorne stehen'
- 'Ich bin in meiner Klasse ganz souverän'
- 'Ich registriere alles sehr genau um mich herum'
- 'Ich bin den Kindern wie eine Mutter'.

Wenn wir diese Sätze nach dem Verfahren des *RET-Modells* (*Rational-Emotive-Therapie*) betrachten, dann müssen wir zunächst feststellen, daß diese Sätze offensichtlich 'irrationale' Erwartungen ausdrücken, denn sie werden, rational betrachtet, nicht oder selten mit der Realität übereinstimmen. Es wird nun in der Gruppe durch eine Gegenüberstellung der Sätze mit der schulischen Realität den Tn. von selber deutlich, daß ein Widerspruch zwischen den persönlichen Erwartungen und Bildern und der schulischen Realität besteht. Sich diesen Widerspruch klar zu machen, ist zunächst ein rein rationaler Vorgang. Er hat aber auch Konsequenzen für den 'emotiven', den Gefühlsbereich. Denn, nach diesem Verfahren, wird nun ein Prozeß in Gang gebracht, der denjenigen, der den Satz zuvor als seinen Leitsatz identifiziert hatte, davor bewahren wird, in die Falle zu laufen, die durch diesen Widerspruch tagtäglich für ihn in der Schule aufgestellt ist (vgl. Fliegel 1989, S. 181ff.).

Hierzu läßt sich unter den Tn. auch eine Art *Spielrunde* durchführen, in der jeder jeweils einen (vorher notierten) idealisierenden Satz vorliest und der nächste, bevor er selbst einen entsprechenden Satz vorträgt, eine kurze Bemerkung dazu macht, welche Falle sich hinter diesem Satz verbergen könnte.

Wichtig dabei ist, daß *das pädagogische Engagement, das hinter den obigen Leitsätzen steht, nicht ironisiert oder lächerlich gemacht wird.* Es sollte deutlich werden, daß das Problem nicht ein 'falscher Idealismus' ist, sondern daß es sich vor allem hier um ein *Konstrukt* handelt, das in einem bestimmten Kontext - nämlich bei Konflikten in der Schule - wenig hilfreich oder passend ist, nicht besonders 'viabel' ist, wie v. Glasersfeld sagen würde, und zwar speziell unter dem Gesichtspunkt möglichst effektiver Konfliktlösungen.

Teils reicht schon dieses Verfahren (Ellis), teils können die Sätze danach *in einem zweiten Durchgang umstrukturiert* werden zu anderen, *realitätsbezogenen* und einsichtsfähigen ('rationalen') Sätzen. Nehmen wir an, eine Lehrperson (oder auch eine Person im Studium!) ginge in den Unterricht mit einer persönlichen Erwartung, die sich in dem Satz ausdrückt: *'Zu Hause und sonst machen die Kinder Krach und stören. In der Schule aber sind die Kinder leise und stören nicht.'* Wer eine solche Erwartung hat, der hat das Programm Schule als Lernsystem bereits verinnerlicht. (Was ja auch wieder verständlich ist!) Zunächst könnten wir mit dem Verfahren der RET (Rationalemotiven-Therapie; s.o.) den rationalen Widerspruch mit der Realität deutlich machen. In einem zweiten Schritt arbeiten wir dann an seiner 'Kognitiven Umstrukturierung' (Beck), die wir mit neuen 'Selbstinstruktionen' verbinden (vgl. Fliegel ebda.). Jetzt können folgende Sätze entstehen:

- 'Kinder machen normalerweise Krach und stören. Ich freue mich jedesmal, wenn sie das in der Schule nicht tun, dann kann ich leichter unterrichten.' Oder:
- 'Manchmal stören die Kinder in der Schule mehr, und manchmal stören sie weniger.' Oder:
- 'Ich verfüge inzwischen über einige Methoden, mit Störungen von Kindern besser umzugehen.'

Solche Sätze haben dann wieder, wie sich gezeigt hat, Auswirkungen auf die eigene, emotionale Einstellung in der Praxis und erleichtern mein Handeln und meine Gefühle dabei (Fliegel ebda.). - Im Grunde arbeitet das systemische bzw. lösungsorientierte Verfahren der Umdeutung (vorige Phase) natürlich mit verwandten Methoden. (Auch an dieser Stelle läßt sich unter den Tn. wieder eine Runde wie oben durchführen, in der diesmal jeder den Satz des Nachbarn umzustrukturieren versucht.)

(2) Hieran anschließen kann sich eine Phase der *Anti-Stress-Arbeit*. Allerdings kann an dieser Stelle kein ganzer Anti-Stress-Kurs eingeschoben werden. Es sollte aber den Tn. gerade an diesem Thema deutlich werden, daß Umdeutungen ebenso wie Konfliktreduzierung überhaupt mit Stressreduktion unmittelbar einhergehen. Auch wenn es vielleicht in der Gruppe Schwierigkeiten mit den Rekonstruktionen der eigenen Leitsätze in der

Selbsterfahrungphase gegeben hat oder wenn die Tn. in der Mehrzahl noch im Studium sind und wenig schulische Erfahrungen mit Konflikten haben, kann in dieser Phase das Thema der Stressreduzierung wenigstens angesprochen werden.

Beim Thema Stress fragen wir zunächst, welche Techniken zur Reduktion von Stress die Tn. gewöhnlich bei sich selber anwenden:
- Meine Erfahrungen im Umgang mit Stress und Belastungen?
- Wie habe ich mir bisher helfen können?
- Welches war bisher meine erfolgreichste Technik, um Konflikte zu bewältigen?
- Welche Gefühle und Gedanken habe ich in Konfliktsituationen?
- Welche Situationen belasten mich am meisten?
- Meine Entspannungstechniken?

Auch wenn Studierende bisher von Konflikten in der Schule während des Praktikums persönlich verschont wurden, so gibt es für sie doch schon genügend Anlässe für Stresserfahrungen, z.B. im Studium oder bei Prüfungen.

(3) Einen verwandten Weg zur kognitiven Umstrukturierung gehen heute die *hypno-therapeutischen Konzepte* und *Konzepte des NLP* (Neuro-Linguistisches-Programmieren). Hierbei liegt es durchaus im Bereich des Möglichen, daß Lehrerinnen und Lehrer mit Konzepten der selbsthypnotischen Suggestion arbeiten lernen. Auch dabei werden neue Sätze gefunden, die in solcher Technik verankert werden. Außerdem können, wie beim NLP-Training, in den *Future-Paces* Zukunftssituationen gedanklich oder real durchgespielt werden und mit selbstinstruktiven oder selbsthypnotischen Suggestionen kombiniert werden (Alman 1995; Mohl 1996; Revenstorf/Zeyer 1997). In dem Supervisionsmodell habe ich entsprechende Vorschläge gemacht (s. dort). Auch Trancen können hilfreich sein, erfordern aber eher einen Experten oder eine Expertin.

9. Übung und Rollenspiel: Kollegiale Fallsupervision

Entlastungstraining, Konfliktmanagement, Stressreduktion und Supervision gehören zusammen. Das habe ich immer wieder betont. Die Kollegiale Fallsupervision, also Supervision unter Kollegen und nicht mit einem externen Supervisor, ist eine Form der selbstorganisierten Hilfe, die sich Lehrpersonen selbst geben können. Das Verfahren und eine Organisationsform habe ich in dem Beitrag zur Supervision vorgeschlagen (s. dort).

Erfahrungsgemäß kommt dabei viel Spielfreude auf und außerdem ist es eine einprägsame Erfahrung für solche Teilnehmer, die noch keine Supervisionserfahrung besitzen. Diese Phase eignet sich auch gut als Abschluß des Entlastungstrainings. (Wenn Tn. schon einmal in einer Supervisionsgruppe waren, so sind doch die einzelnen Schritte und Techniken häufig sehr verschieden, so daß es immer interessant ist, andere Methoden kennenzulernen.)

10. Zusammenfassung und Ausblick in die Zukunft

Ein zusammenfassender Abschluß ist wichtig - darunter sollte auch der Rückblick auf die Liste der Selbsthilfepunkte sein (s.o. zu Beginn in der Phase 0), die noch an der Wand stehen. Entlang diesen Punkten äußern die Tn. sich darüber, was ihnen hilfreich gewesen ist, was noch vertieft werden könnte, was noch weiter geübt werden sollte, was ihnen vielleicht weniger gebracht hat.

An dieser Stelle möchte ich im Sinne einer Zukunftsvision noch einen Punkt ansprechen, den ich bisher vernächlässigt habe. Unter den Punkten der Liste: 'Ziele des Kurses' (S. 169) findet sich als Punkt 4: 'Innovationen im System'. Dies ist eine Systemebene, die mit der Organisations- oder Systementwicklung zusammenhängt. Hier fühlt sich der einzelne Lehrende oft (zu Recht) hilflos und ohnmächtig: Wie sollte eine einzelne Lehrperson Wesentliches an der Organisation ihrer Institution ändern können? Und dennoch verdeutlichen wir uns vom Systemansatz her, daß es immer zwei Möglichkeiten gibt, ein System - gleichsam von zwei Seiten her - zu verändern:

erstens durch *indirekte Veränderung:* durch die - oft geringfügigen - Impulse, die ein System durch nichtlineare Rückkopplungen in eine andere Richtung ziehen können (s. Beitrag zur Chaosforschung); bei diesem ersten Punkt können Systemveränderungen also auch vom individuellen (persönlichen) unterrichtlichen Handeln einzelner ausgehen;

zweitens durch *direkte Veränderung:* durch organisatorische oder institutionelle Veränderungen des Systems selber, die durch die organisierte Zusammenarbeit mit anderen Kollegen und Kolleginnen zu einer Systemveränderung führen; bei diesem zweiten Punkt reicht nicht das persönliche Handeln des einzelnen zur direkten Veränderung aus.

Die Strategie des ersten Punktes wurde im Prinzip in den gesamten vorangehenden Übungen behandelt. Die Strategie des zweiten Punktes setzt ein gemeinsam handelndes Kollegium voraus, oder wenigstens einige Kollegen, die kooperieren. Das wichtigste Ziel dabei ist *die Veränderung des Schulprofils* (worüber ich im Beitrag 7 einiges gesagt habe). Dieser Punkt soll hier wenigstens als Zukunftsvision auch in die Liste der Lösungsbereiche aufgenommen werden als Punkt 9 (s.u.). Abschließend formuliere ich dann als Punkt 10 den früheren Punkt 8 (Störungen, vgl. S. 169) noch einmal zusammenfassend und breiter, so daß darin die alternativen Verhaltensweisen ebenfalls als zukunftsbezogene Visionen vorkommen können, die sich dann mehr auf das persönliche Handeln beziehen, das ich im ersten Punkt (auf dieser Seite oben) angesprochen habe.

Also:

9. Ich werde an einer *Veränderung unseres Schulprofils* mitarbeiten. Dazu werde ich die Kooperation mit anderen Kollegen und Kolleginnen suchen. Wahrscheinlich werden sich meine Schülerinnen und Schüler dann mehr *mit* der Schule identifizieren und überhaupt erst *für* die Schule engagieren.

10. Ich werde versuchen, mehr *Elemente des (verdrängten) Lebens* ins Lernsystem zu bringen: durch offenen Unterricht, Projektarbeiten, persönlichen Unterrichtsstil. - Mir ist bewußt, daß es einen enormen Mehraufwand meiner Kräfte erfordert, mich um all die wichtigen Dinge zu kümmern, mit denen das moderne, auf Effektivität ausgerichtete Lernsystem nur schwer umgehen kann: Gefühle, Persönliches, Freundschaften/ Feindschaften, Konflikte, Aggressionen, Störungen, Desinteresse, Langeweile, soziale Beziehungen in der Klasse, Neugier, Hobbies der Schüler... Aber ich werde es trotzdem immer wieder versuchen. - -

Abschließend *fasse* ich noch einmal *zusammen*, was in meinen Augen und nach meiner Erfahrung die wichtigste, weil überraschendste und ungewohnteste Lektion für Lehrerinnen und Lehrer ist, die sich mit der systemischen Sichtweise von Konflikten und Belastungen erstmals befassen. Sie besteht in der seltsamen Behauptung, daß Störungen und Belastungen erst zu Störungen und Belastungen durch die Perspektive derjenigen werden, die sie wahrnehmen, also hier: durch die Lehrpersonen. Damit sind auch die Verhaltensweisen, die den Störungen zugrundeliegen, keine Eigenschaften der Schüler, sondern Muster von Beziehungen im System. Damit *scheint* zwar die simple Tatsache, daß *Schüler* stören, auf den Kopf gestellt und zu der seltsamen Behauptung verdreht, die eigentlichen Störer seien die Lehrer. Solange wir aber meinen, die Störer seien allein die Schüler, die auf Grund ihrer bösartigen Eigenschaften handeln, können wir erstens praktisch nichts Wesentliches ändern - wie sollten wir deren Eigenschaften ändern? -, und zweitens verbrauchen wir für den Kampf gegen die nicht zu ändernden Eigenschaften zu viel Energie. Wir haben aber gesehen, daß erst durch die veränderte Systemperspektive die Handlungsohnmacht der Lehrpersonen durchbrochen und ihre Handlungsfähigkeit wieder hergestellt wird.

Ein schönes zusammenfassendes Zitat hierzu zum Abschluß: "Nun schreiben üblicherweise die Lehrer solche 'Disziplinstörungen' den einzelnen Schülern zu: Die Schüler *sind* unkonzentriert, unaufmerksam, unordentlich, geschwätzig, nervös, hyperaktiv, desinteressiert, aggressiv, orientierungslos usw. Aus systemischer Sicht sind alle diese Phänomene, die Lehrer als störend, belastend erleben, *keine Eigenschaften der Schüler* und sie beschreiben auch keine spezifischen störenden Verhaltensweisen! Sie bezeichnen vielmehr die *Qualität von Beziehungen* zwischen der Person des Schülers (psychisches System) und der Schulklasse, dem Unterricht, der Schule (soziales System) und der spezifischen Wahrnehmung dieser Beziehungen durch den Lehrer" (Spanhel/Hüber 1995, S. 98; Herv.i.O.).

Und weiter heißt es dann: "Die Frage lautet nicht: Wie muß ich als Lehrer handeln,...damit ich bei diesem Jugendlichen einen Abbau seines aggressiven Verhaltens im Unterricht erreichen kann? Stattdessen müßte der Lehrer folgende Fragen stellen: Wie müßte ich meine Beziehungen zu diesem Jungen ändern, damit er es nicht mehr nötig hat, bei Aufrufen oder Anforderungen mit unflätigen und bösartigen Ausdrücken und Drohungen zu reagieren?" (ebda. S. 99).

*****

10. Systemische Supervision für Lehrerinnen und Lehrer. Ein Arbeitsmodell

Das Folgende setzt den Beitrag aus Teil I zur Supervision (Kapitel 8) fort, und zwar gleichsam in die Praxis hinein. Es handelt sich um ein Modell, das ich teils mit Praktikern in Fallbeispielen, teils mit Studierenden in Rollenspielen angewendet habe. Es kann je nach Bedarf variiert werden, vor allem gekürzt werden. (Bei den Studierenden fallen einige Punkte weg, die nur für die Praktiker relevant sind, und umgekehrt.) - -

(1) Empirische Untersuchungen, so wird berichtet, haben ergeben, daß die Teilnahme an einer Supervisionsgruppe - neben einer befriedigenden Partnerschaft! - die wichtigste Stützungsinstanz für Pädagogen ist, um die schweren beruflichen Belastungen aufzufangen und einem burnout vorzubeugen (Fengler 1996, S. 185).

Einige Argumente, die ich für die präventive Supervision angeführt habe (Teil I, Nr. 8), sprechen dafür, daß Supervision schon an sich, unabhängig von der therapeutischen Richtung, der sie verpflichtet ist, wirksam und hilfreich ist. Die schulenmäßige Ausrichtung ist dabei von untergeordneter Bedeutung.

(2) Was wäre denn nun das *Spezifische* an der systemischen Supervision? Nehmen wir einige Überlegungen zur systemischen Beratung hinzu (Beitrag 1 in diesem Teil), so ergeben sich folgende Gesichtspunkte:

- Das Ziel systemischer Supervision ist, ebenso wie bei der systemischen Beratung, die gemeinsame Konstruktion neuer Wirklichkeiten und neuer Möglichkeiten in einer Gruppe. Supervision ist auch hier: *ein ko-produktiver, ko-konstruktiver Prozeß.* (Jemand erfand einmal die zungenbrecherische Abkürzung: ein *kopro-kokopro*).

- Das Spezifische der systemischen Supervision liegt - im Vergleich mit anderen, eher individualisierenden Supervisionskonzepten - in der *Vernetzung der Systemebenen*: beginnend bei der Person, über die Interaktionsmuster mit anderen, bis hin zur institutionellen Ebene des Systems - und zurück! Dadurch werden Probleme weniger als persönliches Versagen gesehen, sondern eher - oder auch - als systembedingtes Verhalten.

- Da der Supervisor oder die Supervisorin ebenfalls, wie bei der systemischen Beratung, meist mit mehreren Personen arbeitet, ist der Unterschied in der *Methodik* und in der Gesprächsführung kein prinzipieller.

- In der Gesprächsführung werden die *üblichen systemischen Methoden* angewendet, vor allem: systemisches und zirkuläres Fragen, Ressourcenorientierung, Lösungsorientierung, Rekonstruktion von Beziehungen und Mustern, Umdeuten, Einbeziehung des Kontextes des Problems.

- *Keine 'Ursachensuche'*, keine Diagnosen, *sondern Hypothesen* und die Konstruktion von möglichen Lösungsansätzen (Plural!); multiperspektivisches Suchen nach kreiskausalen Zusammenhängen.

- Die Teilnehmer sind auch hier - jeder auf seine Art - wie die Klienten in der Beratung die *Experten,* d.h. sie wissen am besten, was für sie gut ist, und nur sie können das, was für sie gut ist, auch wirklich tun.

- Die Rolle des Supervisors ist auch hier, wie bei der Beratung, die des *Moderators,* nicht aber die des alleinigen Experten, der 'über' den anderen steht, am besten Bescheid weiß und sagt, wo es lang geht. Gelegentlich sprechen Systemiker darum lieber von "Intervision" (Voß, 1996 S. 277), um das 'super' (über) durch 'inter' (zwischen) zu ersetzen.

- Da es faktisch viele 'Experten' gibt - nämlich so viele, wie es Teilnehmer gibt -, kann die Rolle des Moderators jeweils abwechselnd von einem Teilnehmer übernommen werden.

- Da ein guter Supervisor vor allem ein guter Moderator ist, braucht eine Gruppe für eine gelingende Supervision nicht immer einen externen Supervisor. Ein externer Supervisor mag am Anfang eines Supervisionsprozesses eine nützliche Starthilfe sein. Wenn die Regeln gelernt sind, kann jeder die Rolle übernehmen.

- Für bestimmte Probleme, die das Gesamtsystem - Schule; Kindergarten; Heim; Betrieb usw. - betreffen, ist allerdings, wie bei der Organisationsberatung, manchmal ein nicht im Betrieb verstrickter und erblindeter Moderator günstiger, weil er die systemisch geforderte Metaperspektive (Perspektive von außen) leichter einnehmen kann.

- Die Ebenen, auf denen *Lösungen* möglich sind oder neue Perspektiven gewonnen werden können, sind auch hier grundsätzlich dieselben wie bei der Beratung: ausgehend von den *subjektiven* Wirklichkeitskonstruktionen von Rat/Kl, geht die Suche zur nächsten Systemebene: zu den *Interaktionen und Beziehungen* von Rat/Kl, dann zu gemeinsamen *Mustern,* Mythen, Ideologien, Geheimnissen usw. im System (oder mehrerer Mitglieder des Systems), um schließlich die Bedingungen des *Kontextes* auf jeden Fall als möglicherweise mitverursachend einzubeziehen.

- Die wichtigste Voraussetzung dafür, daß Supervision hilfreich und erfolgreich für die Teilnehmer ist, besteht nach meiner Erfahrung darin, daß zu Beginn ein *Klima gegenseitigen Vertrauens* existiert. Nur dann werden die vorgetragenen Fälle nicht als persönliches Versagen des Supervisanden empfunden, und nur dann entsteht ein Klima produktiver Lösungsorientierung. Hilfreich kann es sein, am Anfang die drei Grundaxiome der personenorientierten Gesprächsführung - Akzeptanz, Empathie, Echtheit - sowie die üblichen TZI-Regeln (vgl. S. 166) zum Gruppenkodex zu machen.

- Nützlich ist eine *dezentralisierte Organisation,* d.h. verschiedene Rollen für: Moderation, Ko-Moderation, Zeitwächter, Protokollant, Gastgeber.

(3) Für diejenigen, die davon ausgehen, daß zu einer ordentlichen Supervision auch ein *professioneller externer Supervisor* gehört, mag folgender Hinweis nützlich sein. Die Gefahr bei einem solchen Supervisor besteht einfach darin, daß die Supervisanden in die üblichen Rollenklischees zurückfallen: Sie erwarten von ihm als dem Profi und Experten den richtigen Rat für ihren nächsten Fall, und umgekehrt gerät ein solcher Supervisor eher in die Versuchung, persönliche Tips zu geben oder überhaupt das Problem des Supervisanden zu personalisieren.

Ein wunderschönes (unfreiwilliges) Beispiel hierfür bietet der klassische Ansatzpunkt der psychoanalytischen Supervision: die Frage nach der Übertragung und der Gegenübertragung (vgl. etwa bei Belardi 1996, S. 78f.) lautet die Hauptfrage: 'Haben Sie das ängstliche Verhalten, das Sie als Kind ihren Eltern gegenüber gezeigt haben, auf Ihren Chef übertragen?' Das mag ja sogar sein - und das könnte ja auch ein typisches systemisches Interaktionsmuster sein -; nur würde die systemische Frage jetzt lauten: 'Was können Sie in Ihrem Verhalten Ihrem Chef gegenüber morgen anders machen?' - und außerdem vielleicht: 'Was gibt es für weitere Systemebenen, auf denen wir Ihr Verhalten, das Verhalten Ihres Chefs und das Verhalten anderer Personen im Kontext ansehen und evtl. verändern können?'

Die Gefahr, den Fall als 'persönliches Problem' zu stilisieren oder mißzuverstehen, ist bei systemischer Supervision wohl grundsätzlich geringer als bei anderen Konzepten. (Außer den Psychoanalytikern sind hierfür die Gestaltleute, die Klient-, Person- und Gesprächszentrierten, eigentlich die meisten 'Humanisten', geeignete Kandidaten; weniger die TZI-Leute; vgl. die Übersichten bei Buddrus 1995; Pallasch 1996). Dennoch neigen alle Gruppen immer wieder dazu, zu 'personalisieren'. Das 'Personalisieren' ist natürlich eine allgemeinmenschliche Schwäche überhaupt, denn es reduziert Komplexität recht schnell. - Umgekehrt braucht bei den Systemikern nicht notwendig, wie häufig gegen sie eingewendet wird, die Gefahr zu bestehen, die personale Ebene zu übersehen. Da aber eine Supervision nicht eine Therapiestunde für den Supervisanden ist, macht es wenig Sinn, Kindheitsmuster aufzuspüren, die dann nicht weiter vertieft werden können. Grundsätzlich gibt es natürlich auch für Systemiker Kindheitsgeschichten mit Folgen bis heute. Es wäre aber für den Supervisanden nicht hilfreich, die systembedingten Probleme seiner Institution seinen Eltern anzulasten: damit wäre der Supervisand nur noch wirkungsvoller blockiert, vorläufig etwas zu verändern.

Eine schöne Metapher für die Berufsrolle von Supervisoren hat Kersting (1993) gefunden: "Störung als Beruf", ähnlich wie es Till Eulenspiegel gemacht habe. Damit knüpft Kersting an Maturanas Begriff der "Perturbation" (s. das Kapitel über die Selbstorganisation) an, was ja wörtlich 'Störung' oder 'Verstörung' heißt. Gemeint ist der 'alte' systemische Grundsatz, daß ein System, das festgefahren oder blockiert ist, von außen einen Impuls braucht, der es 'auf-stört'. Der Supervisor sei ein "Provokateur" - "aus Liebe", wie Kersting mit Bezug auf Farrellys (1986) 'Provokative Therapie' hinzufügt (ebda. S.19). - Aus Erfahrung möchte ich aber daran erinnern: Provokationen in der Therapie werden nur richtig verstanden und nicht mißverstanden, wenn zuvor eine vertrauensvolle Beziehung besteht, sinngemäß also hier zwischen den Mitgliedern in der Gruppe, einschließlich dem Supervisor/Moderator.

(4) Schließlich noch eine Bemerkung zum Setting. Es empfiehlt sich, gelegentlich die Ordnung beim Setting zu variieren. Das folgende Schema enthält zwar eine gewisse

Standardvorgabe. Hilfreich ist aber auch die *Variation nach dem RT-Modell* (Reflecting-Team-Modell nach Andersen, 1991). Dann können auch zwei oder drei Berater als Moderatoren das Interview führen, und es ist möglich, die Gruppe nochmals in zwei Teams zu splitten, wobei jedes für sich den Fall bespricht, während - das ist die Grundregel bei Andersen - die anderen zuhören (vgl. die Vorschläge bei Hargens/ Grau 1996, S. 237f.).

Voß (1989, S. 93ff.) und Kubesch/Connemann (für Lehrer: 1990) haben gezeigt, wie phantasievoll das Grundschema für die pädagogische Anwendung variiert werden kann, je nach den Bedürfnissen und Diskussionslagen der Gruppen. Der Hauptpunkt bleibt dabei: "Die Teilnehmer der einzelnen Gruppen reden jeweils voreinander, jedoch nicht miteinander. Diese paradoxe Situation impliziert, daß sie jeweils übereinander voreinander reden, aber nicht miteinander reden, so daß sie nicht der Gefahr erliegen, zu streiten oder in Entweder-Oder-Kategorien zu verfallen" (Voß ebda. S. 98f.). Natürlich ist es nicht 'verboten', daß eine Gruppe in der systemischen Supervision auch untereinander redet; aber für die Phasen der Problemdarstellung und der Lösungsproduktion ist es, wie die Erfahrung zeigt, sehr nützlich, das *aktiv-schweigende Zuhören (ASZ)* zu praktizieren. Gerade Lehrerinnen und Lehrer neigen auf Grund ihrer beruflichen Sozialisation dazu, andere Meinungen danach bewerten zu müssen, ob sie in die Kategorie 'Richtig' oder 'Falsch' gehören. Auch führt ihre Praxiserfahrung oft dazu, schnell oder vorschnell zu sagen: 'Das geht', oder 'Das geht nicht'. Es erhöht das Vertrauen und den gegenseitigen Respekt voreinander in einer Gruppe enorm, wenn diese Regeln am Anfang strikt eingehalten werden; Akzeptanz und verstehende Empathie für den anderen steigen an. Das wiederum sind die Grundlagen für ko-produktive und ko-konstruktive Prozesse im weiteren Verlauf.

(5) *Strukturmodell*:

Phase O: Vorbereitung

- Formale Regelungen: Ort? Gastgeber? Moderator heute? (Turnusmäßig? Oder nach Wahl des Supervisanden? Nach kollegialer Abstimmung?) Beraterrollen? Interviewteam? Ko-Berater? Zeitstruktur? (Wer ist Zeitwächter?) Protokollant?

- Wer trägt vor? Nach welcher Vereinbarung? Dringlichkeit?

- Nachbereitung: Was muß vom letzten Treffen her noch angesprochen werden?

1. Phase: Falldarstellung

- Die Supervisandin (Ratsuchende) trägt so genau wie möglich vor, was abgelaufen ist. Sie versucht dabei, einen Kern des Problems, einen Fokus zu finden, der ihr *heute* besonders wichtig ist. Vielleicht kann sie eine Strukturskizze bieten, aus der die beteiligten Systeme hervorgehen.

- Die Gruppe hört derweil zu, ohne zu unterbrechen. Sie achtet auch auf nonverbale Äußerungen: Gestik, Mimik, Körperhaltung, Gefühlsäußerungen.

2. Phase: Interview

- Der Moderator und das Interview-Team, die 'Berater' (d.h. diejenigen, die die Rolle der 'Berater' spielen, s.o.) oder, wenn anwesend, der Supervisor, können in dieser Phase Fragen zur weiteren Informationsschöpfung stellen (v.a. wenn der Fall für die Gruppe noch nicht genügend klar ist).

- Dabei kann entlang einer Systematik verfahren werden:
1. Was wurde wahrgenommen (von der(m) Ratsuchenden/ SupervisandIn) ?
2. Wie wurde das interpretiert (von der(m) Ratsuchenden/ SupervisandIn)?
3. Welche Gefühle/Körpergefühle traten auf (bei der(m) Ratsuchenden/ SupervisandIn)?
4. Wie war die Reaktion (von der(m) Ratsuchenden/ SupervisandIn)? (Vgl. Schulz von Thun I, S. 73).

Schon hier kann versucht werden, den Fall soweit zu *strukturieren*, daß die Struktur, die Systemebenen oder die Kontexte an Deutlichkeit gewinnen (v.a. wenn dies in der Schilderung des Falles unklar geblieben ist).

- Ergänzende Fragen: Wie waren die Gefühle in der erlebten Situation; wie sind sie jetzt?

- *In dieser Phase dürfen keine Bewertungen, keine Diskussion, keine Lösungsvorschläge erfolgen.*

3. Phase: Gruppenfeedback

- Die Gruppenmitglieder berichten der Reihe nach in kurzen Worten, wie es ihnen bei der Falldarstellung und beim Interview ergangen ist: Was wurde bei mir ausgelöst? Was habe ich auf den drei Kanälen - visuell, auditiv, kinästhetisch - wahrgenommen? Welche Gefühle sind in mir entstanden? Welche Fantasien sind mir gekommen? Welche Metaphern (für den Fall) sind mir eingefallen?

- An dieser Stelle wieder: keine Bewertungen, keine Urteile, keine Kritik!

- Die Supervisandin/ Ratsuchende hört nur zu! (Nicht leicht!)

4. Phase: Perspektivenwechsel (Spielphase)

Die Supervisandin/Ratsuchende wechselt jetzt in die Rolle der *Zuschauerin* und der *Spielerin*. Der Fall wird von der Gruppe gespielt. Die Sup.In/Rats. sieht zuerst nur zu; dann spielt sie den Konfliktpartner; schließlich sich selbst. Wer nicht mitspielt, erhält eine Beobachterrolle für einen bestimmten Spieler.

(Es kann auch nach Psychodrama-Methode gespielt werden und dabei vom Supervisor/Moderator unterbrochen und gedoppelt werden, Gefühle oder Probleme auf einen Stuhl gesetzt werden, Zweierbeziehungen oder Triangulierungen für sich gespielt werden usw. Aus Psychodrama-Erfahrungen wissen wir, wie nützlich dies für die Betroffenen zur Problembewältigung sein kann.)

- Dabei stellt sich auch heraus, ob die Gruppe oder die Betroffene selbst genügend Informationen hat oder ob solche noch fehlen.

- Kurzes *Rollenfeedback* mit dem Fokus: Wie wurde der Konflikt jetzt von den Spielern erlebt? Welche Beziehungen, Muster, Konfliktkonstellationen, verdeckte oder offene Konflikte wurden sichtbar? - Hiernach empfiehlt sich i.a. eine *Pause*. - -

5. Phase: Hypothesen (er-)finden

- Die TeilnehmerInnen 'dürfen' jetzt anfangen, Hypothesen zu suchen und zu erfinden: *Hypothesen und Erklärungsansätze für die konflikthaften Beziehungsstrukturen,* die ihnen schon beim Rollenspielen deutlich(er) wurden, Konflikt-Muster, Verhaltensmuster, Verstrickungen, Abhängigkeiten, Systemdynamiken - also solche Systembeschreibungen, wie wir sie bei den Beziehungsanalysen in Beratungs(lehrer)situationen kennengelernt haben (vgl. den entspr. Beitrag). Dabei sind systematisch auch die Kontexte einzubeziehen.

- Ein Extra-Punkt wäre: Gibt es Fantasien dafür, welchen Sinn, welche Bedeutung der Konflikt haben könnte, wenn wir versuchen, ihn in einem positiven Licht zu sehen? ('*Positive Konnotation*'). Das müßte aus der Perspektive jedes einzelnen Konfliktteilnehmers getrennt rekonstruiert werden: Welchen Vorteil bringt der Konflikt für wen?

- Wichtig in dieser Phase: Erstens: *Alle Hypothesen und Fantasien sind gleichermaßen 'richtig' im Sinne von 'möglich'.* - Zweitens: Der Moderator achtet darauf, daß keine Diskussion unter den Gruppenmitgliedern darüber entbrennt, wer 'Recht hat'. - Drittens: Die Ratsuchende/ Betroffene/ Supervisandin hört nur zu und kommentiert nicht, welche Hypothese sie für richtig hält. (Sie kommt gleich dran!).

6. Phase: Lösungsideen

(Unter 'Lösung' verstehe ich hier im Sinne von de Shazer *das "lösungsorientierte" Vorgehen im Gegensatz zum problemorientierten Vorgehen.* 'Lösung' heißt: Die Ratsuchende entscheidet sich für einen Lösungs*versuch*, um einen neuen Weg in die Zukunft auszuprobieren. Es heißt nicht: Hurra, ich habe die Lösung! Vielleicht ist der Begriff 'Lösung' also mißverständlich. Er hat aber, wie die Erfahrung zeigt, den Vorteil, daß der Ratsuchende nach vorne schaut und nach möglichen Lösungen sucht, statt zurückzuschauen und im Problem stecken zu bleiben, in einer 'Problemtrance'.)

- Die Gruppe produziert einige Lösungsvorschläge in lockerer, hypothetischer Form. Es darf dabei keine Bewertung und keine Kritik erfolgen, auch nicht durch die Supervisandin/ Ratsuchende!

(An dieser Stelle kann mit Hilfe des Verfahrens des 'reflecting team' auf wirkungsvolle Weise verhindert werden, daß die Lösungssuche in eine falsche Richtung geht (Konkurrenz, Rechthaberei über den besten Weg usw.). Dies kann hier so eingesetzt werden: (a) Ein vorher ausgewähltes 'Team', das einfach eine Subgruppe der ganzen Gruppe ist, produziert im Verfahren des 'brain-storming' Lösungsideen, über die sich dann (b) eine zweite Sub-Gruppe anschließend unterhält. In diesen beiden Phasen darf *zwischen* den beiden Gruppen keine Diskussion entstehen. Es darf auch keine Bewertung stattfinden, auch nicht verdeckt, auch nicht durch den Moderator. Durch dieses Verfahren wird i.a. gerade in dieser kritischen Gesamtphase ein Maximum an Disziplin erreicht, das ja für die Ratsuchende an dieser Stelle hilfreich ist.

7. Phase: Lösungsfeedback

In der nun folgenden Phase nimmt die Ratsuchende Stellung zu den Ideen der (beiden) vorherigen Phasen, d.h. sie gibt ein Feedback dazu, ob es schon für sie eine interessante

Idee gibt. In dieser Phase ist also wieder die Ratsuchende gefragt. Sie gibt zu erkennen, was von den Lösungsideen für sie bisher nützlich gewesen ist bzw. was nützlich werden könnte.

8. Phase: Strukturierung / Systemisierung

- Der Moderator oder die Ko-Moderatoren sorgen nun mit Hilfe der ganzen Gruppe dafür, daß die Ideen und Vorschläge aus dem Stadium der spontanen Ideenproduktion in eine strukturierte, systematische Form gebracht werden (Tafel, Tapete o.ä.). (Sollte der Fall schon zuvor gut strukturiert worden sein, erübrigt sich einiges.)

- Ein einfaches Schema hierfür geht von den Systembeziehungen der Betroffenen aus; es wird gefragt: 'Was möchte ich auf welcher Ebene verändern?' Dafür kommen in Frage:

(1) persönliche Ebene: Welches Verhalten oder welche Einstellungen will ich verändern?

(2) Beziehungsebene: Welche Muster oder Interaktionen mit dem Konfliktpartner kann oder möchte ich ändern?

(3) Kontextebenen: a) Klasse insgesamt? b) Kollegen? c) Eltern? d) Gesamtsystem: Schulleitung? Konferenzen? BeratungslehrerIn? e) außerhalb des Systems: Jugendamt? Psychotherapie? Andere Schulen? usw.

- Dabei fragen wir: Welche Ideen gehören zusammen? zu welcher Systemebene? was ergänzt sich? Was wäre ein leichter Schritt? Welcher wäre schwieriger? Welche Hindernisse könnten sich ergeben für welche Vorschläge? Diese Fragen sind auch für die weiteren Schritte nützlich.

- Hieran schließt wieder ein *Feedback der Ratsuchenden* an: Wozu neige ich jetzt? Was ist mir deutlicher geworden? Wovor hätte ich Bedenken? Was würde mir leichter, was schwerer fallen? usw.

In den letzten Phasen achtet der Moderator besonders auf die Einhaltung der Regeln in der Gruppe: keine Abwertungen der Vorschläge, Diskussionen über bessere oder schlechtere Vorschläge im Keim ersticken. Denn die Entscheidung darüber muß die Ratsuchende ja schließlich selber treffen.

9. Phase: Planung der Schritte

Die Ratsuchende entscheidet sich nun für einen Lösungsweg. Dabei berücksichtigt sie die vier Bedingungen für erreichbare Ziele (nach de Shazer): Das Ziel muß

- konkret sein,
- positiv formuliert sein,
- mit kleinen Schritten beginnen,
- im Kompetenz- und Handlungsbereich des Ratsuchenden liegen.

- Es empfiehlt sich, ganz konkret die *einzelnen Schritte* zu planen, dabei auf mögliche Hindernisse zu achten und diese schon vorher zu berücksichtigen: Was könnte schiefgehen? Wer könnte nicht mitspielen? Wie könnte ich die Situation noch verschlimmern?

(Eine Frage, die vielleicht zunächst absurd erscheint, die aber fester Bestandteil der systemischen Fragetechnik ist; vgl. Georgi u.a. 1992, S. 37).

- Hilfreich ist immer ein 'Future-Pace', wie es in kognitiven Therapien üblich ist: Rat/Kl stellt sich die zukünftige Situation, in der die Veränderung praktiziert wird, haarklein vor: Was tue ich zuerst? Was sehe ich dann? Was höre ich dabei? Wie ist mein Gefühl? Wie ist die Reaktion des anderen? Wie sein Gesicht? Seine Stimme? Seine Körperhaltung? Was folgt? Welchen Satz muß ich wörtlich genau sagen? Wie wird meine Körperhaltung sein? usw. Diese Trance kann mit dem imaginierten Kreiswechsel, mit dem history-change oder der Anker-Technik (NLP) unterstützt werden: vom Ressourcen-Ort (Up-State) zum Katastrophen-Ort (Down-State) und zurück (vgl. Mohl 1996; Revenstorf 1997). - Nützlich ist es, daraus ein *Rollenspiel* zu machen. Daran kann sich auch die Gruppe beteiligen.

10. Phase: Weiterarbeit

- Schließlich wird in der Gruppe vereinbart, wie der *weitere Verlauf* sein soll. Die Ratsuchende macht Vorschläge. Die Gruppe reagiert so, daß sich die Ratsuchende auch weiterhin begleitet fühlt. Es können auch gegenseitige Kollegenhospitationen vereinbart werden (z.B. nach dem Konstanzer-Trainingsmodell).

- Welcher Zeitrahmen ist vorgesehen?

*****

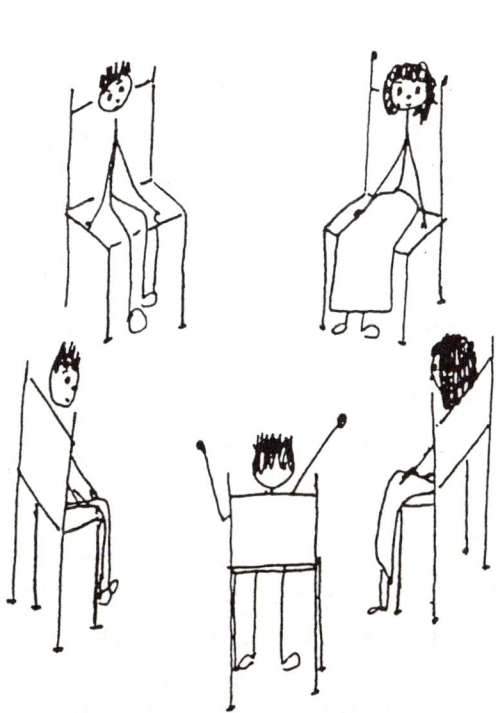

191

TEIL III: GRUNDLAGEN UND GRUNDBEGRIFFE DES SYSTEMANSATZES

1. Systemisch-konstruktivistische Grundbegriffe (Übersicht)

Im folgenden gebe ich eine Einführung in Grundbegriffe des Systemansatzes, die eine Form der lexikalischen Übersicht über wichtige Grundbegriffe darstellt. Eine ausführlichere Einführung habe ich in dem Band "Systemtheorien für die Pädagogik" (2. Aufl. 1992) gegeben. Für zwei Grundbegriffe verweise ich auf andere, ausführlichere Beiträge dieses Teils, nämlich erstens für 'Selbstorganisation' und zweitens für 'Nicht-lineare Systeme' (diese werden in dem Beitrag zur Chaosforschung behandelt). Im übrigen möchte ich unterstreichen, daß es zu den Charakteristika des Systemansatzes gehört, sich nicht auf trennscharfe Definitionen zu begründen, sondern seine Begriffe durch eine Form *zirkulärer Vernetzung* jeweils konstruktiv aufeinander zu beziehen. Damit wird - das ist für die Praxeologie des Ansatzes wichtig - *Pädagogik als rekonstruktive Praxis* erzeugt. Darum habe ich auch den Teil II als Praxisteil *vor* den theoretischen Teil gesetzt: In der Praxis erst 'be-währ-en' - im Sinne von 'be-wahr-heiten' - sich die Grundbegriffe des systemischen Denkens.

1. System

Die Fragen danach, was ein System ist und wie Systeme abgegrenzt werden, sind komplizierter als es der vielgebrauchte Systembegriff vermuten läßt. Vor allem gibt es für die Pädagogik unterschiedliche Möglichkeiten der Systemabgrenzung und der Systemforschung. Diesen Fragen möchte ich aber nicht hier am Anfang, sondern in einem gesonderten Exkurs nachgehen (s. den zweiten Beitrag). Außerdem ist hierzu der Beitrag über die Systemforschung zu vergleichen. Am Beginn sollen hier einige gebräuchliche und einführende begriffliche Unterscheidungen stehen.

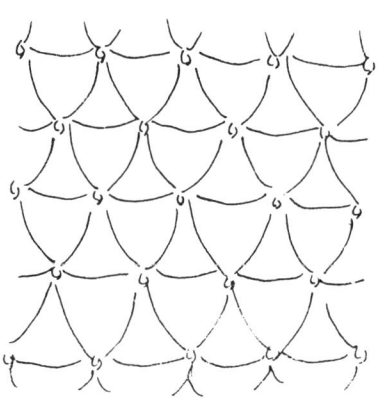

(1) Die kleine Zeichnung zeigt ein einfaches System. Es entspricht der älteren Definition: 'Ein System ist eine Menge von *Elementen*, zwischen denen *wechselseitige Beziehungen (Relationen)* bestehen' (vgl. v. Bertalanffy 1972, S.18). Wir können das gezeichnete Netz als ein System ansehen, die Knoten als Elemente und die Stricke dazwischen als Beziehungen zwischen den Elementen. (Die Komplexität ist niedrig, weil nur die benachbarten Elemente miteinander verbunden sind.)

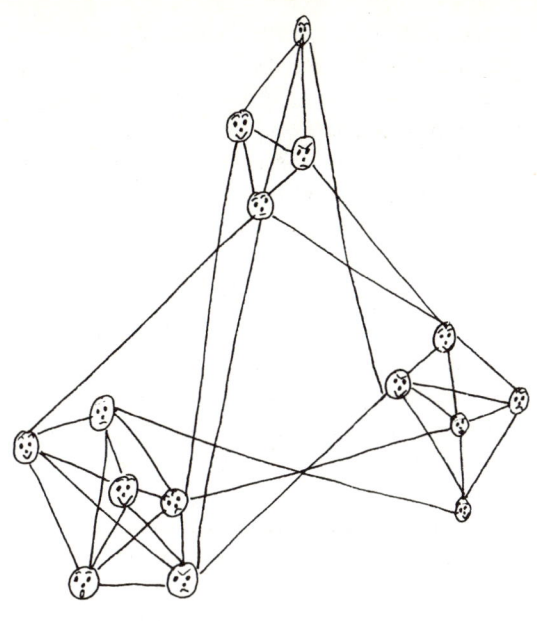

(2) Die nächste Figur zeigt ein System mit drei *Subsystemen*. Die Elemente sind in den Subsystemen stärker verbunden als mit dem Gesamtsystem. Es ist nicht notwendig, daß alle Elemente auf dieselbe Weise untereinander oder mit dem Gesamtsystem verbunden sind (wie dies bei dem obigen Netz der Fall war). Sind die Elemente, so wie in der Zeichnung angedeutet, nochmals durch 'Gesichter' strukturiert, dann sind genau genommen alle 'Gesichter' schon Subsysteme und nicht Elemente. Durch die Zeichnung kann deutlich werden, daß mit der Ausbildung von Subsystemen ein Problem gegeben ist, das es auch in pädagogischen Systemen gibt:

Wie groß darf die *Autonomie eines Subsystems* sein, ohne daß die Balance gegenüber dem Gesamtsystem in Frage gestellt wird? Praktisch stellt sich diese Frage in jeder Familie, in der es um die Autonomie der 'Subsysteme' (der Kinder oder eines Ehepartners) geht. Dieses Problem ist zentral für die Reformulierung eines systemorientierten Erziehungsbegriffs.

(3) Das Spiel zwischen Elementen, Subsystemen und dem Gesamtsystem wird in der nebenstehenden Zeichnung noch weitergetrieben. Es handelt sich um ein '*strukturiertes System*'. In strukturierten Systemen ist zwar einerseits *eine Struktur vorgegeben, die nicht das reine Konstrukt des Beobachters ist;* andererseits ist die Bestimmung des Verhältnisses von Elementen und Subsystemen oder die Fokussierung einer bestimmten Struktur *Sache des Beobachters.* (Zu diesen Fragen vgl. den Beitrag Nr. 2 i.ds.Teil).

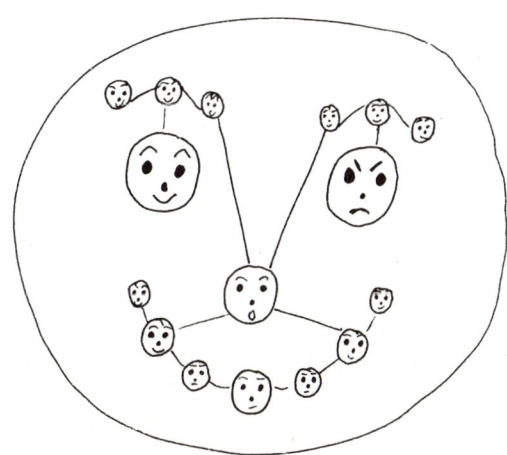

(4) Ein Grundsatz der Systemtheorie lautet, daß Systeme durch eine *Innen-Außen-Differenz* konstituiert werden. Das bedeutet, daß ein System sowohl durch das definiert wird, was zu seinem inneren (internen) Bereich gehört, als auch durch das, was nicht zu diesem Bereich gehört, sondern 'außen' ist. Diese Unterscheidung gilt in erster Linie für soziale Systeme (Beispiel: Kirche gegenüber Nicht-Kirche; diese Partei gegenüber einer anderen Partei usw.), sie ist aber auch - worauf Maturana am Beispiel der Zelle hinweist - auf chemische oder biologische Systeme anwendbar, solange primär die Funktion einer Einheit betrachtet wird.

Werden Systeme jedoch primär über den *Differenzgedanken* konstituiert, wozu beispielsweise Luhmann neigt, so ist dies - vor allem für die Pädagogik - *problematisch, weil dabei die spezifischen realen Verbindungen zu den Kontexten der Systemumwelt aus dem Blick zu geraten drohen.* Auch die (im Beitrag über die Systemforschung) vorgeschlagenen 'Relevanzsysteme' und 'Problemsysteme' (z.B. therapeutische) stellen interessanterweise eine Form der Systemkonstruktion durch Differenzbildung dar. Soziale Systeme werden ferner konstituiert durch die wiederholten ('rekursiven', s.u.) Interaktionen, die zu zeitweilig stabilen Beziehungsregeln und Verhaltensmustern führen. Dabei spielen die 'Reduktion der Komplexität' (s.u.) und die 'Selektion' interessierender Teilsysteme eine Rolle; bei den *pädagogischen Systemen, die i.a. hochkomplex sind und hoch mit der Systemumwelt vernetzt sind, müssen die Differenzen zur Systemumwelt ausdrücklich begründet werden.* Denn normalerweise hat der umgekehrte Blickwinkel in der Pädagogik Vorrang: konstitutiv für die Entwicklung sind primär nicht die Differenzen, sondern die Vernetzungen mit den Entwicklungskontexten - beispielsweise mit Eltern, Tagesmüttern, Freunden, Wohnumgebungen, Lebensräumen usw. eines Kindes.

(5) *Lineare Systeme, nicht-lineare Systeme, periodische Systeme.* Die linearen Systeme folgen einfachen Kausalbeziehungen und sind unabhängig vom Zeitfluß (in ihnen kann die Zeit auch 'rückwärts laufen'). Dagegen sind die nicht-linearen Systeme nicht kausal berechenbar, sie folgen 'chaotischen' Attraktoren. Die periodischen oder zyklischen Systeme stehen in der Mitte zwischen diesen beiden Systemtypen. Im Beitrag über die Chaosforschung habe ich die unterschiedlichen Systemtypen näher beschrieben, und ich habe diese drei unterschiedlichen Systemtypen auch für einen differenzierten Bildungsbegriff zu nutzen versucht, der von unterscheidbaren Systemtypen ausgeht (vgl. ebda.).

(6) *Offene vs. geschlossene Systeme.* Offene Systeme sind dadurch definiert, daß sie mit der Umwelt in dreifacher Hinsicht im Austausch stehen: Sie tauschen Materie, Energie und Information. Eine Thermoskanne dagegen mag als ein annähernd geschlossenes System angesehen werden (jedenfalls in der Anfangszeit). Öffnen wir sie, dann beginnt sogleich der energetische Austausch mit ihrer Umwelt. Genau genommen gibt es im Universum überhaupt keine geschlossenen Systeme, es sei denn, wir sehen das Universum selber als ein geschlossenes System an (was nicht feststeht).

Für die *praktische Anwendung* ist die Zielvorstellung oder die *Tendenz* eines Systems ausschlaggebend: Familien können unter dem Kriterium 'offenes' oder 'geschlossenes System' beurteilt werden (was in der klassischen Familientherapie - beispielsweise bei Virginia Satir - ein wichtiges diagnostisches Kriterium war). Die Autopoiesistheorie betrachtet Nervensysteme und Gehirne als 'energetisch offene', aber 'operational geschlossene Systeme'. In der Anwendung auf Selbstorganisationssysteme ist die Abgrenzung 'offen-geschlossen' jedoch nicht trennscharf, weil logisch und empirisch kein System denkbar ist, das ohne irgendwelche Beziehungen zur Systemumwelt existiert. Die Umweltoffenheit eines Systems ist aber um so größer, je höher der Komplexitätsgrad (s.u.) und je größer die Autonomie ist; dies ist der Fall bei Menschen und sozialen Systemen. - (Zwar sind technische Regelkreise, z.B. Heizungssysteme oder Kühlsysteme, ihrer Tendenz nach ebenfalls 'geschlossene Systeme', die gegen ihre Systemumwelt operational isoliert werden. Diese sind jedoch keine selbstorganisierenden Systeme, denn ihre Sollwerte werden extern eingegeben und nicht von ihnen selbst bestimmt.)

2. Selbstorganisation / Autopoiesis

Meist werden Selbstorganisation und Autopoiesis semantisch gleichsinnig verwendet, was bei einem sehr weiten Verständnis von Autopoiesis auch möglich ist. Bei Maturana, Luhmann u.a. werden sie konvertibel gebraucht. Roth (1987) hat vorgeschlagen, 'Autopoiesis' - wörtlich: 'Selbst-Machung', 'Selbst-Herstellung' - nicht für neuronale Prozesse zu verwenden, da sich ein Gehirn nicht selbst 'machen' könne, sondern höchstens selbst organisieren könne.

Von Selbstorganisation und Autopoiesis ist noch die 'Selbstreferenz' zu unterscheiden, die eine spezifische Form der Selbstorganisation ist (s.u.).

Der weiteste Begriff ist '*Selbstorganisation*'. Er wird verwendet erstens für die materielle Evolution, zweitens für die biologische Evolution und drittens für Prozesse sozialer und neuronaler Selbstorganisation. Eine andere Einteilung (Luhmann; Büeler) geht von drei basalen Systemtypen aus, in denen die Selbstorganisation von Systemen in jeweils typisch unterschiedlicher Weise stattfindet; diese Typen sind:
- Leben (biologische Systeme);
- Bewußtsein (psychische Systeme);
- Kommunikation (soziale Systeme).

Für die systemisch-konstruktivistische *Pädagogik* ist das Theorem der Selbstorganisation oder der Autopoiesis von besonderer Bedeutung geworden. Zwar lassen sich beide Begriffe auch unterscheiden (s.o.), zunächst möchte ich sie aber gleich behandeln, was auch ihrer praktischen Bedeutung in der Pädagogik entspricht. *Autopoiesis* wurde zuerst von Maturana zur Kennzeichnung der spezifischen Form der Selbstorganisation von Leben verwendet. Am Beispiel des Systems der Zelle zeigt Maturana, daß hier eine dynamische Organisation zwischen den einzelnen Bestandteilen der Zelle vorliegt, die genau diese Bestandteile und ihre wechselseitigen (systemischen) Beziehungen fortwährend neu als System, nämlich als Zelle, hervorbringt. Die Grenze dieses Systems, ihre Membrane, garantiert einerseits ihre Identität durch Abgrenzung von ihrer Umwelt; andererseits ist die Grenze selbst Ausdruck (Produkt) ihrer internen Selbstorganisation. Dabei operiert die Zelle insofern 'autonom', als sie durch ihre Struktur selbst bestimmt, welche Umweltkontakte für sie zulässig (bekömmlich) sind (Maturana: 'Strukturdeterminismus'). Ihr System ist, wie es heißt, 'operational geschlossen', aber 'energetisch offen', d.h. sie ist der Umwelt gegenüber für die Aufnahme von Information, Energie und Materie offen, aber die Maßstäbe für die Verarbeitung setzt sie selbst.

Selbstorganisation bezeichnet zunächst die Form, in der sich die Materie seit Beginn des Universums entfaltet hat. Der Nobelpreisträger Prigogine hatte nachweisen können, daß nicht erst Leben, sondern schon Materie sich spontan und ohne äußeren Anstoß in neuen Systemen organisiert (Theorie der 'dissipativen', d.h. sich selbst 'auseinandertreibenden' Strukturen; vgl. Prigogine 1979). Damit war allerdings das traditionelle Bild der Materie zerbrochen: Materie durfte hinfort nicht mehr als jene passive Substanz verstanden werden, die bloß Material wäre für Prozesse der Selbstorganisation, entsprechend dem traditionellen Denkschema, das die Materie als formbare Masse für die edle Tätigkeit des Geistes ansah. Dadurch wurde ein Grundpfeiler des abendländischen Weltbildes zum Einsturz gebracht: die Trennung von Materie (Körper) und Geist, mit Folgen, die noch nicht abzusehen sind (Huschke-Rhein 1993a).

Weiterhin bezeichnet 'Selbstorganisation' die Evolution der *biologischen und ökologischen Systeme*. Die Evolution muß weitaus stärker als bislang üblich als ein Prozeß *aktiver und konstruktiver Selbstveränderung* der Arten mit relativ hoher Autonomie verstanden werden, nicht aber als ein Prozeß der passiven, außengeleiteten Anpassung an wechselnde Umwelten. Diese Einsichten ermöglichen einen neuen, über Darwin hinausreichenden Evolutionsbegriff (vgl. Riedl 1984).

Schließlich führt von hier die evolutionäre Bahnlinie weiter zur Form der *sozialen Selbstorganisation* der Gattung Mensch, der durch die Fähigkeiten des neuronalen Geistes zur *ko-evolutiven Produktion* von Welt und Umwelt die vorläufige Spitze der Selbstorganisation darstellt. Erich Jantsch (1982) hat diese Entwicklung von der Materie bis zum Menschen in seinem monumentalen Werk "Die Selbstorganisation des Universums" dargestellt. Die Folgen dieser Entwicklung, die insbesondere die Pädagogik zu tragen hat, habe ich am Beispiel der Komplexitätssteigerung dargestellt (Huschke-Rhein 1992a, Kap. 1).

Der Zusammenhang der Systeme der Selbstorganisation auf den unterschiedlichen Ebenen ist für die von mir favorisierte ökologische Systemtheorie deshalb von großer Bedeutung, weil die Einsicht in die fundamentale Verbundenheit aller Systeme des Universums grundlegend für ein neues Erziehungs- und Bildungsverständnis ist, in dem auch die ökologische Dimension ihren Platz hat (vgl. dazu den abschließenden Beitrag in Teil III zur Allgemeinbildung).

Die Legitimität der Übertragung des Modells der Selbstorganisation auf psychische, kognitive und soziale Systeme, die schon Maturana selbst vorgenommen hatte, wurde zum einen von der Systemischen Psychotherapie und zum anderen von der neueren Gehirnforschung (s. Teil I) unterstrichen. Allerdings wäre genau die Unterstellung, es handele sich 'bloß' um ein 'biologisches' Modell, falsch, weil eine solche disziplinäre Beschränkung für die wissenschaftstheoretische Position des Konstruktivismus, von der her Maturana es entworfen hat, keinen Anhaltspunkt hätte: Ohnehin möchte diese Position keine empirische Entität oder Realität bloß 'abbilden', sondern Modelle der Weltwahrnehmung bieten, deren Realitätshaltigkeit nicht nach Art der traditionellen Naturwissenschaft induktiv oder deduktiv bewiesen wird, sondern als 'viable' Konstruktion (von Glasersfeld) bewährt wird.

In den folgenden Beträgen dieses Teils habe ich einiges Weitere zur Selbstorganisation ausgeführt; auch sind die neueren Forschungen zur Selbstorganisation der Neuronen im Gehirn hier zu vergleichen (in Teil I im Abschnitt 7 über die Orientierungsaufgaben).

Das Modell der Selbstorganisation ist als Modell für die interne Steuerungsfähigkeit lebender Systeme für die *Pädagogik* attraktiv geworden, weil es zur Erklärung von Lern- und Entwicklungsprozessen sowie zu einem besseren Selbstverständnis von Erziehern und Erzieherinnen beigetragen hat (s. Teil I und Teil II). Zum Verständnis der Operationsweise von Selbstorganisationssystemen werden von der (konstruktivistischen) Systemtheorie vor allem die folgenden drei Begriffe eingeführt: Zirkularität, Rekursivität und Selbstreferenz.

3. Zirkularität

Der allgemeinste Begriff für die Operationsweise von Selbstorganisationssystemen ist 'Zirkularität', was den den Gegensatz zur 'linearen Kausalkette' bezeichnet, in der konstant A auf B, B auf C usw. wirkt. Hier aber besteht eine 'Kreiskausalität', in der jedes Element zugleich Ursache und Wirkung ist (wenn z.B. nach Schließung der Kette das Glied C wiederum auf A wirken kann). *Zirkuläres Denken bedeutet die 'Verflüssigung' einer verdinglichenden Sichtweise*, die annimmt, daß einem Element A oder einer Person A immer genau eine Eigenschaft X oder eine Wirkung Y zugeschrieben werden kann. In der Systemischen Beratung/Therapie beispielsweise bedeutet das 'zirkuläre Fragen' von Ber/Th, daß ein Symptom nicht einem Träger allein als Eigenschaft zugeschrieben werden darf - A 'ist' streitsüchtig -, sondern grundsätzlich (auch) als Beziehung innerhalb eines Systemkontextes, innerhalb eines 'Problemsystems' zu sehen ist.

Die Zirkularität als systemische Operationsweise spielt auch noch in die nachfolgenden Grundbegriffe hinein. Die praktischen Konsequenzen dieses systemischen Grundbegriffs werden aus einem (bekannten) Zitat von Maturana und Varela deutlich: "Diese Zirkularität, diese Verkettung von Handlung und Erfahrung, diese Untrennbarkeit einer bestimmten Art zu sein von der Art, wie die Welt uns erscheint, sagt uns, daß *jeder Akt des Erkennens eine Welt hervorbringt...* Dies alles kann in dem Aphorismus zusammengefaßt werden: *Jedes Tun ist Erkennen, und jedes Erkennen ist Tun*" (Maturana/Varela 1987, S. 31; kursiv i.O.).

4. Rekursion, Rückkopplung, Reziprozität

Rekursion bedeutet, wie die Zeichnung mit den Schlangen zeigt, das 'Zurücklaufen' (lat. re-cursio = Rück-lauf) einer Beziehung (Relation) über andere Elemente an den Anfangspunkt. (Merkempfehlung: Merke 'Exkursion', was sachlich sogar recht zutreffend ist, wenn die Rückkehr als selbstverständlich mitgedacht wird.) Der Begriff 'rekursiv' hat

sich inzwischen gegenüber dem älteren Begriff der 'Rückkopplung' durchgesetzt, der im Grunde das Gleiche meint (zumindest bezogen auf den 'Rückkopplungskreis'), allerdings wegen seines technisch-kybernetischen Ursprungs problematisch ist, weil er Assoziationen an lineare Prozesse nahelegt. Demgegenüber ist die Prozeßstruktur bei der Rekursion zirkulär: Über Umwege (Prozeß-'Schleifen') wirkt jedes Element zirkulär über weitere Elemente auf sich selber zurück, *so daß jedes Element zugleich Ausgangspunkt und Endpunkt ist*, ohne daß vom System her vorgeschrieben wäre, von welchem Element (bzw. Person) eine Kausalkette ausginge. Betrachten wir komplexere Systeme, beispielsweise soziale Systeme (vgl. das Hausaufgabenmodell im Beitrag über die Systemforschung), so erhalten wir einen Eindruck von der Art rekursiver Verbindungen.

Der Begriff der Rekursion wird häufig auch zur Beschreibung von diachronischen Systemprozessen verwendet, d.h. zur Kennzeichnung sich zeitlich wiederholender Systembeziehungen, während die erstere Kennzeichnung eine synchronische, also gleichzeitige Systembeziehung darstellt. Der diachronische Begriff überwiegt bei Maturana/Varela (z.B. 1987, S. 85). Dieser Aspekt betont stärker die Tatsache, daß durch die *Wiederholung* bestimmter Interaktionen zwischen den Elementen (Personen) überhaupt erst soziale Systeme mit stabilen Interaktionsmustern entstehen können. Mit dem Schlangenbeispiel gesprochen: Wenn immer die Schlange A der Schlange B und diese immer wieder der Schlange C in den Schwanz beißt usw., ist die Prozeßstruktur rekursiv.

Wenn wir einen *umfassenderen Systembegriff* verwenden, in dem auch die nicht-linearen Systemprozesse berücksichtigt werden, dann werden mit den rekursiven Prozessen nicht nur die stabilen Operationen, sondern auch die nichtstabilen, nichtvorhersagbaren, nichtlinearen Prozesse erfaßt. Systemtheoretisch formuliert: *'Rekursivität' i.w.S. bezeichnet eine Operationsweise der Zirkularität, bei der die Elemente eines Systems über Prozeßschleifen ('Umwegschleifen') auf sich selbst zurückwirken* (wörtlich: 'zurücklaufen'), *und zwar so, daß der Output eines Systems nicht eine vorhersagbare Folge des Inputs darstellt*. Diese Operationsform ist für kognitive und psychische Prozesse grundlegend. Sie bedeutet, daß das - kognitive oder psychische - System nicht einfach auf einen äußeren Reiz reagiert, vielmehr *reagiert das System faktisch auf sich selbst, und zwar auf Grund seiner internen Struktur.*

H.v.Foerster (1984) hat als Erläuterung hierfür auf den Unterschied zwischen einer, wie er in informationstheoretischer Terminologie sagt, "trivialen Maschine" und einer "nichttrivialen Maschine" hingewiesen. Während für *triviale Maschinen* gilt:

(1) ihr Verhalten ist vorhersagbar,
(2) sie sind von ihrer (Vor-)Geschichte unabhängig,
(3) sie sind kausal (z.B. durch eine oder mehrere Variable) determinierbar,

gilt für die *nichttrivialen Maschinen* - zu solchen Systemen gehören natürlich die Menschen bzw. ihre Gehirne - in jedem Punkte das Gegenteil:

(1) ihr Verhalten ist nicht vorhersagbar,
(2) sie sind von ihrer (Vor-)Geschichte abhängig,
(3) sie sind nicht kausal (z.B. durch eine oder mehrere Variablen) determinierbar.

Die beiden unterschiedlichen Möglichkeiten können schematisch folgendermaßen dargestellt werden (vgl. Probst 1987, S. 77f.):
Zunächst die *lineare Funktion* einer „trivialen Maschine":

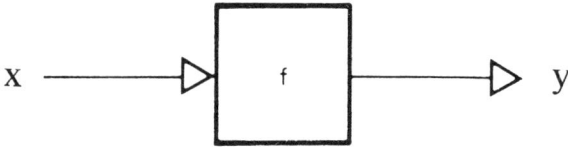

x ———▷ f ———▷ y

Die *zirkuläre, selbstreferentielle Form der Rückkopplung* (einer „nichttrivialen Maschine") kann schematisch folgendermaßen dargestellt werden:

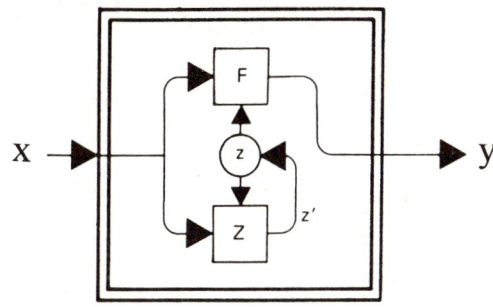

Bei den Prozeßschleifen wird ein Teil des System-Outputs wieder in das System eingeführt (zurückgeführt) als Information über den Output. Dadurch entsteht - z.B. für das Element Z - ein Unterschied gegenüber dem vorherigen Zustand - Bateson: 'Information ist Unterschied' und 'macht den Unterschied' -, der Unterschied bedeutet eine neue "Interpunktion" im System (Watzlawick 1969) und macht, daß für das Element Z ein neuer Kontext entstanden ist, was systemisch gesehen heißt: *Z selbst ist neu geworden* und anders zu verstehen als vorher. *Das System reagiert demnach auf sich selbst und nicht einfach auf einen äußeren Reiz oder Input.* Damit ist jeder Zustand des Systems an der Hervorbringung des jeweils nächsten konstitutiv beteiligt (vgl. Roth 1987, S. 241).

Hieran wird ein *weiterer systemischer Grundbegriff* verständlich, der für *Lern- und Reifungsprozesse und für die Didaktik* auch praktisch bedeutsam ist: die *'Anschlußfähigkeit'* (vgl. Luhmann 1984) des jeweils nächsten Systemzustandes an den voraufgehenden. Sie weist auf die basale Lernfähigkeit des Menschen hin, zeigt andererseits jedoch auch die Grenzen an, die vor allem aktuell mit Problemen der 'Stoffülle', der 'Wissensexplosion', der Informations- und Medien-'Überfütterung' von Kindern gegeben sind (vgl. den Beitrag 'Lernen als Selbstorganisation' in Teil II). Von der Systemsicht her ist darum eher ein "qualitatives Wachstum" als ein quantitatives Wachstum zu empfehlen (Huschke-Rhein, 1992a, 226). Allerdings kann eine fortschreitende Veränderung der Systemzustände auch - um einen weiteren systemtheoretischen Grundbegriff einzuführen - zur *'Emergenz'* (s.u.) des Systems führen, d.h. zu einem qualitativ völlig neuen Systemzustand, der nicht aus den vorausgehenden ableitbar ist. Solche Emergenzen können sich auch nach 'Fluktuationen' des Systems einstellen, d.h. nach 'Symmetriebrüchen', beim Durchsteuern 'chaotischer' Phasen oder bei 'Bifurkationen' (d.h. wörtlich: Gabelungen) des Systems (vgl. den Beitrag zur Chaosforschung). In pädagogischen Kontexten handelt es sich um biografische Krisen, Umbrüche und Neuorientierungen.

5. Reziprozität

Die Reziprozität (Wechselseitigkeit) stellt den einfachsten Fall der Vernetzung zweier Systeme dar. Eine Relation zwischen beiden ist reziprok (wechselseitig) oder komplementär, wenn die Relation beide so aufeinander bezieht, daß das Verhalten beider Systeme dadurch verständlich (erklärbar) wird. Damit ist zugleich das Kausalprinzip aufgehoben, denn Reziprozität bedeutet ja, daß das Verhalten jeder Seite (jedes Systems) *gleichzeitig Ursache und Wirkung* ist. Reziproke Beziehungen erzeugen häufig ein *gemeinsames Muster*, das als solches vom Beobachter erkannt wird (z.B. Streit oder Liebe).

Die Zeichnung stellt einen solchen Fall reziproker Interaktion dar, wobei es wichtig ist, daß wir nicht erkennen können, 'wer angefangen hat'; immer sind beide Seiten 'schuld'. In der Praxis gibt es zahlreiche reziproke Interaktionen, besonders in Partner- oder Kleingruppensystemen (von Phänomenen wie Tauschgeschäft, Vertrauen, Schenken, Küssen, Grüßen, bis zu konflikthaltigen Interaktionen wie Mißtrauen, Streit, Über-Unterordnung, Täter-Opfer-Beziehung u.a.).

In dem Beitrag SEK (Systemisches Entlastungstraining und Konfliktberatung, in Teil II) habe ich solche Lehrer-Schüler-Konfliktbeziehungen dargestellt und gezeigt, daß Lösungen hier nicht durch Schuldattributionen, sondern nur durch systemische Interventionen möglich sind.

In der *Familientherapie* gibt es zahlreiche reziproke Systembeziehungen, die zu bekannten Mustern führen, beispielsweise eskalierende Schuldvorwürfe in eskalierenden *symmetrischen* oder *komplementären* Beziehungen. Berühmt geworden ist hier das Beispiel Watzlawicks (1985, S. 94) von dem Paar, bei dem er sich zurückzieht und sie 'darum' nörgelt, und er sich 'darum' zurückzieht usw.: Hier ist offensichtlich keine einfache Kausalität auszumachen, obwohl 'natürlich' jeder den anderen als die Ursache seines Verhaltens ansieht.

6. Selbstreferenz - die Operationsweise des Gehirns

Der Begriff der 'Selbstreferenz' ('Selbstbezüglichkeit') sollte genau von Autopoiesis und Selbstorganisation unterschieden werden. Wir hatten schon gesehen, daß ein Gehirn zwar nicht autopoietisch ist (es müßte sich sonst selber materiell re-produzieren), sondern 'selbstreferentiell': *Das Gehirn bezieht alle eingehenden Daten und Informationen operational auf seinen jeweiligen Systemzustand* (so wie es die Zeichnung auf der folgenden Seite zeigt).

Lernsysteme sind selbstreferentiell par excellence. Sie sind jedoch nicht energetisch geschlossen. Selbstreferenz eines Systems bezeichnet dann weiter die Möglichkeit, durch das selektive Anschließen anschlußfähiger, kompatibler und 'viabler' (v. Glasersfeld) Daten aus der Systemumwelt neue Möglichkeiten zu konstruieren. Selbstreferenz meint also die basale Operationsform autopoietischer Systeme, soweit seine Verarbeitungsfä-

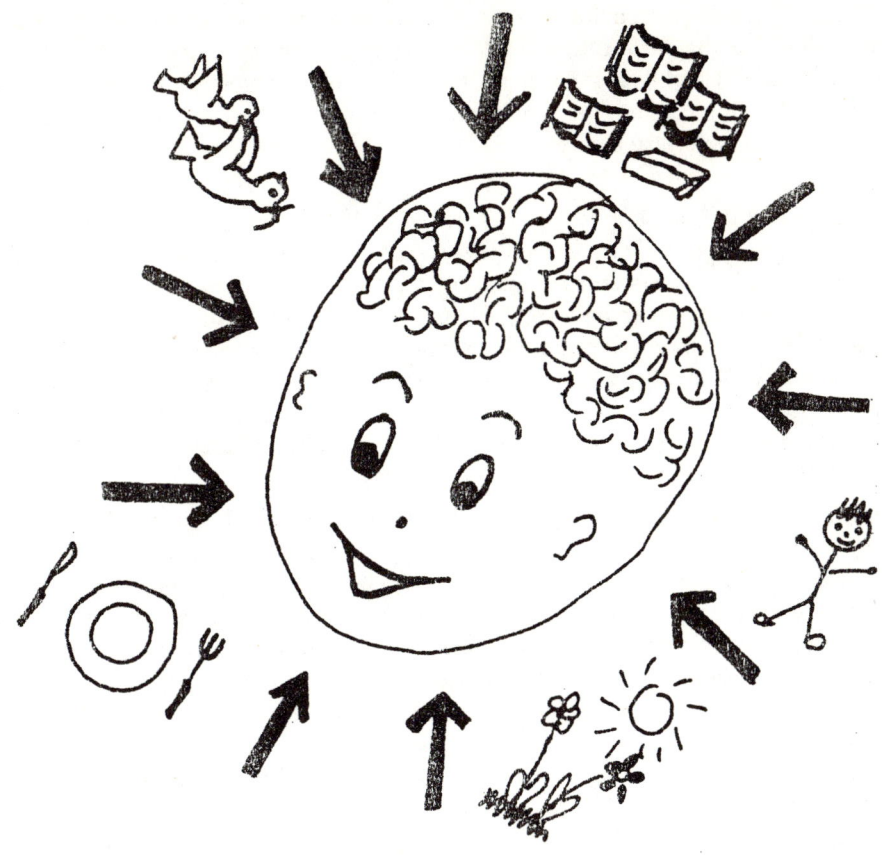

higkeiten gemeint sind. In der pädagogischen Literatur wird Selbstreferenz meist für die Selbstbezüglichkeit von Individuen verwendet.

Das Theorem der Selbstreferenz oder der Selbstreferentialität hat praktische, aber auch epistemologische (erkenntnistheoretische) Konsequenzen, die für die erziehungswissenschaftlichen Konzepte ebenso wie für die therapeutisch-konsultativen Konzepte bedeutsam sind. Ein selbstorganisiertes oder ein autopoietisches System - ein Gehirn, ein Individuum, eine Klasse, ein soziales System - muß strukturell jede eingehende Information, jedes Erlebenis, jede pädagogische Instruktion, zunächst auf sich selbst beziehen, auf seinen internen Zustand. Es steuert sich dadurch selbst, indem es die Anschlußfähigkeit jedes Eingangswertes *intern beurteilt* - beurteilen *muß*. Das verlangt die Struktur seiner Operationsweise. Darin liegt sowohl ein 'an-schließendes' als auch ein *selektives*, also 'aus-schließendes' Moment: Was nicht anschlußfähig ist, ist ausschlußwürdig. Hierin sind zwar einerseits Chancen gegeben, andererseits aber auch Grenzen gesetzt für die Konstruktion neuer Welten oder Erfahrungen.

Auch in der *Pädagogik* sind damit Chancen wie Grenzen bezeichnet - beispielsweise für die Übernahme von Verantwortung für den Erfolg pädagogischer Instruktionen (vgl. hierzu Teil I!), für die kognitive oder die psychische Verarbeitungskapazität bei Schülern oder Kindern, für die Aufrechterhaltung der eigenen Identität in den biografischen Umbrüchen, für die Selbstbildung als lebenslangem Prozeß. Mit solchen Chancen und Grenzen ringen täglich die Eltern, die Lehrer und Lehrerinnen, die Berater und Therapeutinnen, auch die engagiertesten unter ihnen.

Allgemein *kann ein autopoietisches System seine Umwelt nicht 'als' Umwelt wahrnehmen - es gibt keinen direkten Kontakt eines Systems mit seiner Umwelt*, keine "Telefondrahtverbindung", wie Maturana/Varela sagen (1987, S. 177), sondern nur einen Kontakt nach Maßgabe seiner internen Struktur. *Die Umwelt wird also weder 'objektiv' wahrgenommen noch 'real' abgebildet, sondern systemintern (re-)konstruiert.* Die Erkenntnis, die ein System von seiner Umwelt und seiner Mitwelt hat, ist zugleich das Ergebnis seiner systeminternen Operationen (was weder heißt, daß es keine reale Umwelt gibt, noch heißt, daß deren objektivierende Abbildung zwangsläufig 'falsch' wäre!).

Ein *zusammenfassendes* Zitat von Gerhard Roth zum Gehirn als einem selbstreferentiellen System, in dem zugleich wichtige Aspekte der Begriffe Rekursion und Zirkularität aufgenommen werden, soll diesen Abschnitt abschließen: "Das Gehirn läßt sich als ein funktional und semantisch selbstreferentielles oder selbst-explikatives System auffassen. Unter funktionaler Selbstreferentialität eines Systems verstehe ich die Eigenschaft, mit den eigenen Zuständen rekursiv oder zirkulär zu interagieren, so daß jeder Zustand aus der Interaktion früherer Zustände resultiert. Selbstreferentielle Systeme sind in ihren Zustandssequenzen selbstbestimmt oder autonom. Ihre Zustandssequenzen sind nicht von außen steuerbar. Wichtig ist, daß Selbstreferentialität nicht Isoliertheit bedeutet: selbstreferentielle Systeme sind i.a.R. durchaus von außen beeinflußbar oder modulierbar. Die Wirkungen dieses Einflusses, seine Quantität und Qualität, sind aber vollständig durch das selbstreferentielle System bestimmt. D.h. ob ein externes Ereignis überhaupt auf das System einwirken kann und, wenn ja, in welcher Weise und Stärke, legt das System fest" (Roth 1987, S. 240f.).

Für die oft gestellte Frage, ob die Anwendung des Systemansatzes in der Praxis nicht doch mit eher konservativen Vorstellungen verbunden sei, ergibt sich aus der Sicht der Grundbegriffe der Rekursivität und der Selbstreferentialität folgendes Argument. Rekursivität und Selbstreferentialität können sowohl 'konservativ' als auch 'evolutiv' verstanden werden: Kognitive Systeme (Gehirne), psychische Systeme (die Erlebniswelt der Person) und soziale Systeme (Gruppen, Familien, Klassen) können durch wiederholte Rekursionen zu einem stabilen, homöostatischen (gleichgewichtigen) Zustand finden, indem sie durch immer gleiche Ideen, Normen oder Verhaltensmuster Stabilität erreichen oder erhalten. Sie können aber auch, wie sowohl unser Modell der nichttrivialen Maschine als auch die Chaosforschung zeigen (vgl. Beitrag III, 5.), im Prozeß der Rekursivität durch Verstärkung kleiner Differenzen ('Aufschaukelung'/ 'positive Rückkopplung') zu neuen Interpunktionen "fernab vom Gleichgewicht" (Prigogine/ Jantsch) finden, denen neue Systemzustände sowohl auf der Ebene der Ideen als auch des Verhaltens folgen. H.v.Foerster (1985) spricht von "Order from Noise"=Ordnung durch Störung, und Prigogine (1979) spricht von "Ordnung durch Fluktuation". Jantsch sieht in den "strukturbewahrenden Systemen" und den "evolvierenden System" im Anschluß an Prigogine "zwei grundsätzlich verschiedene Klassen von Systemen" (Jantsch 1982, S. 67), wobei für ihn die Beschreibung der evolvierenden Systeme zugleich den entscheidenden Erkenntnisfortschritt in der Entwicklung der Systemtheorie markiert. Auch die Entwicklung der Systemischen Therapie von der homöostatisch orientierten Strukturellen (Familien-)Therapie (auch noch in der Mailänder Schule) zum konstruktivistischen Ansatz eines sprachlich gegebenen 'Problemsystems' (Anderson/Goolishian 1990) geht von dieser Unterscheidung aus.

7. Kontext / Systemumwelt

Elemente, so sagt die Systemtheorie, werden erst durch ihren Kontext definiert: 'Context makes meaning' heißt: Der Kontext erst macht den Sinn. Dieses Axiom geht ebenso wie die anderen auf die interdisziplinären Ursprünge des Systemansatzes zurück: Atomare Partikel z.B. existieren überhaupt erst durch spezifische Relationen zu anderen Partikeln. Wird nun auch ein System erst durch seine Systemumwelt definiert? Kein Phänomen, auch kein System kann sich selber definieren, wie die Mathematiker betonen (GÖDELsches Unvollständigkeitstheorem). Insofern gehört der Kontext als Systemumwelt logisch und empirisch immer schon zum System selber hinzu. Aber: Trifft das auch auf Menschen zu, wenn wir sie, wie die Systemtheorie dies tut, als autopoietische und selbstorganisierende Systeme ansehen? Dürfen wir sagen: Erst ihre (System-)Umwelt entscheidet über ihr Sein und über ihre Existenz? Wäre dies nicht ein zu hoher Stellenwert, den wir damit den Sozialisationsprozessen oder überhaupt der Systemumwelt zuerkennen? Sind wir damit schon im Nachfolgebereich traditionell-dogmatischer Sozialismus- und Milieutheorien: erst die Umwelt macht den Menschen?

Interessanterweise folgt aus dem Autopoiesistheorem (Luhmanns; Maturanas u.a.) das Gegenteil. Mit der evolutionär begründeten Zunahme von Selbstorganisation, Autonomie und Eigenkomplexität bei den höheren Lebewesen gegenüber ihrer Umwelt steigt auch deren Umweltunabhängigkeit - aber diese wird gleichzeitig "riskanter" (wie Laszlo, 1987 S. 106, betont), weil sich die hochentwickelten Geschöpfe nun immer mehr auf ihre eigenen Fähigkeiten verlassen müssen, um ihre Umweltbeziehungen selbst zu gestalten oder zu verändern. Selbstbestimmung *und* verantwortliche Umweltgestaltung gehören damit real zusammen. (Dieses Theorem wird im Beitrag über die Chaosforschung genauer ausgeführt.)

In der *Pädagogik* spielen die Erziehungsumwelten, die *Kontexte der Erziehung* eine bekanntermaßen wichtige Rolle, wie etwa die Sozialisationsforschung gezeigt hat. In dem Beitrag zum Lernen aus systemischer Sicht habe ich die These begründet, daß jeder Lernvorgang immer auf beiden Seiten spielt: auf der Seite der Selbstorganisation durch das autopoietische Gehirn, aber auch auf der Seite der Kontexte, weil durch jeden Lernvorgang auch eine Beziehung zu den Kontexten des Systems hergestellt/konstruiert wird. Die (kulturellen) Kontexte, die die Menschen durch kreative Konstruktionen geschaffen haben, wirken wiederum auf die selbstorganisierten Gehirne zurück; es entsteht ein "selbstkreativer Zirkel", wie Varela (1985) sagt. Erziehungsprozesse spielen im übrigen nie nur in einem einzigen System, sondern grundsätzlich in mehreren Systemen, die dann sämtlich kontextuell auf das sich entwickelnde Kind als das zentrale Referenzsystem (Bezugssystem) bezogen sind.

Dieser Zusammenhang kommmt allerdings bei Luhmann nicht klar zum Ausdruck. Im Gegenteil sind seine Formulierungen geeignet, die faktische Bedeutung der Systemumwelt herunterzuspielen (wie ich in 1992a, Kap. 4.3. gezeigt habe), weil bei ihm, als Soziologen, die Differenzlogik die anderen Überlegungen dominiert. Für soziale Systeme mag die Differenzfigur Sinn machen, die besagt, daß sich Systeme primär durch die "Differenz" zur "Systemumwelt" konstituieren; diese wird jedoch nur in dieser formalen Hinsicht zur "Voraussetzung" des Systems (1984, S.242f.). Formal mag es akzeptabel sein zu sagen, daß Systeme erst durch den "Unterschied", d.h. durch die "Differenz" zu dem gebildet werden, was nicht zum System gehört: eben zur Systemumwelt (so wie ich es oben im ersten Abschnitt der Definitionen des Systems als eine mögliche Bestimmung angegeben habe). Auch wenn dies im Ansatz und vor allem von der Logik her - Umwelt ist "nur ein Negativkorrelat des Systems" (Luhmann 1984, S.249) - plausibel scheint, so müssen wir als Erziehungswissenschaftler doch fragen, ob die logizistische Formalität dieser Verhältnisbestimmung erstens für das Systemdenken überhaupt und zweitens für die Erfassung pädagogischer Umwelten geeignet ist. Schon vom sozialökologischen Ansatz (Bronfenbrenner) her legt sich nahe, daß der Umweltbegriff für die Pädagogik konkreter gefaßt werden muß (vgl. Huschke-Rhein 1992a, Kap. 2). Auch aus evolutionärer Perspektive läßt sich zeigen, daß Umwelten anders als bloß formal zu verstehen sind (Argument der "Strukturierten Komplexität", vgl. ebda. Kap. 4).

Auch für die pädagogische Systemforschung empfiehlt sich ein Modell, das die Umwelten der Erziehung bzw. der Erzogenen nicht bloß als Differenz zum Individuum, sondern in der Weise eines Mehrebenenmodells als sich stufenweise aufbauende Umwelten versteht, und das von den Primärsystemen über die Kontext- und Intersysteme bis zu den Suprasystemen führt (vgl. u. Beitrag zur Systemforschung). Die Umwelten sollten dabei jedoch nicht nur als räumliche Umwelten (wie bei Bronfenbrenner), sondern vor allem als Relevanzumwelten verstanden werden.

Schließlich darf an dieser Stelle ein Hinweis auf die ökologische Thematik nicht fehlen. *Ökologische Umwelten* sind aus prinzipiellen systemischen Gründen mit allen Erziehungsprozessen verbunden. Ich habe (in 1993a) schon ein entsprechendes Modell vorgelegt, das eine "systemökologische Pädagogik" begründet. Die Umwelt des (zu erziehenden) Menschen ist dabei sowohl der 'natürliche' als auch der 'kultürliche' Kontext. Wenn wir in der Systemtheorie Ernst machen mit der fundamentalen Vernetztheit und Verbundenheit der Systeme, die wir im Universum kennen, dann ist die Umwelt mehr als eine Differenz und mehr als das logische Korrelat zum System. Weder soziale noch pädagogische Systeme können sich oberhalb einer realen ökologischen Umwelt aus dem Hut zaubern. Bei zunehmender Selbstorganisation, Autonomie, Selbstreferenz sind wir - paradoxerweise - in einem Maße auf Umwelt angewiesen, wie es bei den anderen Systemen der Evolution zuvor nicht der Fall gewesen ist. Das Problem besteht nur darin, daß Menschen über Techniken verfügen, die ökologische Thematik als Problem zeitweilig außer Kraft zu setzen und zu verdrängen - was Tieren oder Pflanzen nicht möglich ist.

8. Komplexität

Komplexität können wir zunächst einfach als 'Vernetzung' zwischen den Elementen verstehen. Wenn wir die obigen Figuren zur Systemstruktur betrachten, stellen wir unterschiedliche Grade der Vernetzung zwischen den Elementen fest. Komplexität wird einerseits - von den Systemrealisten - als 'Anzahl der *tatsächlichen* Verbindungen' zwischen den Elementen definiert. Andererseits beharrt beispielsweise Luhmann darauf, Komplexität von den "*möglichen* Beziehungen" zwischen den Elementen her zu erfassen, um schließlich in einer neueren Fassung gar nicht mehr primär von der Komplexität innerhalb des Systems ("Eigenkomplexität"), sondern von der "Umweltkomplexität" auszugehen, die immer sehr viel höher sei als die Systemkomplexität und darum vom System erst reduziert werden müsse.

Demgegenüber ziehe ich - Jantsch, v. Weizsäcker, Riedl u.a. folgend (vgl. 1992a, Kap.4) - den Begriff einer '*strukturierten*' bzw. '*organisierten Komplexität*' vor, der den evolutionären Erkenntnissen zunehmender Systemkomplexität bei den höher organisierten Systemen (Menschen) besser gerecht wird und auch für die praxisrelevante pädagogische Systemforschung eher handhabbar ist.

Hingewiesen sei an dieser Stelle wenigstens noch auf Luhmanns klassische Formulierung, daß die wichtigste Aufgabe von Systemen darin bestehe, "Komplexität zu reduzieren". Das heißt aber auch, daß Systeme - beispielsweise soziale Systeme - die (denkbaren) weiteren Möglichkeiten ihrer Elemente in der Regel reduzieren müssen und reduzieren. Laszlo sagt in ähnlichem Sinne, daß die Systeme auf der höheren Ebene evolutionärer Organisation oft weniger komplex sind als die von ihnen organisierten Subsysteme, daß z.B. H_2O von seiner Organisation her einfacher ist als jedes der beiden Elemente, aus denen es besteht. So hat etwa eine Familie eine einfachere Struktur als die Individuen, die sie umfaßt. Kein System kann die mögliche und die faktische Komplexität seiner Elemente ausschöpfen oder abschließend definieren.

Die Komplexität steigt bei Menschen bzw. in sozialen Systemen so stark an, weil hier die möglichen verknüpfenden Relationen zwischen den 'Elementen', also den Menschen, immer größer als 1 sind (bei dem Netz in der obigen Zeichnung gab es nur jeweils 1 bis 4 Relationen), und zwar im Prinzip gegen unendlich entsprechend der Unbegrenztheit ihrer Ideen, Interessen, Motive, Rollen etc., durch die die Vernetzungen zwischen Menschen möglich und wirklich werden. Die Verknüpfungsmöglichkeiten zwischen den ca. 10 Milliarden - andere Schätzungen sprechen von 100 Milliarden - Neuronen im Gehirn, die fast ausschließlich, nämlich zu 99,9% untereinander interagieren (vgl. Spitzer 1996, S. 135), sind faktisch unbegrenzt. *Das pädagogische und das soziologische Kardinalproblem der Komplexität stellt sich also erst auf der Ebene des neuronalen Geistes. Denn dadurch wird die bisher von der Evolution insgesamt kompatibel gehaltene Komplexität exponentiell angereichert und dramatisch gesteigert, weil nun die Möglichkeit zu unendlicher Komplexitätsproduktion besteht.* Die daraus für die Gesellschaft, für die Natur, aber auch speziell für die Pädagogik entstehenden Folgeprobleme habe ich verschiedentlich angesprochen (vgl. die Beiträge zum Lernen sowie in 1992a, Kap. 1).

In naher Zukunft scheint sich uns keine vergleichbar schwierige und keine vergleichbar zentrale Aufgabe zu stellen, als die selbstproduzierte Komplexität unter Kontrolle zu halten, oder anders gesagt: sie mit den ökologischen, sozialen und psychologischen Basisbedingungen kompatibel zu halten. Nicht nur in der Organisation des Lernens, sondern mehr noch bei der Organisation normativer Zielvorstellungen für handhabbare Erziehungsprozesse wird dies ein Kardinalthema bleiben.

9. Strukturelle Koppelung

Dieser Begriff Maturanas meint den sozialen Zusammenschluß zuvor vereinzelter Systeme (so wie es die kleine Zeichnung ausdrücken möchte). Solche Zusammenschlüsse können durch Sprache, durch soziale Normen, durch gemeinsame Ideen, durch Rollenübernahme, durch rekursive Interaktionen oder durch gemeinsame Interessen geschehen. Der ebenfalls von Maturana stammende (ältere) Begriff der *"konsensuellen Koppelung"* meint im Prinzip dasselbe. So bedeutet etwa eine gemeinsame Hypothese oder Erklärung, auf die sich verschiedene Therapeuten bei einer Supervisionssitzung haben einigen können, eine 'konsensuelle Koppelung'. Wenn man ein Bild suchen möchte, dann läßt sich strukturelle Koppelung als eine Art 'sozialer Kitt' vorstellen. Hinter diesem Bild bzw. hinter diesem Theorem steht natürlich das Haupttheorem der konstruktivistischen

Systemtheorie: Es gibt keinen direkten Zugang von einem autopoietischen System zu einem anderen, weshalb Beziehungen also überhaupt nur durch strukturelle Koppelungen möglich werden. Luhmann hat entsprechend konsequent formuliert, daß auch für Personen grundsätzlich gelte: Nur *"Systeme erkennen Systeme"* (1986b; vgl. den Titel von Schiepek 1987). Also können, nach dieser Theorie, nicht einfach Personen andere Personen 'verstehen' oder 'erkennen'.

Ein Sonderproblem aus dem Themenkreis 'Systeme erkennen Systeme', das freilich für Erzieher, Berater und Therapeuten ein Normalproblem ist, möchte ich ebenfalls mit Hilfe der Figur der strukturellen Koppelung beschreiben: das Problem der *Konflikte*. Auch *Konflikte sind eine Systembeziehung*. In Therapien läßt sich oft beobachten, daß die Streitparteien am allerengsten durch den Streit miteinander 'verbunden' sind. Das ist zwar meist tragisch, offenbart aber eine tiefe Wahrheit, die systemisch beschrieben werden kann als die Unfähigkeit, den anderen anders als unter einer ganz bestimmten Perspektive, etwa unter der des Kontrahenten oder des Rivalen usw. wahrzunehmen.

Auch Lehrer, so betont Luhmann (1986b; 1987), können Schüler eigentlich nicht als Personen 'verstehen', sondern nur als Systeme *innerhalb* des Lernsystems Schule wahrnehmen bzw. 'erkennen'. So radikal diese These zunächst klingen mag, so hilfreich kann ihre praktische Anwendung in der Schule sein, wenn sich Lehrer zunächst die kontextuellen Bedingungen ihres Berufs- und Rollenverständnisses klarmachen. Schüler können beispielsweise im Konfliktfall erst einmal in gewisser Weise 'ent-dämonisiert' werden: Ihre Anschläge gelten dann vielleicht nicht in erster Linie der Person des Lehrers, sondern haben systembedingte und kontextuelle Ursachen. Auch hier ist die systembedingte Perspektive der Wahrnehmung des anderen zwar einerseits eine Einschränkung der Persönlichkeit des anderen; sie kann aber andererseits zum Ausgangspunkt einer hilfreichen Neukonstruktion der Beziehung werden, sobald überhaupt erst einmal erkannt ist, wie eingeschränkt die eigene Perspektive der Wahrnehmung überhaupt ist - oder eben *war*. (Dieses wichtige Thema habe ich in dem Beitrag SEK, Nr. 9 in Teil II, weiter ausgeführt.)

Die kleine Zeichnung mag diesen Sachverhalt - *'Systeme verstehen/erkennen Systeme'* - noch einmal verdeutlichen: Jede Person hat auf ihre Weise 'ein System im Kopf', mit Hilfe dessen sie die Welt und so auch die anderen Personen 'erkennt' oder 'versteht'. Beratung und Therapie, aber auch Erziehung versucht jeweils das System zu verändern - zum Besseren für die Person. Vielleicht ist dieses Axiom aber auch tröstlich für den Ernstfall: Machen wir uns gelegentlich klar, daß wir die Person, die wir vor uns haben, nicht mit deren 'System im Kopf' gleichsetzen sollten! - Die Zeichnung zeigt aber auch: Wenn zwei Leute zu demselben System gehören - derselben Partei, Weltanschauung, Kultur, Institution usw. -, dann haben sie ein ähnliches System im Kopf - und werden sich darum vielleicht besser verständigen können.

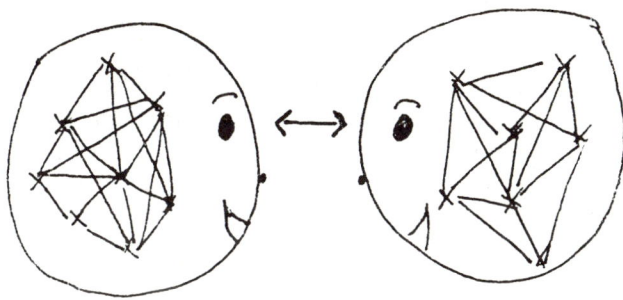

10. Synergie/ Emergenz

Der Begriff der 'Synergie' bedeutet wörtlich 'Zusammen-wirken' ('syn-ergeia'). 'Synergie' ist verwandt mit dem bekannteren Wort 'Energie' ('en-ergeia'), was wörtlich 'Hinein-wirken' bedeutet. Bei der 'Synergetik' (=Lehre von den Synergie-Effekten) geht es darum, daß sich ein System beim Erreichen eines spezifischen Zustands oder Schwellenwertes oft spontan zu einem neuen und anderen Ordnungszustand organisiert, ohne daß es für diesen neuen Systemzustand eine direkte kausale, also *von außen* kommende Ursache gäbe. So nehmen beispielsweise Kristalle plötzlich eine bestimmte neue Form an, die nicht aus dem vorhergehenden Systemzustand ableitbar ist. In jedem Fall erreicht das System eine neue Qualität, die weder quantitativ noch qualitativ aus der bisherigen Geschichte des Systems ableitbar ist.

Mit 'Emergenz' (wörtlich: 'Herausströmen', 'Herausspringen') wird Ähnliches bezeichnet. Emergenz ist ebenfalls ein neuer und anderer Systemzustand, der nicht aus den Eigenschaften seiner einzelnen Elemente, etwa aus ihrer additiven Zusammenfassung, erklärt werden kann, sondern eine neue Eigenschaft des Gesamtsystems darstellt. Auch hier erreicht das System eine neue Qualität, die weder quantitativ noch qualitativ aus der bisherigen Geschichte des Systems ableitbar ist. Das berühmteste Beispiel für Emergenz ist das Auftreten des menschlichen selbstreflexiven *Geistes*.

Emergenzen oder Synergie-Effekte entstehen aus einer neuen Kombination oder Organisation von Bausteinen, Elementen, Komponenten, die zuvor vielleicht ganz andere Funktionen hatten (wie die Flosse des Fisches, die zum Flügel des Vogels wurde). Emergenz liegt auch vor bei der Entstehung des (biologischen) Lebens überhaupt; beispielsweise bei der Neuschöpfung einer Art, die aus der Veränderung einer vorherigen Art hervorgegangen ist (etwa der Schlange aus bestimmten Fischarten). Die Evolutionsgeschichte ist voll von solchen Beispielen. Die Gesamtrichtung der Evolution kann als eine Kette von Emergenzphänomenen verstanden werden, die von einfachen Systemen wie den Zellen über Systeme des mittleren Komplexitätsgrads - den Organen - zu immer komplexeren Systemen geführt hat. Emergenz liegt vor allem bei der Entstehung des 'Seelischen' bei den höheren Säugern vor.

Wir können auch sagen, *daß Emergenz - ebenso wie Synergie - einen Aspekt der Selbstorganisation zum Ausdruck bringt*. Emergenzen entstehen sowohl beim neuartigen Zusammenwirken einzelner Elemente eines Systems ('Synergie-Effekt') als auch beim Zusammenwirken mehrerer Systeme, wenn dabei *'übersummative' Eigenschaften* oder Effekte auftreten, d.h. Eigenschaften, die nicht aus der Summe der vorherigen Zustände prognostizierbar sind. Für solche spontanen Neuschöpfungen wird gelegentlich auch der Begriff der 'Fulguration' (von lat. fulgur=Blitz) verwendet. Man hat versucht, die Phänomene spontaner Selbstorganisation systemtheoretisch durch verschiedene mathematische und dynamische Modelle zu simulieren, so in der sogenannten 'Katastrophentheorie' (womit nicht Naturkatastrophen, sondern nicht vorhersagbare Ereignisse gemeint sind, vgl. Laszlo 1987, S.59), in den Spieltheorien (Eigen/Winkler 1983), in den 'Chaos-Theorien' und in der 'Synergetik' (von griech. 'syn-ergein'='zusammenwirken'; vgl. Haken 1991).

Beide Theoreme - Synergie und Emergenz - vermitteln dieselbe Botschaft: Die Selbstorganisation tritt spontan auf, es gibt immer neue und überraschende Formen der Selbstorganisation, dennoch ist das wundersame Ereignis der Selbstorganisation mit bestimmten Bedingungen verbunden, unter denen sie erst zustande kommt.

'Synergie' und 'Synergetik' sind eigentlich schöne systemische Begriffe - 'eigentlich', weil sie bisher meist im Rahmen des Synergetik-Konzeptes der Physik, besonders der Laser-Strahl-Technik, verwendet wurden. Inzwischen gibt es aber bemerkenswerte Anstrengungen, das Konzept auch in der Allgemeinen Systemtheorie zu beheimaten (vgl. Schiepek/Tschacher 1997).

Während bei 'Emergenz' mehr die plötzliche und unerwartete Veränderung oder Weiterentwicklung eines Systems im Vordergrund steht, wird bei *'Synergie'* mehr an die günstige Kombination von Eigenschaften oder Qualitäten gedacht, deren 'Zusammenwirken' nicht nur eine Veränderung, sondern auch eine *qualitative Optimierung bestimmter Sy-*

stemeigenschaften hervorbringt. Vielleicht ist das 'normale' Licht durch seine Mehrwelligkeit ebenfalls ein qualitativ bedeutendes System; dennoch hat erst das Laser-Licht bestimmte Eigenschaften, die eine besondere Qualität besitzen. Denn der Zustand, in dem alle beteiligten Photonen bzw. Elektronen dieselbe Schwingungszahl aufweisen, ist ein spontan sich einstellender Systemzustand, der zwar unerwartet eintritt, aber nur dann auftritt, wenn zuvor bestimmte Abstände und bestimmte Energiequanten gegeben sind (vgl. die ausführlichere Darstellung im Beitrag über die Synergetik). - Inzwischen spricht man auch in der Wirtschaft gerne von 'Synergie-Effekten', wenn die selektive Kombination bestimmter erfolgreicher Teilbereiche eines Produktionszweiges eine qualitative oder quantitative Optimierung der Gesamtproduktion verspricht. -

Warum sollte nicht auch in der *Pädagogik* eine *kombinierende Auswahl bestimmter günstiger Teilbereiche des Bildungssystems* in der gleichen Weise zu neuen und günstigen Systemzuständen des Bildungssystems führen, also zu einem 'Synergie-Effekt', der zur qualitativen Optimierung der Bildungsprozesse beiträgt? Hier liegt noch ein weites Anwendungsfeld der Systemtheorie vor uns.

In gewissem Sinne scheinen Synergie und Emergenz dem Theorem der 'Anschlußfähigkeit' zu widersprechen, aber nur bei oberflächlicher Betrachtung. Denn wie die Chaosforschung lehrt, verändern sich selbstorganisierende Systeme nicht immer kontinuierlich, sondern auch diskontinuierlich: Sie können über chaotische, also nicht-lineare Prozesse neue Zustände erreichen, die einem neuen Attraktor folgen, und zwar über möglicherweise relativ *geringe Anstöße*, beispielsweise durch neue Informationen oder energetische Inputs, wie sie strukturell in jeder pädagogischen oder konsultativen Arbeit vorkommen.

Das Spannende in diesem neuen Gebiet der Systemforschung liegt darin, daß es sich gleichsam *zwischen Pädagogik und Therapie* bewegt. Synergetische Arbeit kann je nach den Erfordernissen entweder Kontinuität oder Diskontinuität bevorzugen. Die Pädagogik ist, vereinfacht gesagt, meist mehr an voraussehbaren und kontinuierlichen Entwicklungsprozessen interessiert; die Psychotherapie aber arbeitet oft im Gegensatz dazu eher darauf hin, einen Bruch mit einem bisherigen krankmachenden Systemzustand zu erreichen, strebt also einen diskontinuierlichen Systemprozeß an. Systemisch möchte ich nicht den einen oder den anderen Zustand *im voraus* positiv oder negativ beurteilen; jede Sichtweise der Systemprozesse hat ihre Bedeutung. Darum habe ich vorgeschlagen, daß eine *pädagogische Bildungstheorie* beide Systemformen in sich aufnehmen muß, sowohl die stabilen Systeme als auch auch die instabilen, chaotischen Systeme, und daß zwischen diesen beiden Formen drittens die zyklischen, periodischen Systemformen stehen (vgl. Huschke-Rhein 1993a, Kap. 6). Vereinfacht gesagt, spielt sich das Leben immer zwischen diesen drei Systemformen ab, und darum muß eine Bildungstheorie auch alle drei Formen als pädagogische Typologien rekonstruieren (vgl. Beitrag Nr. 5).

2. Systeme als Re-Konstruktion von Realität, oder die Frage: Was ist überhaupt ein System?

"In der Wirklichkeit gibt es keine Systeme. Aber wir können uns entschließen, alles Mögliche als System zu betrachten", heißt es in einem Lehrbuch über Systemtheorie (Jensen 1983, S.22). Hängt es also von unseren 'Entschlüssen' ab, ob beispielsweise Schulen oder Familien pädagogische Systeme sind? Ganz so befremdlich, wie es zunächst scheint, ist dieser Standpunkt nicht, wenn er aus der Position des Konstruktivismus angesehen wird. Varela erklärt ohne Umschweife (ähnlich wie Maturana): "Ich möchte sagen, daß grundsätzlich jede operationale Unterscheidung ein System darstellt. Wenn Sie eine Unterscheidung haben, dann haben Sie ein System. Es ist ausreichend, über ein Kriterium zu verfügen, das es erlaubt, etwas von einem Hintergrund zu trennen... Ein System ist eine Unterscheidung, die mit der Intention weiterer Unterscheidungen gemacht wird" (Varela in Simon 1988, S.96).

Der Konstruktivismus führt nun einige gewichtige Gründe für seine Auffassung von den Systemen und von der Realität an.

(1) Der erste Grund aber liegt im Begriff der Realität selber. Nach einem Theorem des Konstruktivismus gibt es für die Menschen *keine direkt zugängliche Realität*, und was wir von ihr wahrnehmen, sind die *Konstrukte unserer sensorischen und kognitiven Auffassungssysteme.*

Dennoch ist die Formulierung in dem obigen Zitat (von Jensen) begrifflich nicht genau, denn *wir müssen 'Realität' und 'Wirklichkeit' unterscheiden.* Die *Wirklichkeit ist das, was 'wirkt',* und zwar dasjenige, *was aus der Gesamtheit der Realität auf unsere sensorischen und kognitiven Operationen wirkt.* Ohne diese Unterscheidung kämen wir in ein heilloses Durcheinander. In erkenntnistheoretischer Terminologie können wir auch sagen: Die 'Wirklichkeit' ist die Welt, so wie sie uns 'erscheint', also (griechisch:) 'phänomenal', d.h. als 'Phänomen' des Bewußtseins; die reale Welt dagegen ist 'trans-phänomenal'. Wie die Welt 'real', 'an sich' oder 'trans-phänomenal' ist, können wir nicht wissen; nur die uns erscheinende Welt kennen wir als 'Wirklichkeit'. Mit dieser Unterscheidung werden auch einige Mißverständnisse beseitigt, die den Konstruktivismus teils zu Recht, teils zu Unrecht begleiten, vor allem die Unterstellung, die ganze Welt entsteht nur in unserem Kopf und es gäbe sie nirgends außerhalb unseres Kopfes.

Ich folge mit der Unterscheidung von Wirklichkeit und Realität dem Hirnforscher Gerhard Roth, der auch auf die Folgen der Verwechslung beider Begriffe ganz amüsant hingewiesen hat: "Machen wir aber keine solche Unterscheidung zwischen Realität und Wirklichkeit, dann müssen wir entweder annehmen, daß es gar keine phänomenale Welt gibt, sondern nur Realität. Damit gibt es aber auch gar keine Wahrnehmung und kein wahrnehmendes Ich. Umgekehrt müßten wir die Existenz einer bewußtseinsunabhängigen Welt, der Realität, leugnen; dann aber wären wiederum alle Befunde über das Zustandekommen der 'Welt im Kopf' völlig rätselhaft. Wenn ich als Hirnforscher den Zusammenhang zwischen Sinnesreizen, Hirnprozessen und bewußtem Erleben bzw. Handeln aufzeige, so müßte ich in diesem Fall einer außerordentlich merkwürdigen Täuschung unterliegen und mir überdies einbilden, es gäbe Kollegen, denen dies genauso ginge" (Roth 1995, S. 289).

(2) Der zweite Grund: Was wir von der 'Realität' erfahren können, erfahren wir nur als 'Beobachter' dieser Realität. Die Konsequenz für die Systemtheorie hat H.v.Foerster (in

Simon 1988, S.95) auf den Punkt gebracht: "Das System ist etwas, was zusammensteht. Aber was zusammensteht, hängt davon ab, wer hinschaut. Es ist also vom Beobachter abhängig, was er als zusammenstehend definiert." Vom Konstruktivismus wird also nicht bestritten, daß es eine außersubjektive, transphänomenale Realität gibt; das Problem besteht nur in der Form ihrer Wahrnehmung.

(3) Nun kommt ein dritter Grund für diese vorsichtige Definition von Systemen hinzu. Im Beitrag über 'Lernen als Selbstorganisation' habe ich die Bahnlinie der soziokulturellen Evolution an Hand des Zuwachses von Komplexität im Verlaufe der Geschichte dargestellt, die ja vor allem das Ergebnis der Zunahme der neuronalen Ideenproduktion in sprachlicher Form ist. In seiner Theorie der "Selbstorganisation des Universums" hat Erich Jantsch ebenfalls die Emergenz des "neuronalen Geistes" als Möglichkeit und Aufgabe der "*Ko-Evolution*" des Menschen mit der (übrigen) Evolution bezeichnet. Aus systemtheoretischer Perspektive bedeutet dies zweierlei. Erstens: Menschen können aufgrund ihrer neuronalen (Hirn-)Verfassung neue Systeme ständig auch selbst erschaffen, und sie tun dies auch. Zweitens: Damit leben Menschen nicht mehr einfach in apriorischen (natürlich gegebenen) Systemen, sondern immer schon in 'künstlichen', selbstgeschaffenen Systemen. Eine Wirklichkeitserkenntnis, die für die Menschen zuverlässig sein soll, kann sich primär also nur auf diese selbstgeschaffenen Systeme beziehen. Ein Haus, ein Auto oder ein Parlament sind Dinge, die Menschen geschaffen haben und die für sie einen bestimmten 'Sinn' haben. (Soziologen sprechen darum hier von 'Sinnsystemen'.) Dagegen sind die biologischen Systeme 'natürliche' Systeme, deren 'Sinn' für Menschen nur teilweise verstehbar oder erkennbar ist. (Vgl. Diltheys Satz: Die psychischen Systeme "verstehen" wir; die Natur aber "erklären" wir.)

Allerdings ist nun wichtig, daß der Begriff der *'Selbstorganisation' oder der 'Autopoiesis' beide Arten von Systemen grundsätzlich umfaßt*: nämlich die Selbstorganisation der natürlichen, biologischen Systeme und die Selbstorganisation der psychischen und der sozialen (Sinn-)Systeme. Das folgt schon aus der evolutionären Begründung der Selbstorganisation (vgl.o. die Grundbegriffe sowie den Beitrag in Teil II zu 'Lernen als evolutionäre Selbstorganisation').

Luhmann (1988, S.95) hat eine recht kompakte Definition des Systems gegeben, die sowohl die Unterscheidung zwischen 'Sinnsystemen' und 'natürlichen Systemen' aufnimmt als auch vom Begriff der Autopoiesis (="eigene Reproduktion") ausgeht: "Als System würde ich einen Komplex von Operationen definieren, der die Fähigkeit hat, sich selbst durch die eigene Reproduktion von der Umwelt abzugrenzen. Also eine Operation, die in der Sequenz des Anschließens weiterer Operationen an zufällig entstandene Anfangsoperationen die Fähigkeit hat, eine Differenz zwischen System und Umwelt zu produzieren. Das mag man in der Biologie mit räumlichen Vorstellungen machen, in der Soziologie oder der Psychologie mit Sinn".

(4) An dieser Stelle möchte ich innehalten, um die obige Ausgangsfrage noch einmal zu präzisieren. Genügen die bisher beigebrachten Argumente eigentlich, um zu behaupten, daß es Systeme nicht 'in der Realität' gebe? Anders gefragt: Die Unterscheidung zwischen Realität und Wirklichkeit mag ja sinnvoll sein; aber die weitergehende Frage lautet doch: Wenn die Systemforschung in unterschiedlichen Forschungsbereichen - Evolution, Physik, Chemie, Biologie - übereinstimmend eine große Zahl von Argumenten und Befunden für die *'Systemhaftigkeit' dieser Seinsbereiche* gefunden hat, also gerade in denjenigen Seinsbereichen, in denen wir es nicht primär mit künstlich geschaffenen (Sinn-)

Systemen zu tun haben, wie in der Psychologie oder der Soziologie, wenn sich auch wissenschaftstheoretisch zeigen läßt, daß den genannten Bereichen - den traditionell naturwissenschaftlichen Bereichen - ein *systemisches Verständnis* angemessener ist als ein analytisches Verständnis, folgt daraus nicht, daß diese *Seinsbereiche selber systemisch organisiert sind* (vgl. Kauffman 1996)?

An dieser Stelle müßte der Konstruktivismus grundsätzlich behaupten, daß wir darüber nichts wissen können - es mag vielleicht so sein, aber wir wissen es nicht. Der 'radikale' Konstruktivismus nimmt an, daß *in allen* Bereichen, in denen wir forschen, nur beobachterabhängige Aussagen möglich sind: Wir wissen nur unser Wissen. Ein gemäßigter Konstruktivismus - der dann den Namen 'Konstruktivismus' vielleicht schon nicht mehr verdient hätte - könnte sich jedoch anfreunden mit der Vorstellung, daß es unterschiedliche Seinsbereiche gäbe und wir diese auch in unterschiedlicher Weise erkennen können. Mir läge jedenfalls ein solcher differenzierender 'Standpunkt' - schon dieser Begriff ist ja verräterisch: als dürfe man in der Wissenschaft und im Leben nur auf 'einem' und einzigen 'Punkt' stehen, während das Leben selbst dies ja nicht tut! - näher, vor allem aus erziehungswissenschaftlicher Sicht, denn dort geht es nie um den einen wahren Begründungsstandpunkt, den die Philosophen so sehr lieben; Philosophen sind ja im allgemeinen immer erst dann zufrieden, wenn sie die Realität von einem Punkt aus möglichst vollständig überblicken können (da machen die postmodernen Philosophen eine erfreuliche Ausnahme).

'Gibt' es nicht doch eine fast unendlich große Zahl von atomaren, physikalischen, chemischen, biologischen und ökologischen Systemen, die evolutionär entstanden sind und die darum durchaus außerhalb der von uns wahrnehmbaren Welt und außerhalb der von uns geschaffenen (konstruierten) sozialen Systeme existieren und deren Existenz wir gar nicht bezweifeln können? Woher kommt die seltsame Verengung, die darin liegt, nur die, vergleichsweise wenigen, von Menschen geschaffenen oder erdachten Systeme in den Blick nehmen zu wollen und nicht die unendlich zahlreichen außermenschlichen und sogar außerirdischen Systeme? Entstammt die Vorstellung, alle Systeme, die wir als 'Systeme' erkennen, seien von Menschen 'gemacht' oder 'erdacht' vielleicht doch einer Denktradition der (westlichen) Moderne, die den anthropologischen (v.a. kognitiven) Part vollkommen überschätzt hat? Mag ein solcher Standpunkt zum Verständnis der sozialen Systeme durchaus legitim sein, weil diese ja tatsächlich mindestens unter der Mitwirkung von Menschen konstruiert worden sind; aber genau daraus würde doch folgen, daß jener *anthropozentrische Standpunkt* sehr wenig dazu geeignet erscheint, die zahlreichen anderen Systeme - etwa ökologische, biologische, physikalische - von hier aus zu erfassen.

Einerseits stellt das Konstruktivismusaxiom sicherlich eine Form der Bescheidenheit gegenüber den definitiven Wahrheitsbehauptungen der westlichen Tradition dar; andererseits kann es nicht über seine anthropozentrische Tradition hinwegtäuschen, ist in ihr noch befangen.

(5) In einer ausführlichen Kritik am traditionellen Wissenschaftsbegriff der Naturwissenschaften habe ich (1992a; 1993a; 1993b) gezeigt, daß bestimmte wissenschaftstheoretische und methodologische Traditionen, in denen wir (westlich Zivilisierten) Wissenschaft zu treiben und die Realität wahrzunehmen gelernt haben, gerade nicht zu einer wissenschaftlich zufriedenstellenden Konstruktion der Realität taugen, sondern a priori

zu einer unangemessen verzerrenden Konstruktion führen. Dann allerdings ist es logisch gleichgültig, ob wir sagen: 'Unsere Systemvorstellungen sind Konstruktionen', oder ob wir sagen: 'Unsere Systemvorstellungen sind keine Konstruktionen'. Die Frage ist vielmehr, auf Grund welcher Denk- und Praxisvoraussetzungen wir überhaupt beginnen, über Systeme zu sprechen. Und an dieser Stelle lautet nun meine *These*: Die Tradition, in der Luhmann, Maturana und der Konstruktivismus stehen, ist dem traditionellen abendländischen Wissenschaftsbegriff und seiner Methode der Realitätserfassung noch so eng verbunden, daß der Systembegriff nur über die zweiwertigen logischen Operationen und Disjunktionen definiert werden kann, wie es die obigen Zitate von Luhmann, Varela und v.Foerster wunderschön ausweisen. In dieser Tradition der abendländischen Bewußtseinsphilosophie ist dann auch der '*Beobachter*' ein notwendiges Postulat: er ermöglicht erst die kognitive Trennung von Bewußtsein und Systemrealität. Und in dieser Tradition steht, wie wir sahen, vor allem die zentrale These Luhmanns, ein System als von seiner Umwelt "unterschieden", "getrennt", in "Differenz" zu denken (das System werde durch die "Differenz" ja überhaupt erst "konstituiert"!), wobei weder erstens die Beziehungen des Systems zu seiner Umwelt als konstitutiv angesehen werden noch zweitens die Beziehungen des Systems zu den anderen Systemen. Die Logik ist hier erfreulich klar und eindeutig, aber, ich wiederhole es: Im ganzen Universum nicht - und auch nicht in der Erziehungsrealität - gibt es ein einziges System in dieser Verfassung! Es kann nur in einem Kopfe vorkommen.

(6) Wie also, wenn wir annehmen müßten, daß die Verbundenheit des Beobachters mit jedem von ihm beobachteten System immer schon das ursprünglichere Phänomen wäre? Wie, wenn die besseren Argumente dafür sprechen, daß, auf universaler und auf evolutionärer Ebene gesehen, es gar keine unstrukturierte Komplexität gibt (was Luhmann jedoch faktisch annimmt), sondern im Prinzip nur 'strukturierte', also systemisch organisierte Komplexität (was ich in 1992a, Kap. 4.4 ausführlich gezeigt habe)? Wie, wenn auch die meisten empirischen Ergebnisse dafür sprechen, daß zwischen allen Phänomenen des Universums sowohl auf der Makro-Ebene als auch auf der Mikro-Ebene eine im wörtlichsten Sinne 'elementare' Verbundenheit besteht, die der Systemforschung und der Grundlagenforschung (vgl. Kauffman 1996) erst allmählich aufgeht? Sind danach nicht das Hauptthema und das Hauptproblem der Systemtheorie die *inter*-systemischen Relationen, also die Beziehungen *zwischen* den Systemen, über die die soziologische Systemtheorie bisher so wenig zu sagen wußte? Wie, wenn wir annehmen müßten, daß die Realität selber immer schon systemartig sei, wir jedoch nur bedingte Ausschnitte daraus erkennen können? *Wir dürften dann nämlich genau so legitim davon ausgehen, daß es zwar Systeme 'gibt', wir diese aber nur teilweise erkennen können (partiell, selektiv), wie der Konstruktivismus davon ausging, daß es zwar Realität 'gibt', wir diese aber nur selektiv entsprechend unseren Konstruktionen erkennen können.* Immerhin müssen wir voraussetzen, daß der größte Teil der existierenden Welt, also die atomar strukturierte Materie im Universum, in Form von 'Systemen' existiert, auch wenn wir dies erst kümmerlich genug zu begreifen beginnen (vgl. Kauffman 1996).-

Angemessener erscheint es mir darum, vor allem im Blick auf die Pädagogik, von einem Mehrebenenmodell auszugehen (s. Beitrag zur Systemforschung), in dem die pädagogisch relevanten Systeme als Rekonstruktionen von Realität in den Blick kommen können.

3. Das Wissenschaftsverständnis einer systemisch-konstruktivistischen Erziehungswissenschaft

1. Allgemeine Kennzeichnung des systemisch-konstruktivistischen Wissenschaftsbegriffs

Den Wissenschaftsbegriff einer systemisch-konstruktivistischen Erziehungswissenschaft kann man 'elliptisch' nennen, weil er seiner Form nach von zwei Brennpunkten bestimmt wird. Der eine repräsentiert den Bereich der Systemanalyse; der andere repräsentiert den Bereich der Selbstorganisation. Die Systemanalyse rekonstruiert; die Selbstorganisation konstruiert. Die Systemanalyse geht von der Realität existierender Systeme in der pädagogischen Praxis aus; die Selbstorganisation konstruiert neue Systeme oder neue Systemzustände. Die in der elliptischen Doppelung zum Ausdruck kommende Spannung zwischen einem empirischen Wissenschaftsbegriff und einem konstruktivistischen Wissenschaftsbegriff ist wissenschaftstheoretisch notwendig, weil sie sachlich angemessen ist. Ich verlasse damit eine seit der Antike in der Wissenschaft etablierte Tradition, widerspruchsfreie Aussagen oder widerspruchsfreie Erkenntnissysteme für 'wahr' zu halten. (Es gab immer auch Abweichungen von dieser Tradition, z.B. in den dialektischen oder den existentialistischen Theorien). Ich gehe dabei bewußt von der postmodernen Erfahrung aus, daß differierende Auffassungen nebeneinander Bestand und Geltung haben dürfen, wie auch kulturelle Lebensformen in Widerspruch und Differenz nebeneinander Bestand und Geltung haben dürfen. Durch solche Differenzen wird die Welt - auch die Welt der Wissenschaft - nicht unwahrer und nicht ärmer, sondern wahrer und reicher, und es wird das Mißverständnis abgewehrt, als dürfe es für ein Problem nur eine richtige Lösung geben und andere Lösungen seien darum falsch. Zugleich möchte ich aber unterstreichen, daß - für den systemisch-konstruktivistischen Ansatz - auch eine Rekonstruktion von Welt diese niemals abbildet; denn *Rekonstruktion ist grundsätzlich Konstruktion*, und empirisch-analytische Methoden sind selber schon ein Form der Welt- und Erkenntniskonstruktion.

Für eine elliptische Struktur der systemischen Erziehungswissenschaft plädiere ich einerseits aus *wissenschaftstheoretischen* Gründen: Alle wissenschaftlichen Erkenntnisse werden zirkulär gewonnen, in einem zirkulären Prozeß zwischen den Denkformen und dem *realen* Substrat, wie schon die Hermeneutik (Dilthey) erkannte (vgl. Huschke-Rhein 1979). Zum anderen führt mich die langjährige Erfahrung mit *pädagogischer Praxis* dazu, an der 'Widerständigkeit' der (pädagogischen) Realität als dem notwendigen *materialen Substrat* aller noch so schönen Theorien festzuhalten - seien es die Theorien des Konstruktivismus oder gar des 'Radikalen Konstruktivismus'. 'Widerständigkeit' heißt mit einem alten lateinischen Wort 'Objektivität'; aber diesen Begriff selber werde ich dennoch weitgehend vermeiden, weil er zu der wissenschaftstheoretisch falschen Suggestion führt, als gebe es solche 'Objektivität' unabhängig von einem Beobachter. In diesem Punkte folge ich lieber dem Konstruktivismus, der daran festhält, daß solche 'Objektivität' immer eine *konstruierte Realität* ist. Und dieser Auffassung und dieser Erfahrung wird der Begriff der 'Widerständigkeit' besser gerecht.

Das zugrundeliegende Konstruktionsinteresse kann sich also, wie symbolisch die elliptische Figur verdeutlichen mag, auf *zwei zunächst getrennt erscheinende Bereiche* beziehen:

(1) zum einen kann das Interesse eher *rekonstruktiv* und *heuristisch* auf das Auffinden von Systembeziehungen und -zusammenhängen gerichtet sein, auf die Form der Beziehungen zwischen Elementen des Systems oder zwischen dem System und seinem Kontext;

(2) zum anderen kann das Interesse eher *konstruktiv im engeren Sinne* sein, indem es sich auf den mehr kreativen Prozeß der Neukonstruktion und der Evolution von (Erziehungs- und) Lebenswelten oder Erkenntniswelten richtet.

Im *ersten Fall* kann methodologisch auch ein analytisches Interesse vorliegen, das durchaus mit der Anwendung empirisch-analytischer Forschungsmethoden verbunden ist (vgl. Schiepek/Schacher 1997);

im *zweiten Fall* liegen methodologisch die qualitativen, hermeneutischen oder auch spekulative Methoden näher.

Es bleibt aber zu beachten, daß wissenschaftstheoretisch jede Rekonstruktion - auch jede Analyse! - grundsätzlich ein konstruktives, spekulatives Moment enthält: Es gibt keine 1:1-Abbildung der Realität, keine Erkenntnis der Realität als solcher, auch wenn sich die empirischen Wissenschaften nach wie vor gerne über diese Einsicht zu ihrem Vorteil hinwegtäuschen möchten. Es gibt immer erkenntnisleitende 'Episteme'. In diesem Punkte hat die neuere Wissenschaftstheorie, besonders Systemtheorie und Konstruktivismus, die Diskussion am nachhaltigsten beeinflußt.

Wollte man eine *Phaseneinteilung* vornehmen, so ließen sich grob *drei Phasen* der Entwicklung des Systembegriffs unterscheiden:

1. Phase des Objektivismus: Systeme werden als objektiv gegeben verstanden;
2. Phase des Konstruktivismus: Systeme sind grundsätzlich das Konstrukt des Beobachters;
3. Phase der Synergetik: Systeme sind Produkte ihrer (evolutionären) Selbstorganisation, aber ihre Strukturen können synergetisch genutzt und optimiert werden.

Dabei ist die Phaseneinteilung natürlich ziemlich grob; jeder Kenner der Entwicklung weiß, daß es auf dem Weg zum Systemansatz, vor allem in der ersten Phase, viele Wege und Stränge gab und gibt, die nicht einem einheitlichen Paradigma entstammen, am Ende aber doch - gut systemisch - bereichernd in den Systemansatz eingeflochten wurden, so etwa die Erkenntnisse der Quantenphysik, die Informationstheorie, die Erkenntnisse über die Vernetztheit ökologischer Systeme, Ergebnisse der Evolutionsforschung u.a.m. (vgl. Huschke-Rhein 1993a). Darum habe ich im Aufbau dieses Beitrags eine strikte Phaseneinteilung vermieden und folge lieber der differenzierenden Darstellung der einzelnen Stränge. Die Skizze wird deutlicher, wenn die anderen Beiträge dieses dritten Teils hinzugenommen werden, besonders die Beiträge zur Synergetik, zur Chaosforschung, zum Systembegriff und zu den Forschungsmethoden. (Breiter ausgeführte Darstellungen und eine Kritik der Vorläufertheorien finden sich in Huschke-Rhein 1992a.)

2. Begriff und Begriffsentwicklung

Die Semantik des Systembegriffs ist heute nicht verständlich ohne seine Herkunftsgeschichte, die zugleich seine Entwicklungsgeschichte ist. Dabei sind unterschiedliche Aspekte seiner Bedeutungsgeschichte zu konstitutiven Momenten seiner Semantik geworden. Generell verlief die Theorieentwicklung beim Systemansatz von kybernetischen Theorien (Kontrolltheorien; "Kybernetik 1. Ordnung", wie H.v.Foerster sagt), in denen die Sollwerte (Steuerungswerte) wie beim einfachen Regelkreis (z.B. Heizung) von außen gesetzt werden, zu Selbstorganisationstheorien (Selbststeuerung, "Kybernetik 2. Ordnung" oder "Kybernetik der Kybernetik").

Der Systemansatz basiert auf einer Reihe von wichtigen Vorläufertheorien, die in unterschiedlicher Weise darin Eingang gefunden haben. Für einen *erziehungswissenschaftlich gehaltvollen Systembegriff* sind mehrere, ihrer Herkunft nach unterscheidbare Systemansätze wichtig geworden. Als Hauptrichtungen lassen sich unterscheiden: Kybernetik; Ökologische Ansätze; Selbstorganisationstheorien; Konstruktivismus. Dahinter sind die bisherigen Entwicklungsschritte des Systemdenkens erkennbar, die generell von der Fremdsteuerung (Kontrollparadigma; von außen gesetzte Sollwerte) zur Selbststeuerung (selbst gesetzte Normen) verliefen und in sieben historisch aufeinanderfolgende Ansätze geordnet werden können:

1. kybernetisch-informationstheoretischer Ansatz (Wiener 1963, in der Pädagogik: v. Cube 1968; Frank 1969);
2. biologisch-ökologische Systemtheorie ("General Systems Theory" von Bertalanffy 1968; Miller 1978);
3. soziologische Systemtheorie (Parsons 1951; Luhmann 1971; 1984);
4. "Allgemeine dynamische Systemtheorie" / Selbstorganisationstheorien (Prigogine 1979; 1981; Jantsch 1982; Capra 1983; Laszlo 1987; Maturana/Varela 1987);
5. Chaostheorie (s.u.);
6. Konstruktivismus (s.u.);
7. Synergetik (s.u.).

Außerdem sind für einen *pädagogisch* relevanten Systembegriff noch wichtig geworden:
- die ökologische Systemtheorie (Bateson 1983; Capra 1983);
- die Kommunikationstheorie Watzlawicks (1969);
- der sozialökologische Ansatz Bronfenbrenners (1981; vgl. Walter 1975);
- ökopsychologische Theorien (Schmidt-Denter 1992b);
- der (radikale) Konstruktivismus (s.o.);
- die Organisationstheorie (Probst 1987, Schattenhofer 1992);
- die Familientherapie (Hoffman 1987; Boscolo u.a. 1988; Georgi u.a. 1990; Simon/Stierlin 1992).

Angesichts der verschiedenartigen, aus unterschiedlichen interdisziplinären Bereichen stammenden Theorieansätze halte ich es nicht für sinnvoll, von 'der Systemtheorie' (im Singular) zu sprechen. Ein geschlossenes Theoriesystem widerspräche der eigentlichen Intention systemischen Denkens, nämlich der heuristisch-konstruktiven Modellierung offener und vernetzter Systeme. Darum empfiehlt sich gerade in einer Systemischen Erziehungswissenschaft der Begriff 'Systemansatz' anstelle von 'Systemtheorie', und der Term 'systemisch' anstelle von 'systemtheoretisch'.

Ein systemisches Verfahren ist also nicht selber eine bestimmte Methode, es kann vielmehr als eine *'Sichtweise'* oder eine Form der *'Beobachtung'* beschrieben werden, bei der erstens die Vernetzungen im System selbst - seine *internen* Vernetzungen und seine *interne* Komplexität, die durch die Operationsweise seiner Selbstorganisation (Autopoiesis, s.u.) gegeben ist -, und zweitens die kontextuellen Vernetzungen des Systems mit seiner Umwelt - seine *externen* Vernetzungen, seine *externe* Komplexität - *beobachtet, (re-)konstruiert, gesucht* und *untersucht* werden.

Der Term *'systemisch'* bedeutet dabei sowohl *'vernetzt'* als auch *'kontextbezogen'* ('kontextuell'). Dieses Systemverständnis hält Anschluß an die (international gebräuchlichen) Begriffe 'Systemansatz' oder 'Systemsicht' (meist: 'Systemic Approach', z.B. Rapoport 1990; auch 'The Systems Approach', Churchman 1981; oder 'The Systems View', Laszlo 1972; vgl. auch den schon länger gebräuchlichen Begriff 'Systemic Therapy').

Die Begriffe 'System' und 'systemisch' werden also zwar nicht einheitlich verwendet, es beginnt sich jedoch auch im deutschen Sprachraum ein Gebrauch von 'systemisch' durchzusetzen, der in der internationalen Verwendung schon länger überwiegt, besonders in der Traditionslinie der 'Systemischen Therapie', nämlich 'systemisch' im Sinne von 'vernetzt' und/oder 'kontextbezogen'. Dieser Gebrauch läßt sich als 'systemisch im weiteren Sinne' (i.w.S.) bezeichnen. Er ist aber zu unterscheiden von einem engeren Gebrauch, der den analytischen oder technologischen Zugriff auf ein spezielles System meint, der am besten mit 'systemisch im engeren Sinne' (i.e.S.) bezeichnet wird und als 'monosystemisch' zu verstehen ist. 'Systemisch' im weiteren Sinne ist mit einer positiven Selbstbeschreibung verbunden, auch im Sinne von 'Systemansatz' (v.a. im angloamerikanischen Sprachraum, s.o.).

Das Wissenschaftsverständnis einer systemischen Erziehungswissenschaft basiert also nicht auf einem geschlossenen und homogenen Theoriesystem, das, z.B. nach der Art der widerspruchsfreien (naturwissenschaftlichen) Erkenntnissysteme aufgebaut wäre. Einen solchen Eindruck könnte höchstens noch der Luhmannsche (1984) Entwurf vermitteln, der jedoch im pädagogischen und im therapeutischen Diskurs eher eine Außenseiterrolle spielt, insbesondere bei den praxisrelevanten Systemansätzen. Der Systemansatz ist vielmehr als ein Komplex von wahrnehmungsorientierenden und handlungsleitenden Epistemen zu verstehen. 'Episteme' - griechisch: 'Verstehenssätze' - sind solche Meinungen, Glaubenssätze, Überzeugungen und Einstellungen, die unseren Erkenntnissen und unseren Handlungen, meist unbemerkt, zugrundeliegen. Der Systemansatz bietet, kurz gesagt, eine *Methode der Weltorientierung*. Der Fokus liegt dabei aber in einem *konstruktiven* Moment: *Unsere Weltwahrnehmungen sind eine Form der Weltkonstruktion, und unsere Handlungen sind ebenfalls eine Form der Welt- und der Selbstkonstruktion.* Daher wird es diesem Ansatz möglich, seine *Erkenntnistheorie als Praxeologie* zu formulieren.

3. Systemisch-konstruktivistischer Bildungs- und Erziehungsbegriff

(1) Über den Begriff der Konstruktion findet der Systemansatz Anschluß an den *Bildungs- und den Erziehungsbegriff*: Jeder Erziehungs-, Entwicklungs- und Bildungsprozeß kann angesehen werden als *eine Form der Konstruktion von bio-psycho-sozialen*

Systemen. Genauer kann der Erziehungsprozeß und der Bildungsprozeß insgesamt als eine Form der *Ko-Konstruktion oder der Ko-Evolution bio-psycho-sozialer Systeme* angesehen werden.

Maturana hat von der "Zirkularität" zwischen "Erkennen" und "Tun" gesprochen, und er hat dies dahin pointiert: "Jedes Tun ist Erkennen, und jedes Erkennen ist Tun" (Maturana/Varela 1987, S. 31). Diese Zirkularität zwischen Theorie und Praxis, zwischen Erkenntnistheorie, d.h. wörtlich: Epistemologie, und Handlungstheorie, d.h. Praxeologie, ist auch für die Handlungswissenschaft der Pädagogik der Ausgangspunkt.

Die Grundfigur eines sich selbst organisierenden, intern und extern vernetzten Systems hat sich als heuristisch fruchtbar zur Beschreibung von *Bildungs- und Erziehungsprozessen* erwiesen: Mit der systemischen Grundfigur werden pädagogische Beschreibungen auf unterschiedlichen Systemebenen ermöglicht:

- 1. Beschreibungen *des Selbstsystems*: der bio-psycho-soziale *Zustand* sowie der bio-psycho-soziale *Prozeß* eines einzelnen sich selbst organisierenden menschlichen Systems - traditionell gesprochen: eines 'Individuums' oder einer 'Person' -, also der gegenwärtige pädagogische Systemzustand und/oder der evolutive pädagogische Prozeß (die Biografie) eines Menschen als Organisation des Selbst als biologisches, psychisches und soziales System;

- 2. Beschreibungen der *Interaktionen* des Selbstsystems mit seinen *personalen Bezugssystemen*: das *pädagogische Grundverhältnis* zwischen einer Person (als dem selbstreferentiellen System) und ihren Bezugssystemen (Eltern, Familie, soziale Gruppen als Kontextsystemen); und

- 3. Beschreibungen der *Interaktionen* des Selbstsystems mit den *institutionellen Bezugssystemen* und den *sozialen Kontextsysteme*n: das Verhältnis zwischen dem Erziehungssystem und seinen Kontextsystemen, z.B. einer Familie und den anderen Erziehungssystemen (Kindergarten, Schule usw.), aber auch zu den anderen sozialen Systemen, z.B. Verwandtschaft, Sozialen Diensten, Sportverein, Krankenhaus, Kirche, Vereinen usw.

(2) Die systemische Grundfigur ist geeignet zur semantischen Klärung der Begriffe *Erziehung* und *Bildung*. Aus der Entwicklungslogik von Erziehungssystemen ergibt sich: Ein personales (selbstreferentielles) System ist zuerst (im Kindesalter) überwiegend kontextabhängig (Erziehungsbegriff); später aber soll umgekehrt seine Selbststeuerungsfähigkeit gegenüber seiner Kontextabhängigkeit überwiegen (Bildungsbe-griff).

Erziehung heißt: Ein bio-psychisches (psychosomatisches) System soll von den Regeln des sozialen Kontextsystems her bestimmt, eben 'gesteuert' werden. Geschieht das ausdrücklich durch hierzu geschaffene soziale oder pädagogische Institutionen, sprechen wir von 'intentionaler Erziehung' oder 'Sozialisation im transitiven Sinne' ('Sozialmachung'). Geschieht dies mehr unabsichtlich und mitlaufend im Kontext von Gewohnheiten, Normen oder Ritualen der sozialen Kontextsystemc - z.B. der Großeltern, der Verwandten, einer Volksgruppe, einer Kirche oder auch der Beeinflussung durch mediale Umgebungen -, so sprechen wir von funktionaler Erziehung oder Sozialisation i.w.S. ('Sozialwerdung').

Bildung dagegen hieße, daß die externen Bestimmtheiten, als 'Steuerung' durch die sozialen Kontextsysteme, allmählich abnehmen, und daß der einzelne sich selbst zu steuern lernt oder gelernt hat. Natürlich handelt es sich dabei um ein pädagogisches Ideal - aber ein systemimmanentes und darum unvermeidliches, weil es mit der anthropologischen Verfassung der Menschen gegeben ist. Darum widersprechen sich die Pädagogische Anthropologie und die Systemtheorie nicht. Der Systemansatz kann so auch an Traditionen der Kritischen Theorie und der Aufklärungspädagogik anknüpfen, die eine Höherentwicklung der Menschheit und ihrer einzelnen Mitglieder postuliert haben. Es wäre darum nicht angemessen, den Systemansatz als bloß 'systemfunktional' zu kritisieren, weil er das Subjekt gleichsam ins System auflöse. Dies mag gelegentlich so erscheinen bei einer primär nichtpädagogischen Betrachtung (z.B. auf einer rein soziologischen Diskursebene, auch bei Luhmann). Wenn wir jedoch das Bildungspostulat als Selbststeuerungspostulat verstehen, besteht für die Erziehungswissenschaft eine solche Gefahr nicht.

Gemäß der systemischen Auffassung liegt der wesentliche Gesichtspunkt einer Bestimmung des '*Pädagogischen*' in der *Organisation der Förderung der Selbststeuerungsfähigkeit* eines Menschen, d.h. darin, einem grundsätzlich zur Selbststeuerung fähigen, 'autopoietischen' System zur Ausbildung - als 'Bildung' - eben dieser Fähigkeit zu verhelfen, die erfahrungsgemäß ja auch auf der Stufe der Fremdsteuerung durch andere, also auf einer Stufe überwiegender Kontextabhängigkeit stehen bleiben kann.

Ein einfaches *Beispiel* hierfür ist das Lesen- und Schreibenkönnen. Wer das nicht kann - wie Menschen in den armen Ländern oder auch im Mittelalter - ist davon abhängig, daß ihm ein anderer Verträge, wichtige Texte, Bankkontostände usw. vorliest oder ihm einfach ohne Rücksprache befiehlt, was er zu tun hat. Kann er jedoch selbst lesen und schreiben, so kann er seine Entscheidungen selbständig(er) treffen und durchführen.

Eine weitere Möglichkeit der Bestimmung des 'Pädagogischen' mit Hilfe des Systemansatzes liegt darin, die Unterscheidung (Luhmanns und anderer) in die drei anthropologischen Grundsysteme:
- biologische Systeme,
- psychische Systeme,
- soziale Systeme,
aufzugreifen und jeweils die Systembeziehungen eines Menschen oder einer Gruppe zu diesen Systemen zu rekonstruieren, also bei Erziehungsaufgaben oder -problemen jeweils zu fragen, wie die Beziehung unter a) der körperlichen, b) der seelischen, und c) der sozialen Perspektive aussieht, um diesen Prozeß als Prozeß der Selbstorganisation aller drei Systeme zu verstehen, durch den eine 'lebbare', 'viable' System-Einheit konstruiert wird (vgl. Büeler 1994).

4. Bedeutung und Probleme des Konstruktivismus und der Selbstorganisationstheorie
(1) Während in frühen Definitionen die Existenz von 'Systemen' und 'Elementen' unhinterfragt vorausgesetzt wurde ('naiver Realismus') und die primäre Forschungsaufgabe in der Analyse von Relationen und Teilen ('Elementen') des Systems bestand, wechselt im

konstruktivistischen Systemansatz die Forschungsperspektive auf die Systemkonstruktion selber, bevor analytische Methoden greifen können (vgl. den Beitrag zur Systemforschung: Bestimmung des 'Problemsystems', des 'Referenzsystems', des 'Aktionssystems'), weil mit der Systemkonstruktion immer schon erhebliche Vorentscheidungen über die Bedeutung von Systemkomponenten (Personen, Themen, Probleme, Handlungen, Aufgaben) und ihre wechselseitigen Beziehungen verbunden sind. Diese unterschiedliche Systemauffassung ist für die Erziehungswissenschaft deshalb wichtig, weil Systemveränderungen oder -verbesserungen davon abhängen, welche Vorannahmen über das System gemacht werden. Hierbei werden wiederum die Systemkontexte wichtig: Wie eine Familie, eine Vorschuleinrichtung, ein Spielplatz u.a. beschrieben wird, d.h. welche pädagogischen Aufgaben hier zu lösen sind, hängt in hohem Maße davon ab, wie weit ihre Kontexte (z.B. das Familienumfeld, das Spielplatzumfeld usw.) als aufgabenrelevant oder problemerzeugend einbezogen werden (vgl. die exemplarische Studie von Fthenakis für den Vorschulbereich, in Huschke-Rhein 1994). Auch in der Entwicklung systemischer Forschung können wir also den Wechsel der Perspektive konstatieren: *'Alles Beobachtete wird von einem Beobachter beobachtet'*, so läßt sich der konstruktivistische Grundsatz Maturanas umformulieren, oder Maturana wörtlich: "Alles Gesagte wird von jemandem gesagt" (Maturana/Varela 1987, S. 148). Fremdbeobachtung ist, nach konstruktivistischer Auffassung, in letzter Konsequenz 'Selbstbeobachtung', weil sie selbstreferentiell operieren muß - was allerdings, aus meiner Sicht, nicht die Realität und auch nicht die 'Objektivität', d.h. die 'Widerständigkeit', des Beobachteten ausschließt.

Es läßt sich also eine Entwicklung zu größerer semantischer Einheitlichkeit feststellen. Während in den früheren Phasen der Theoriegenese ein objektivistischer Systembegriff überwog, der von der Massivität 'objektiv' vorhandener Systeme ausging und mit einer entsprechenden analytischen und technologischen Methologie verbunden war, führt die neuere Entwicklung unter dem Einfluß des Konstruktivismus zu einem differenzierteren Systembegriff, der das Reden von 'Systemen' als eine kognitive (Re-)Konstruktion von Problem-, Aufgaben- und/oder Handlungsfeldern versteht. Hierunter kann dann auch die empirische Systemanalyse 'vorhandener', etwa sozialer Systeme, als ein Teilbereich eingeordnet werden. Diese Version ist von den technologischen Einseitigkeiten ihrer Vorgänger entlastet und in dieser Form auch für eine systemische Erziehungswissenschaft attraktiv geworden.

Die gegenwärtige Favorisierung systemischer und konstruktivistischer Denk- und Handlungsansätze hat unterschiedliche Gründe. Ein wichtiger Grund liegt in einem für alle neuzeitlichen Wissenschaften gemeinsamen Problembestand: Im Verlauf der Entwicklung der neuzeitlichen Wissenschaft und Technik ist die analytische Methodologie hocherfolgreich gewesen, sie hat jedoch eine lebensbedrohende Krise ausgelöst. Darum erscheinen die in dieser Entwicklung verdrängten gegensinnigen Denk- und Verfahrensweisen als heute als 'not-wendig': 'synergetische', 'synthetische' oder 'systemische' Verfahren, die mehr auf die mutuellen Interdependenzen und kontextuellen Abhängigkeiten und Gemeinsamkeiten von Systemen und Systemumwelten gerichtet sind, auch auf ökologische Aspekte.

(2) Ein zweites konstruktivistisches Theorem, das die erziehungswissenschaftliche Akzeptanz des Systemdenkens ebenfalls stark gefördert hat, ist die sog. *'Autopoiesistheorie'*

(am besten mit 'Selbstorganisationstheorie' zu übersetzen), wodurch der primäre Referenzbereich der Pädagogik, das 'Selbst' oder, traditionell gesprochen: das 'Individuum' oder das 'Subjekt', in den Systemansatz wiedereingeholt werden kann, nachdem es zunächst durch den anfänglichen Objektivismus oder Technologismus aus der Systemtheorie verbannt schien. Hierdurch wird die systemische Erziehungswissenschaft auch anschlußfähig an traditionelle pädagogische Theorien und Praxeologien.

In der Theoriegeschichte dokumentieren sich zugleich wichtige Entwicklungsschritte des Systemdenkens. Generell können wir eine Entwicklung beobachten
- von den Kontrolltheorien zu den Selbstorganisationstheorien,
- von Außensteuerung zu Selbststeuerung,
- von Systemen im Gleichgewichtszustand ('Homöostase') zu Systemen "fernab vom Gleichgewicht" (= "dissipative Strukturen" , Prigogine 1979; 1981) oder zu "fluktuierenden Systemen" (Chaostheorie; Jantsch 1982),
- von homöostatischen Systemen zu evolutiven Systemen (Prigogine: "Vom Sein zum Werden", 1979; Jantsch 1982),
- von der empirischen Systemanalyse zum Konstruktivismus,
- vom Homöostasemodell der Familie zum sprachlich gegebenen Problemsystem (Dell 1986; Goolishian/Anderson 1988),
- von der empirischen Systemanalyse zur Chaostheorie,
- vom beobachteten System zum beobachtenden System.

(3) Verstehen wir die *Moderne als Programm zur Freisetzung individualisierter Bildungs- und Leistungspotentiale* unter gleichzeitiger Reduzierung zentralistisch gesteuerter Bildungs- und Erziehungspläne (wie im geschlossenen System der mittelalterlichen Gesellschaft), so kann die Doppelaufgabe der öffentlichen Bildungsorganisation seit der Aufklärung vom Systemansatz her wie folgt beschrieben werden: Einerseits sind Bildung und Erziehung öffentlich auf der Ebene sozialer Systeme zu organisieren, diese dürfen andererseits aber nicht zentralistisch gesteuert werden, weil sie ja gerade das Potential *interner Steuerung* und selbstorganisierter Bildung beim Individuum fördern sollen. Diese Doppelaufgabe ist also nur zu lösen, wenn die Bildungs- und Erziehungssysteme - ebenso wie die anderen sozialen Systeme - in dem Maße systemisch selbstorganisiert, *selbstgesteuert* oder, mit dem Ausdruck von Luhmann, "ausdifferenziert" (Luhmann 1984) sind, daß sie der Selbststeuerung und Selbstorganisation der Individuen - ihrer 'Autopoiesis' - genügend Spielraum lassen, ja diese wiederum zirkulär voraussetzen. Praktisch bezieht sich dies auf die vielfältigen Angebote *pädagogischer Subsysteme* wie: Kindergärten, Horte, Krippen, Schulsysteme, berufsbildende Systeme, die tertiären Bildungssysteme der Hochschulen und Universitäten, Organisationen der Erwachsenenbildung, v.a. der Weiterbildung, bis hin zu gerontagogischen Angeboten, etwa pädagogisch begleiteter Sterbehilfe. Diese 'Durchschulung' der Gesellschaft mit pädagogischen Systemen - 'von der Wiege bis zur Bahre' - als Kurzfassung des Bildungsproblems in der Moderne mag beispielhaft die Spannweite der Anwendung des Systemansatzes in der Erziehungswissenschaft anzeigen.

Auf der Ebene soziologischer Systemanalyse leistet die Systemtheorie in der *Luhmannschen* Fassung eine aktuelle Selbstbeschreibung der Probleme der Moderne, die mit dem Trend zur 'Ausdifferenzierung' der soziokulturellen Systeme in Wissenschaft und Gesellschaft auch vor der - theoretischen und praktischen - Pädagogik nicht halt gemacht hat: Spezialisierung, Expertisierung, Professionalisierung und die damit verbundenen Folgeprobleme der Wissensexplosion - z.B. Normenkonfusion und Orientierungslosigkeit auf der Folie von Enttraditionalisierung - stellen das Erziehungssystem vor immer schwieriger zu steuernde Aufgaben. So entsteht ein erhöhter *Steuerungsbedarf* bei zunehmendem Orientierungsverlust auf der individuellen und der sozialen Ebene.

Probleme der Steuerung sind Probleme der Komplexitätssteuerung. Die überkomplexe Umwelt der heutigen Erziehungskontexte stellt ein Hauptproblem für die Erziehung dar, aber auch für die Erziehungswissenschaft. Nicht zuletzt zur Lösung dieses Problems habe ich das Programm einer 'konsultativen Erziehungswissenschaft' vorgeschlagen, um die Chancen einer Reduktion von Komplexität zu erhöhen.

Bekanntermaßen hat die soziologische Systemtheorie *Luhmanns* die These vertreten, daß die Systeme als solche Komplexität reduzieren. Das ist natürlich richtig - aber auch schon fast trivial. So hilfreich und anregend die Systemtheorie Luhmanns in vielen Punkten war oder ist: Da Luhmann fast ausschließlich über soziale Systeme handelt und dabei - ebenso fast ausnahmslos - terminologisch von 'dem' System spricht, also im Singular und als gebe es nur eines, sind der Übertragbarkeit seines Ansatzes in die Pädagogik enge Grenzen gesetzt. Das Modell des Einzelsystems, das Luhmann als Prototyp seiner Systemdynamik zugrundelegt, mag nützlich sein, um systemtheoretische Grundfunktionen und Grundbegriffe einstiegsweise zu studieren; als erziehungswissenschaftliches Paradigma ist das aus der Soziologie entlehnte monosystemische Modell jedoch nicht geeignet, *weil Erziehung stets mehrere Systeme umfaßt*, wobei die Interdependenzen zwischen den an der Erziehung beteiligten Systemen gerade wichtig sind und nicht ausgeblendet werden dürfen.

Das 'Objekt' der Erziehung (das Kind, der Jugendliche...) ist unter pädagogischem Aspekt also nicht jeweils *einem* System zuzuordnen, sondern mehreren, die wiederum nicht deckungsgleich mit 'vorhandenen' (sozialen) Systemen sind, sondern gleichsam 'quer' zu diesen stehen, mit diesen also *systemisch vernetzt* sind. Entsprechend verfährt auch eine *systemische Erziehungswissenschaft*: Erziehungsprozesse werden nicht einfach entlang den 'vorhandenen' sozialen Systemen analysiert, sondern *als autopoietische Entwicklung in unterschiedlichen Systemen und Systemkontexten rekonstruiert*. Hinzu kommt, daß mit fortschreitender Ausdifferenzierung der Systeme zwar die Eigenkomplexität, die Binnenautonomie der Systeme erhöht wird, gleichzeitig jedoch ein kritischer Schwellenwert erreicht wird, an dem die Umweltabhängigkeit der Systeme ebenso hoch ansteigt wie die Interdependenz im Verhältnis zu den anderen ausdifferenzierten Systemen in der Systemumwelt. (Das Kinderspielzeug - z.B. Barbie-Puppen - wird nicht (mehr) von Pädagogen, sondern von Wirtschaftskonzernen konzipiert und produziert. - Oder: Das Wirtschaftssystem kann offenbar längere Zeit 'autonom' bleiben; an einem kritischen Wert schlägt jedoch die Umweltunabhängigkeit um und verursacht Folgeprobleme, zum Beispiel ökologische, die das System selbst massiv einholen, u.U. existenzbedrohend).

Die Steigerung der Autonomie als "Steigerung der Eigenkomplexität" und der "operativen Geschlossenheit" moderner Systeme (Luhmann) ist also wiederum ein Steuerungsproblem: Wenn zentralistische Kontrollsteuerung wie im Mittelalter nicht mehr greift, ist schließlich *"Eigenkontrolle"* (Luhmann; Willke) gefordert, aber diese sollte, wie ich meine, einhergehen mit der Beachtung der Interdependenzen und Kontextbedingungen zwischen den Systemen, wie inzwischen im Umkreis der Luhmann-schen Theorie selbst weitergedacht wird (Willke 1987, 161ff; Bardmann 1992; Metzner 1993; vgl. Münch 1984).

5. Die dritte Phase: der synergetische Aspekt

Der Begriff 'systemisch' sollte sich also, wie die kurze Analyse der Theorieprobleme zeigte, auf die dritte Phase der Theorieentwicklung beziehen, in der stärker auf die *Interdependenzen zwischen den Systemen* geachtet wird als vorher. Diese Sicht läßt sich als Erweiterung des Blickwinkels der beiden voraufgehen Phasen verstehen: Er verbindet die Vorzüge des Systembegriffs aus der ersten Phase mit den Vorzügen des Paradigmas der Selbstorganisation und des Konstruktivismus. Erst in dieser Form erscheint mir der Systembegriff für die Aufgaben und Probleme der heutigen Erziehungswissenschaft geeignet, angemessen und nützlich zu sein. Darum ist für mich die Synergetik ein bedeutsames Beispiel für einen auch pädagogisch relevanten, weiterentwickelten Systembegriff. Wenn ich von 'systemisch-konstruktivistisch' spreche, ist dieser weiterentwickelte, der Synergetik nahestehende Systembegriff gemeint - und nicht ein Mischmaschbegriff, in dem zwei modische Begriffe hintereinandergereiht werden, um aktuell zu sein.

Inzwischen gibt es in der Selbstorganisationsforschung selber deutliche Anzeichen für diese vermittelnde Position zwischen den älteren Ansätzen und den neueren konstruktivistischen Ansätzen: Neurobiologie (Spitzer 1996), Evolutionstheorie (Kauffman 1996), Selbstorganisationsforschung der dissipativen Strukturen (Coveney/ Highland 1992; Titel: 'Antichaos'), Synergetik (Haken 1995) sowie die neuere Rezeption der Synergetik in der Psychiatrie und Psychotherapieforschung (Schiepek/Tschacher 1997) legen eine Sichtweise nahe, die Systeme zwar weiterhin unter dem primären Gesichtswinkel ihrer Selbstorganisation beschreibt, gleichzeitig jedoch stärker auf die dabei entstehenden oder entstandenen *Strukturen* achtet, solche Strukturen aber nicht bloß als beobachtererzeugt versteht. Damit kann auch die empirische Forschung wieder einen höheren Stellenwert erhalten. In gewissem Sinne findet damit ein Moment in den Systembegriff zurück, das nach der (radikal-)konstruktivistischen Phase daraus verbannt schien: Systeme verfügen über *zeitweilig stabile Strukturen*, die offensichtlich nicht bloß der kognitiven Konstruktion des Beobachters entspringen. Man kann sagen, daß damit *ein quasi-statisches Moment* oder *stabiles* Moment in den Systembegriff zurückfindet, ohne daß er deshalb, wie in der frühen Phase der Kybernetik erster Ordnung, objektivistisch oder technologisch depraviert würde. Das Konzept der Synergetik werde ich im nächsten Beitrag näher ausführen. Hier geht es zunächst um die Grundlinien des Systemverständnisses.

4. Das Paradigma der Synergetik: Selbstorganisation als optimierende Struktur- und Musterbildung

In verschiedenen Forschungsbereichen zeichnet sich ein neues Modell, wahrscheinlich sogar ein neues Paradigma ab, das geeignet erscheint, dem Systemansatz neue Impulse zu geben: die Synergetik. Ich erwarte vor allem Auswirkungen für die pädagogische Praxis. Für die therapeutische Praxis gibt es schon erste Anwendungen.

(1) *Was ist 'Synergetik'?* 'Syn-ergie' heißt: Zusammenarbeit, Zusammenwirken (vgl. 'Energie', wörtlich: Hineinwirken). Synergetik bedeutet wörtlich: Lehre vom Zusammenwirken. Man kann sagen, daß das Ergebnis von Synergie ein 'Synergie-Effekt' ist: nämlich das 'System' (was ja ebenfalls die Wurzel 'syn'=zusammen enthält und wörtlich 'das Zusammenstehende' heißt).

'Synergetik' ist eine Theorie der Selbstorganisation. Das Charakteristische dieser Theorie sehe ich darin, daß sie einerseits die *Spontaneität* der Selbstorganisation betont, andererseits aber auch das Bedingungsgefüge berücksichtigt, das als *Kontext* für die Dynamik der Selbstorganisation unverzichtbar ist.

Für vorteilhaft halte ich auch, daß die Synergetik *mehrere Systemebenen* unterscheidet, auf denen der Prozeß der Selbstorganisation sich abspielt. Generell werden in der Synergetik drei Ebenen unterschieden:

(1) die (oberste) Systemebene: Ebene des *Kontextes* des Systems; sie enthält die sogenannten '*Kontrollparameter*' als die *externen Bedingungen* des Systems;

(2) die (mittlere) Systemebene: Ebene der sogenannten '*Ordnungsparameter*' oder 'Ordner'; sie ist die *makroskopische* Systemebene, auf der sich die Ordnungsmuster zeigen; diese Systemebene ordnet und strukturiert ('versklavt') die folgende (untere) Systemebene;

(3) die (untere) Systemebene: sie ist die *mikroskopische* Systemebene und enthält die anfänglich ungeordnete/ chaotische/ unstrukturierte Komplexität des Systems, die von den Ordnungsparametern (zirkulär) '*versklavt*' wird; sie enthält die *internen Bedingungen* des Systems.

Ich möchte hier auf eine grafische Darstellung verzichten, weil ich die Erfahrung gemacht habe, daß die üblichen grafischen Darstellungen eher zur Verwirrung beitragen. Genau genommen ist dieser Prozeß nämlich nicht in einer Grafik abzubilden, weil diese erstens zwei unterschiedliche Systemzustände enthalten müßte, zweitens das Selbstorganisationsphänomen genau genommen *zwischen* der unteren und der mittleren Systemebene entsteht, und weil drittens schließlich die zirkuläre Systemdynamik dabei eher verzerrt wird.

Ich halte es für einfacher, sich am *Beispiel des Laserstrahls* die Dynamik des Prozesses selber zu verdeutlichen, und zwar mit Hilfe der genannten drei Systemebenen, zwischen denen die dynamischen Proze*sse ablaufen*. Der *Laserstrahl*, also ein Strahl gleichwelligen Lichtes - das normale Licht besteht aus unterschiedlichen Wellenlängen (vgl. Huschke-Rhein 1993a, S. 144ff.) - kommt nur unter bestimmten bautechnischen Bedingungen der Apparatur zustande, bildet sich also nicht im umgangssprachlichen Sinne 'spontan', als ob sich etwas 'ganz von selber' ereignen würde. Die Spontaneität liegt jedoch in einem präzisen Sinne darin, daß beim Erreichen der sogenannten 'Laserschwelle', d.h. oberhalb eines bestimmten Energiezustandes im Phasenraum, der Zustand des Systems *spontan* in einen neuen und gänzlich anderen Ordnungszustand übergeht (vgl. Popp 1984, S. 111f.). Der höhere Energiezustand des Systems kann von außen angeregt sein oder durch spezielle Spiegelkonstruktionen, die verstärkend auf bestimmte Wellenlängen wirken, erreicht werden (vgl. Kriz 1992, S. 149). Jedenfalls schlägt der Zustand nach einem 'Alles-oder-Nichts-Gesetz' um: es erfolgen "*drastische Änderungen der Struktur bei geringsten Einflüssen*", weil die "Laserschwelle ein Nichtgleichgewichtsphasenübergang, also eine 'dissipative Struktur' im Prigogineschen Sinne darstellt" (Popp ebda.; vgl. Huschke-Rhein 1993a, S. 76f.). (Man kann hier im Systemverhalten schon die Parallele zur Chaosforschung erkennen: Bei den nichtlinearen Systemen können ja 'geringste Einflüsse' große Veränderungen des Systemzustandes bewirken.)

Wie bei den Selbstorganisationsvorgängen im Gehirn bilden auch beim Laserlicht bestimmte stärkere Schwingungen ein anfängliches Muster, das Einfluß auf die benachbarten, noch unstrukturierten Systembereiche nimmt und *mit diesen zusammen* überhaupt erst ein kollektives Muster bildet, das nun auch die anderen, vorher noch nicht organisierten Elemente der lokalen Region - beim Gehirn: andere Neuronen - beteiligt oder 'versklavt' (wie der etwas brutal klingende, gleichwohl bloß technisch gemeinte Begriff aus der Synergetik lautet). Die anfänglich schon geordneten und dann ihre Umgebung 'versklavenden' Photonen bzw. Neuronen haben dabei die Funktion von 'Ordnungsparametern' oder 'Ordnern', wie die Synergetik hier sagt (vgl. Kriz ebda.). Beim Laserstrahl wird das Umschlagen an der Laserschwelle auch als Umschlagen von "Chaos in Ordnung" beschrieben (Popp ebda.).

Die Synergetik wurde von Hermann Haken (1984) am Beispiel der Entstehung von Laserstrahlen entwickelt. Inzwischen gibt es einen breiten Bereich interdisziplinärer Anwendung des Modells, bis hin zu neurologischen und psychotherapeutischen Anwendungen (Haken 1987; Haken/Stadler 1990; Kriz 1992, 1997; Schiepek/Strunk 1994; von Schlippe/Schweitzer 1996; Stadler, Kruse, Strüber 1997; Schiepek/Tschacher 1997). Diese Forschungen befinden sich in Übereinstimmung mit Konzepten der Chaosforschung (s. den Beitrag hierzu) und der Theorie der dissipativen Strukturen (Prigogine 1979; Coveney/Highfield 1992) sowie mit der interdisziplinären Selbstorganisationsforschung, die den Bereich chemischer, biologischer und physikalischer Selbstorganisation umfaßt (Kauffman 1996: Untertitel: 'Chaos, Komplexität, Selbstorganisation in Natur und Gesellschaft'). Sie folgen dabei auch dem Grundmodell Prigogines von den 'dissipativen Strukturen', die sich bei Zunahme von Energiezufuhr an einen bislang nicht strukturierten chemischen oder physikalischen Komplex *spontan* strukturieren können.

(2) Das Konzept der Synergetik wird nun neuerdings zum Verständnis *neuronaler Selbstorganisation bei kognitiven/ psychischen Prozessen* angewendet (Stadler u.a. 1997). Haken selbst hatte Überlegungen in diese Richtung schon früher angestellt (Haken/ Stadler 1990). Genau genommen handelt es sich natürlich nicht um eine 'Übertragung' eines Modells in einen anderen Bereich, sondern um die Beschreibung von Selbstorganisation mit demselben Modell in einem anderen Wirklichkeitsbereich.

Den Prozeß der neurologischen Selbstorganisation kann man mit dem Modell der Synergetik wie folgt darstellen. Es fließt eine ständige Zufuhr von 'Energie' als Zufuhr von Information ins Gehirn:

(1) Die Information bzw. der Informationszufluß hat die Funktion des externen Parameters (oberste Systemebene: 'Kontrollparameter');

(2) Dadurch werden die - zunächst nicht geordneten, nicht strukturierten Elemente auf der Mikro-Ebene, also die Neuronen des Gehirns, angeregt zur Ordnungsbildung von Mustern auf der Makro-Ebene (mittlere Systemebene der sog. 'Ordnungsparameter');

(3) Umgekehrt üben die vorhandenen bzw. entstandenen Ordnungsstrukturen wieder einen ordnenden ('versklavenden') Einfluß auf die neurologischen Mikroelemente - die Neuronen - (der untersten Systemebene) aus.

Die Ordnungsbildung oder Musterbildung auf der Makroebene des Gehirns - auf der mittleren Systemebene also - wird also zwar angeregt durch externe Einflüsse aus der Umwelt des Systems, also durch die Information, die zufließt; dennoch entsteht die jeweilige Ordnung, also der jeweilige Systemzustand des Gehirns als *spontane und selbstorganisierte Leistung des Gehirns*. Das bedeutet auch, daß das Gehirn jeweils selbst für seinen Zustand 'verantwortlich' bleibt. "Bei einer bestimmten Stärke des Kontrollparameters gerät das System in einen Zustand hoher Instabilität, und geringste Fluktuationen genügen jetzt, um einen Phasenübergang zu einem kollektiven, d.h. hochsynchronisierten Verhalten zu bewirken" (Stadler u.a. 1997, S. 43). In therapeutischen Prozessen wird diese Möglichkeit als Verfahren systematisch genutzt: Durch die 'Perturbation' (Maturana), die 'Verstörung', eines unvorteilhaften Musters des Klienten, also durch Perturbation des vorhergehenden Systemzustandes, wird das Gehirn insgesamt zu einer Neuorganisation angeregt, von der man hofft, daß sie zu günstigeren Mustern des Denkens und Verhaltens führen wird.

Diesen Prozeß beschreibt Haken folgendermaßen: "Verhaltensmuster, Perzepte, Gedanken und andere geistige Prozesse können durch Ordnungsparameter (oder Folgen von diesen) repräsentiert werden. Sie beschreiben das System auf der makroskopischen Ebene und sie sind das Medium, durch das wir beispielsweise miteinander kommunizieren. Zur gleichen Zeit bestimmen sie die Ordnung im Mikro-System, d.h. den Neuronen, die ihrerseits die makroskopischen Ordnungsparameter determinieren. Wie ich immer wieder betont habe, existiert eine Kreiskausalität, bei der die Ordnungsparameter das Verhalten der individuellen Subsysteme vorschreiben, die wiederum ihrerseits die Ordnungsparameter determinieren" (Haken 1990, S. 11; übers. Stadler 1997, S.43f.). - Ganz entscheidend aus systemischer Sicht ist also der Prozeß der Kreiskausalität zwischen der mittleren und der unteren Ebene, der die Form einer zirkulären Systemdynamik besitzt.

Die synergetischen Überlegungen werden auch durch die Forschungen und Experimente zur Selbstorganisation neuronaler Netze gestützt (Spitzer 1996), über die ich an anderer Stelle dieses Buches berichtet habe. Die neurologische Selbstorganisation - das kann nicht oft genug betont werden - betrifft nicht nur die Begriffsbildungsprozesse, sondern ebenso sämtliche *affektiven/ emotionalen Prozesse*. Schiepek (1997, mündl. Mitteilung, Therapiekongreß Godesberg) spricht davon, daß auch die "Affekte als Kontrollparameter fungieren", denn mit ihrer Hilfe verleihen wir ja den sogenannten 'Tatsachen' erst eine bestimmte Bewertung; *in gewissem Sinne 'kontrollieren' die Affekte also die Tatsachen durch Bewertung*; umgekehrt können wahrgenommene Tatsachen wiederum unsere Bewertungsmaßstäbe beeinflussen oder 'kontrollieren'. 'Therapie' läßt sich dann (nach Kantischer Terminologie) verstehen als eine "Bedingung für die Möglichkeit der Änderung von Ordnungsmustern" (Schiepek ebda.).

Die angesprochene '*Kreiskausalität*' zwischen der Mikro- und der Makrosystemebene, d.h. zwischen den Neuronen und den Ordnungsmustern - das kann sich also gleichermaßen auf kognitive und/oder affektive Verhaltensmuster beziehen - kann auch die neuronale Konstruktion der Semantik erklären, d.h. der Bedeutungen, die das Gehirn bestimmten 'Tatsachen' oder 'Wahrnehmungen' verleiht. 'Bedeutung' kann beschrieben werden als ein solches 'kollektives Verhalten' vieler Neuronen, die sich gemeinsam zu einem bestimmten Ordnungsmuster organisieren (vgl. Spitzer 1996). Dies läßt sich auch empirisch nachweisen: "Kollektive Gehirnprozesse wurden im letzten Jahrzehnt von verschiedenen neurobiologischen Arbeitsgruppen als lokal verteilte, synchronisierte Oszillationen im EEG beschrieben" (Stadler u.a. 1997, S. 44). Die 'Kreiskausalität' zwischen der Mikro- und der Makrosystemebene beinhaltet auch die Möglichkeit, *Zirkularität allgemeiner zwischen kognitiven und psychischen Prozessen* anzunehmen, zum Beispiel als "*psychosomatische Interaktion*", "ohne daß Naturgesetze verletzt werden" (Stadler ebda.). 'Geist' wäre dann ebenso wie Bedeutungsgebung als eine emergente Leistung der *Selbstorganisation* der Neuronen zu beschreiben. Es gibt zwar eine Zirkularität beider Ebenen, nicht jedoch irgendeine lineare Kausalität zwischen ihnen, etwa im Sinne des 'Chemismus' oder 'Physikalismus' der Jahrhundertwende (Fechner u.a.), der psychische oder semantische Prozesse (z.B. auch 'Liebe') linear-kausal und direkt als eine Form 'chemischer' Zustände zu erklären suchte.

An dieser Stelle erinnere ich an das Konzept des '*Attraktors*' aus der Chaosforschung (vgl. Huschke-Rhein 1993a, Kap. 5): Der Attraktor hat ja ebenfalls die Funktion eines 'Ordnungsparameters' im Phasenraum, der die Systemdynamik in der Zeit so organisiert, daß eine relativ stabile Struktur entsteht. Auch bei den Versuchen mit neuronalen Netzwerken wird mit dem Konzept des Attraktors gearbeitet: "Man hat gezeigt, daß sich das Netzwerk auf einen stabilen Zustand hin entwickeln kann, nachdem es einmal erregt wurde. Solch einen stabilen Zustand, den man als Speicher oder Gedächtnisspur interpretieren kann, nennt man Attraktor" (Spitzer 1996, S. 185). Kriz definiert den Attraktor als "eine Struktur - auch 'Muster', 'Regel', 'Ordnung' eines dynamischen Prozesses (im Gegensatz z.B. zur statischen Ordnung eines Mosaiks) -..., auf die hin sich eine Systemdynamik entwickelt und dann (zumindest über einen gewissen Zeitraum während hinreichend gleicher Randbedingungen) stabil bleibt bzw. sich sogar gegenüber mäßigen Störungen wieder durchsetzt" (Kriz 1995b, S. 205). Das bedeutet für Therapien, daß dysfunktionale Systeme einerseits eine gewisse Stabilität besitzen, die erst 'verstört' werden muß; andererseits gilt auch wegen der nichtlinearen Rückkopplung und selbstreferentiellen Verfassung von selbstorganisierten Systemen generell: "Je nach Systemzustand (d.h. der bisherigen 'Geschichte' des Systems) können große Umgebungsveränderungen ggf. überhaupt nichts bewirken, während andererseits minimale Einflüsse große Veränderungen auslösen können - d.h. die 'klassische' Regel, daß große Wirkungen auf große Ursachen zurückgehen, gilt für solche Systeme also nicht" (Kriz 1995a, S. 160). Auch das Erkennen von sogenannten 'Kipp-Figuren', in denen die Betrachter unterschiedliche Bilder erkennen, je nach dem Schema, das sie anwenden (Hase oder Ente, junge Frau oder alte Frau usw.), wird von solchen zugrundeliegenden Attraktoren=Schemata gesteuert.

Die Zirkularität der drei unterschiedlichen Ebenen bedeutet für den *therapeutischen Prozeß* auch, daß es zwar Sinn macht, die Kontextbedingungen - in synergetischer Sprache: die Kontrollparameter - zu verändern, in der Hoffnung, daß sich auch die Ordnungsmuster auf der makroskopischen Ebene verändern werden; aber irgendeine Garantie besteht nicht. Daher ist der vielzitierte Grundsatz der lösungsorientierten Therapie/Beratung auch in der überspitzten Form (de Shazer), die sich natürlich gegen die klassische Psychoanalyse wendet, völlig korrekt: 'Die Lösungen hängen nicht mit dem Problem zusammen' - zumindest nicht kausal, wie ich hinzufügen möchte. Darüberhinaus sind die Lösungen eines selbstorganisierenden Systems immer *auch* spontan und darum *auch* emergente Zustände des Systems, die nicht aus den vorigen Zuständen ableitbar sind.

(3) Die *Botschaft* der Synergetik lautet überall: Selbstorganisation ist zwar eine Fähigkeit der Materie bzw. der Evolution *an sich* - vgl. den Titel von Jantsch 1980: 'Die Selbstorganisation des Universums' -, sie kommt dennoch jeweils *unter bestimmten strukturellen Bedingungen* zustande.

Am bedeutendsten erscheinen mir die Folgerungen für eine differenziertere Einschätzung des Konstruktivismus, verbunden mit bestimmten konkreten Folgerungen für die *praktische Pädagogik*. Letzteres habe ich schon vorgreifend an einigen Stellen im ersten, programmatischen Teil des Buches ausgeführt. Es zeichnet sich ein Paradigma ab, das deutlich über einige bisher dominierende konstruktivistische Engführungen des Systemansatzes hinausführt und in gewissem Sinne revolutionär wirken könnte: *die Wiederentdeckung eines Ordnungs- und Strukturbegriffs*. Ganz sicher kann die neue Botschaft nicht so simpel lauten, wie: 'Ordnung ist besser als Unordnung'. Mit einem Law-and-order-Denken hat die Synergetik nichts zu tun. Aber es gibt Hinweise darauf, daß die Spielräume für die Freiheitsgrade der Systeme nicht so groß sind, wie einige Richtungen des Konstruktivismus oder einige postmoderne Philosophien leichtfertig und in guter Absicht angenommen hatten. Für Therapie und Beratung ergeben sich ebenfalls interessante Rückblicke auf die Phase der 'Strukturellen Familientherapie'. Es scheint, als seien die konstruktivistischen Vorstellungen nach dem Schema: 'Man störe ein System (dann wird es schon besser werden)', verbunden mit der euphorischen Vorstellung: 'Jeder mache sich seine eigene Konstruktion der Wirklichkeit (dann wird es ebenfalls besser werden)' doch etwas zu naiv gewesen. Ich habe jedenfalls seinerzeit bereits, in einer Kritik eines Systembegriffs, der mir für die Pädagogik doch zu formal erscheint - v.a. bei Luhmann: System- und Komplexitätsbildung als „Differenzbildung" - lieber von *'Strukturierter Komplexität'* gesprochen und damit auch Anschluß zu halten versucht an die systemische Evolutionsforschung (vgl. Huschke-Rhein 1992a, Kap. 4.).

Systeme sind nicht einfach nur das, was 'sich von einem Hintergrund abhebt'. Solche Beschreibungen, wie sie der Konstruktivist liebt (z.B. Maturana), sind nicht falsch; aber sie sind zu sehr an der Formalität der Logik orientiert und zu wenig an der Inhaltlichkeit dessen, was wir wissen können über die Systeme der Evolution und über ihre Beschreibungen. Da die Pädagogik ihre Erziehungswirklichkeiten immer auch kontextuell strukturieren und organisieren muß, d.h. praktisch als Rahmen für die Selbstorganisation vorgeben muß - auch Eltern sind systemisch gesehen zunächst Kontexte oder Rahmen für den Selbstorganisationsprozeß ihres Kindes! -, interessiere ich mich zunehmend für das Modell der *strukturierten Komplexität*, wie sie in nonlinearen, 'chaotischen' Systemprozessen bis hin zu den Modellen der Synergetik und der neuronalen Netzwerke derzeit diskutiert werden.

Für diese Auffassung spricht auch ein systemtheoretisches Argument. Wenn eines der Hauptprobleme gegenwärtiger Erziehung in der Zunahme von Orientierungsproblemen angesichts überkomplexer Entscheidungssituationen liegt, dann würden wir die überschießende Komplexität noch weiter vermehren, wenn wir als Pädagogen lediglich *unstrukturierte Informationen* anbieten, die dann bloß als Impulse für eine perturbierende Systemdynamik der Selbstorganisation fungieren - denn genau dieses geschieht *ohnehin* permanent in den hochkomplexen Informationsprozessen, denen unsere Kinder täglich ausgesetzt sind. Darum empfehle ich solche pluralen Konzepte der pädagogischen und didaktischen Orientierung, die strukturierte Vorgaben anbieten, aber nicht als obligate Befehle an die Kinder fungieren, sondern so, daß sie wählbare *Optionen* für die Selbstorganisation darstellen, die individuell anschlußfähig bleiben (vgl. Teil I, 7.).

5. Die Chaosforschung: Systemtheorie und Bildungstheorie

1. Ziele und pädagogischer Nutzen der Chaosforschung

Die Chaosforschung ist eigentlich bloß ein Zweig der Systemtheorie, der als 'Allgemeine dynamische Systemtheorie' bezeichnet wird. Die Chaosforschung bestätigt wichtige wissenschaftstheoretische Axiome des Systemansatzes. Vor allem stellen die Erkenntnisse der Chaosforschung einen Triumph für die systemisch-ökologische Version der Systemtheorie dar, die ich gegen die Abstraktheit der soziologischen Systemtheorie (Luhmannscher Provenienz) und eines zu formalistischen Konstruktivismus favorisiere.

Was interessiert nun die *Pädagogik* an der Chaosforschung? Im Vorgriff markiere ich die folgenden Punkte: Die Ergebnisse der Chaosforschung sind relevant

- für ein differenzierteres Verständnis pädagogischer Entwicklungsprozesse,
- für eine neue pädagogische Berufs- und Rollenauffassung,
- für ein verbessertes Verständnis der Steuerung von pädagogischen Systemen,
- für die Differenzierung des Bildungsbegriffs,
- und schließlich für den Wissenschaftsbegriff der Pädagogik selber.

2. Die Chaosforschung und das Problem der Systemsteuerung im Kontext der Wissenschaftsgeschichte

Ich stelle zunächst den Zusammenhang mit den Grundbegriffen des Systemansatzes her (vgl. Huschke-Rhein 1992a) und damit den Zusammenhang mit der Entwicklung der europäischen Wissenschaft in der Neuzeit. Die traditionelle Naturwissenschaft hat seit Galilei die Möglichkeiten der Steuerung technischer Systeme entdeckt und perfektioniert. Auch die Pädagogik hat davon geträumt (und träumt vielleicht immer davon), Kinder wie technische Systeme steuern zu können, entsprechend dem wörtlichen Sinne des Begriffs 'Pädagogik': *'Kinder zu führen', also zu steuern.* Es läßt sich wissenschaftsmethodisch zeigen, daß das 'Steuern' eines Systems am besten funktioniert, wenn es sich um geschlossene Systeme mit möglichst eindeutig bestimmbaren 'Faktoren' und 'Variablen' handelt, und es funktioniert dann am allerbesten, wenn die Systeme sich nicht verändern oder wenn sie geschlossene Systeme sind oder auch wenn möglichst wenige 'Störgrößen' von außen einwirken (weil dann die Kontrolle der Variablen am besten gelingt). Die Kybernetik erster Ordnung hat sich diese Einsichten zunutze gemacht (vgl. 1993a, S.72f.). Im sog. Newtonraum sind zwar auch Möglichkeiten der Entwicklung und der Veränderung von Systemen gegeben; diese sind aber vorhersehbar und berechenbar, wenn die Entwicklungen 'linear' verlaufen, also 'stetig' und nicht plötzlichen unvorhersehbaren Veränderungen ausgesetzt sind. Darum hat die klassische neuzeitliche Wissenschaft der Physik seit Galilei immer an zwei Punkten ihre größten Erfolge verbuchen können: in der Analyse und im kontrollierten Experiment (vgl. 1993a, S. 33ff.). Die *Analyse der Einzelelemente eines Systems reduziert natürlich die tatsächliche Kom-*

plexität, denn sie isoliert die Einzelelemente, schirmt sie gewissermaßen gegen die Dynamik, gegen den Zeitfluß und gegen die Komplexität der Systemumwelt ab. Gleichzeitig *lassen sich aufgrund der Isolierung der Elemente des Systems Experimente besser durchführen*, weil der Zeitfluß durch die Kontrolle einzelner Variablen des Systems gleichsam verlangsamt wird und so leichter kontrolliert werden kann. Die Wissenschaft hatte mit dieser spezialisierten Methode große Erfolge erzielt. Heute geht jedoch die Wissenschaftstheorie, nicht zuletzt unter dem Eindruck von Systemtheorie, Synergetik und Chaosforschung, auf Distanz zu diesen Ideen bzw. räumt ihnen eine bloß begrenzte Geltung ein.

3. Wolken, Schmetterlinge, der Herzschlag und die Kinder: Was haben sie gemeinsam? Einführende Beispiele.

Wir sind von der neuzeitlichen Geschichte der Naturwissenschaft und der Technik her gewohnt, 'Gesetze' als 'Ordnung' und 'Chaos' als Unordnung zu empfinden. Diese Unterscheidung ist mit Sicherheit in den meisten Menschen der westeuropäischen Zivilisation fest ins Unterbewußtsein eingraviert. Aber diese Unterscheidung ist eine Katastrophe für die theoretische und für die praktische Pädagogik. Wenn sich lebende Systeme so einfach gegensätzlich beschreiben ließen, wäre es auch für die Pädagogik einfach. Weil dies nicht so ist, darum ist Erziehung eine Kunst.

Wir müssen heute neu lernen, *Erziehungsprozesse als balancierte Prozesse zwischen rigider Ordnung und kreativem Chaos* zu verstehen. Die Chaosforschung jedenfalls will uns die Lektion lehren: Alles, was wir als Ordnung empfinden, ist immer eine Mischform, eine komplexe Kombination aus `beidem`: aus Ordnung *und* aus Chaos. "Unser physikalisches Naturverständnis beruht weitgehend auf dem Studium nichtchaotischer Systeme, doch in Wirklichkeit sind solche Systeme etwa so selten wie weiße Raben" (Sheldrake 1990, S. 109).

Ein Beispiel. Das 'Wetter' ist ein uns einigermaßen vertrautes System. Wir halten vielleicht Stürme für 'chaotisch', aber nicht einen strahlenden Sommertag. Einer der Pioniere der Chaosforschung, der Wetterforscher Edward Lorenz, zeigte, daß Wetter grundsätzlich ein Phänomen des Chaos ist: Es folgt nichtlinearen Gleichungen und ist nicht exakt vorausberechenbar. Und zwar nicht deshalb, weil wir die entsprechenden (linearen) Gleichungen noch nicht kennen, sondern weil es keine linearen Gleichungen hierfür gibt. Lorenz fand nämlich heraus, daß eine Abweichung von einem Zehntausendstel nach dem Komma in den Gleichungen bereits ein vollkommen anderes Wetter produziert.

In linearen Gleichungen, die für stetige Prozesse in einfachen Systemen gelten, wäre dieser Umschlag des Wetters nicht passiert. Dort hätte eine Aufrundung von einem Zehntausendstel nicht ein völlig anderes Wetter produziert. Dort hätte nach wie vor der *Newtonsche Grundsatz* gegolten: *Kleine Ursachen haben kleine Wirkungen, große Ursachen haben große Wirkungen. Hier aber lautete die Entdeckung: Kleine Ursachen können auch große Wirkungen haben - und umgekehrt.* Damit war ein Grundpfeiler der klassischen Physik eingestürzt.

Ein inzwischen vielzitiertes Beispiel der Chaosforschung ist der sog. *'Schmetterlingseffekt'*. Die große Wirkung, zu der minimale Ursachen führen können, kann sogar durch den Flügelschlag eines Schmetterlings ausgelöst werden. Dieser könnte es fertigbringen - völlig realistisch und keineswegs bloß in der Computersimulation -, daß wegen der hochkomplexen Rückkopplungsstruktur des Wettersystems durch vielfache Iteration und Rekursion (s.u.) in der Folge irgendwo ein Wirbelsturm ausgelöst wird, den es ohne diesen Schmetterling nie gegeben hätte.

Es gibt zahlreiche andere, ebenfalls ganz normale und im wörtlichen Sinne 'natürliche' Erscheinungen, die das Ergebnis von 'chaotischen' Systemprozessen sind: der ganz normale Wasserfluß mit seinen Wirbeln darin, aber auch die ganz normalen Vorgänge der Atmung, des Blutkreislaufs, die Gehirnströme oder die Herzrhythmen. Das bedeutet, *daß Chaos nicht einfach 'Chaos' ist, sondern durchaus eine Form von Ordnung darstellt.* In diesem Sinne werden auch Kinder oder genauer: bestimmte Verhaltensweisen von Kindern als 'chaotisch' zu beschreiben sein, die dennoch eine bestimmte Form von Ordnung repräsentieren, auch wenn es im ersten Moment ganz und gar nicht danach aussieht.

Für das Verständnis chaotischer Phänomene ist darum die folgende Einsicht fundamental: *Mit linearen, eindimensionalen Formeln läßt sich bloß ein Teil der Prozesse und Systeme der Wirklichkeit und der Natur beschreiben, und zwar bloß der kleinere Teil. Der weitaus größere Teil - und dazu gehören auch die Erziehungsprozesse - ist nichtlinear oder gehört zu den linear-nichtlinearen Mischtypen.*

Ein weiteres *Beispiel.* Im menschlichen Körper gibt es verschiedene Organe, deren spezifische Leistungen erst mit Hilfe der Theorie dynamischer Systeme verständlich werden, also mit Einschluß der chaotischen Systemzustände. In den Mittelpunkt dieser Forschungen sind in den letzten Jahren vor allem die *Herztätigkeit, die Hirntätigkeit, die Atmung und der Blutkreislauf* gerückt. Die entsprechenden Störungen werden inzwischen als "dynamische Störungen" oder "dynamische Krankheiten" bezeichnet (Groß 1991; An der Heiden 1991; Gleick 1988, S.405). Einen Schwerpunkt dieser Forschungen bilden die sog. Herzrhythmusstörungen.

Der *Herzschlag* weist im Normalfall Elemente aller drei Systemtypen auf, also Stabilität, Periodizität und Chaos. Allerdings ist auch hier wieder die spezifische Kombination dieser Elemente das Entscheidende. An EKG-Grafiken (Elektrokardiogramm) des Herzschlags läßt sich ablesen, daß vier charakteristische Verläufe möglich sind, von denen die ersten drei nicht krankhaft sind. Das erste und einfachste Muster stellt die "Stabilität" dar; das zweite stellt eine periodische Form "regelmäßig einfallender Extrasystolen" dar; das dritte Muster enthält noch weitere Extrasystolen, also Ausschläge an nicht normgemäßer Stelle, die in den Bereich leicht chaotischer Unregelmäßigkeiten weisen, aber noch periodische Muster enthalten; das vierte Muster schließlich zeigt stark chaotische Formen (kann Ausdruck des sog. Herzkammerflimmerns sein, vgl. Groß

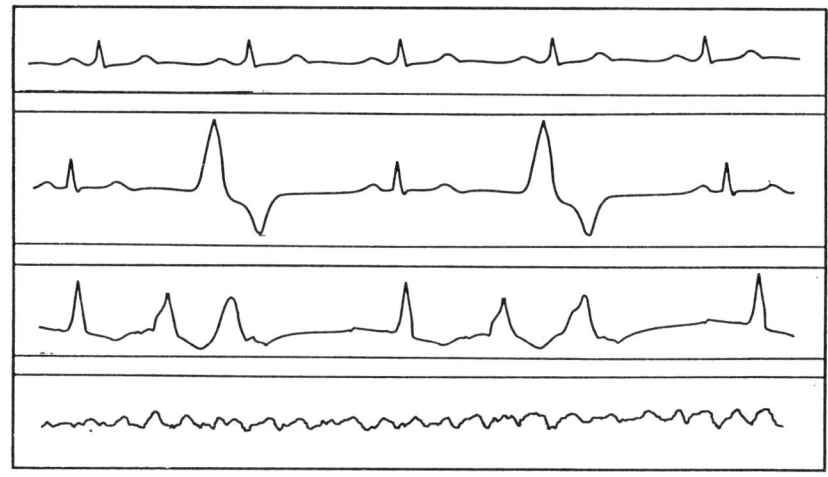

1991, S. 1268). Dabei ist vielleicht der Hinweis nicht überflüssig, daß die meisten Menschen in vielen Situationen Extrasystolen des Herzens haben, also die Systemzustände 3 und 4, ohne daß sie sie bemerken oder daran leiden müßten. Das bedeutet, daß zur normalen Herztätigkeit ein gewisses Maß an chaotischen Systemprozessen gehört, das jedoch als 'gesund' zu bezeichnen ist.

Nach diesen Beispielen (mehr Beispiele habe ich 1993a, S. 186f. gegeben) lassen sich einige *Folgerungen* ziehen. Bei Gleick heißt es zusammenfassend: "Die Physiologen beginnen...zu erkennen, daß Chaos Gesundheit bedeuten kann. Man weiß seit langem, daß Nichtlinearität in Rückkopplungsprozessen eine regulierende Kontrolle ausübt. Einfach ausgedrückt, neigt ein linearer Prozeß, der einen leichten Stoß erhält, dazu, die neue, leicht veränderte Richtung beizubehalten. Ein nichtlinearer Prozeß, der denselben Stoß erhält, kehrt gewöhnlich zum Ausgangsverhalten zurück" (Gleick 1988, S.406). *Der Sinn von nichtlinearen, dynamischen Systemkomponenten besteht darin, daß ein biologisches System mehr Optionen für sein optimales, also 'gesundes' Verhalten hat, als wenn es nur mit linearen Systemen arbeiten müßte.* Außerdem entstehen so nicht bloß mehr Optionen für das Systemverhalten, sondern eine höhere Flexibilität: "Für biologische Systeme gleichermaßen entscheidend ist Flexibilität: Wie gut funktioniert ein System in einem bestimmten Frequenzbereich? Die Festlegung auf einen einzigen Modus kann starre Abhängigkeit bedeuten und das System daran hindern, sich Veränderungen anzupassen. Organismen müssen auf Umstände reagieren, die sich schnell und unerwartet verändern; der Herzschlag oder der Atemrhythmus darf nicht auf das strenge periodische Verhalten eines einfachen physikalischen Modells fixiert sein, und dasselbe gilt für die komplexeren Rhythmen des übrigen Körpers" (Gleick 1988, S.407).

Entscheidend für das Verständnis dynamischer Systemprozesse und auch für die späteren pädagogischen Folgerungen daraus ist die Tatsache, daß es bei dynamischen Systemen, also bei komplexen Systemen, die sich in der Zeit entwickeln, wie es auch Menschen tun, *keine simple Alternative zwischen Ordnung oder Chaos gibt, sondern eine Skala von Typologien*, die das ganze Spektrum dieser Skala umfassen, also eher Mischformen beider Extreme, die jedoch beim Gesunden in allseitiger Kooperation durch Rückkopplung, Rekursion, strukturelle Koppelung und Phasenkoppelung miteinander verbunden sind. *Chaos und Ordnung sind also gleichermaßen konstitutiv.*

Wenn Gerok (1990a, S.26) aus medizinischer Sicht eine funktionsorientierte *Typologie der Systeme* aufstellt, dann dürfte auch diese Typologie noch eine relativ allgemeine Typologisierung der tatsächlichen Komplexität darstellen. Die drei Systemtypen, die dort unterschieden werden, sind durchaus den drei Laszlo-Typen vergleichbar (s.u.). Ich zitiere sie, weil ich einen größeren Grad von Verallgemeinerungsfähigkeit, insbesondere für pädagogische Systeme vermute:

(1) "Reaktionen im oder nahe beim Gleichgewicht, deren Kinetik einer linearen Differentialgleichung gehorcht. Wahrscheinlich sind solche streng deterministischen Reaktionen in biologischen Systemen eher die Ausnahme als die Regel",

(2) "oszillierende Reaktionen mit konstanter Frequenz und Amplitude oder mit Quasiperiodik",

(3) "schließlich die chaotischen, völlig ungeordneten Reaktionen, bedingt durch Reaktionen fern vom Gleichgewicht und Katalyseschleifen. Hier gilt das Prinzip der starken Kausalität nicht mehr, das heißt ähnliche Ursachen haben keine ähnlichen Wirkungen ...

Die Reaktion ist nicht mehr prognostizierbar, weil sie außerordentlich sensibel gegen-über kleinsten Änderungen...ist und sich Änderungen der Reaktion exponentiell verstär-ken können" (ebda.).

Diese Dreiteilung entspricht im Ergebnis der Systematisierung der allgemeinen evolutio-nären Systemtheorie. Bei Laszlo (1987) finden wir eine entsprechende Einteilung. Wenn wir die unterschiedlichen Systemtypen - unabhängig von der Frage, ob es genau solche Systeme oder nur ähnliche gibt (vgl. den Beitrag in diesem Teil oben: 'Was ist ein Sy-stem?') - systematisieren, erhalten wir *drei charakteristisch unterschiedene Systeme*. Mit Laszlo (1987, S. 36f.) können wir unterscheiden:

- *Systeme im 1. Zustand*, die sich "entweder im oder nahezu im Gleichgewicht befinden" (Gleichgewichtssysteme);

- *Systeme im 2. Zustand*, die "gleichgewichtsnahen Systeme", die um einen Gleich-gewichtszustand herum schwanken oder oszillieren; und

- *Syteme im 3. Zustand*, die eigentlich chaotischen Systeme, die "vom Gleichgewicht weit entfernt" operieren, "nonlinearer" Natur sind, in denen sich "bestimmte Fluktuatio-nen verstärken" können.

Mit Gerok fragen wir weiter: "Worin liegt nun der Sinn für den Organismus, zwischen geordneten und chaotischen Reaktionen, zwischen strengem Determinismus und deter-ministischem Chaos wählen zu können?", und er antwortet: "Die geordneten Reaktionen verleihen den biologischen Systemen Stabilität und Konstanz, die oszillierenden Reak-tionen dienen außerdem als extrem 'stoßsichere' innere Uhr. Die chaotischen Reaktionen ermöglichen dagegen die Flexibilität eines biologischen Systems, seine rasche Anpassung an veränderte Umweltbedingungen durch 'trial und error' und die Kreation neuer Eigenschaften des Systems. Gesundheit ist die Wanderung auf dem Grat, auf dem sich Chaos und Ordnung ständig die Waage halten" (S.26f.). Über die Pädagogik möchte ich entsprechend sagen: *Pädagogik ist die kunstvolle Wanderung auf dem Grat, auf dem sich Ordnung und Chaos die Waage halten.*

4. Attraktoren, Fraktale und nichtlineare Gleichungen - Grundbegriffe, die auch pädagogisch interessieren

Durch die Beispiele sind wir vorbereitet auf einige Grundbegriffe aus der Chaosfor-schung. Für mich selbst, das möchte ich hier persönlich mitteilen, war der Zugang zur Chaosforschung über das Phänomen der 'gebrochenen Linie', des 'Fraktale', am leichte-sten - und am eindrucksvollsten. Denn hieran können wir am besten den Anschluß an die wissenschaftstheoretischen Fragestellungen des Systemansatzes gewinnen, außerdem mündet dieses Thema auf spannende Weise in die Bildungsphilosophie der Postmoderne. Wir fragen:

Was sind lineare und was sind nichtlineare Systeme?

Einfache technische Prozesse wie der Flug einer Kanonenkugel oder die Funktion einer Maschine sowie lineare Wachstumsprozesse in der industriellen Produktion oder auch in der Natur können durch lineare Formeln gut beschrieben werden. Ich erinnere an die geniale Erfindung - den 'Trick' - der neuzeitlichen Naturwissenschaft bei Galilei: Kom-plizierte Prozesse oder Systeme wie das Fallen oder die Trägheit von ganz verschiede-

234

nen Körpern durch die 'Abstraktion' von der realen - und störenden! - Komplexität auf das zugrundeliegende 'Allgemeine' hin zu betrachten und ihr Verhalten durch eine allgemeine Formel zu beschreiben (vgl. Huschke-Rhein 1993a, S. 118).

Das Motto der Chaosforschung kann man umgekehrt so beschreiben: *Von der geraden Linie zur komplexen Form.* Es ist interessant, daß hierbei gleichsam ein Perspektivenwechsel stattgefunden hat, den wir auch sonst in der neueren Grundlagenforschung der Relativitätstheorie und der Quantentheorie feststellen können: Die Mathematiker interessieren sich plötzlich nicht mehr besonders für die geraden Linien, sondern sie erkennen, daß in der Natur und in der Wirklichkeit gerade Linien praktisch überhaupt nicht vorkommen! Und sie versuchen, diese Linien und die entsprechenden Prozesse durch eine 'nichtlineare Mathematik' zu erfassen, die sog. 'fraktale Geometrie', d.h. eine Geometrie, die sich mit den 'gebrochenen' Linien befaßt ('fraktal' heißt wörtlich 'gebrochen' und wurde vom französischen Mathematiker Benoit Mandelbrot eingeführt).

Der Begriff 'fraktal' wurde eigens für Gestalten entwickelt, die sich mit Begriffen wie Linie, Fläche oder Körper nicht beschreiben lassen (z.B. Küstenlinien, Formen von Blättern usw.). Fraktale besitzen eine 'gebrochene' Dimension, und zwar zwischen der Dimension 1 der Linie und der Dimension 2 der Fläche. Sie sind charakterisiert durch 'Selbstähnlichkeit' (s.u.) auch in den kleinsten Teilen, es gibt keine lineare 'glatte' Begrenzung solcher Figuren.

Betrachten Sie hierzu den Unterschied zwischen dem Format des Blattes Papier, auf dem Sie gerade lesen, und den Linien des gezeichneten Blattes. Dazu ein Zitat eines Physikers und Chaosforschers: "Technische Produkte sind geprägt durch Linearität, natürliche Gegenstände sind es nicht. Die Dominanz der geraden Linie, eng verknüpft

mit der ihr anhaftenden Eindimensionalität, durchzieht die Mathematik seit der Euklidischen Geometrie, die Logik in ihrer Schlußweise in logischen Ketten, die Grundgesetze der Physik, die vielfach linear sind, die Funktionsweise technischer Geräte, als eindimensionale kausale Abfolge von Schritten und schließlich die geometrische Formgebung der Technik. Natürliche Gegenstände dagegen sind weder in ihrer Gestalt linear (sie sind überwiegend 'fraktal'...), noch ist ihre Funktionsweise im allgemeinen durch Kausalketten beschreibbar, sondern vielmehr durch hochdimensionale komplexe Kausalgewebe" (Eilenberger 1990, S.79f.).

Bei nichtlinearen, fraktalen Formen spielt eine Eigenschaft eine wichtige Rolle, die sogenannte *Selbstähnlichkeit*. Bei den Blättern eines Baumes erfassen wir intuitiv, daß alle Blätter ähnlich sind, obwohl keines exakt die Form eines anderen hat. Während für Figuren der Euklidischen Geometrie gilt, daß sie auch bei Vergrößerung immer gerade bleiben, ist dies bei den Fraktalen nicht der Fall: Sie werden mit wachsender Vergrößerung immer ungerader. Das zeigt z.B. die sog. Kochsche Kurve ('Kochsche Schneeflocke').

Damit wird auch der Anspruch aufgegeben, daß immer genauere Analysen letztlich zu immer einfacheren Elementen führen müssen, also eines der Ausgangsdogmen der naturwissenschaftlichen Neuzeit. "Wolken sind keine Kugeln, Berge sind keine Kegel" - so pointiert bringt Mandelbrot die neue Auffassung auf den Punkt.

Ein Flußlauf, eine Gebirgslinie, eine Grenzlinie, ein Schmetterlingsflügel, ein Blütenblatt: Solche Figuren werden immer gezackter, je mehr sie vergrößert werden. Im Computer lassen sich wundervolle fraktale Formen (und Farben) durch entsprechende Rechenvorschriften simulieren. Bemerkenswert ist auch hier die Einsicht, daß 'chaotische' Prozesse durchaus 'regelhafte' Formen haben können, daß Chaos und Ordnung keine prinzipiellen Gegensätze sind. So können im Computer Szenarien simuliert werden, in denen Systeme immer wieder Variationen ähnlicher Figuren hervorbringen, jeweils in der Vergrößerung (so wie die bekannten 'russischen Puppen': die Puppe in der Puppe in der Puppe...).

Dieses Phänomen nennt die Chaosforschung auch *Iteration* (wörtlich 'Wiederholung'). Sie entsteht in komplexen Systemen durch die Tatsache der Rückkopplung aller Elemente, also durch *Rekursion*. Dadurch, daß bei der Rekursion - dieser Begriff ersetzt ja in hochkomplexen Systemen, wie wir uns erinnern, den klassischen Kausalbegriff - jedes Element immer erneut zum Ausgangspunkt einer verschachtelten 'Kausalkette' wird, werden die Werte gleichsam immer wieder mit sich selbst multipliziert, und so kann das System trotz zeitweilig gleichbleibender Zustände sich verändern - bis hin zu chaotischen Systemzuständen, wie dies ja schon Edward Lorenz als unangenehme Überraschung erlebte. "Ein Unterschied zwischen linearen und nichtlinearen Gleichungen ist die Rückkoppelung - d.h. in nichtlinearen Gleichungen gibt es Terme, die wiederholt mit sich selbst multipliziert werden" (Briggs/ Peat 1990, S.31).

Wir stoßen an dieser Stelle also auf die bekannten systemtheoretischen Begriffe der *Komplexität* und der *Rekursivität*. Im Gedanken der 'Nichtlinearität' dokumentiert sich ein Axiom der Systemforschung: Der einfache Kausalbegriff - die 'harte Kausalität': A bewirkt B, aus A folgt B - löst sich auf, er wird im doppelten Sinne des Wortes 'aufgehoben': zum ersten 'aufgelöst', und zum zweiten integriert und weitergeführt im Begriff der erweiterten Rückkopplung bzw. der 'Kybernetik zweiter Ordnung' (H. von Foerster). Der Begriff der Selbstorganisation kommt genau hier ins Spiel: Die Rückkopplung in hochkomplexen oder chaotischen Systemen wird nicht 'von außen' organisiert. (Die Zielwerte beim einfachen kybernetischen Modell, der 'Kybernetik erster Ordnung', werden dem System bekanntlich von außen eingegeben). *Vielmehr organisieren sich solche Systeme in hohem Maße autonom, eben 'autopoietisch', d.h. sie organisieren die Bedingungen ihrer Existenz und ihrer Entwicklung selbst, z.B. bestimmte Muster bei Blüten, Formen von Blättern oder Formen der Wolken.*

Auch der *Begriff des Attraktors* bereitet keine großen Schwierigkeiten. Ein Attraktor wirkt, wie schon sein Name verrät, anziehend wie ein großer Magnet auf ein Ereignisfeld ('Phasenraum'), "zu dem jeder nähere Punkt hingezogen wird" (Groß S. 1266). Ein Feld kann auch zwei oder gar mehrere Attraktoren besitzen, und weil ihre mathematische Form nicht berechenbar ist wie die eines klassischen 'Faktors', spricht sogar die Chaosforschung offiziell von 'Seltsamen Attraktoren'. Ein Attraktor ist eine hypothetische Größe: Man kann ihn nicht sehen, sondern nur konstruktiv und hypothetisch postulieren.

Wir fassen vorläufig zusammen:

1. Chaotische Systeme=nichtlineare Systeme sind in der Natur und in der Wirklichkeit nicht die Ausnahme, sondern die Regel.

2. In chaotischen Systemen=nichtlinearen Systemen gibt es eine besondere Empfindlichkeit für kleinste Anfangsbedingungen und kleinste Wirkungen.

3. Die Kausalitätsbeziehung wird ersetzt durch das Prinzip der Rekursion oder Rück-kopplung. Die sogenannte 'starke Kausalität' gilt hier nicht. Gleiche Ursachen brauchen nicht gleiche Wirkungen zu haben.

4. Das Verhalten chaotischer Systeme=nichtlinearer Systeme kann nicht mit Sicherheit vorausberechnet werden.

5. Chaotische Systeme=nichtlineare Systeme schließen nicht das Vorhandensein und die Verläßlichkeit einfacher linearer (z.B. technischer) Systeme aus.

6. Chaotische Systeme folgen spezifische Mustern von Ordnung. Sie sind keineswegs im umgangssprachlichen Sinne 'chaotisch'.

5. Folgerungen für den Systemansatz und die systemische Praxis

(1) Die Typologie der pädagogischen Systeme und des pädagogischen Wissens

Ein wichtiger Beitrag der Chaosforschung liegt in der Differenzierung des pädago-gischen Wissens. Dieses bezieht sich auf:
- die Systemanalyse unterschiedlicher pädagogischer Systeme;
- die Anwendung unterschiedlicher Forschungsmethoden; und
- die Differenzierung unterschiedlicher Bildungsprozesse.

Wenn wir zunächst allgemein chaotische Systemprozesse den klassischen Systempro-zessen gegenüberstellen, so fällt ihre Nicht-Berechenbarkeit und ihre Nicht-Vorhersag-barkeit auf. Sie spielen nicht im traditionellen dreidimensionalen Newtonraum, sondern in einem sogenannten 'Phasenraum', der nicht von 'Faktoren', sondern von 'Attraktoren' moduliert wird, die sich einer exakten Vorausberechnung entziehen. Ein solches System bildet seltsame Schleifen und Faltungen, die sich im Computer auch simulieren lassen. Entscheidend für die pädagogischen Folgerungen ist die Einsicht, daß der Phasenraum eines komplexen Systems unterschiedliche Ordnungsstrukturen zur gleichen Zeit enthal-ten kann, die auch in unterschiedlichen Typologien dargestellt werden können.

Dabei werden i.a. drei Ordnungstypen im Phasenraum unterschieden, die auch für die Beschreibung *bio-psycho-sozialer Systeme* bedeutsam sind; es folgt eine *triadische Ty-pologie*:

(1) *stabile* Abläufe mit festen Ordnungsmustern, die auf einen festen Punkt im Pha-senraum zulaufen,

(2) *periodische* Abläufe, die sich zyklisch wiederholen und um bestimmte Werte oszillie-ren oder schwanken,

(3) die *nichtlinearen* Systeme, die eigentlichen 'chaotischen' Systeme, die durch Attrak-toren simuliert werden können. Sie sind nicht exakt berechenbar, nicht vorhersagbar, nicht kausal determiniert.

Diesen Systemformen entsprechen bestimmte Wissenstypen, die auch pädagogisch rele-vant sind. Ich schlage vor, drei Typen von pädagogischem Wissen zu unterscheiden:

(1) das Wissen über stabile, erwartbare Systemprozesse, die mit den traditionellen *em-pirisch-analytischen Methoden quantitativ* zu beschreiben wären; hierzu gehört alles pädagogische Sachwissen, über die pädagogischen Institutionen und ebenso über er-wartbares und normgerechtes Verhalten in diesen Institutionen;

(2) das Wissen über Gleichgewichtsprozesse, die um bestimmte Werte schwanken können (Prozesse, mit bestimmten Schwankungsamplituden); diese sind *teils quantitativ, teils qualitativ* zu beschreiben; hierzu gehört das Wissen über phasengerechte diskontinuierliche Entwicklungsverläufe (zum Beispiel: Pubertät; oder die psychoanalytischen Freud-Eriksonschen Phasenmodelle), oder das Wissen über pädagogische Institutionen, die ein gewisses Maß an nicht erwartungskonformem Verhalten tolerieren oder kreativ fördern (gute Schulen und gute Lehrer, oft: Waldorfschulen; Kinderläden u.a.);

(3) das Wissen über die chaotischen Systemprozesse, in denen sich Symmetriebrüche, starke Abweichungen, Systemtransformationen vollziehen, die mit den Begriffen der Chaosforschung zu beschreiben wären; hierher gehört das Wissen über biographische Brüche und Krisen, über kreativitätsfördernde Abweichungen in nichtkonformen Entwicklungsprozessen; auch das Wissen über Beratung und Therapie gehört hierher, das freilich nicht allein zu dieser dritten Stufe gehört, sondern auch Anteile auf den Stufen 1 und 2 hat. -

Es fällt auf, daß diese Typologie *keinen schroffen Gegensatz von Stabilität und Instabilität* enthält, sondern daß es Übergänge zwischen beiden Extremen oder Polen gibt, die entlang einem Kontinuum zu denken sind. "Der Aufbau und das Verhalten lebender Systeme sind in ihrer Variabilität und Kompliziertheit gleichermaßen dem Chaos wie einem regelmäßigen Muster nahe" (Briggs/Peat 1990, S. 15).

Eine andere Folgerung aus dieser Typologie bezieht sich auf die Stellung des *pädagogischen Handelns zwischen Technik und Kunst*: 'Technik' impliziert ein in bestimmtem Umfang voraussehbares Einwirken; 'Kunst' dagegen bezieht sich eher auf nichtlineare Prozesse oder eben auf einen gekonnten 'Mix' aus allen drei Prozeßtypen. Und auf Seiten der Kinder und der Schüler folgt: Wir haben die ganze Verhaltensskala von angepaßtem bis zu nicht-angepaßtem, ja abweichendem Verhalten vor uns.

Aus diesen Beispielen mögen die PädagogInnen schon intuitiv ersehen, welche Erweiterung mit der Rezeption der Chaosforschung in der Erziehungswissenschaft verbunden ist: Das pädagogische Grundproblem - nämlich die Frage 'Führung oder Selbstorganisation?' - wird im Sinne der Autopoiesistheorie konsequent über die ganze Skala der Typologie ausgebreitet. Damit kann zum einen auch das nicht-angepaßte Verhalten einen systematischen Ort und eine Aufnahme finden (keineswegs zu seiner Verherrlichung!), zum anderen werden neue nichtlineare Handlungsräume erschlossen - und aufgewertet. Aufgewertet werden aber auch die qualitativen Denk- und Forschungsmethoden (der 'soft science') gegenüber der quantitativen Forschung, die als 'hard science' eher dem ersten Systemtypus zugerechnet werden muß und darum nur einen eingeschränkten Geltungsbereich beanspruchen darf (vgl. Huschke-Rhein 1993b).

(2) Die Autonomie des 'Selbst' im Systemkontext. Veränderungen durch Beratung.

Das Phänomen der Iteration zeigt, daß "Stabilität und Wandel nicht Gegensätze, sondern Spiegelbilder voneinander sind" (Briggs /Peat 1990, S. 96). Iteration zeigt, daß die Wiederholung von Ausgangswerten oder Anfangsbedingungen in selbstbezüglichen Systemen durchaus zu Veränderungen führt und nicht notwendig zu stabilen Systemzuständen. Es ist schon logisch klar, daß hiermit der Begriff eines 'Selbst' ins Wanken gerät; definieren wir doch nach den Vorstellungen der herkömmlichen Logik Identität dadurch, daß sich eine Größe A eben als sie selbst erhält und nicht verändert. Wir ahnen, daß es ein 'Selbst' nur als einen Prozeß geben kann, der zwischen Stabilität und nichtlinearer Dynamik aufgespannt ist.

Es wäre reizvoll, in Form der Beschreibung einer Selbsterfahrung zu untersuchen, welche Anteile eines Selbst (traditionell gesprochen: einer Person oder auch einer Seele) eher den stabilen Systemen, welche eher den periodisch oder zyklisch schwankenden Systemen, und welche Anteile schließlich den chaotischen Systemen zugeordnet werden können. Eine gewisse Variabilität des Selbst wäre nach der durch die Chaosforschung nahegelegten Auffassung keineswegs ein pathologisches Zeichen für multiple Persönlichkeiten (im klinischen Sinne), sondern würde durchaus im Bereich von Normalität spielen, die konstruktiv verstanden wird. Das ist zugleich der Grund dafür, warum ich in diesem Buch immer wieder für die Normalität von Beratung plädiert habe. *Beratungswissen und Beratungsmethoden dürfen nicht einseitig dem dritten Systemtypus zugerechnet werden, jedenfalls nicht als Spezialmethode zur Beseitigung von Systemen des dritten Typus.* Im Gegenteil zeigen die Verbindungen mit der Theorie der nichtlinearen - der 'chaotischen' - Systeme, daß es sich bei den Systemen des dritten Typus um normale Systeme handelt und nicht einfach um pathologische. Dabei kann dann z.B. die beraterische Technik des Perspektivenwechsels oder der 'Perturbation', also der Systemverstörung, dazu beitragen, pathologische Systemzustände - erstarrte Muster, festgefahrene Systeme - zu verflüssigen, indem das System zeitweilig Zustände des dritten Typus annimmt.

Die Chaosforschung hat selber wiederholt darauf hingewiesen, daß die Ursachen für die Ungenauigkeiten bei der Berechnung nicht-linearer Systeme prinzipiell in diesen Systemen selber liegen und nicht etwa darin begründet sind, daß man noch nicht über die angemessenen Formeln und Methoden verfügen würde. Man kann diese Systeme eben nicht durch eine Verbesserung der Meßgenauigkeiten in gleichsam 'saubere', lineare Systeme überführen, die exakte Prognosen und Berechnungen zulassen. Es bleibt für die Berechnung aller Systeme die sog. "*Informationslücke*" bestehen (Briggs/Peat 1988, S. 105). Diese bedeutet aber positiv, daß diese Lücke gleichsam in die Systemdynamik "eingeflochten" bleibt (ebda.) und so das System mitkonstituiert. Die Entdeckung chaotischer Systeme ist darum die Entdeckung eines Seinszustandes, der bisher vernachlässigt oder übersehen wurde, weil die wissenschaftstheoretische Perspektive der Neuzeit dies begünstigte (vgl. Huschke-Rhein 1993a). Genauer oder tiefer betrachtet, zeigt sich in den Entdeckungen der Chaosforschung nicht ein Makel des Seins oder der Wissenschaft, sondern *die Verfassung einer Realität, deren Gewebe gleichsam durch feinste Fäden zusammengehalten ist und die nicht einfach das Produkt unserer kognitiven Konstruktionen ist.*

Briggs und Peat (beide sind ja sogenannte 'empirische Wissenschaftler') schreiben dazu: "Bei der Iteration der nichtlinearen Gleichung wird diese unglaubliche Empfindlichkeit für alle Zusammenhänge offenbar - und in den Computern der Forscher verkörpert sie sich als Unvorhersagbarkeit, als Chaos, als der seltsame Attraktor. Diese unendliche Empfindlichkeit eröffnet uns einen anderen Blick auf die Ganzheit... Unwichtige Dinge können in einem nichtlinearen Universum gewaltige Wirkungen haben. *Die Gestalt des Ganzen hängt vom winzigsten Teil ab. So gesehen ist der Teil das Ganze,* denn durch das Wirken jedes Teiles kann sich das Ganze in Gestalt des Chaos oder des Wandels manifestieren" (Briggs/ Peat 1988, S. 106f. Hervorh.v.Vf.). Das dürfte für das Verständnis *ökologischer Systeme* und mehr noch für unseren Umgang mit ihnen von Bedeutung sein.

(3) Das autopoietische Paradox: Die Gleichzeitigkeit von hoher Autonomie und hoher Umweltabhängigkeit

Unsere Überlegungen laufen auf einen Selbstbegriff hinaus, der auf basale dynamische Weise erstens mit seiner Umwelt und zweitens mit der Genese seiner ganzen Geschichte - in der Erziehung: seiner ganzen Biografie - verbunden ist. Das Bild von den 'feinsten Fäden', durch die das System intern in sich selbst und extern mit seiner Umwelt verknüpft ist; die 'unglaubliche Empfindlichkeit' des Systems gegenüber neuen Anfangsbedingungen; die Theoreme der Iteration, des Fraktals und der Bifurkation: diese und andere von der Chaosforschung herausgearbeiteten Erkenntnisse und Theoreme führen zu einem bemerkenswerten Resultat: *Die Bedeutung von Autonomie und Selbstorganisation eines Systems ist offenbar viel größer als bisher angenommen - und sie ist zugleich in viel größerem Maße von der Umwelt des Systems abhängig als bisher angenommen.* Im Resultat kann geradezu von einem Paradox gesprochen werden: "Je größer die Autonomie eines Organismus ist, um so mehr Rückkoppelungsschleifen braucht er offenbar in sich selbst und in seinen Beziehungen zur Umwelt. Dies ist das autopoietische Paradox. Aus ihm folgt in gewissem Sinne, daß das Individuum eine Illusion ist" (Briggs/Peat 1988, S. 250, vgl. auch den Buchtitel von Meyer-Drawe 1990), womit jenes sich autonom dünkende Individuum gemeint ist.

Unter Bezug auf das Prigoginesche Theorem der dissipativen Strukturen und des 'Zeitpfeils' heißt es dort weiter: "Anders ausgedrückt besagt dieses Paradox: Jede autopoietische Struktur hat eine einzigartige Geschichte, aber ihre Geschichte ist in die Geschichte der weiteren Umgebung und aller anderen autopoietischen Strukturen eingebunden - ein ganzes Bündel verflochtener Zeitpfeile. Autopoietische Strukturen haben wohl bestimmte Grenzen, etwa eine halbdurchlässige Membran, aber die Grenzen sind zugleich offen und verbinden das System in fast unvorstellbarer Komplexität mit der Umwelt" (Briggs/Peat 1988, S. 230).

Gerade dieser Widerspruch ist aber hier die Pointe, die zu einer tieferen Erkenntis führen mag. (Genau genommen handelt es sich natürlich nicht um ein Paradox, d.h. um einen logischen Widerspruch, der auf derselben Aussageebene besteht, weil es sich systemisch um einen Perspektivenwechsel handelt.) Denn: Die Gleichzeitigkeit von Autonomie und Kooperation bzw. von Autopoiesis und Kontextabhängigkeit zu denken, fällt einer Epoche offensichtlich schwer, die seit der Moderne gewohnt ist, Autonomie und Kooperation bzw. Autonomie und Umweltabhängigkeit als Ausschlußbegriffe zu denken, weil sie gewohnt ist, Kooperation und Rücksichtnahme auf Umwelt und Mitwelt als Hindernis für die eigene Autonomie anzusehen. Von der nichtlinearen Systemtheorie könnten wir aber die postmoderne Lektion lernen, *daß Autonomie und kooperative Rücksichtnahme sich nicht ausschließen, sondern im Gegenteil erst die Fortsetzung der eigenen Autopoiesis ermöglichen.*

6. Systemisch-konstruktivistische Praxisforschung. Methodologie und Arbeitsmodell

1. Methodologische Grundlagen

Aufgrund des *konstruktiven Moments*, das nach systemischer Auffassung nicht nur die pädagogische Theorie, sondern auch die pädagogische Praxis auszeichnet (s. Teil I, 3.), genießen die qualitativen Forschungsmethoden einen gleichsam natürlichen Vorrang; aber es spricht kein grunsätzlicher Einwand gegen eine Anwendung der empirisch-analytischen Methoden und der Statistik - solange zwei Bedingungen gewahrt bleiben:

- Vorrang der Feldforschung vor der Laborforschung;
- Beachtung der Vernetzungen zwischen den pädagogischen Systemen.

Ein *qualitatives Konzept der Verbindung von hermeneutischen und empirischen Forschungsmethoden* einschließlich der Handlungsforschung, das mit dem Systemansatz verträglich ist, habe ich andernorts vorgelegt (Huschke-Rhein 1993b). Im folgenden möchte ich einiges davon aufnehmen, aber weiterführen im Sinne des Grundgedankens, daß jedes System eine *(Re-)Konstruktion* darstellt und darum jede Erforschung eines pädagogischen Systems eine (Re-)Konstruktion der pädagogischen Realität ist. Der Konstruktivismus ist nach meiner Auffassung also durchaus mit empirischer Forschung verträglich; im Gegenteil kann diese Koppelung dazu verhelfen, das Mißverständnis zu vermeiden, als bestünde der Konstruktivismus darin, frei und ungebunden über die Realität zu phantasieren oder beliebige Realitäten zu erfinden. Schließlich möchte ich nahelegen, das folgende Arbeitsmodell (s.u.) nicht nur als ein 'theoretisches' Forschungsmodell anzusehen, sondern auch und gerade zur *Handlungsorientierung* in der pädagogischen Praxis zu verwenden, beispielsweise für Beratungsprojekte oder andere Praxisfelder.

Alle relevanten methodologischen Entscheidungen - vor allem die Wahl der Kategorien - sind in den Handlungswissenschaften inhaltliche und damit qualitative Entscheidungen. Das bedeutet, daß es 'reale' Systeme nicht einfach 'gibt'; jede Systemabgrenzung bleibt eine Systemkonstruktion. Jedoch besitzt die formale Größe 'Komplexität' noch keine Praxisbedeutung (und nicht einmal eine Erkenntnisbedeutung); diese wird erst durch die Festlegung/Beschreibung von '*Strukturen*' gewonnen (vgl. den obigen Beitrag zur Synergetik!). Darum wird ist der *Arbeitsschritt 'Strukturierung'* (s.u.) so wichtig.

Wir sollten auch beachten, daß es in der experimentellen Forschung die berühmten 'Faktoren', 'Variablen' und 'Gesetze' ebensowenig einfach 'gibt', wie es Systeme 'gibt'. Vielmehr sind sie 'Konstruktionen' des Experimentators (1993b, S. 74ff.).

Für die pädagogische Forschung habe ich ein 'Vier-Felder-Modell' entwickelt, das in nuce ein systemisches Forschungsmodell enthält. Die vier Quadranten lauten:
- 1. Zeit: Biographie/ Vorgeschichte;
- 2. Raum: Umwelt/ Wohnwelt;
- 3. Person: Persönliche Merkmale;
- 4. Gesellschaft: Soziokulturelles Feld (ebda. S. 115).

Im Kapitel über die Handlungsforschung (1993b, Kapitel 5) habe ich zehn methodologische Grundsätze entwickelt, in denen die Prinzipien qualitativer Forschungsmethodik in die Praxisforschung eingearbeitet werden. Sie beziehen sich auf die veränderte Stellung oder Auffassung in den Punkten: Forscher; 'Objekte', die zu 'Betroffenen' werden; die Methoden selber; Partizipationsgrad; Projektplanung; Auswertung (Evaluation); Hypothesenformulierung; Untersuchungsfeld; Interaktionsformen; und schließlich die Gütekriterien.

Ich werde einige Punkte aus dem Modell für die Praxisforschung (1993b, Kapitel 5, S.197) für das (spätere) Praxismodell in veränderter Form wiederaufnehmen: 1. die Praxiserfahrung im Untersuchungsbereich; 2. die Felderkundung (Sachaspekt) im Untersuchungsfeld; sowie 3. die 'Kontaktphase' (Personenaspekt), in der die Personen im Blick auf ihre Systembeziehungen einander zugeordnet werden.

Allgemein möchte ich festhalten: Die Systemkonstruktion - die ich später 'Systemisierung' nennen werde - ist in den Handlungswissenschaften niemals eine bloße theoretische Konstruktion vom 'grünen Tisch' aus. Sie setzt vielmehr Praxiserfahrung, Praxiskenntnis und die Kenntnis der relevanten Literatur voraus. Damit wird *die 'Konstruktion' des Systems zur praxisrelevanten Rekonstruktion von Realität*. Die Hauptaufgabe der Systemkonstruktion ist die 'Systemmodellierung' und nicht das Auffinden oder Konstruieren von möglichst vielen 'Faktoren' oder 'Variablen'. Selbst die Herstellung von 'Relationen' zwischen den einzelnen Systemgrößen (s.u. Schritt 2) ist nicht eine Angelegenheit der großen Zahl. Praxisrelevant ist ohnehin nicht eine maximale Menge von Daten, Faktoren oder Relationen, sondern nur ein Set von wenigen Größen und Zusammenhängen, denen eine Schlüsselstellung für die Systemveränderung zukommt (vgl. 1993a, S. 66f.; vgl. dort auch die Bedeutung von 'intuitiver' Relevanzerfassung). Ein System ist keine 'Abbildung' der Realität, so wenig, wie Wissenschaft überhaupt eine 'Abbildung der Realität' darstellt. Im allgemeinen - und in der Pädagogik im Besonderen! - decken sich Systemgrenzen auch nicht mit Raum- oder Zeitgrenzen, sondern stehen 'quer' dazu: Systeme sind 'Intersysteme' oder 'Kontextsysteme' (s.u.).

Bei der Systemforschung/Systembeschreibung sollen zwei Aufgaben unterschieden werden:

- 1. Die *allgemeine Systembeschreibung*, die sich auf die *Gesamtstruktur* des Systems bezieht; sie umfaßt die *Systemdimensionen*: (1) Primärsysteme; (2) Kontextsysteme und Intersysteme; (3) Suprasysteme, durch die Systemgrenzen festgelegt werden.
- 2. Die *spezielle Systembeschreibung*, die sich auf die *Relationen* bezieht oder auf die Beschaffenheit bestimmter *Teilsysteme*; sie umfaßt die speziellen *Systemkategorien*.

2. Allgemeine Systembeschreibung: Systemstruktur/ Systemtypologie/ Systemdimensionen

Die allgemeine Systembeschreibung bezieht sich auf die Gesamtstruktur des Systems und umfaßt die wichtigsten Systemdimensionen. Ich möchte aus prinzipiellen methodologischen Gründen und aus praktischen methodischen Gründen mehrere Dimensionen verwenden (und nicht nur die drei Dimensionen von Bronfenbrenner: Mikro-, Meso-, Exosystem und, diese übergreifend, das Makrosystem). Die praktische Erfahrung mit pädagogischen Systemanalysen hat mir gezeigt, daß die pädagogischen Systeme unterschiedlichen Typen, Klassen und Modellen von Systemen angehören können, für deren Beschreibung bzw. Konstruktion wir unterschiedliche und je spezifische Dimensionen und Kategorien benötigen. Auch wissenschaftstheoretisch (methodologisch) erscheint mir eine Kategorien- und Begriffsvielfalt angemessener, weil ja Systeme, wie gesagt, eine 'Rekonstruktion der Realität' darstellen, die vermutlich nicht immer gleichmäßig in 'drei Teile zerfällt' (wie man nach den drei Bronfenbrennerschen Dimensionen vermuten könnte), sondern im Prinzip multidimensional rekonstruiert werden muß. Wenn ich für den 'Hausgebrauch' der Grobdimensionierung/Grobstrukturierung eines Systems gelegentlich eine Dreierstruktur vorschlage - Primärsystem, Kontextsysteme, Suprasysteme -, so hat dies einen anderen Sinn als bei Bronfenbrenner und ist nur als eine erste 'Faustregel' für die Analyse gedacht.

Ich schlage vor, *Dimensionen und Kategorien zu unterscheiden* (wie schon 1993b, bei der Beobachtung und der Befragung, S. 26.142ff.). Die Dimensionen beziehen sich auf den allgemeinen Untersuchungsbereich (seine Zentralthemen), und die Kategorien beziehen sich auf die Hauptbegriffe der Untersuchung, durch die die Dimensionen spezifiziert werden (weshalb die Kategorien im Punkt 3 = 'Spezielle Systembeschreibung' behandelt werden).

Typologie pädagogischer Systeme:

(1) Inhaltliche Typologie:

- 1. Kontextsysteme (bzw. Intersysteme),
- 2. Relevanzsysteme,
- 3. Problemsysteme,
- 4. Aktionssysteme.

Kontextsysteme sind Mehrebenensysteme oder Multidimensionssysteme, in denen differentielle Teilsysteme möglich sind. Von Intersystemen wollen wir sprechen bei überwiegend personenbezogenen Relationen ('Inter-aktionen'); von Kontextsystemen sprechen wir bei sach- und raumbezogenen Systemen, die auch personale Relationen einschließen können (im Sinne von sozialökologischen oder Ökosystemen).

Ein *Relevanzsystem* ist das Systemkonzentrat, das unter einem bestimmten pädagogischen Interesse oder Zweck entsteht, der für primär 'relevant' angesehen wird.

Problemsysteme sind diejenigen Systeme, die durch ein bestimmtes Problem definiert und strukturiert sind; meist wird dieser Begriff in Psychotherapie und Beratung verwendet.

Ein *Aktionssystem* ist ein handlungsbezogenes Relevanzsystem.

(2) Formale Struktur pädagogischer Systeme:

1. *Primärsystem*: Referenzsystem/ Problemsystem/ Elementarsystem/ Mikrosystem; Subsystem/ Basalsystem/ Internes System.

2. *Kontextsysteme (Intersysteme)*: Lokalsysteme/ Regionalsysteme/ Umgebungssysteme/ Kontext-, Inter-, Teilsysteme 1,2,3.../ Beteiligungssysteme, (Relevanzsysteme).

3. *Suprasystem(e)*: Dachsysteme/ Direktionssysteme (Leitungs-/ Führungssysteme), Zielsysteme (Lenkungssysteme), (Relevanzsysteme).

- (Zu 1) *Primärsystem*

Grundsätzlich gehen wir in der Pädagogik von Mehrebenenmodellen aus. Dabei beginnt die Systembeschreibung/ Systemkonstruktion immer mit dem 'Primärsystem', wie ich das 'Referenzsystem' nenne, *auf das sich die Systemkonstruktion primär bezieht*. Dies stellt die 'unterste' Ebene oder das 'innere' System dar. Das Primärsystem kann ein Mikrosystem (im Sinne Bronfenbrenners) sein, etwa eine Familie, es kann aber auch größer sein (und schon ein Mesosystem): eine Schulklasse, eine Jugendgruppe, Bewohner eines Altenheims usw.

Das Primärsystem macht den Hauptgegenstand der systemischen Forschung aus. Es wird entsprechend dem Forschungsinteresse definiert/konstruiert. Wie 'groß' oder 'klein' ein Primärsystem ist, läßt sich also nicht vorher definieren. Bei einem Kinderspielplatz könnten wir beispielsweise als Primärsysteme ansehen: ein Kind an einem Gerät; den Spielplatz als solchen ohne Kinder; oder den Spielplatz mit spielenden Kindern. (Ein pädagogisches System, das nur aus zwei Personen besteht - Mutter-Kind, Lehrer-Schüler, Freund-Freund usw. - können wir auch als 'Elementarsystem' bezeichnen, wenn dies im Kontext weiterer Systeme liegt. Dies besagt auch der Begriff des 'Mikrosystems' bei Bronfenbrenner.)

- (Zu 2) *Kontextsysteme/Intersysteme*

Beide Begriffe sollen schon von ihrer wörtlichen Bedeutung her darauf aufmerksam machen, daß es in der Pädagogik nirgends ein System gibt, das für sich allein betrachtet werden kann, ohne daß seine *Vernetzung mit den Systemkontexten* einbezogen wird. Dabei ist der Begriff des 'Kontextes' zwar der gebräuchlichere; er hat aber einen statischen Klang. Dagegen betont 'inter' mehr den dynamischen Aspekt (s.o.).

Es wurde festgelegt (s.o.), daß 'Kontextsysteme' mehr die *sach- und raumzeitbezogenen* umgebenden Systeme meint, während 'Intersysteme' sich primär auf die umgebenden *personalen* Interaktionssysteme bezieht.

- (Zu 3) *Suprasysteme*

Ein Suprasystem ist ein - so wörtlich - 'übergreifendes' System, das verschiedene Teilsysteme umfaßt. Das Suprasystem ist gleichsam das 'Dach' über den anderen Systemen, das diese inhaltlich oder formal oder organisatorisch zusammenschließt ('Dachsystem'). Das Suprasystem hat immer eine systemsteuernde, in der Praxis also normierende Funktion. Diese Funktion kann in verschiedener Weise ausgeübt werden: durch Lenkung, Leitung, Führung oder Zielbestimmung. (Das Suprasystem kann darum auch den Rang eines Relevanzsystems erhalten.) Während das Primärsystem gleichsam das pädagogische Fallbeispiel darstellt, enthält die Ebene des Suprasystems die pädagogische Theorie.

3. Spezielle Systembeschreibung und Systemkategorien

Es lassen sich vier Gruppen von *Systemkategorien* unterscheiden:

(1) Kategorien für die Bewertung (oder kategoriale Gewichtung) der Beziehung zwischen zwei Personen/Komponenten/Größen;

(2) Bewertungen, die die Bedeutung/Funktion von einzelnen Personen/ Komponenten/ Größen für das Gesamtsystem betreffen;

(3) Kategorien für den Zustand des Gesamtsystems;

(4) schließlich Kennziffern für die Programmierung bzw. für die statistische Gewichtung oder Klassifizierung (Modell II,3.), auf die ich hier nicht weiter eingehen kann.

Für die Forschungspraxis mag der Hinweis nützlich sein, daß die folgenden Kategorien zwei unterschiedlichen Phasen des Forschungs- oder Handlungsmodells (s.u. 4.) zugeordnet werden:

- erstens in der Phase I, also bei den allgemeineren (Vor-)Überlegungen zur Rekonstruktion des Systems (Systemisierung), das entworfen werden soll;

- zweitens in der Phase II (vor allem bei II.3.), wenn die spezifischen Relationen zwischen den Komponenten festgestellt und bewertet werden.

Die folgenden *differentiellen Kategorien* sind Vorschläge, die im Einzelfall natürlich auch anders ausfallen können. (In dem Beitrag über 'Beratung in der Schule' gebe ich einige Beziehungsanalysen, die verglichen werden können):

- Zu (1) Beziehungen zwischen zwei Komponenten:

- stark	- schwach
- einseitig	- reziprok (wechselseitig)
- affektiv (emotional)	- nichtaffektiv/ sachlich
- unterstützend	- schwächend/
- konstruktiv	- destruktiv
- dauerhaft/ konstant	- schwankend (variabel)
- konflikthaft	- harmonisch
- symbiotisch verstrickt	- distanziert usw.

- Zu (2) Bedeutung (Funktion) von Komponenten für das System :

- beschleunigend	- verzögernd
- wachsend	- schrumpfend
- verstärkend	- abschwächend
- positiv rückgekoppelt	- negativ rückgekoppelt
- linear	- nichtlinear/ kreisförmig
- kausal	- rekursiv
- aktives Element	- passives Element.

- Zu (3) Fragen, die den Zustand des Systems betreffen:

- Gibt es 'kritische Größen' im System (Schwellenwerte/ Grenzwerte)?
- Gibt es irreversible Entwicklungen oder Tatsachen?
- Welche Größen/Beziehungen sind veränderbar, welche nicht?
- Wie hoch ist der Komplexitätsgrad (Vernetzungsgrad)?
- Wie groß ist die 'Diversität' des Systems (ablesbar an der Zahl der Subsysteme)?
- Wie hoch ist der Energiedurchfluß (Informationsfluß)?
- Wo ist die Wirkung von Größen unsicher/ unklar?
- Wie hoch ist der Stabilitätsgrad des Systems?
- Wo sind Turbulenzen oder chaotische Phasen zu erwarten?
- Wie sind die Grenzen des Systems: klar? diffus? flexibel?

4. Ein Arbeitsmodell

Das folgende Modell entstammt der Erfahrung mit pädagogischer Praxisforschung. Es umfaßt eine Voraussetzungsphase und die weiteren vier Phasen:

0. VORAUSSETZUNGEN

1. Praxiserfahrung
2. Literaturkenntnis
3. Methodenkenntnis

I. SYSTEMISIERUNG

1. Elementarisieren
2. Limitieren
3. Strukturieren

II. GEWICHTUNG/ RELATIONIERUNG

1. Komponenten benennen
2. Pfade einzeichnen
3. Gewichten/ Bewerten

III. RELEVANZSYSTEM

1. Problemkonzentrat
2. Veränderbare Größen
3. Resystemisierung

IV. AKTIONSSYSTEM

1. Personensystem
2. Kontaktplan
3. Handlungsphase
4. Auswertungsphase

I. Systemisierung/ Konstruktion

Die Systemisierung/ Konstruktion umfaßt die Vorgänge, die zur Systembildung führen. Die 'Schrittfolge' innerhalb der Hauptstufen kann zwar linear durchgeführt werden, sie ist aber prinzipiell und genauer genommen ein 'Zirkel'! Dieser Hinweis gilt auch für einige der folgenden Schritte. Denn wir wissen ja, daß wegen der rekursiven Beziehungen im System alle Größen so verbunden sind, daß eine Festlegung auch immer andere Größen betrifft. So bestimmt etwa die Festlegung der Systemgrenzen die Anzahl der Elemente und die Festlegung der Elemente bestimmt die Systemgrenzen.

(I.1.) Elementarisieren /Primärsystem

'Elementarisieren' heißt: 1. das Primärsystem als Elementarsystem festlegen. Ein Primärsystem ist immer das Referenzsystem, auf das sich die Systemkonstruktion bezieht.

(I.2.) Limitieren

'Limitieren' heißt: das System begrenzen. Die Frage der Systemgrenzen tritt also bereits bei der Konstruktion des Primärsystems auf.

(I.3.) Strukturieren

'Strukturieren' meint die 'Binnenstruktur' eines Systems und ist meist schon mit dem Limitieren verbunden. Die aktive Form 'Strukturieren' bedeutet, daß es nicht nur darum geht, schon 'vorhandene' Systemstrukturen bloß festzustellen, vielmehr geht es auch und vor allem um die Festlegung/Konstruktion von (neuen) internen, vielleicht bislang nicht beachteten Zusammenhängen und Strukturen eines Systems. Für die Strukturierung ist hilfreich die Dreigliederung in: Primärsystem; Kontext- und Intersysteme; Suprasystem.

II. Relationierung/ Gewichtung

Die Aufgabe dieser Arbeitsstufe besteht in der Qualifizierung der Systemrelationen. Es sollen möglichst viele Verbindungen zwischen den einzelnen Teilsystemen und zwischen den einzelnen Systemkomponenten (Systemelementen/ Systemgrößen) hergestellt und bewertet werden, beispielsweise bei einem Genogramm.

Ich möchte hier nochmals in Erinnerung rufen, daß die Schrittfolge einen rückgekoppelten Kreisprozeß darstellt, wobei beispielsweise nach einer ersten Aktionsphase eine erneute Strukturierung des Systems erfolgen kann.

(II.1.) Komponenten/ Elemente bezeichnen

Schon die Strukturierung hat (im günstigen Fall) dazu geführt, daß bestimmte Bereiche als besonders wichtig erkannt oder bezeichnet werden, etwa Teilsysteme mit hoher Eigendynamik, beispielsweise eine unvollständige Familie o.ä. Nach dieser Strukturierung werden dann diejenigen Komponenten (Elemente/Größen) ausgesucht und festgelegt, zwischen denen eine Verbindung (Relation) eingezeichnet werden soll.

So könnte im *Hausaufgabenbeispiel* zwar eine Verbindung zwischen IQ und Schulleistung hergestellt werden, weil sie de facto besteht (wenn die Korrelation auch nicht sehr hoch ist). Für die Untersuchung ist diese Korrelation jedoch ohne Interesse, weil es andere wichtigere Relationen gibt (die die Schulleistung aktuell beeinflussen).

(II.2.) Pfade und Pfeile einzeichnen

In diesem Arbeitsschritt werden diejenigen Verbindungen eingezeichnet, die in einer vorläufigen Einschätzung als relevant angesehen werden (wie bei einem Genogramm, das ein einfaches Beispiel darstellt).

(II.3.) Gewichten/ Bewerten/ Klassifizieren

Anschließend werden die eingezeichneten Verbindungen qualifiziert. Dazu können die Kategorien angewendet werden, die z.B. oben (im Abschnitt 3) genannt wurden.

Hierbei sollten zusätzliche Hilfsmittel verwendet werden, wie Farbstifte, stärkere Markierungen, Richtungspfeile. So können wichtige Relationen z.B. rot markiert werden, oder es werden Farben für bestimmte Themenbereiche festgelegt (Verwandtensystem rot, Bekanntensystem grün o.ä.). Die 'einseitigen' Beziehungen werden im Gegensatz zu den reziproken Beziehungen mit entsprechenden Pfeilrichtungen markiert. Nützlich ist auch die Bewertung von Relationen als positiv oder als negativ mit den einfachen üblichen Zeichen '+' und '-'. Für die elektronische Auswertung werden an die Pfeile Zahlen geschrieben, die in einem computergestützten Programm weiterverarbeitet werden. -

III. Relevanzsystem

Grundsätzlich sollte an dieser Stelle eine eingehende *Bewertung des gesamten Systemzustandes* erfolgen, indem ähnliche Fragen und Kategorien angewendet werden, wie sie oben [Abschnitt 3] genannt wurden. Auch hier soll betont werden, *daß das Verfahren zirkulär ist:* Eine Form der Gewichtung und der Bewertung der Relationen liegt natürlich auch schon in den beiden vorherigen Punkten der Elementbezeichnung und der Herstellung von Relationen überhaupt. Vor der Entscheidung von Relevanzen ist eine Bewertung des Systemzustandes nützlich.

Unter 'Relevanzsystem' soll ein themen- oder untersuchungsbezogenes Konzentrat des ersten Systementwurfs verstanden werden. Ich habe die Erfahrung gemacht, daß viele Praxisprojekte, v.a. die Laborprojekte, eine Tendenz zur Faktorenmaximierung besitzen. Die Faktorenmaximierung aber macht letztlich handlungsunfähig; praxeologisch relevant (handlungsrelevant) sind dagegen immer nur wenige Größen. Das Relevanzsystem ist darum ein besonderer wichtiger Schritt auf dem Weg zum Aktionssystem.

(III.1.) Thema- oder Problemkonzentrat

Wie beim sog. 'Problemsystem' in der Beratung und Therapie konzentrieren wir uns zuerst auf das hauptsächliche Thema oder Problem des Systems, und wir versuchen, eine bestimmte Relation, ein einzelnes Teilsystem oder auch eine Kette von wenigen Komponenten zu finden. Beim Genogramm in der Beratung/ Therapie kann das z.B. ein System sein, das von denjenigen gebildet wird, die das gleiche Schicksal erlitten haben (Unfälle, Krankheiten usw.).

Es können auch zwei Systeme sein, in deren Verhältnis sich ein handlungsrelevantes Hauptproblem konzentriert. So besteht etwa beim einem *Seniorenprojekt* das Hauptproblem im Verhältnis zwischen dem Verwandten- und dem Bekannten- bzw. Freundschaftssystem. Das letztere steht wiederum, genau wie das System 'Aktivitäten/Hobbies' in engster Beziehung zum System 'Kontaktfeld', während das System 'Besorgungen' zwar wichtig für die Bewertung des Systems 'Wohnumfeld' ist, jedoch nur indirekt das Kontaktfeld beeinflußt.

Das Problemkonzentrat kann auch andere Schwerpunkte umfassen, die thema- oder untersuchungsrelevant sind, z.B. krisenrelevante Komponenten, mögliche Hilfs- oder Auffangpersonen, unterstützende oder gefährdende Komponenten, konstruktive oder destruktive Komponenten.

(III.2.) Veränderbare Größen

Der nächste Schritt ist für die Praxisforschung fundamental: die Feststellung von veränderbaren Größen. Dieser Vorgang besteht genau genommen aus zwei Schritten:
- 1. Feststellung der veränderbaren Größen,
- 2. Bestimmung derjenigen Größen daraus, die in das Relevanzsystem Eingang finden sollen, d.h. tatsächlich verändert werden sollen.

Es handelt sich also um den Übergang von der Analyse zur Praxis. Hierbei muß erst der Handlungsspielraum für die ausgesuchten Komponenten ausgelotet werden.

Auf eine Folgerung aus der Systemlogik sei hier besonders hingewiesen: Bei Systemprozessen handelt es sich nicht um (lineare) Kausalrelationen, sondern um hochkomplexe nichtlineare Vorgänge. Man sollte also nicht, wenn man veränderbare Größen gefunden hat, in aktionistischer Euphorie eine rasche und sichere Veränderung erwarten. Die Therapeuten können ein Lied davon singen. Jede Rekonstruktion und jedes Aktionssystem hat nur den Rang einer Hypothese.

(III.3.) Resystemisierung

Am Ende dieser Reihe kehren wir gleichsam an den Anfang zurück, indem wir aus dem ersten Entwurf ein System herausgearbeitet haben, das ein praxisrelevantes Konzentrat des Ausgangssystems darstellt. Damit ist die Systemisierung im engeren Sinne abgeschlossen. Der folgende Schritt bezieht sich auf die Praxisarbeit.

IV. Aktionssystem

Wir münden hier ein in den Bereich 'Aktionsforschung' oder 'Handlungsforschung' - (die ich schon in 1993b ausführlich dargestellt und mit verschiedenen Arbeitsmodellen verbunden habe). Empfehlen möchte ich den Entwurf einer *personalen Grafik* mit Zuständigkeits- und Betroffenheitskurve sowie den Entwurf eines *Kontaktplans* mit Planung von Stellen-, Personen- und Pressekontakten (ebda.). Dann erst folgt die eigentliche *Handlungsphase*, die an den konkreten Problemen oder Bedürfnissen der Betroffenen ansetzt (und nicht nur zur Hypothesenprüfung für die Wissenschaftler da ist).

Solche Handlungsphasen waren in den Beispielprojekten: eine Veranstaltung zum Thema 'Kontakt' sowie eine Veranstaltungsreihe 'Gruppenspiele auch für Ältere' im Seniorenprojekt (s.u.); eine 'Hausaufgaben- und Freizeitgruppe' im Projekt 'Hausaufgaben mit Ausländerkindern' (s.u.); die Planung der Neugestaltung eines Spielplatzes zusammen mit Eltern, Kindern und dem zuständigen kommunalen Ausschuß im Projekt 'Kinderspielplatz'.

Die Auswertungsphase schließlich sollte in projektspezifischer Weise und ebenfalls nach den Regeln der qualitativen Methodik erfolgen; wichtigster Punkt: die kategoriale Prozeßauswertung (und nicht nur eine Ergebnis- oder Hypothesenprüfung). (Ausführlicher in 1993b, S. 212-217; weitere Praxisbeispiele vgl. in 1992a, S. 132ff.).

Fallbeispiel Aggressivität (aus einem Projekt im Grundschulalter)

Ausgangsfrage: "Ist Peter in der Klasse so aggressiv, weil er so viele Horrorvideos sieht?" - Dazu wird zunächst die allgemeine Struktur der beteiligten Systeme entworfen:

1. Das Primärsystem ist Peter (oder Peter und ein bestimmter Fall; oder Peter und seine Beziehung zu... [Freunden, Mitschülern, Eltern usw.]).

2. Es gibt dann sicherlich zahlreiche Inter- und Kontextsysteme (Intersysteme: relevante Personen: Freunde, Eltern, Lehrer usw.); Kontextsysteme: Fernsehn, die nächste Videothek, gewaltförmige Computerspiele, oder Internet...

3. Suprasysteme· Welche Formen der Gewalt werden durch gesellschaftliche Systeme legitimiert? Soziale Verhaltensmuster? Geschlechterspezifische Muster? Schließlich: Welche theoretischen Erklärungen von Gewalt gibt es?

Praktisches Vorgehen:

1. Systemisierung: Es werden zunächst möglichst viele interessierende Komponenten genannt (und unsystematisch abgebildet). Diese werden dann in einer ersten Systemisierung geordnet.

2. Relationierung: Welche Beziehungen zwischen welchen Größen oder Personen sind feststellbar (z.B. zwischen Peter und einem Freund, oder Peter und der Mutter, die nichts gegen den Videokomsum in Peters Zimmer unternimmt oder unternehmen kann usw.).

3. Relevanzsystem: Dieser Schritt konstruiert das für eine Intervention (für das Aktionssystem) relevante System, z.B. ein "Problemkonzentrat" zwischen Peter und seiner Mutter oder zwischen Peter und einem Freund; relevant kann aber auch ein Lehrer oder eine Lehrerin sein, die bisher im System noch keine Größe war, aber für die Aktion wichtig ist.

4. Aktionssystem: Auswahl eines Ausschnittes aus dem Relevanzsystem, über den eine verändernde Handlung erfolgen könnte. (Vielleicht ein Unterrichtsprojekt; ein Gespräch mit der Mutter; ein eigenes Projekt der Schüler usw.)

Hinweis: Natürlich geht es in pädagogischen Aktionen nicht einfach immer darum, 'etwas zu verbieten' oder einzuschränken. Oft ist es wichtiger, überhaupt über eine Sache zu sprechen, als sie zu verbieten. Danach ergeben sich vielleicht wieder neue handlungsrelevante Systeme.

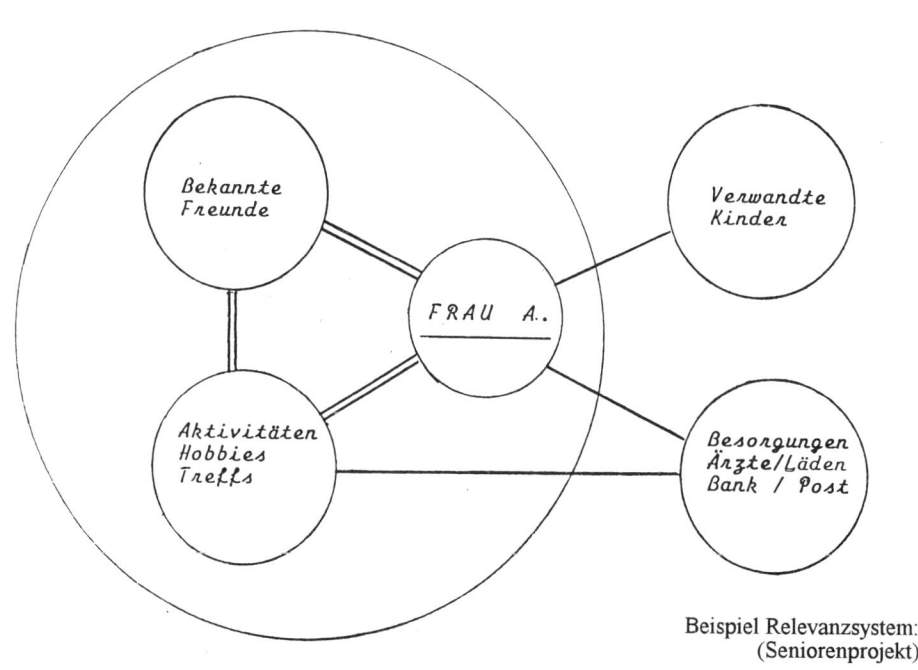

Beispiel Relevanzsystem:
(Seniorenprojekt)

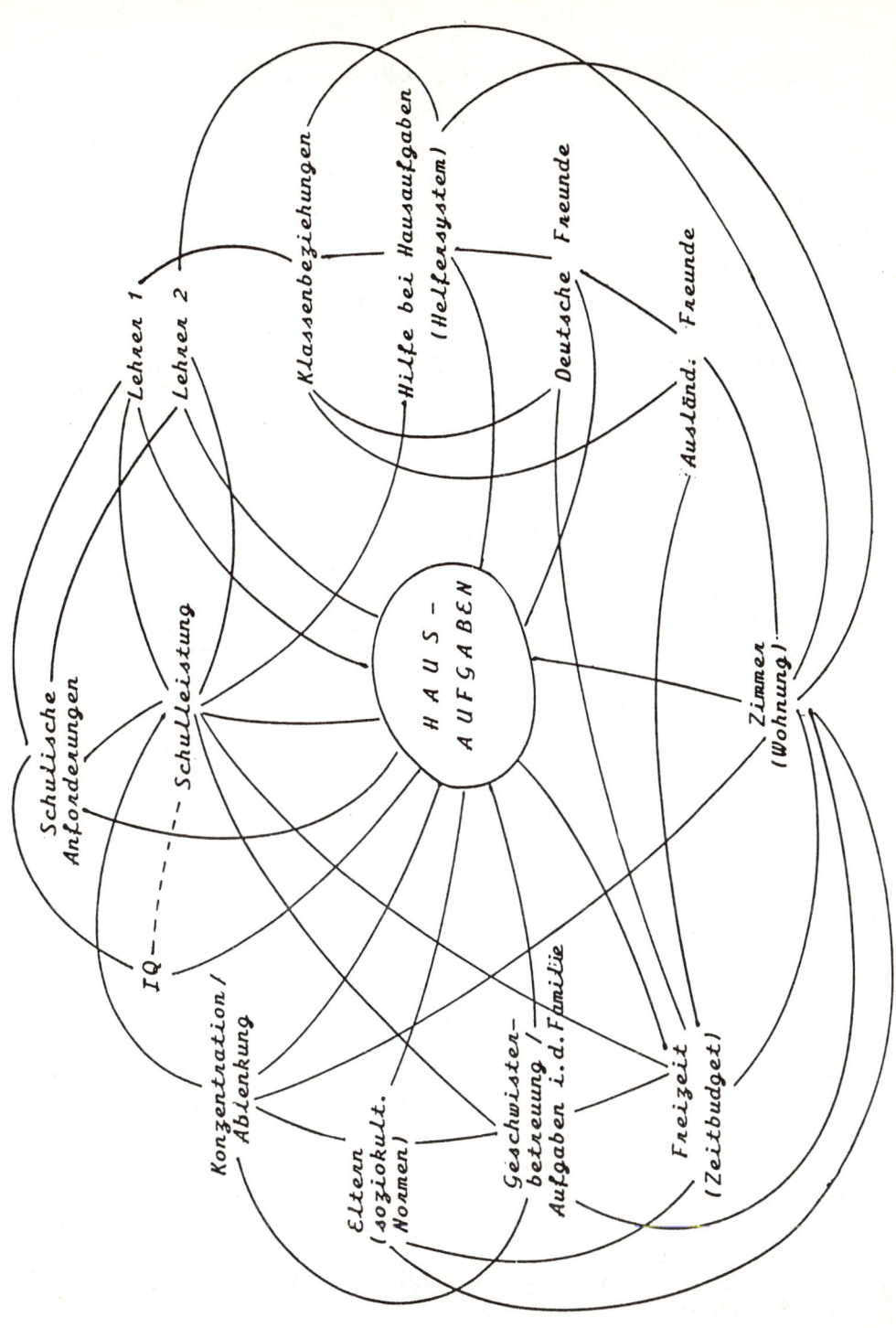

Beispiel Relationierung
(Hausaufgabenprojekt)

7. Allgemeinbildung als ökologische Bildung

Das Folgende ist die Kurzfassung eines Beitrags, der andernorts erscheint. Die These ist: *Eine künftige Allgemeinbildung hat ihren Schwerpunkt in einer ökologischen Bildung.* Ausführlicher und systemisch formuliert: Bildung, systemisch verstanden als Fähigkeit der vernetzenden Selbstorganisation, wird nur Bestand haben können als *Fähigkeit der bio-psycho-sozialen Selbstorganisation.* Die Kurzform 'bio-psycho-sozial' meint dabei (vgl. Beitrag 3) die drei anthropologischen Grundsysteme: das biologisch-ökologische Selbstsystem; das psychische Selbstsystem; und das soziale Kontextsystem, mit dem sich die beiden Selbstsysteme vernetzen (müssen). *Dabei kommt der ökologischen Bildung ein praxeologischer Vorrang zu.* - Auch wenn das Folgende eine sehr komprimierte Fassung darstellt, dürfte das meiste von den anderen Beiträgen her verständlich werden.

(1) Das Konzept der neuzeitlichen Allgemeinbildung ist im Kontext der Aufklärung und des sich emanzipierenden Bürgertums entstanden und darum von seinen Anfängen her ein *emanzipatorisches Konzept.* Die Allgemeinbildung sollte, ebenso wie die 'Bildung', befreien von Abhängigkeiten und Knechtschaften, die die Selbstorganisation der Individuen behindern oder unmöglich machen. Ich nehme die *pädagogische Leitidee der 'Selbstbestimmung' als Befreiung von einschränkenden Lebensbedingungen* wieder auf und rekonstruiere sie mit systemischer Terminologie als 'Fähigkeit der Selbstorganisation' oder der 'Selbststeuerung'.

Das Konzept der Selbststeuerung ist das *Credo der Moderne* gegenüber der Vormoderne, als sich das Individuum noch gebunden fühlte an lebenslang normativ wirkende Traditionen und Autoritäten. Das Konzept der pädagogischen Aufklärung - Erziehung zur Selbstbestimmung - wird nochmals radikalisiert in der *Postmoderne: Anstelle normierender Traditionen oder Autoritäten tritt die Selbst-Verantwortung als 'Selbst-Normierung' und als 'Selbst-Konstruktion'.*

Seit der neuzeitlichen Aufklärung umfaßt aber die Emanzipation des Menschen von denjenigen Bedingungen, die seine Freiheit und seine Selbstbestimmung einschränken, neben dem Kampf gegen die Abhängigkeit von den gesellschaftlichen Unfreiheiten und Unterdrückungen von Anfang an einen zweiten Bereich, der bisher kaum in diesem Zusammenhang gesehen wurde, nämlich *die Emanzipation von den einschränkenden Bedingungen der Natur.* Ebenso wie die Aufklärung gefordert hat, sich der eigenen Vernunft zu bedienen und nicht einfach den tradierten Normen zu folgen, etwa kirchlichen oder kaiserlichen Vorschriften, so 'fordert' oder besser: er-fordert auch die neue Wissenschaft der Natur, die biologischen Verhältnisse der Natur nicht weiter als normative Vorgaben für das soziale Verhalten zu akzeptieren. Vielmehr sollen die Menschen die natürlichen Einschränkungen nach Möglichkeit überwinden oder außer Kraft setzen und die Gesetze der Natur für ihre Selbstbestimmung nutzen. Dabei sollen die Natur und die natürlichen Lebensbedingungen nach Möglichkeit verändert werden, wenn sie schon nicht abgeschafft werden können.

(2) Die Logik dieses Zusammenhangs ist inzwischen so fest in unsere Alltagswelt implantiert, daß wir sie ihrerseits als 'natürlich' empfinden. *Die moderne Unabhängigkeitserklärung von den versklavenden Bedingungen der Natur* beginnt mit Sätzen wie diesen (und könnte stundenlang fortgesetzt werden):

- Wenn wir Brücken bauen, werden wir unabhängig von den Flüssen und unabhängig von den Mühen, sie zu überqueren...
- Wenn wir gerade Straßen bauen, werden wir unabhängig von den vielen krummen, sich schlängelnden Wegen...
- Wenn wir Flugzeuge bauen, werden wir unabhängig von der Schwerkraft, von den Landwegen, von den Wasserwegen...
- Wenn wir das elektrische Licht einschalten, werden wir unabhängig vom Tag- und Nachtrhythmus...
- Wenn wir im Winter nach Bali in den Sommer fliegen, werden wir unabhängig von den Jahreszeiten...
- Wenn wir einen Aufzug benutzen, werden wir unabhängig von den Treppen, von der Schwerkraft, vom Zustand unserer gesundheitlichen Verfassung usw....
- Wenn im Winter Gemüse und Obst von der südlichen Halbkugel mit dem Flugzeug herangebracht wird, werden wir im Speiseplan unabhängig von den Jahreszeiten...

(3) Mit der wachsenden Unabhängigkeit von den (einschränkenden) Bedingungen der Natur ist allerdings das *Ansteigen der Komplexität* der betroffenen Systeme verbunden. Auch das läßt sich an einfachen *Beispielen* verdeutlichen, und einiges davon ist uns ebenfalls so selbstverständlich geworden, daß es uns als 'natürlich' erscheint.

Wenn die Urgroßeltern noch Kohlsuppe und Brot aßen, winters wie sommers, so gehen deren Urenkel heute im Winter durch den Supermarkt und kaufen sich Südfrüchte und Edelgemüse aus den Ländern der südlichen Halbkugel. Systemisch heißt dies: Die Wahlmöglichkeiten, die Optionen sind immens gestiegen. Das mag, was die Vitamine angeht, ein Vorteil sein. Das Angebot erweitert auch unsere Wahlfreiheiten.

Doch das Problem ist schwieriger, als es zunächst scheint, denn es handelt sich um ein *Systemproblem*. Es sieht so aus:

Wenn ich 3.000 Waren vor mir habe, zwischen denen ich kompetent im Sinne meiner Selbststeuerungsfähigkeit entscheiden möchte, muß ich das Sachwissen über diese 3.000 Waren besitzen, um nicht blind zu entscheiden, sondern *selbstbestimmt* und verantwortlich. Habe ich das Wissen jedoch nicht, sondern kaufe einfach nach Angebot - die Früchte etwa nach ihrer schönen Farbe, weil ich nichts über ihren Vitamin- oder Pestizidgehalt weiß -, dann handele ich de facto *fremdbestimmt*, jedenfalls in simpler *Abhängigkeit* vom Markt und seinem Angebot.

Hier deutet sich exemplarisch genau das Systemproblem an, vor dem unsere Generation und die folgende heute stehen, vor dem aber, und das betrifft nun zentral unser Thema *Allgemeinbildung*, besonders die heutige *Schule* steht:

Welches Wissen und welche Informationen müßten heute als 'allgemein-bildend' ausgezeichnet werden, damit die Schülerinnen und Schüler heute und später mit solcher Komplexität, die es auf allen Lebensgebieten gibt, selbstbestimmt umgehen können?

(4) Der Grundgedanke, von dem wir ausgingen, war: Die Emanzipation des neuzeitlichen (europäischen) Menschen hat in zwei Systemen stattgefunden, aber bisher stand - jedenfalls soweit es das Thema 'Emanzipation' betrifft - fast ausschließlich das System der sozialen Bedingungen im Mittelpunkt. Wir können jedoch schon durch zeitgeschichtliche Studien erkennen, daß es sich hierbei um *ein und denselben Systemzusammenhang* handelt. Denn dieser Emanzipationsprozeß *organisiert eine neue, einheitliche, komplexe Systemdynamik der drei Grundsysteme*: des biologisch-naturalen (ökologischen) Systems, des psychischen Systems und des sozialen Systems. Genau diese Systemdynamik aber bewirkt eine neue Bewußtseinsstufe in der Vernetzung der drei Systeme, nämlich das Bewußtsein der Emanzipation von den einschränkenden Bedingungen sowohl des biologisch-naturalen (ökologischen) Systems, als auch des sozialen Systems, als auch schließlich des psychischen Systems, in dem die Komplexität durch Selbstbeobachtung ja zusammenläuft.

(5) Während es jedoch sinnvoll ist, Herrschaftssysteme abzuschaffen, die die Selbstbestimmung verhindern und die Menschen knechten, wäre es nicht sinnvoll, die Natur abzuschaffen. Vielmehr muß nun eine *zweite Aufklärung* gefordert werden, die in der *Verbindung der Vernunft mit der Natur* besteht. Das aber würde bedeuten: Dasjenige, was die Aufklärung mit ihrem Ziel der Selbstbestimmung zum wichtigsten Inhalt erklärt hat, soll bewahrt werden, es muß zugleich aber von seiner autistischen, selbstdestruktiven Form befreit werden.

Die Natur analog einem Tyrannen abzuschaffen, wäre widersinnig, weil es die Selbstabschaffung der Menschen zur Folge hätte. Systemisch formuliert: *Naturbedingungen sind elementare Systembedingungen, und lebende Systeme können ohne naturale Basisbedingungen nicht existieren.* Die rigorose Abschaffung von naturalen Bedingungen mit dem Ziel, Hindernisse der Selbstbestimmung zu beseitigen, geriete an eine selbstdestruktive Grenze, ähnlich dem Versuch, die Luft abzuschaffen, um schneller fliegen zu können, oder das Wasser abzuschaffen, um schneller schwimmen zu können.

(6) Die Frage der *Allgemeinbildung* ist bisher zu Unrecht auf die Frage der gesellschaftlich erwünschten Lerninhalte beschränkt gewesen. Das konnte solange unbemerkt bleiben, wie die gesellschaftlichen Entscheidungen keine systembedrohenden Auswirkungen auf die ökologischen Grundlagen hatten. Es läßt sich jedoch zeigen, daß heute alle ökologischen Entscheidungen zugleich die sozialen und die psychischen Systeme betreffen. Alle ökologischen Entscheidungen haben einerseits soziale Voraussetzungen und andererseits soziale Folgen in der Gesellschaft. Das geht jedenfalls schon logisch aus der rekursiven Beziehung zwischen den drei Grundsystemen hervor: Jede Entscheidung auf einer der drei Ebenen - der biologischen, der sozialen, der psychischen - betrifft rekursiv immer auch die beiden anderen Ebenen.

Ein einfaches Beispiel. Die gesellschaftlich organisierte Entscheidung des Ausschusses für Tiefbau und Verkehr irgendeiner beliebigen Stadt (in Deutschland), bestimmte Straßen zu bauen, hat, wie jeder weiß, immer Auswirkungen auf das biologische System (z.B. die Gesundheit) der Anwohner sowie auf das psychische System der Anwohner (z.B. Streß durch Lärm, oder einfach auf ihre 'Wohlfühligkeit' als Anlieger).

Ein anderes, freundlicheres Beispiel wäre: Die Verbesserung der Arbeitsbedingungen in einem Betrieb (soziales System) hat positive Auswirkungen auf das biologische System (abgekürzt: Gesundheit) und das psychische System (abgekürzt: Wohlergehen) der Beschäftigten.

Wie ich im Beitrag zur Gesundheitsberatung zeigte (S. 68ff.), ist die 'Gesundheit' natürlich keine Angelegenheit nur des biologischen Systems eines Menschen, sondern gerade ein Vernetzungskonstrukt aller drei Systeme: des biologischen, des psychischen und des sozialen Systems.

(7) Die ökologische Dimension erhält heute darum einen praxeologischen Vorrang vor den beiden anderen Systemdimensionen, weil sie eine Basisfunktion für die beiden anderen besitzt. Den Zusammenbruch der biologischen Existenz kann kein lebendes System ertragen; umgekehrt kann ein System Beeinträchtigungen und Zusammenbrüche seiner sozialen oder seiner psychischen Existenz zeitweilig ertragen. Andererseits umfaßt der Begriff der Gesundheit oder der 'wellness' immer auch qualitative Kriterien des 'Wohl-Ergehens' auf allen drei Systemebenen.

Eine systemisch aufgeklärte *Allgemeinbildung* - als Ziel öffentlicher Schulen oder als Inhalt privater Bildung - hätte also vor allem über die *Relevanz ökologischer Systeme* aufzuklären und entsprechende Handlungsoptionen anzubieten.

Das Ziel einer systemisch aufgeklärten Allgemeinbildung wird nicht in einem planen 'Zurück zur Natur' bestehen. Das gerade wäre ein Mißverständnis der Systemdynamik, die *eine optimale, synergetische Organisation aller drei Systeme erfordert*. Da wir Menschen sind - und nicht einfach Natur - geht es um eine systemisch kompatible Vernetzung zwischen allen drei Systemen, zu denen *auch*, aber *nicht nur* die Natur gehört. Dies wäre eine Bildungsaufgabe von großen Ausmaßen - wohl eher für das nächste Jahrtausend. Im Moment muß es jedoch aus praktischen Gründen genügen, der ökologischen Systemdimension in den allgemeinbildenden Schulen erst einmal einen gebührenden Stellenwert zu verschaffen.

Literatur

Alman, Brian M./ Lambrou, Peter T.: Selbsthypnose. Ein Handbuch zur Selbsttherapie. Heidelberg (Auer Systeme) 1995.

Altner, Günter (Hrsg.): Die Welt als offenes System. Eine Kontroverse um das Werk von Prigogine. Frankfurt (Fischer) 1986.

An der Heiden, Uwe: Der Organismus als selbstherstellendes dynamisches System. In: Kommunikationsnetzwerke im Körper. Psychoneuroimmunologie - Aspekte einer neuen Wissenschaftsdisziplin. In: Zänker 1991, S. 127-154.

Andersen, Tom: Das reflektierende Team. Dialoge und Dialoge über Dialoge. Dortmund (modernes lernen) 1991 (1990).

Andolfi, Mauritio: Familientherapie. Das systemische Modell und seine Anwendung. Freiburg (Lambertus) 3. Aufl. 1988.

Bardmann, Theodor Maria/ Kersting, Heinz/ Vogel, Hans-Christoph: Das gepfefferte Ferkel. Lesebuch für SozialarbeiterInnen und andere Konstruktivisten. Aachen (Inst.f.Beratung und Supervision) 2. Aufl. 1992.

Bateson, Gregory: Ökologie des Geistes. Frankfurt (Suhrkamp) 1983.

Bauriedl, Thea: Das systemische Verständnis der Familientherapie in der Psychoanalyse. In: Huschke-Rhein 1994, S. 112-119.

Beck-Gernsheim, Elisabeth: Nichtdirektive Beratung im Spannungsfeld zwischen Klientenwünschen und gesellschaftlichem Erwartungsdruck. In: Erhardt Ratz (Hrsg.): Zwischen Neutralität und Weisung. Zur Theorie und Praxis von Beratung in der Humangenetik. München (Evgl. Presseverband) 1995, S. 57-74.

Belardi, Nando u.a.: Beratung. Eine sozialpädagogische Einführung. Weinheim u.a. (Beltz) 1996.

Bertalanffy, Ludwig von: General Systems Theory. New York (Braziller) 1968.

Betscher Kurt: Von der systemischen Einzelberatung zur Systemberatung. Soest (Landesinstitut für Schule und Weiterbildung, H. 21) 1990.

Bette, Karl-H.: Neuere Systemtheorie. In: Bette (Hrsg.): Zwischen Verstehen und Beschreiben. Forschungsmethodologische Ansätze in der Sportwissenschaft. Köln 1993.

Bischof, Norbert: Das Rätsel Ödipus. Die biologischen Wurzeln des Urkonflikts von Intimität und Autonomie. München (Piper) 3. Aufl. 1991.

Blasil, Georg: Systemische Perspektiven für die Heimerziehung. In: Jugendwohl. Z.f.Kinder- und Jugendhilfe. Freiburg (Lambertus) 1995, S. 154-163.

Blin, Jutta: Ökosystemisches Denken und Handeln in der Erziehungswissenschaft am Beispiel eines interdisziplinären Modellprojekts. St. Ingbert (Röhrig) 1994.

Bly, Robert: Die kindliche Gesellschaft. Über die Weigerung, erwachsen zu werden. München (Kindler) 1997.

Böse, Reimund/ Schiepek, Günther: Systemische Theorie und Therapie. Ein Handwörterbuch. Heidelberg (Asanger) 1989.

Boscolo, Luigi/ Cecchin, Gianfranco/ Hoffman, Lynn/ Penn, Peggy: Familientherapie - Systemtherapie. Das Mailänder Modell. Dortmund (modernes lernen) 1988.

Boscolo, Luigi/ Bertrando, Paolo: Die Zeit der Zeiten. Eine neue Perspektive in systemischer Therapie und Konsultation. Heidelberg (Auer Systeme) 1994.

Boszormenyi-Nagy, Ivan/ Spark, Geraldine: Unsichtbare Bindungen. Die Dynamik familiärer Systeme. Stuttgart (Klett-Cotta). 4. Aufl. 1993 (Original: 1973; dt. 1981).

Brezinka, Wolfgang: Von der Pädagogik zur Erziehungswissenschaft. Weinheim (Beltz) 1971.

Briggs, John/ Peat, F. David: Die Entdeckung des Chaos. München (Hanser) 1990.

Bronfenbrenner, Urie: Die Ökologie der menschlichen Entwicklung. Stuttgart (Klett) 1881.

Brunner, Ewald Johannes: Idiographische Systemmodelle in der Schulberatung. In: Psychologie,Erziehung,Unterricht, Jg. 36 (1989), München u.a. (Reinhardt), S. 120-124.

Brunner, Ewald Johannes: Von der Familientherapie zur systemischen Beratung. In: Brunner/ Schönig (Hrsg.): Theorie und Praxis von Beratung. Pädagogische und psychologische Konzepte. Freiburg (Lambertus) 1990, S.87-99.

Brunner, Ewald Johannes: Schulsozialarbeit aus der Perspektive der Theorie der Selbstorganisation. In: Huschke-Rhein 1992b, S. 68-71.

Brunner, H.: Schreibunterricht und Schule als Fundament ägyptischer Hochkultur. In: Kriss-Rettenbeck, L./ Liedtke, M. (Hrsg.): Schulgeschichte im Zusammenhang der Kulturentwicklung. Bad Heilbrunn (Klinkhardt) 1983, S. 62-75.

Buddrus, Volker (Hrsg.): Die 'verborgenen' Gefühle in der Pädagogik. Impulse und Beispiele aus der Humanistischen Pädagogik zur Wiederbelebung der Gefühle. Baltmannsweiler (Schneider) 1992.

Buddrus, Volker (Hrsg.): Humanistische Pädagogik. Eine Einführung in Ansätze integrativen und personenzentrierten Lehrens und Lernens. Bad Heilbrunn (Klinkhardt) 1995.

Büeler, Xaver: System Erziehung. Ein bio-psycho-soziales Modell. Bern (Haupt) 1994.

Burnham, John: Systemische Familienberatung. Ein Lern- und Praxisbuch für soziale Berufe. Weinheim (Beltz) 1995.

Capra, Fritjof: Wendezeit. Bausteine für ein neues Weltbild. Bern (Scherz) 1983.

Cecchin, Gianfranco: Zum gegenwärtigen Stand von Hypothetisieren, Zirkularität und Neutralität: Eine Einladung zur Neugier. In: Familiendynamik 13 (1988), S. 190-203.

Christian, Hatto: Systemorientiertes Vorgehen der Beratungslehrer. Soest (Landesinstitut für Schule und Weiterbildung, H. 28), 1991.

Churchman, C. West: The Systems Approach and Its Enemies. New York (Basic Books) 1979. (Dt.: Der Systemansatz und seine 'Feinde'. Bern u.a. (Haupt) 1981).

Ciompi, Luc: Außenwelt - Innenwelt. Die Entstehung von Zeit, Raum und psychischen Strukturen. Göttingen (Vandenhoeck) 1988.

Ciompi, Luc: Affektlogik. Über die Struktur der Psyche und ihre Entwicklung. Ein Beitrag zur Schizophrenieforschung. Stuttgart (Klett-Cotta) 2. Aufl. 1989.

Connemann, Ralf/ Kubesch, Barbara: Das Reflektierende Team als Fallbesprechungsmodell in Lehrergruppen. In: Z.f.Systemische Therapie, 9. Jg. (1991), S.128-136.

Coveney, Peter/ Highfield, Roger: Anti-Chaos. Der Pfeil der Zeit in der Selbstorganisation des Lebens. M. e. Vorwort v. I.Prigogine. Hamburg (Rowohlt) 1992.

Cube, Felix von: Kybernetische Grundlagen des Lernens und Lehrens. Stuttgart (Klett) 2. Aufl. 1968.

Cytowic, Richard E.: Farben hören, Töne schmecken. Die bizarre Welt der Sinne. München (dtv) 1996.

Damasio, Antonio R.: Descartes Irrtum. Fühlen, Denken und das menschliche Gehirn. München (dtv) 2. Aufl. 1997.

Davies, Paul: Prinzip Chaos. Die neue Ordnung des Kosmos. München (Goldmann) 3. Aufl. 1991.

Deissler, Klaus G. et al.: "Sozialer Konstruktionismus"- ein Interview mit Ken Gergen. In: Z.f.Systemische Therapie, 12. Jg. (1994), S. 118-127.

Dell, Paul: Klinische Erkenntnis. Dortmund (modernes lernen) 1986.

DeShazer, Steve: Der Dreh. Überraschende Wendungen und Lösungen in der Kurzzeittherapie. Heidelberg (Auer Systeme) 2. Aufl. 1992.

DeShazer, Steve: Worte waren ursprünglich Zauber. Lösungsorientierte Therapie in Theorie und Praxis. Dortmund (Borgmann) 1996.

Dilthey, Wilhelm: Grundlinien eines Systems der Pädagogik. In: Gesammelte Schriften, Stuttgart (Teubner), Bd. IX, 3. Aufl. 1960, S. 167-231.

Dilthey, Wilhelm: Über die Möglichkeit einer allgemeingültigen pädagogischen Wissenschaft. In: Gesammelte Schriften, Stuttgart (Teubner), Bd. VI, 5. Aufl. 1968, S. 56-82.

Dithfurt, Hoimar: Der Geist fiel nicht vom Himmel. Die Evolution unseres Bewußtseins. Hamburg (Hoffmann und Campe) 1976.

Ebeling, Werner: Chaos, Ordnung, Information. Selbstorganisation in Natur und Technik. Leipzig, Jena, Berlin (Urania) 2. Aufl. 1991.

Edelman, Gerald M.: Göttliche Luft, vernichtendes Feuer. Wie der Geist im Gehirn entsteht. München/ Zürich (Piper) 1995.

Efran, Jay S. / Lukens, Michael D./ Lukens, Robert J.: Sprache, Struktur und Wandel. Bedeutungsrahmen in der Psychotherapie. Dortmund (modernes lernen) 1992.

Eigen, Manfred/ Winkler, Ruthild: Das Spiel. Naturgesetze steuern den Zufall. München (Piper) 5. Aufl. 1983.

Eilenberger, Gerd: Komplexität. Ein neues Paradigma der Naturwissenschaften. In: H.v.Ditfurth (Hrsg.): Mannheimer Forum 1989/90, S. 71-136. (Mannheim: Piper 1990).

Ernst, Heiko: Rhythmen und Zyklen. In: ders.: Die Weisheit des Körpers. München (Piper) 3. Aufl. 1997, S. 63-90.

Farrelly, Frank/ Brandsma, Jeffrey M.: Provokative Therapie. Berlin/Heidelberg u.a. (Springer) 1986.

Fengler, Jörg: Wege zur Supervision. In: Pallasch / Mutzeck/ Reimers 1996, S. 173-187.

Fischer, Hans Rudi (Hrsg.): Autopoiesis. Eine Theorie im Brennpunkt der Kritik. Heidelberg (Auer) 2. Aufl. 1993.

Fischer, Hans Rudi/ Retzer, Arnold/ Schweitzer, Jochen (Hrsg.): Das Ende der großen Entwürfe. Frankfurt (Suhrkamp) 1992.

Flake, Karin: Grenzenlose Wünsche - beschränkte Möglichkeiten. Lehrerinnen und Entlastungsmöglichkeiten. In: Pädagogik 10 (1990), S. 34-37.

Fliegel, Steffen/ Groeger, Wolfgang/ Künzel, Rainer/ Schulte, Dietmar/ Sorgatz, Hardo: Verhaltenstherapeutische Standardmethoden. München (Psychologie Verlags Union) 2. Aufl. 1989.

Foerster, Heinz von: Erkenntnistheorie und Selbstorganisation. In: Delfin, Nr. 4. Z.f. Konstruktion, Analyse und Kritik. 1984, S. 6-19.

Foerster, Heinz von: Das Konstruieren einer Wirklichkeit. In: Watzlawick 1985, S. 39-60.

Foerster, Heinz von: (1988): s. Kreuzverhör, in: Simon 1988.

Foerster, Heinz von: Entdecken oder Erfinden. In: Gumin/Meier: Einführung in den Konstruktivismus. München/Zürich (Piper) 1992, S. 41-88.

Frank, Helmar: Kybernetische Grundlagen der Pädagogik. Baden-Baden (Agis) 2. Aufl. 1969.

Fthenakis, Wassilios E.: Frühpädagogik im Wandel - Von einer institutionellen zu einer systemischen Betrachtung. In: Huschke-Rhein 1994, S. 40-64.

Gehlen, Arnold: Der Mensch. Seine Natur und seine Stellung in der Welt. 8. Aufl. 1966.

Geißler, Erich E.: Herbarts Lehre vom erziehenden Unterricht. Heidelberg (Quelle und Meyer) 1970.

Georgi, Hans/ Levold, Tom/ Wedekind, Erhard: Familientherapie - Was sie kann, wie sie wirkt und wem sie hilft. Einführung. Mannheim (PAL) 2. Aufl. 1992.

Gergen, Kenneth J.: Social Constructionist Theory. In: Gergen, Kenneth J. & Davis, K. (Ed.): The Social Construction of the Person. New York (Springer) 1985.

Gergen, Kenneth J.: Das übersättigte Selbst. Identitätsprobleme im heutigen Leben. Heidelberg (Auer Systeme) 1996.

Gerok, Wolfgang: Die gefährdete Balance zwischen Chaos und Ordnung im menschlichen Körper. In: H.v.Ditfurth (Hrsg.): Mannheimer Formum 1989/90, S. 137-182. (Mannheim: Piper 1990).

Gerok, Wolfgang: Ordnung und Chaos als Elemente von Gesundheit und Krankheit. In: Ordnung und Chaos in der unbelebten und belebten Natur. Hrsg. W. Gerok/ H. Haken, Stuttgart (Klett) 1990, S. 19-42.

Glasersfeld, Ernst von: Einführung in den radikalen Konstruktivismus. In: Watzlawick 1985, S. 16-38.

Glasersfeld, Ernst von: Wissen, Sprache und Wirklichkeit. Arbeiten zum radikalen Konstruktivismus. Braunschweig, Wiesbaden (Vieweg) 1987.

Glasersfeld, Ernst von: Konstruktion der Wirklichkeit und des Begriffs der Objektivität. In: Gumin/ Meier 1992, S. 9-40.

Gleick, James: Chaos - die Ordnung des Universums. Vorstoß in Grenzbezirke der modernen Physik. München (Droemer Knaur) 1988.

Goethe, Johann Wolfgang von: Farbenlehre. Mit Einleitung und Kommentaren von Rudolf Steiner. Hrsg. v. Gerhard Ott und Heinrich O. Proskauer. 3 Bde. Stuttgart (Verlag Freies Geistesleben) 1984.

Goleman, Daniel: Emotionale Intelligenz. München/ Wien (Hanser) 1995.

Goolishian, Harry/ Anderson, Harlene: Menschliche Systeme. In: Reiter u.a. (1988), S. 189-216.

Grau, Uwe/ Möller, Jens: Konstruktiv(istisch)es Coaching. In: Z.f.Systemische Therapie, 9.Jg. (1991), S.79-90.

Grawe, Klaus/ Donati, Ruth/ Bernauer, Friederike: Psychotherapie im Wandel. Von der Konfession zur Profession. Göttingen (Hogrefe) 1994.

Grewe, Norbert (Hrsg.): Beratungslehrer - eine neue Rolle im System. Neuwied u.a. (Luchterhand) 1990.

Gröne, Margret: Wie lasse ich meine Bulimie verhungern? Ein systemischer Ansatz zur Beschreibung und Behandlung. Heidelberg (Auer Systeme) 1996.

Groß, R.: Chaos und Ordnung. Dynamische Systeme in der Medizin. In: Deutsches Ärzteblatt 88 (1991), Heft 25/26, S. 1264-1268.

Guntern, Gottlieb: Die kopernikanische Revolution in der Psychotherapie: Der Wandel vom psychoanalytischen zum systemischen Paradigma. In: Duss-von Werdt/ Welter-Enderlin (Hrsg.): Der Familienmensch. Systemisches Denken und Handeln in der Therapie. Stuttgart (Klett) 1980.

Habermas, Jürgen: Theorie der kommunikativen Vernunft. (2 Bde.) Frankfurt (Suhrkamp) 1985.

Habermas, Jürgen: Der philosophische Diskurs der Moderne. Frankfurt 1988.

Habermas, Jürgen: Die neue Unübersichtlichkeit. Frankfurt (Suhrkamp) 1996 (1985).

Habermas, Jürgen/ Luhmann, Niklas: Theorie der Gesellschaft oder Sozialtechnologie. Frankfurt (Suhrkamp) 1971.

Hagmann, Thomas/ Simmen, René: Systemisches Denken und die Heilpädagogik. Luzern 1990.

Hahn, Kurt/ Müller, Franz-Werner (Hrsg.): Systemische Erziehungs- und Familienberatung. Wege zur Förderung autonomer Lebensgestaltung. Mainz (Grünewald) 1993.

Haken, Hermann: Erfolgsgeheimnisse der Natur. Synergetik: Die Lehre vom Zusammenwirken. Frankfurt (Ullstein) 1984.

Haken, Hermann: Synergetik und ihre Anwendung auf psychosoziale Probleme. In: Stierlin, H. u.a. (Hrsg.): Familiäre Wirklichkeiten. Stuttgart (Klett) 1987, S. 36-50.

Haken, Hermann: Synergetik. Eine Einführung. Berlin (Springer) 1991.

Haken, Hermann: Die Selbstorganisation der Information in biologischen Systemen aus der Sicht der Synergetik. In: Küppers (Hrsg.) 1991, S. 127-156.

Haken, Hermann: Principles of Brains Functioning: A Synergetic Approach to Brain Activity, Behavior and Cognition. Berlin (Springer) 1995 (1996).

Haken, Hermann/ Stadler, Michael (Hrsg.): Synergetics of Cognition. Berlin (Springer) 1990.

Haken, Hermann / Wunderlin, A.: Die Selbststrukturierung der Materie. Synergetik in der unbelebten Welt. Braunschweig (Vieweg) 1991.

Hargens, Jürgen/ Grau, Uwe: Kooperieren, reflektieren, öffentlich machen. Skizze eines systemischen Ansatzes auf konstruktivistischer Basis. In: Systeme. Zeitschr. d. österreichischen Arbeitsgemeinschaft für systemische Therapie und systemische Studien. Literas Universitätsverlag Jg. 4 (1990), Nr. 2, S. 151-155.

Hargens, Jürgen/ Grau, Uwe: Konstruktivistisch orientierte Supervision - Nutzen und Nützen selbstrückbezüglicher Reflexionen. In: Pallasch u.a. (Hrsg.) (1996), S. 232-240.

Hegel, Georg Wilhelm Friedrich: Phänomenologie des Geistes. Hrsg. von. Johannes Hoffmeister. Hamburg (Meiner) 1952.

Heitkämper, Peter/ Huschke-Rhein, Rolf (Hrsg.): Allgemeinbildung im Atomzeitalter. Weinheim (Beltz) 1986.

Hellinger, Bert: Ordnungen der Liebe. Heidelberg (Auer Systeme) 1995.

Herwig-Lempp, Johannes: Von der Sucht zur Selbstbestimmung. Drogenkonsumenten als Subjekte. Dortmund (Borgmann) 1994.

Hess, Thomas: Lern- und Leistungsstörungen im Schulalter. Individuumorientierte und systemische Erklärungsansätze. Dortmund (modernes lernen) 1989.

Hess, Thomas: Systemisch-konstruktivistische Methodologie. In: Z.f.Systemische Therapie, 8. Jg. (1990), S.49-61.

Hess, Benno/ Markus, Mario: Ordnung und Chaos in chemischen Uhren. In: Küppers (Hrsg.) 1991, S. 157-174.

Hoffman, Lynn: Grundlagen der Familientherapie. Konzepte für die Entwicklung von Systemen. Hamburg (ISKO) 2. Aufl. 1987 (1981).

Hollstein-Brinkmann, Heino: Soziale Arbeit und Systemtheorien. Freiburg (Lambertus) 1993.

Hombach, Dieter: Die Drift der Erkenntnis. Zur Theorie selbstmodifizierter Systeme bei Gödel, Hegel und Freud. München (Raben) o.J.

Homfeldt, Hans Günther (Hrsg.): Erziehung und Gesundheit. Weinheim (Deutscher Studienverlag) 2. Aufl. 1991 (a).

Homfeldt, Hans Günther (Hrsg.): Sinnliche Wahrnehmung, Körperbewußtsein, Gesundheitsbildung. Weinheim (Deutscher Studienverlag) 1991 (b).

Hopf, Arnulf: Öffnung von Schule und Sozialpädagogik. Zur Qualifikationsfrage der Lehrerarbeit unter systemischer Sicht. In: Huschke-Rhein (1994), S. 73-81.

Hosemann, Dagmar: Intuition als Erkenntnisquelle und Ressource in Beratung und Supervision. In: Neumann-Wirsig, Heidi/ Kersting, Heinz (Hrsg.): Systemische Supervision oder: Till Eulenspiegels Narreteien. Aachen (Inst.f.Beratung und Supervision) 1993, S. 59-76.

Huschke-Rhein, Rolf: Das Wissenschaftsverständnis in der geisteswissenchaftlichen Pädagogik. Dilthey, Litt, Nohl, Spranger. Stuttgart (Klett) 1979.

Huschke-Rhein, Rolf: Die Allgemeinbildung und die verallgemeinerte Natur. Kurzgefaßte Geschichte der Allgemeinbildung bis auf den heutigen Tag. In: Heitkämper/ Huschke-Rhein 1986, S. 58-88.

Huschke-Rhein, Rolf: Systemisch-ökologische Pädagogik, Band I-V, Köln (Rhein-Verlag):
- Band I: Systemisch-ökologische Wissenschaftslehre als Bildungslehre im Atomzeitalter, 3. Aufl. 1993 (a);
- Band II: Qualitative Forschungsmethoden, Hermeneutik, Handlungsforschung, 3. Aufl. 1993 (b) [1987];
- Band III: Systemtheorien für die Pädagogik, Umrisse einer neuen Pädagogik, 2. Aufl. 1992 (a);

- Band IV (Hrsg.): Zur Praxisrelevanz der Systemtheorien. (Praxis 1) 2. Aufl. 1994;
- Band V (Hrsg.): Systemisch-ökologische Praxis. (Praxis 2) 1992 (b).

Huschke-Rhein, Rolf : Wer ist an meiner Gesundheit schuld? Eine gesundheitspädagogische Skizze aus systemisch-ökologischer Sicht. In: Huschke-Rhein 1992b, S. 29-44.

Huschke-Rhein, Rolf : Erziehung, Sozialisation, Lernen und Umweltlernen. Zur Praxisrelevanz der Systemtheorie Luhmanns. In: Huschke-Rhein 1994, S. 132-149.

Huschke-Rhein, Rolf : Systemische Erziehungswissenschaft. In: Taschenbuch der Pädagogik, hrsg. v. Helmwart Hierdeis und Theo Hug, Hohengehren (Schneider), Neuauflage (4. Aufl.) 1996, Bd. 2, S. 170-185.

Huschke-Rhein, Rolf : Die Bindungsdynamik im Familienkontext. Eine systemische Rekonstruktion des Bindungsbegriffs in Familienpädagogik und Familientherapie. In: Macha/ Mauermann 1997 (a), S. 122-155.

Huschke-Rhein, Rolf : Lernen, Leben, Überleben. Die Schule als 'Lernsystem' und das 'Lernen fürs Leben' aus der Perspektive systemisch-konstruktivistischer Lernkonzepte. In: Voss 1997 (b), S. 33-55.

Jantsch, Emil: Die Selbstorganisation des Universums. München (dtv) 1982.

Jensen, Stefan: Systemtheorie. Stuttgart u.a. (Kohlhammer) 1983.

Kanter, Gustav: Pädagogik der Lernhilfe/ Lernförderung unter systemisch-konstruktivistischen Aspekten. In: Opp, Günther/ Peterander, Franz 1996, S. 280-293.

Kauffman, Stuart: Der Öltropfen im Wasser - Chaos, Komplexität und Selbstorganisation in Natur und Gesellschaft. München, Zürich (Piper) 1995.

Kern, Peter: Ethik und Wirtschaft. Leben im epochalen Umbruch. Vom berechnenden zum besinnenden Denken. Frankfurt u.a. (Lang) 1990.

Kersting, Heinz: Supervision in der zweiten Phase der Lehrerausbildung. In: Kommunikationssystem Supervision. Unterwegs zu einer konstruktivistischen Beratung. Aachen (Inst.f.Beratung und Supervision) 1992, S. 109-121.

Klein, Günther: Schulen brauchen Beratung. Kollegiumsorientierte Innovationsberatung als Beitrag zur Schulentwicklung. Grundlagen, Ansätze, Perspektiven. Marquartstein (PimS) 1997.

Knörzer, Wolfgang: Ein systemisches Modell der Gesundheitsbildung. In: Knörzer, Wolfgang (Hrsg.): Ganzheitliche Gesundheitsbildung in Theorie und Praxis. Heidelberg (Haug) 1994, S. 49-71.

Kolb, Rüdiger: Zerstöre unsere Kreise nicht! Oder von der schwierigen Beratungsaufgabe aus systemischer Sicht. In: Grewe 1990, S. 84-95.

König, Eckard/Volmer, Gerda: Systemische Organisationsberatung. Weinheim (Dt. Studienverlag) 1993.

Kratky, Karl W./Bonet, Elfriede M. (Hrsg.): Systemtheorie und Reduktionismus. Wien (Österreichische Staatsdruckerei) 1989.

Kratky, Karl W.: Systemische Perspektiven. Interdisziplinäre Beiträge zu Theorie und Praxis systemischen Denkens. Heidelberg (Auer) 1991.

Kriz, Jürgen: Chaos und Struktur. (Systemtheorie, Bd. 1). München (Quintessenz) 1992.

Kriz, Jürgen: Naturwissenschaftliche Konzepte in der gegenwärtigen Diskussion zum Problem der Ordnung. In: Gestalt Theory 17/2 (1995a), S. 153-163.

Kriz, Jürgen: Probleme bei der Beschreibung von Strukturbildung im psychosozialen Bereich mittels naturwissenschaftlicher Konzepte. In: Gestalt Theory 17/2 (1995b), S. 205-215.

Kriz, Jürgen: Chaos, Angst und Ordnung. Wie wir unsere Lebenswelt gestalten. Göttingen (Vandenhoeck) 1997.

Kriz, Jürgen: Attraktoren bei kognitiven und sozialen Prozessen. In: Schiepek/Tschacher 1997, S. 57-70.

Krüssel, Hermann: Konstruktivistische Unterrichtsforschung. Der Beitrag des Konstruktivismus und der Theorie der persönlichen Konstrukte für die Lehr-Lern-Forschung. Frankfurt (Lang) 1993.

Krüssel, Hermann: Unterricht als Konstruktion. In: Voß, Reinhard (Hrsg.): Die Schule neu erfinden. Neuwied/ Berlin (Luchterhand), 2. Aufl. 1997, S. 92-104.

Kubesch, Barbara/ Burg, Carl-Georg/ Connemann, Ralf: Die Methode des Reflektierenden Teams in der Supervision und bei Fallbesprechungen. In: Grewe 1990, S. 343-345.

Küppers, Bernd Olaf (Hrsg.): Ordnung aus dem Chaos. Prinzipien der Selbstorganisation und Evolution des Lebens. München (Piper) 3. Aufl. 1991.

Laszlo, Ervin: The Systems View of the World. New York (Harper) 1972.

Laszlo, Ervin: Evolution. Die neue Synthese. Wien (Europa) 1987.

Lenz, Gerhard/ Osterhold, Gisela/ Ellebracht, Heiner: Erstarrte Beziehung - heilendes Chaos. Freiburg, Basel, Wien (Herder) 1995.

Levold, Tom (Hrsg.): Systemorientierte Institutionsberatung. In: Z.f.Systemische Therapie, 6. Jg. (1988), S. 244-296.

Liedtke, Max: Die anthropologische Bedeutung von Erziehung und Unterricht sowie die geschichtlichen Wurzeln des Bildungswesens. In: Liedtke, Max (Hrsg.): Handbuch der Geschichte des Bayerischen Schulwesens, Bd. I, Bad Heilbrunn (Klinkhardt) 1991, S. 19-42.

Luhmann, Niklas: Moderne Systemtheorien als Form gesamtgesellschaftlicher Analyse. In: Habermas/ Luhmann 1971, S. 7-24.

Luhmann, Niklas: Soziale Systeme. Grundriß einer allgemeinen Theorie. Frankfurt (Suhrkamp) 1984.

Luhmann, Niklas: Ökologische Kommunikation. Opladen (Leske) 1986(a).

Luhmann, Niklas: Systeme verstehen Systeme. In: Luhmann, N./Schorr, K.-E. (Hrsg.): Zwischen Intransparenz und Verstehen. Fragen an die Pädagogik. Frankfurt (Suhrkamp) 1986(b), S. 72-117.

Luhmann, Niklas: Strukturelle Defizite. Bemerkungen zur systemtheoretischen Analyse des Erziehungswesens. In: Oelkers/ Tenorth (Hrsg.): Pädagogik, Erziehungswissenschaft und Systemtheorie. Weinheim 1987, S. 57-75.

Luhmann, Niklas: Grenzen der Steuerung. In: ders.: Die Wirtschaft der Gesellschaft. Frankfurt (Suhrkamp) 1988, S. 324-349.

Luhmann, Niklas: (1988): s. Kreuzverhör, in: Simon 1988.

Luhmann, Niklas/ Schorr, Karl Eberhard: Zwischen Technologie und Selbstreferenz. Fragen an die Pädagogik. Frankfurt (Suhrkamp) 1982.

Luhmann, Niklas/ Schorr, Karl Eberhard (Hrsg.): Zwischen Intransparenz und Verstehen. Fragen an die Pädagogik. Frankfurt (Suhrkamp) 1986.

Lüpke, Hans von/Voß, Reinhard (Hrsg.): Entwicklung im Netzwerk. Systemisches Denken und professionsübergreifendes Handeln in der Entwicklungsförderung. Pfaffenweiler (Centaurus), 2. Aufl. 1997 (1994).

Luxburg, Joachim von: Systemische Familienberatung in der Frühförderung. Ein Beitrag zum Akzeptieren des behinderten Kindes. In: Frühförderung interdisziplinär, 10. Jg., 1991.

Lyotard, Jean-Francois: Das postmoderne Wissen. Wien/ Graz (Passagen) 1986.

Marc, Edmond/ Picard, Dominique: Bateson, Watzlawick und die Schule von Palo Alto. Frankfurt (Hain) 1991.

Markl, Hubert: Natur als Kulturaufgabe. Stuttgart 1986.

Martienssen, Werner: Gesetz und Zufall in der Natur. In: Gerok, Wolfgang/ Haken, Hermann (Hrsg.): Ordnung und Chaos in der unbelebten und belebten Natur. Stuttgart 1990, S. 77-100.

Maturana, Humberto: Erkennen. Die Organisation und Verkörperung von Wirklichkeit. 2. Aufl. Braunschweig (Vieweg) 1985.

Maturana, Humberto/ Varela, Francisco: Der Baum der Erkenntnis. Bern, München, Wien (Scherz) 3.Aufl. 1987.

Matzdorf, Paul: Integrative Autonomie - ein zentraler Begriff im systemischen Handlungskonzept der Themenzentrierten Interaktion (TZI). In: Huschke-Rhein 1992 b, S. 45-54.

McGoldrick, Monica/ Gerson, Randy: Genogramme in der Familienberatung. Bern, Stuttgart, Toronto (Huber) 1990.

Metzner, Andreas: Probleme sozio-ökologischer Systemtheorie. Natur und Gesellschaft in der Soziologie Luhmanns. Opladen (Westdeutscher Verlag) 1993.

Meyer-Abich, Klaus Michael: Aufstand für die Natur. Von der Umwelt zur Mitwelt. München (Hanser) 1990.

Meyer-Drawe, Käte: Illusionen von Autonomie. Diesseits von Ohnmacht und Allmacht des Ich. München 1990.

Miketta, Gaby: Netzwerk Mensch. Den Verbindungen von Körper und Seele auf der Spur. Reinbek (Rowohlt) 1994.

Miller, James G.: Living Systems. New York (McGraw-Hill) 1978.

Minuchin, Salvatore: Familie und Familientherapie. Theorie und Praxis struktureller Familientherapie. Freiburg (Lambertus), 7. Aufl. 1987.

Molnar, Alex/ Lindquist, Barbara: Verhaltensprobleme in der Schule. Lösungsstrategien für die Praxis. Ein ökosystemischer Ansatz. Dortmund (modernes lernen) 1990.

Mumford, Lewis: Mythos der Maschine. Kultur, Technik und Macht. Kultur, Technik und Macht. Frankfurt (Fischer) 1984.

Münch, Richard: Die Struktur der Moderne. Grundmuster und differentielle Gestaltung des institutionellen Aufbaus der modernen Gesellschaften. Frankfurt (Suhrkamp) 1984.

Mutzek, Wolfgang: Kooperative Beratung. Grundlagen und Methoden der Beratung und Supervision im Berufsalltag. Weinheim (Deutscher Studienverlag) 1996.

Nahrstedt, Wolfgang/ Vodde, Thomas: System und Zeit. Zur systemischen Begründung der Freizeitpädagogik. In: Huschke-Rhein 1992b, S. 16-28.

Natur (Umweltmagazin), H. 3, 1992: Wie Schlemmer aus der Kalorienfalle finden. S. 76-91.

Nohl, Herman: Die Möglichkeit einer allgemeingültigen Theorie (1935). In: Die pädagogische Bewegung in Deutschland und ihre Theorie. 7. Aufl. Frankfurt (Schulte-Bulmke) 1970, S. 105-123.

Nüse, Ralf/ Groeben, Norbert/ Freitag, Burkhard/ Schreier, Margrit: Über die Erfindungen des Radikalen Konstruktivismus. Kritische Gegenargumente aus psychologischer Sicht. Weinheim (Deutscher Studien Verlag) 1991.

Opp, Günther/ Peterander, Franz (Hrsg.): Focus Heilpädagogik. Projekt Zukunft. München, Basel (Reinhardt) 1996.

Osterhold, Gisela/ Molter, Haja (Hrsg.): Systemische Suchttherapie. Heidelberg (Asanger) 1992.

Oswald, Gerhard: Systemansatz und soziale Familienarbeit. Freiburg (Lambertus) 1988.

Oswald, Gerhard: Konfliktregelung in kleinen Gemeinschaften. Ein systemisches Modell. In: Huschke-Rhein 1992b, S. 123-136.

Pallasch, Waldemar/ Mutzeck, Wolfgang/ Reimers, Heino (Hrsg.): Beratung, Training, Supervision. Eine Bestandsaufnahme über Konzepte zum Erwerb von Handlungskompetenz in pädagogischen Arbeitsfeldern. München (Juventa), 2. Aufl. 1996.

Palmowski, Winfried: Der Anstoß des Steins. Systemische Beratungsstrategien im schulischen Kontext. Dortmund (Borgmann) 1995.

Palmowski, Winfried: Anders handeln. Lehrerverhalten in Konfliktsituationen. Dortmund (Borgmann) 1996.

Parsons, Talcott: The Social System. Glencoe (The Free Press) 1951.

Petri, Horst: Umweltzerstörung und die seelische Entwicklung unserer Kinder. Zürich (Kreuz) 1992.

Pfeifer-Schaupp, Hans-Ulrich: Jenseits der Familientherapie. Systemische Konzepte in der Sozialen Arbeit. Freiburg (Lambertus) 1995.

Popp, Fritz-A.: Biologie des Lichts. Grundlagen der ultraschwachen Zellstrahlung. Berlin/ Hamburg (Parey) 1984.

Popper, Karl R./ Eccles, John C.: Das Ich und sein Gehirn. München/ Zürich (Piper) 1982.

Portele, Gerhard: Autonomie, Macht, Liebe. Konsequenzen der Selbstreferentialität. Frankfurt (Suhrkamp) 1989.

Portele, Gerhard: Lernen=Leben, Leben=Lernen? Lernprozesse und persönliches Wachstum im Konstruktivismus, bei Bateson und in der Gestalttherapie. In: Huschke-Rein 1992b, S. 55-68.

Postman, Neil: Das Verschwinden der Kindheit. Frankfurt (Fischer Tb) 1987.

Prigogine, Ilja: Vom Sein zum Werden. Zeit und Komplexität in den Naturwissenschaften. München (Piper) 1979.

Prigogine, Ilja/ Stengers, Isabelle: Dialog mit der Natur. Neue Wege naturwissenschaftlichen Denkens. München (Piper), 2. Aufl. 1981.

Probst, Gilbert: Selbstorganisation. Ordnungsprozesse in sozialen Systemen aus ganzheitlicher Sicht. Berlin u.a. (Parey) 1987.

Rapoport, Anatol: Der systemische Ansatz - Die systemische Weltanschauung. In: Ursprünge der Gewalt. Ansätze der Konfliktforschung. Darmstadt (Darmstädter Blätter) 1990, S. 349-439.

Reich, Kersten: Systemisch-konstruktivistische Pädagogik. Einführung in Grundlagen einer interaktionistisch-konstruktivistischen Pädagogik. Neuwied/ Berlin (Luchterhand) 1996.

Reich, Kersten: Systemisch-konstruktivistische Didaktik. Eine allgemeine Zielbestimmung. In: Voß, Reinhard (Hrsg.): Die Schule neu erfinden. Neuwied/ Berlin (Luchterhand), 2. Aufl. 1997, S. 70-91.

Reiter, Ludwig/ Brunner, Ewald Johannes/ Reiter-Theil, Sigrid (Hrsg.): Von der Familientherapie zur systemischen Perspektive. Berlin (Springer) 1988.

Retter, Hein: Spiel und Spielkultur in systemtheoretischer Betrachtung. In: Huschke-Rein, 1994, S. 91-111.

Revenstorf, Dirk/ Zeyer, Reinhold: Hypnose lernen. Leistungssteigerung und Streßbewältigung durch Selbsthypnose. Heidelberg (Auer Systeme) 1997.

Revermann, Klaus Dieter: Konstruktion und Selbstorganisation. Eine Abhandlung zur Wissenschaftstheorie, Anthropologie und Psychologie der Pädagogik im Rahmen des organismisch-systemischen Modells. Frankfurt u.a. (Lang) 1989.

Riedl, Rupert: Evolution und Erkenntnis. München/ Zürich (Piper) 2. Aufl. 1984.

Riedl, Rupert: Die Folgen des Ursachendenkens. In: Watzlawick 1985, S. 67-90.

Riedl, Rupert: Die Strategie der Genesis. Naturgeschichte der realen Welt. München/ Zürich (Piper) 1986.

Ritscher, Wolf: Ein theoretischer Rahmen für die Arbeit mit Familien in Sozialarbeit und Familienberatung aus systemischer Sicht. In: Huschke-Rein, 1992b, S. 111-122.

Ritscher, Wolf: Systemisch-psychodramatische Supervision in der psycho-sozialen Arbeit. Theoretische Grundlagen und ihre Anwendung. Frankfurt (Klotz) 1996.

Rogers, Carl R.: Die nicht-direktive Beratung. Counceling and Psychotherapy. Frankfurt (Fischer tb) 1994 (1972).

Rossi, Ernest L.: Streß. Wenn die ultradianen Rhythmen nicht beachtet werden. In: ders.: Zwanzig Minuten Pause, Paderborn (Junfermann) 3. Aufl. 1995, S. 47-66.

Roth, Gerhard: Erkenntnis und Realität. Das reale Gehirn und seine Wirklichkeit. In: Schmidt, Siegfried, 1987, S.229-255.

Roth, Gerhard: Das Gehirn und seine Wirklichkeit. Kognitive Neurobiologie und ihre philosophischen Konsequenzen. 2. Aufl. Frankfurt (Suhrkamp) 1995.

Rotthaus, Wilhelm Hrsg.): Erziehung und Therapie in systemischer Sicht. Dortmund (modernes lernen) 2. Aufl. 1987.

Rotthaus, Wilhelm: Die systemische Perspektive. Zum Verhältnis von Erziehung und Therapie aus systemischer Sicht. In: Huschke-Rein 1994, S. 28-39.

Rotthaus, Wilhelm: Stationäre systemische Kinder- und Jugendpsychiatrie. Dortmund (modernes lernen) 1990.

Sander, Alfred: Integration behinderter Schüler und Schülerinnen auf ökosystemischer Grundlage. In: Huschke-Rein 1992, S. 167-171.

Satir, Virginia: Familienbehandlung. Freiburg (Lambertus) 6. Aufl. 1987.

Schattenhofer, Karl: Selbstorganisation und Gruppe. Entwicklungs- und Steuerungsprozesse in Gruppen. Opladen (Westdeutscher Verlag) 1992.

Schiepek, Günter: Systemische Diagnostik in der Klinischen Psychologie. Weinheim (Beltz) 1986.

Schiepek, Günter (Hrsg.): Systeme erkennen Systeme. Weinheim (Beltz) 1987.

Schiepek, Günter (Hrsg.): Diskurs systemischer Methodologie. In: Z.f.Systemische Therapie, 6. Jg. (1988), S. 72-171.

Schiepek, Günter/ Strunk, Guido: Dynamische Systeme. Grundlagen und Analysemethoden für Psychologen und Psychiater. Heidelberg (Asanger) 1994.

Schiepek, Günter/ Tschacher, Wolfgang (Hrsg.): Selbstorganisation in Psychologie und Psychiatrie. Braunschweig (Vieweg) 1997.

Schindler, Sepp: Frühsozialisation und perinatale Situation als Forschungsprobleme der Ökopsychologie. In: Huschke-Rein 1992b, S. 83-88.

Schleiermacher, Friedrich Ernst Daniel: Theorie der Erziehung (1826). In: Ausgewählte Schriften. Hrsg. v. E. Lichtenstein. 3. Aufl. Paderborn (Schöningh) 1983, S. 36-243.

Schleiermacher, Friedrich Ernst Daniel: Aphorismen zur Pädagogik (1813/14). In: Ausgewählte Schriften. Hrsg. v. E. Lichtenstein. 3. Aufl. Paderborn (Schöningh) 1983, S. 33-35.

Schlippe, Arist von / Schweitzer, Jochen: Lehrbuch der systemischen Therapie und Beratung. Göttingen (Vandenhoeck) 1996.

Schmidt, Siegfried (Hrsg.): Der Diskurs des radikalen Konstruktivismus. Frankfurt (Suhrkamp) 1987.

Schmidt-Denter, Ulrich/ Manz, Wolfgang (Hrsg.): Entwicklung und Erziehung im öko-psychologischen Kontext. München u.a. (Reinhardt) 1991.

Schmidt-Denter, Ulrich: Prinzipien und Prozesse in der Mensch-Umwelt-Wechselwirkung. Die Bewältigung veränderter Lebensumwelten als Gegenstand der ökologischen Entwicklungspsychologie. In: Huschke-Rein 1992b, S. 89-97.

Schulz von Thun, Friedemann: Miteinander reden. Störungen und Klärungen. Allgemeine Psychologie der Kommunikation. Reinbek (Rowohlt) 1997.

Selvini-Palazzoli, Mara: Magersucht. Stuttgart (Klett) 1982.

Selvini-Palazzoli, Mara: Die Wahrheit interessiert mich nicht - nur der Effekt. In: Psychologie heute, Nr. 5 / 1883, S. 38-45.

Selvini-Palazzoli, Mara/ Boscolo, Luigi/ Cecchin, Gianfranco/ Prata, Guiliana: Paradoxon und Gegenparadoxon. Stuttgart (Klett) 1977.

Selvini-Palazzoli, Mara / Boscolo, Luigi/ Cecchin, Gianfranco/ Prata, Guiliana: 'Hypothetisieren, Zirkularität, Neutralität': drei Richtlinien für den Leiter der Sitzung. In: Familiendynamik 6 (1981), S. 123-139.

Selvini-Palazzoli, Mara/ Prata, Guiliana: Eine neue Methode zur Erforschung und Behandlung schizophrener Familien. In: Stierlin u.a. (Hrsg.): Psychotherapie und Sozialtherapie in der Schizophrenie. Berlin 1985, S. 275-282.

Sheldrake, Rupert: Die Wiedergeburt der Natur. Wissenschaftliche Grundlagen eines neuen Verständnisses der Lebendigkeit und Heiligkeit der Natur. Bern (Scherz) 1991.

Siebert, Horst: Über die Nutzlosigkeit von Belehrungen. Beiträge zur konstruktivistischen Pädagogik. In: Landesinstitut für Schule und Weiterbildung NRW (Soest) 1996.

Simon, Fritz B.: Kreuzverhör. Fragen an Heinz von Foerster, Niklas Luhmann und Francisco Varela. In: Simon 1988, S. 95-107.

Simon, Fritz B. (Hrsg.): Lebende Systeme. Wirklichkeitskonstruktionen in der systemischen Therapie. Berlin (Springer) 1988.

Simon, Fritz B.: Meine Psychose, mein Fahrrad und ich. Heidelberg (Auer Systeme) 1990.

Simon, Fritz B.: Die andere Seite der Gesundheit. Ansätze einer systemischen Krankheits- und Therapietheorie. Heidelberg (Auer Systeme) 1995.

Simon, Fritz/ Stierlin, Helm: Die Sprache der Familientherapie. Ein Vokabular. Überblick, Kritik und Integration systemtherapeutischer Begriffe, Konzepte und Methoden. Stuttgart (Klett) 2. Aufl. 1992 (1984).

Spanhel, Dieter/ Hüber, Heinz-Georg: Lehrersein heute - Berufliche Belastungen und Wege zu deren Bewältigung. Bad Heilbrunn (Klinkhardt) 1995.

Spitzer, Manfred: Geist im Netz. Modelle für Lernen, Denken und Handeln. Heidelberg u.a. (Spektrum) 1996.

Spranger, Eduard: Lebensformen. Geisteswissenschaftliche Psychologie und Ethik der Persönlichkeit. Tübingen (Niemeyer) 9. Aufl. 1966.

Stadler, Michael/ Kruse, Peter/ Strüber, Daniel: Struktur und Bedeutung in kognitiven Systemen. In: Schiepek/Tschacher 1997, S. 33-56.

Stalb,Heidrun: Heilpädagogisches Reiten als pädagogisches Handlungssystem. In: Huschke-Rhein 1992b, S. 158-166.

Steiner, Jürgen: Sprachverlust und Sprachtherapie im Lichte des Systemansatzes. In: Huschke-Rhein 1992b, S. 147-157.

Stierlin, Helm: Delegation und Familie. Beiträge zum Heidelberger familiendynamischen Konzept. Frankfurt (Suhrkamp) 1982 (1978).

Stierlin, Helm: Prinzipien der systemischen Therapie. In: Simon 1988, S. 54-56.

Stierlin, Helm: Ich und die anderen. Psychotherapie in einer sich wandelnden Gesellschaft. Stuttgart (Klett-Cotta) 1994.

Stierlin, Helm/ Rücker-Embden, Ingeborg/ Wetzel, N./ Wirsching, Michael (Hrsg.): Das erste Familiengespräch. Stuttgart (Klett-Cotta) 1977.

Tausch, Reinhard/ Tausch, Anne-Marie: Erziehungspsychologie. Göttingen (Hogrefe) 6. Aufl. 1971.

Tönnies, Heinrich/ Lauff, Werner: Die eine richtige Ernährung gibt es nicht. In: Homfeldt 1991(a), S.55-83.

Tomm, Karl: Die Fragen des Beobachters. Schritte zu einer Kybernetik zweiter Ordnung in der systemischen Therapie. Heidelberg (Auer Systeme) 1994.

Trapmann, Hilde: Erziehung in und Therapie mit Stieffamilien aus systemischer Sicht. In: Huschke-Rhein 1994, S. 120-131.

Tschacher, Wolfgang/ Schiepek, Günther: Eine methodenorientierte Einführung in die synergetische Psychologie. In: Schiepek/Tschacher 1997, S. 3-32.

Varela, Francisco: (1988): s. Kreuzverhör, in: Simon 1988.

Varela, Francisco: Kognitionswissenschaft - Kognitionstechnik. Eine Skizze aktueller Perspektiven. Frankfurt (Suhrkamp) 1990.

Voss, Reinhard: Anpassung auf Rezept. Stuttgart (Klett) 1987.

Voss, Reinhard: Reflektierende Gruppen. Der Versuch, einen Dialog zwischen betroffenen Eltern und 'Professionellen' anzuregen. In: ders. (Hrsg.): Das Recht des Kindes auf Eigensinn. Die Paradoxien von Störung und Gesundheit. München, Basel (Reinhardt) 1989, S.93-119.

Voss, Reinhard: Systemische Konsultation und interdisziplinäre Kooperation. Förderung sozialer Netzwerke durch professionelle Unterstützung. In: Huschke-Rhein 1994, S. 15-27.

Voss, Reinhard (Hrsg.): Die Schule neu erfinden. Systemisch-konstruktivistische Annäherungen an Schule und Pädagogik. Neuwied, Berlin (Luchterhand) 2. Aufl. 1997.

Waetzold, H.: Schreiber und Lehrer in Mesopotamien. In: Prinz v. Hohenzollern, J.G./ Liedtke, M.(Hrsg.):Schreiber, Magister, Lehrer. Bad Heilbrunn (Klinkhardt) 1989, S. 33-50.

Walter, Heinz (Hrsg.): Sozialökologie. Neue Wege der Sozialisationsforschung. Handbuch der Sozialisationsforschung, Bd. 3, Stuttgart (Kohlhammer) 1975.

Walter, John/ Peller, Jane: Lösungsorientierte Kurzzeittherapie. Ein Lehr- und Lernbuch. Dortmund (Verlag modernes lernen) 1994.

Watzlawick, Paul / Beavin, John H./ Jackson, Donald D. : Menschliche Kommunikation. Bern (Huber) 1969.

Weber, Gunthard (Hrsg.): Zweierlei Glück. Die systemische Psychotherapie Bert Hellingers. Heidelberg (Auer Systeme) 5. Aufl. 1994.

Weber, Gunthard/ Stierlin, Helm: In Liebe entzweit. Die Heidelberger Therapie der Magersucht. Reinbek (Rowohlt) 1991 (1989).

Weber, Max: Asketischer Protestantismus und kapitalistischer Geist. In: Schriften, hrsg. v. J. Winckelmann (Kröner), 3. Aufl. 1964, S.357-382.

Weber, Max: Die protestantische Ethik und der 'Geist' des Kapitalismus. In: Ges. Aufs. zur Religionssoziologie, Bd. I (5.Aufl. 1963), S.1-206.

Weinberger, Sabine: Klientenzentrierte Gesprächsführung. Weinheim (Beltz) 5. Aufl. 1992.

Weiß, Thomas/ Haertel-Weiß, Gabriele: Familientherapie ohne Familie. Kurztherapie mit Einzelpatienten. München (Piper) 1991.

Weizsäcker, Ernst Ulrich von (Hrsg.): Offene Systeme. Band I: Beiträge zur Zeitstruktur von Information, Entropie und Evolution. Stuttgart 1974.

Weizsäcker, Ernst Ulrich von: Qualitatives Wachstum. Eine Skizze zur Auseinandersetzung mit Prigogine/Stengers: 'Dialog mit der Natur'. In: Altner 1986, S. 48-54.

WEKA Fachverlag für Behörden und Institutionen, Kissing 1993.

Wichterich, Heiner: Organisationsentwicklung in der Schule: Aufgabe oder Überforderung der Beratungslehrer? In: Grewe 1990, S. 96-100.

Wiener, Norbert: Kybernetik. In: rowohlts deutsche enzyklopädie. Düsseldorf (Econ) 1963, S. 294-295.

Wilber, Ken: Halbzeit der Evolution. Der Mensch auf dem Weg vom animalischen zum kosmischen Bewußtsein. Eine interdisziplinäre Darstellung der Entwicklung des menschlichen Geistes. Bern, München, Wien (Scherz) 1987.

Willi, Jürg: Koevolution. Die Kunst gemeinsamen Wachsens. Reinbek (Rowohlt) 1985.

Willi, Jürg: Ökologische Psychotherapie. Göttingen, Bern, Toronto, Seattle (Hogrefe) 1996.

Willke, Helmut: Zum Problem der Intervention in selbstreferentielle Systeme. In: Z.f.Systemische Therapie, 2. Jg.(1984), S.191-200.

Willke, Helmut: Systemtheorie. Stuttgart, Jena (G. Fischer) 2. Aufl. 1987.

Willke, Helmut: Systemtheorie II: Interventionstheorie. Grundzüge der Theorie der Intervention in komplexe Systeme. Stuttgart, Jena (G. Fischer) 1994.

****

Wolfgang Mutzeck

Kooperative Beratung

Grundlagen und Methoden der Beratung und Supervision im Berufsalltag.
1996. 2. Auflage 1997.
VI, 158 S. Geb.
DM 38,– / öS 277,– / sFr 35,–
(3 89271 617 X)

Beratung ist in zunehmendem Maße auch ein Aufgabenfeld in pädagogischen Arbeitsbereichen geworden. Und dies nicht nur in der allgemeinen Pädagogik, sondern gerade in den Spezialgebieten Sonder-, Sozial-, Berufs- und Erwachsenenpädagogik. Die Nachfrage nach Methoden der Beratung konzentriert sich auf Ansätze, die nicht asymmetrisch und direktiv sind, sondern in kooperativer Weise verlaufen. Ferner ist ein wachsender Bedarf nach Formen kollegialer Supervision in pädagogischen Handlungsfeldern festzustellen. Beide Forderungen erfüllt die in diesem Buch dargestellte Methode der Kooperativen Beratung. Der durch einen Modellversuch evaluierte Leitfaden hat sich seit vielen Jahren im Berufsalltag bewährt und findet in unterschiedlichsten Berufsfeldern Eingang. Nach einer handlungstheoretisch-orientierten Konzeption werden die Grundlagen der Gesprächsführung und die Praxisanleitung zur Kooperativen Beratung dargestellt. Im zweiten Teil des Buches wird die kollegiale Supervision aufgezeigt.

DEUTSCHER STUDIEN VERLAG

Postfach 100154
69441 Weinheim

Preisänderungen vorbehalten / D0462

Eckard König / Gerda Volmer

Systemische Organisationsberatung

Grundlagen und Methoden.
(System und Organisation,
Bd. 1)
5. Aufl. 1997. 286 S. Geb.
DM 58,– / öS 423,– / sFr 52,50
(3 89271 616 1)

BDU Fachbuch
des Jahres 1995
(Bundesverband Deutscher
Unternehmensberater e.V.)

Beratung in Organisationen (die
Spannbreite reicht von Unternehmen bis zu Kommunen,
Schulen, Kliniken usw.) wird zunehmend immer wichtiger. Das
macht zugleich umfassende Beratungskompetenz von Beraterinnen und Beratern erforderlich. Das vorliegende Buch ist
ein Lehrbuch für die Beratung in
Organisationen. Auf dem Hintergrund der Systemtheorie (v.a.

in der Tradition von Bateson)
und gestützt auf eigene langjährige Erfahrung in Beratung von
Organisationen ist ein Buch entstanden,

– das in verständlicher und zugleich wissenschaftlich abgesicherter Weise die theoretischen Grundlagen Systemischer Organisationsberatung
aufzeigt,
– das die einzelnen Schritte im
Beratungsprozeß und dabei
jeweils mögliche Vorgehensweisen konkret darstellt
– und das damit Beraterinnen
und Beratern das Handwerkszeug gibt, das sie für
erfolgreiche Beratung in Organisationen benötigen.

»... weil es theoriegeleitet und
praxisbezogen gleichermaßen
ist, ist das Buch unbedingt zu
empfehlen.« *(Organisations-*
entwicklung 4/93)

DEUTSCHER STUDIEN VERLAG

Postfach 100154
69441 Weinheim

Preisänderungen vorbehalten / D0840